AF469096

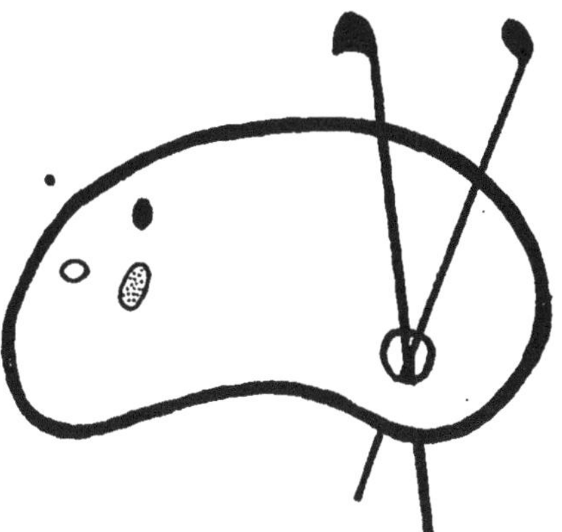

Couverture inférieure manquante

PUBLICATIONS DE LA SOCIÉTÉ DES ÉTUDES JUIVES

ŒUVRES COMPLÈTES

DE

FLAVIUS JOSÈPHE

TRADUITES EN FRANÇAIS

SOUS LA DIRECTION DE

THÉODORE REINACH

Tome Premier

ANTIQUITÉS JUDAÏQUES

LIVRES I-V

TRADUCTION DE

JULIEN WEILL

PARIS
ERNEST LEROUX, ÉDITEUR,
28, RUE BONAPARTE, 28

1900

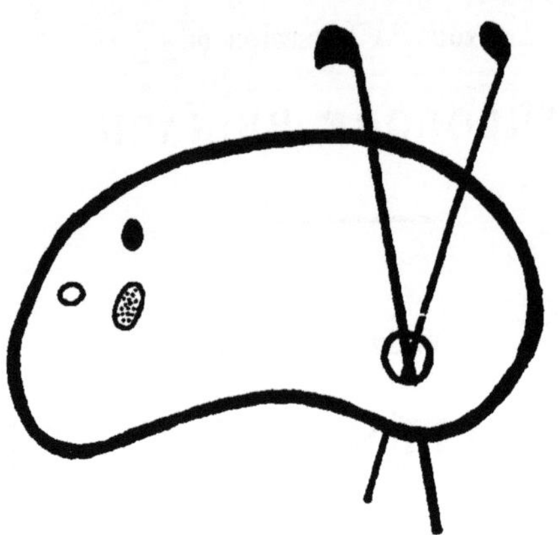

FIN D'UNE SERIE DE DOCUMENTS
EN COULEUR

ŒUVRES COMPLETES

DE

FLAVIUS JOSÈPHE

ANTIQUITÉS JUDAÏQUES

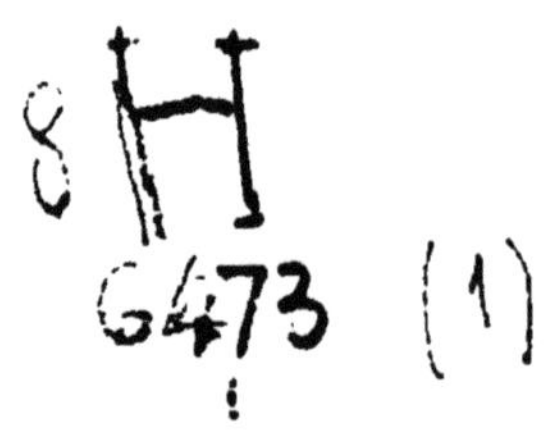

Imp. orientale A. Burdin et Cie, Angers.

PUBLICATIONS DE LA SOCIÉTÉ DES ÉTUDES JUIVES

ŒUVRES COMPLÈTES

DE

FLAVIUS JOSÈPHE

TRADUITES EN FRANÇAIS

SOUS LA DIRECTION DE

THÉODORE REINACH

Tome Premier

ANTIQUITÉS JUDAÏQUES

LIVRES I-V

TRADUCTION DE

JULIEN WEILL

PARIS
ERNEST LEROUX, ÉDITEUR,
28, RUE BONAPARTE, 28

1900

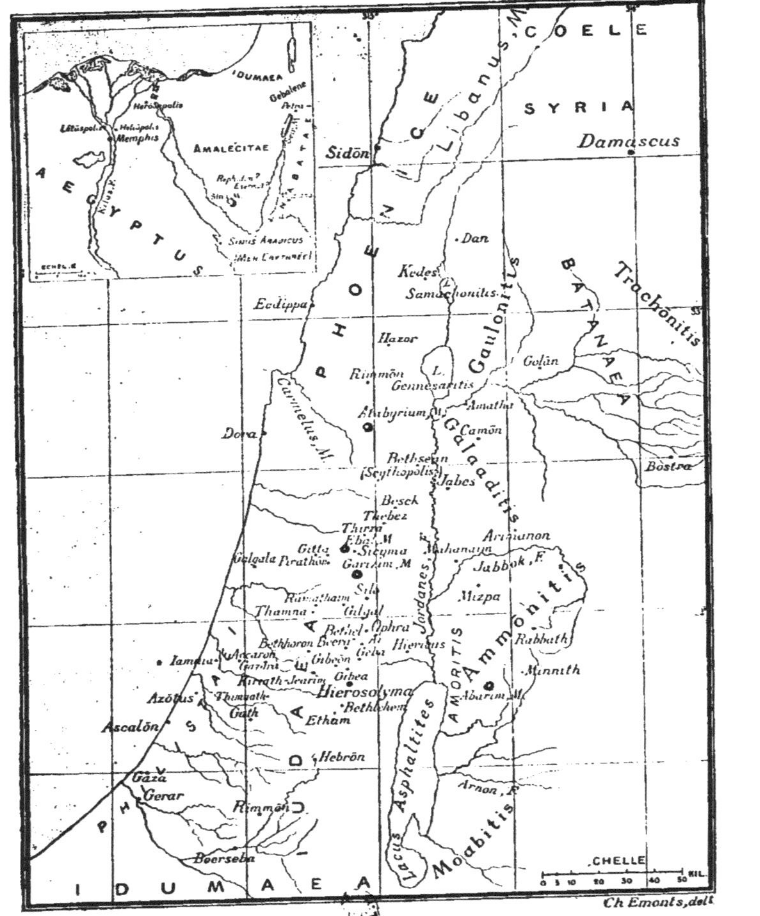

Carte de la Palestine et des pays voisins

AVANT-PROPOS

Si l'on mesure la valeur d'un historien au nombre et à l'importance des informations dont on lui est redevable, il est peu d'historiens qui puissent être comparés à Flavius Josèphe. Son ouvrage le plus considérable — les *Antiquités judaïques* — n'est, dans la première moitié, qu'un abrégé de la Bible à l'usage des lecteurs païens, abrégé rendu fade à notre goût par l'abus d'une rhétorique banale, le manque de naïveté, sinon de foi, l'absence de sentiment poétique; mais on y remarque avec intérêt les tendances rationalistes d'une exégèse qui s'oppose curieusement à l'exégèse allégorique, presque contemporaine, de Philon ; de plus, l'insertion discrète de traits légendaires, étrangers à l'Écriture et empruntés à la tradition orale, nous montre comme le début d'un genre littéraire qui devait prendre un si riche développement dans la partie *haggadique* du Talmud et dans le Midrasch. Les dix derniers livres de cet ouvrage constituent, surtout à partir de l'époque des rois hasmonéens, un document historique de premier ordre. A défaut de sources juives, qui manquaient pour cette période, Josèphe a soigneusement dépouillé tous les historiens grecs et romains qui pouvaient lui fournir, même en passant, des données sur les faits et gestes du peuple juif ; comme ces historiens sont perdus, son ouvrage comble ainsi une lacune qui serait autrement irréparable. Dans l'histoire d'Hérode, où Josèphe suit de très près les mémoires de Nicolas de Damas, secrétaire de ce roi, dans celle des soixante-dix années suivantes, sur lesquelles il a pu recueillir des renseignements de la bouche des contemporains, les *Antiquités* acquièrent presque la valeur d'un document original. Elles intéressent au plus degré non seulement l'histoire juive, mais l'histoire romaine et celle du christianisme naissant, quoique Josèphe y fasse à peine une allusion fugitive ; sans lui, comme on l'a dit, le milieu historique où le christianisme a pris naissance — ce qu'on appelle en Allemagne la *Zeitgeschichte* de Jésus — serait impossible à reconstituer.

Son second grand ouvrage, le premier par ordre de date, est la *Guerre judaïque*, l'histoire de la formidable insurrection de 66 à 70 après J.-C. où succomba définitivement l'indépendance de sa patrie. Il y raconte presque jour par jour les événements auxquels il fut mêlé lui-même, tantôt comme acteur, tantôt comme spectateur. Si l'on peut quelquefois suspecter son impartialité, s'il exagère volontiers les chiffres, si, par une prudence naturelle mais excessive, il a systématiquement rabaissé les « patriotes » qui l'avaient compromis et exalté ses bienfaiteurs, Vespasien et Titus, on ne peut mettre en doute ni la compétence du narrateur, ni la véracité générale de la narration. Or, ce récit, qui se recommande aux spécialistes par l'abondance et la précision des détails relatifs aux opérations militaires[1], est en même temps le tableau, émouvant par sa froideur même, d'une des plus tragiques catastrophes nationales que l'histoire ait enregistrées. Ce journal de l'agonie d'un peuple, c'est quelque chose comme le second livre de l'*Énéide*, sorti, non de l'imagination d'un poète, mais des souvenirs d'un témoin bien informé. Plus d'un qui a relu ces pages pendant l'Année terrible, au milieu des angoisses du siège de Paris et de la Commune de 1871, y a retrouvé comme une image anticipée des hommes et des choses d'alors, avec cette atmosphère de « fièvre obsidionale » qui engendra tant d'héroïques dévouements et d'aberrations criminelles.

L'*Autobiographie* forme comme un complément de la *Guerre judaïque*. Ce sont les mémoires piquants d'un général d'insurrection malgré lui, auquel peut s'appliquer le mot éternellement vrai de la comédie : « Je suis leur chef, il faut que je les suive. » Seulement Josèphe ne les a pas suivis jusqu'au bout.

Le quatrième et dernier ouvrage de Josèphe, la Défense du judaïsme connue sous le titre impropre de *Contre Apion*, n'est pas le moins précieux. L'auteur, arrivé à la pleine maturité de son talent, s'y révèle polémiste ingénieux, apo-

1. Un extrait de la *Guerre*, sous le titre de *Siège de Jérusalem*, figure dans la *Bibliothèque de l'armée française* (Paris, Hachette, 1872).

logiste souvent éloquent. Il nous initie aux procédés de discussion des judéophobes d'il y a dix-huit siècles, si semblables à ceux des antisémites d'aujourd'hui. Enfin, dans son zèle de prouver l'antiquité du peuple juif par le témoignage des auteurs païens eux-mêmes, il reproduit de longs extraits, infiniment curieux, des historiens grecs qui avaient encore eu à leur disposition les annales sacerdotales de l'Égypte, de la Chaldée et de Tyr. Josèphe a ainsi préservé de la destruction quelques pages de l'histoire de ces vieilles monarchies, engloutie dans le naufrage de la littérature alexandrine ; c'est un service qui lui mérite la reconnaissance durable des orientalistes, comme par ses autres ouvrages il s'est acquis celle des historiens de la Judée, de Rome et du christianisme.

L'auteur de ces quatre livres ne fut, malgré ses prétentions, ni un grand écrivain ni un grand caractère ; mais il reste un des spécimens les plus curieux de la civilisation judéo-grecque, dont le type accompli est Philon ; il offre aussi un merveilleux exemple de la souplesse du génie israélite et de ses puissantes facultés d'assimilation. Son œuvre, qui ne paraît pas avoir atteint auprès des païens son but apologétique, méritait de survivre. Négligée par les Juifs, qui ne s'intéressaient pas à l'histoire et voyaient dans l'auteur un demi-renégat, c'est à l'Église chrétienne qu'elle doit d'être parvenue jusqu'à nous. Les Pères de l'Église citent fréquemment Josèphe et l'interpolent quelquefois ; les clercs du moyen âge le lisaient, sinon dans le texte original, du moins dans la traduction latine exécutée par ordre de Cassiodore et dans un abrégé grec des *Antiquités* qui paraît dater du xe siècle. L'annaliste du peuple élu, le « Tite Live grec », comme l'appelait saint Jérôme, était si bien l'historien par excellence que sa renommée finit par retentir jusque chez ses anciens coreligionnaires : au xe siècle une chronique légendaire de l'histoire israélite jusqu'à Titus se recommande de son nom : c'est le *Josippon*, rédigé en hébreu par un Juif d'Italie. Avec la Renaissance on revint au texte intégral et de nombreuses traductions le popularisèrent dans toutes les langues modernes.

Il fut un temps où toute famille un peu lettrée possédait sur les rayons de son armoire à livres, à côté d'une Bible, un gros Josèphe in-folio, agrémenté de nombreuses vignettes où se déroulait toute l'histoire du peuple saint depuis l'expulsion d'Adam et d'Ève jusqu'à l'incendie du Temple par les soldats de Titus. De nos jours, sauf les savants, on lit beaucoup moins Josèphe ; la substance de ses écrits a passé dans des ouvrages modernes facilement accessibles, la source est négligée et c'est un tort. Il serait trop long de rechercher toutes les causes de ce discrédit, mais l'une des plus importantes en notre pays c'est assurément l'absence d'une traduction française satisfaisante. Sans parler des informes tentatives du xve et du xvie siècles[1], il existe dans

1. Traduction complète, par Antoine de La Faye (Paris, 1597). Traductions des *Antiquités* par Guillaume Michel (1539), François Bourgoing (Lyon, 1562), Jean Le Frère de Laval (1569), Gilbert Genebrard (1578, souvent réimprimée) ; de la *Guerre* par des anonymes (Paris, Vérard, 1492, et Leber, 1530), par Herberay des Essars (1553).

notre langue deux versions complètes de Josèphe. L'une, celle d'Arnauld d'Andigny (1667-9), a dû au nom de son auteur et à un certain charme janséniste de style la faveur de nombreuses réimpressions[1]; ce n'est pourtant qu'une « belle infidèle », beaucoup plus infidèle que belle. L'autre, celle du Père Louis-Joachim Gillet (1756-7), est un peu plus exacte, mais beaucoup moins lisible. Il nous a semblé que le moment était venu d'offrir au public français une traduction nouvelle, qui fût vraiment l'équivalent du texte original. L'entreprise vient à son heure, au moment où ce texte, fort défiguré par les copistes, a été sensiblement amélioré par le grand travail critique de Niese (Berlin, 1887 suiv.). C'est son édition qui, naturellement, a servi de base à notre traduction; ce sont ses paragraphes, à numérotage continu, si commode pour les citations, qui figurent dans nos manchettes. Toutefois nous ne nous sommes pas astreint à une reproduction servile du texte de Niese; lui-même, par l'abondant *apparat* critique placé au bas de ses pages, nous a souvent fourni les éléments d'une leçon préférable à celle qu'il a insérée dans le texte; d'autres fois nous avons suivi l'édition plus récente de Naber (Leipzig, 1888 suiv.), qui offre un choix judicieux de variantes; dans des cas très rares nous avons eu recours à des conjectures personnelles.

1. Au nombre desquelles il faut compter la réimpression de Buchon (Panthéon littéraire, 1836) et la belle édition illustrée, avec notes *variorum*, par Quatremère et l'abbé Glaire (Paris, Maurice, 1846, in-folio ; l'exemplaire de la Bibliothèque Nationale ne comprend que les trois premiers livres des *Antiquités* ; a-t-il paru davantage ?).

Une traduction complète de Josèphe est une œuvre difficile et de longue haleine. L'auteur, qui apprit le grec tard et assez imparfaitement, écrit d'un style pénible ; sa phrase, longue et lourde, chargée d'incises, de redites, d'ornements vulgaires, souvent peu claire et mal construite, n'est pas toujours aisée à comprendre et est toujours malaisée à rendre. Que de fois un traducteur consciencieux doit sacrifier l'élégance à la fidélité ! Nous nous sommes efforcé du moins de n'y jamais sacrifier la clarté. La tâche, décourageante pour un seul, a été partagée entre plusieurs jeunes savants qui nous ont apporté le concours de leur talent et de leurs connaissances spéciales. Chacun d'eux est responsable du volume qu'il a signé et des notes qu'il y a jointes ; toutefois celui qui écrit ces lignes s'est réservé la direction et la revision générale du travail, et a marqué de ses initiales quelques notes dont il accepte la responsabilité exclusive. Les notes, — celles des traducteurs aussi bien que du reviseur, — ont été rédigées avec sobriété ; elles ont pour but de lever ou de signaler certaines difficultés d'interprétation, de rapprocher des passages parallèles, mais surtout d'indiquer, chemin faisant, dans la mesure du possible, les sources premières de l'information de Josèphe. C'est la première fois que l'historien juif reçoit ces éclaircissements indispensables ; car les commentaires de l'édition d'Havercamp sont en général plus prolixes qu'instructifs ; on peut leur appliquer ce mot du philologue Boeckh, qui convient à tant de commentaires de ce genre : *sie übergehen nicht viel, nur das schwierige*, « ils n'omettent pas grand'chose, seulement ce qui est difficile. »

Notre traduction est calculée pour une étendue de sept volumes, correspondant à peu près à celle de l'édition de Niese. Les *Antiquités* en réclameront quatre, la *Guerre judaïque* (à laquelle nous rattachons, pour des raisons de fond, l'*Autobiographie*), deux; le septième sera consacré au *Contre Apion*, aux débris des historiens judéo-grecs antérieurs à Josèphe, à un index général et peut-être à une étude d'ensemble sur l'œuvre et la vie de Josèphe. La tâche, attaquée de plusieurs côtés à la fois, est déjà très avancée. Si quelques tâtonnements inévitables ont retardé l'apparition du premier volume, les autres se succéderont à des intervalles rapprochés, sans que nous croyions devoir nous astreindre à un ordre rigoureux. Puisse la faveur du public répondre à notre effort et le récompenser! Puisse Josèphe redevenir, sinon un livre de chevet, du moins un ouvrage de fond, ayant sa place marquée dans toutes les bibliothèques sérieuses!

Saint-Germain, 10 septembre 1900.

THÉODORE REINACH.

ANTIQUITÉS JUDAÏQUES[1]

LIVRE I

Préambule.

1. *Motifs variés d'écrire l'histoire.* — 2. *Objet du présent ouvrage.*
3 *La Bible.* — 4. *Philosophie de Moïse.*

1. 1. Ceux qui se proposent d'écrire l'histoire ne m'y semblent
pas déterminés par une seule et même raison, mais par plusieurs,
2. très différentes les unes des autres. Certains, en effet, voulant faire
briller leur talent littéraire et avides du renom qu'il procure,
s'adonnent avec ardeur à ce genre d'études; d'autres, pour flatter
les personnages dont il sera question dans leur récit, y dépensent
3. une somme de travail qui va jusqu'à passer leurs forces; d'aucuns
se voient contraints par la nécessité même des événements auxquels
ils ont pris part à les montrer sous leur vrai jour par une narration
d'ensemble ; enfin, pour beaucoup, c'est l'ignorance où l'on est de
certains grands faits utiles à connaître qui les a déterminés, dans

1. Littéralement : *Archéologie judaïque*. L'ouvrage, divisé en 20 livres, a été terminé par Josèphe vers l'an 93 ou 94 de l'ère chrétienne, d'après les indications chronologiques qu'il donne lui-même, *Antiquités*, XX, § 267.

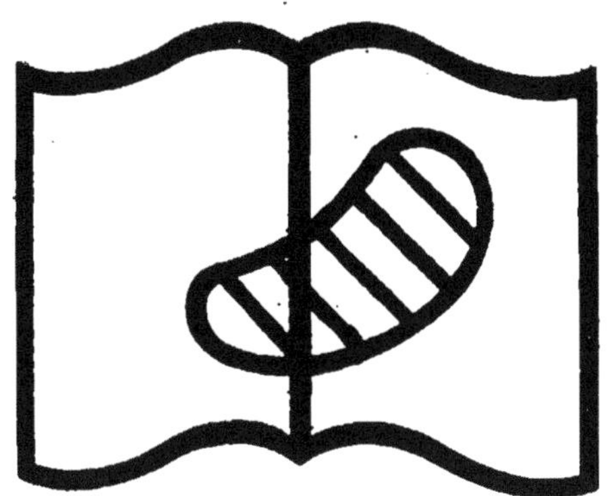

Illisibilité partielle

4. l'intérêt général, à en publier l'histoire. Parmi les raisons que je viens de dire, ce sont les deux dernières qui m'ont moi-même entraîné. En effet, la guerre que nous, Juifs, nous avons soutenue contre les Romains, les événements de cette guerre et son issue m'étant connus par expérience, j'étais forcé de la raconter en détail [1], pour réfuter les gens qui dans leurs écrits en ont altéré le véritable caractère [2].

5. 2. Quant au présent ouvrage, si je l'ai entrepris, c'est que j'ai cru qu'il paraîtrait à tous les Grecs digne d'attention : il contiendra, en effet, toute l'histoire de notre antiquité ainsi que l'exposé de notre constitution politique, traduits des livres hébraïques [3].

6. D'ailleurs, j'avais déjà médité autrefois, en écrivant l'histoire de la guerre, de montrer ce que furent au début les Juifs, quelles destinées ils eurent, quel grand législateur leur enseigna la piété et l'exercice des autres vertus, combien de luttes très longues ils durent soutenir avant cette dernière guerre où ils s'enga-

7. gèrent malgré eux [4] contre les Romains. Toutefois, comme ce sujet embrassait trop de matières, j'en ai fait un tout à part, ayant son commencement et sa fin, donnant ainsi à mon ouvrage de justes proportions. Mais avec le temps et, comme il arrive souvent à ceux qui s'attaquent à une tâche difficile, il me vint des hésitations et de la paresse à traduire un si grand sujet dans une langue étrangère dont les habitudes ne nous sont pas familières.

8. Cependant quelques personnes curieuses de cette histoire me

1. Allusion à son ouvrage : Περὶ τοῦ Ἰουδαϊκοῦ πολέμου, terminé avant 79.

2. Il s'agit surtout de Justus de Tibériade qui prit part à la guerre et en composa ensuite une histoire, où il jugeait sévèrement le rôle que Josèphe y avait joué. Josèphe lui réplique dans son Autobiographie (voir *Vita*, passim). Josèphe fait encore allusion dans le préambule de la *Guerre* à d'autres historiens inexacts ou passionnés de ces événements.

3. Josèphe a dû, en effet, avoir la Bible sous les yeux pour composer ses *Antiquités*. On sait par son propre témoignage (*Vita*, § 418) qu'il emporta des Livres saints du siège de Jérusalem.

4. Ici comme ailleurs (voir, entre autres, *Ant.*, IV, § 207 et note) Josèphe atténue ce qui peut paraître répréhensible aux yeux des Romains dans l'hostilité des Juifs à leur égard ; il déguise cette hostilité et fait d'eux des adversaires involontaires de la domination romaine.

pressaient de l'écrire, et plus que tous Épaphrodite[1], homme pas-
sionné pour toute espèce d'érudition, mais qui goûte de préférence
la science historique, mêlé comme il l'a été à de grands événements et à des fortunes très diverses, au milieu desquels il a toujours fait preuve d'une merveilleuse force de caractère et d'un
9. attachement inébranlable à la vertu. Je me laissai donc persuader
par lui, car il ne cesse d'encourager les hommes capables de faire
œuvre utile ou belle, et, tout confus de laisser supposer que mon
repos m'était plus cher que l'effort d'une belle entreprise, je m'enhardis et repris courage ; au surplus, outre ces raisons, ce fut pour
moi une considération nullement secondaire que nos ancêtres, d'une
part, aient toujours été disposés à communiquer leur histoire et que
certains Grecs, de l'autre, aient été curieux de la connaître.
10. 3. Je remarquai, en effet, que le second des Ptolémées[2], ce roi qui
s'est tant intéressé à la science, ce collectionneur de livres, s'occupa
tout particulièrement de faire traduire en grec notre code et la
11. constitution politique qui en découle ; d'autre part, Éléazar, qui ne
le cédait en vertu à aucun de nos grands-prêtres, ne se fit pas
scrupule d'accorder à ce roi la satisfaction qu'il sollicitait ; or, il
eût refusé net, s'il n'eût été de tradition chez nous de ne tenir secret
12. rien de ce qui est bien[3]. J'ai donc pensé que, pour moi, je devais
imiter la conduite libérale du grand-prêtre et supposer qu'encore

1. Cet Épaphrodite, auquel Josèphe dédia sa *Vie* et le *Contre Apion*, paraît être identique à un grammairien qui vécut à Rome depuis l'époque de Néron jusqu'à celle de Nerva et réunit une bibliothèque de 30.000 volumes (Suidas, s. v.). D'autres ont pensé, mais à tort, à un affranchi et secrétaire de Néron, mis à mort par Domitien (Cf. Schürer, *Geschichte des jüd. Volkes*, I (2e éd.), p. 62 T. R.).

2. Ptolémée II Philadelphe (285-247 av. J.-C.).

3. Il s'agit, dans tout ce passage, de la version dite des Septante et plus particulièrement du Pentateuque, partie juridique de la Bible. L'histoire de la Septante est rapportée tout au long au livre XII, §§ 34 et suiv. On estime généralement que Josèphe a utilisé cette version. Cependant il diffère assez souvent des LXX, soit dans la transcription des noms propres, soit dans l'interprétation de certains passages bibliques. Nous signalerons les divergences importantes. Voir sur les rapports entre Josèphe et les LXX : Bloch, *Die Quellen des Fl. Josephus*, Leipzig, 1879 ; Siegfried, *Die hebräischen Worterklärungen des Josephus*, dans la *Zeitschrift* de Stade, 1883, p. 32 sqq.

aujourd'hui bien des gens comme le roi Ptolémée aiment à s'instruire; celui-ci, en effet, n'eut pas le temps de recueillir toutes nos annales; seule, la partie juridique lui fut transmise par les gens
13. qu'on envoya à Alexandrie en faire la traduction. Or, innombrables sont les renseignements que nous donnent les saintes Écritures; car elles embrassent l'histoire de cinq mille années[1], et racontent toutes sortes de péripéties imprévues, beaucoup de fortunes de guerre, de hauts faits de capitaines, et de révolutions politiques.
14. Dans l'ensemble, on apprend surtout par cette histoire, si l'on prend la peine de la parcourir, que les hommes qui se conforment à la volonté de Dieu et redoutent d'enfreindre une législation excellente prospèrent au-delà de toute espérance et que, pour récompense, Dieu leur accorde le bonheur; mais que, dès qu'ils s'écartent de la stricte observance de ces lois, la route qu'ils suivent devient impraticable et leurs efforts en vue de ce qu'ils pensent être le bien se
15. tournent en d'irrémédiables malheurs. J'engage donc maintenant ceux qui liront ces livres à élever leurs pensées jusqu'à Dieu et à examiner si notre législateur a eu une conception satisfaisante de sa nature, s'il lui a toujours assigné un rôle conforme à sa toute-puissance, en gardant pour parler de lui un langage pur de ces
16. fables inconvenantes qu'on trouve ailleurs; encore que, traitant d'une durée si longue et si lointaine, il eût eu pleine licence de forger des fictions. Il vécut, en effet, il y a deux mille ans, en des temps si reculés que les poètes n'ont pas même osé y rapporter la naissance des dieux, encore moins les actions des hommes et leurs lois.

17. Ce sont donc ces données exactes des Écritures que j'exposerai au cours de mon récit, chacune à sa place, ainsi que j'ai promis de le faire dans le présent ouvrage, sans rien ajouter ni rien omettre.

18. 4. Mais, comme presque tout ce qui nous concerne dépend des sages institutions du législateur Moïse (Môysès), il me faut d'abord parler de lui brièvement, de peur que mes lecteurs ne se demandent pourquoi, dans cet ouvrage qui doit traiter de lois et de faits his-

1. Sur la chronologie de Josèphe, voir plus loin, § 82, note.

19. toriques, je fais une si large part aux questions cosmologiques[1]. Il
faut donc savoir que, selon ce grand homme, pour bien organiser
sa vie et donner des lois aux autres, il importe avant tout de comprendre la nature de Dieu, puis, en considérant par l'esprit les œuvres divines, d'imiter dans la mesure de ses forces le meilleur de
20. tous les modèles et de tâcher de s'attacher à lui ; jamais, en effet,
le législateur lui-même ne sera bien inspiré s'il néglige ces considérations, et ceux qui liront des traités sur la vertu n'en retireront
aucun fruit, s'ils n'ont appris au préalable que Dieu, qui est le père
et le maître de toutes choses et qui voit tout, accorde une vie heureuse à ceux qui suivent ses voies, mais accable de grandes catas-
21. trophes ceux qui marchent hors du chemin de la vertu. Telle
est l'éducation que Moïse voulait donner à ses concitoyens ; aussi,
lorsqu'il institua ses lois, ne commença-t-il pas par les con-
trats[2] et les droits réciproques, comme font les autres législateurs ;
c'est vers Dieu et l'idée de la création du monde qu'il éleva leurs
méditations ; il les persuada que de toutes les œuvres accomplies
par Dieu sur terre, nous, les hommes, nous sommes la plus belle,
et lorsqu'il les eut convertis à la piété, il n'eut plus de peine à les
22. convaincre de tout le reste. Les autres législateurs[3], en effet, s'en

1. Josèphe entend par φυσιολογία des explications sur la naissance du monde et l'origine des choses.

2. Dans le Midrasch (*Tanḥouma* sur *Bereschit*), Rabbi Isaac Nappaḥa (Amora palestinien de la fin du IIIe siècle ap. J.-C.) se demande pourquoi la Tora ne commence pas par l'exposé des lois de Moïse (*Exode*, XII, 2). Il pense que le récit de la création est destiné à faire éclater la grandeur et la puissance divines. Philon (préface du *De opificio mundi*, 1. Mangey, I. 1) s'exprime d'une façon tout analogue : μήτ' εὐθὺς ἃ χρὴ πράττειν ἢ τὸ ἐναντίον ὑπειπών, « il (Moïse) ne prescrivit pas tout de suite ce qu'il faut faire ou ne pas faire ». Des opinions diverses ont été émises sur la question de savoir si Josèphe a utilisé ou non les œuvres de Philon, qu'il a, d'ailleurs, connu, comme il ressort de *Ant.*, XVIII, § 259. Voir à ce sujet Siegfried, *Philo von Alexandria*, Iena, 1875, et Bloch, *Die Quellen des Fl. Josephus*. Même en refusant d'admettre que Josèphe ait suivi Philon, on peut penser qu'il a puisé aux mêmes sources que lui, à savoir les traditions agadiques. Philon dit, en effet (*De vita Moysis*, M. II, 82, § 1) : μαθὼν αὐτὰ ... παρά τινων ἀπὸ τοῦ ἔθνους πρεσβυτέρων, « ayant appris ces détails de quelques anciens de la nation. »

3. Philon (*ibid.*) : οἱ δὲ πολὺν ὄγκον τοῖς νοήμασι προσπεριλαβόντες ἐξετύφωσαν τὰ πλήθη, μυθικοῖς πλάσμασι τὴν ἀλήθειαν ἐπικρύψαντες, « les autres (législateurs), met-

rapportant aux fables, attribuaient aux dieux, dans leurs écrits, les honteuses faiblesses des hommes et fournissaient ainsi aux scé-
23. lérats une puissante excuse. Notre législateur, lui, ayant montré que Dieu possède la vertu parfaite, voulut que les hommes s'efforçassent de participer à cette perfection et châtia inexorablement ceux qui ne méditaient point ces enseignements ou n'y ajoutaient
24. pas foi. J'invite donc tous ceux qui me liront à examiner notre Écriture en partant de ce principe. A ceux qui se placeront à ce point de vue, rien n'y paraîtra déraisonnable ni indigne de la grandeur de Dieu et de son amour pour les hommes; tous les traits en sont présentés avec l'expression correspondant à la nature des choses: tantôt le législateur a parlé habilement à mots couverts; tantôt il s'est servi d'allégories pleines de majesté; mais toutes les fois qu'il importait de parler sans ambages, il s'est exprimé ouverte-
25. ment. Quant à rechercher les motifs de chacun de ces procédés, il y faudrait une étude profonde et d'un caractère tout à fait philosophique; pour le moment, je passe outre, mais si Dieu m'en donne
26. le loisir, je tâcherai de l'écrire[1] après le présent travail. J'arrive maintenant au récit des événements, en rappelant d'abord ce que Moïse a dit touchant la création du monde, détails que j'ai trouvés consignés dans les saints Livres, comme il suit.

tant beaucoup d'emphase dans leurs inventions, ont jeté de la poudre aux yeux et caché la vérité sous des fictions fabuleuses. »

1. Cet ouvrage ne nous est pas parvenu, ou plutôt Josèphe ne l'a sans doute pas composé. On peut penser qu'il eût été analogue aux écrits de Philon sur le même sujet. Josèphe fait maintes fois allusion à cet ouvrage qu'il se proposait d'écrire. Voir plus loin, § 192, note.

CHAPITRE PREMIER [1]

1. — Création du monde. — 2. Adam et Ève. — 3. Le paradis. — 4. Le péché ; Adam et Ève chassés du paradis terrestre.

27. 1 [2]. Au commencement Dieu créa le ciel et la terre. Celle-ci n'était
pas visible ; elle était cachée sous des ténèbres profondes et un souffle
d'en haut courait à sa surface. Dieu ordonna que la lumière fût.
28. Quand elle eut paru, il considéra l'ensemble de la matière et sépara
la lumière des ténèbres, les appelant jour et nuit, et il nomma
matin et soir l'apparition de la lumière et sa cessation. Et ce jour de-
29. vrait être le premier, mais Moïse employa le terme de « un [3] jour ».
Pourquoi? Je pourrais le dire dès maintenant, mais comme je me
propose de faire la recherche de toutes les causes dans un écrit [4]
spécial, je diffère jusque-là l'éclaircissement de ce point.
30. Ensuite, le second jour, Dieu établit le ciel sur le monde ; l'ayant
distingué du reste, il jugea qu'il devait être organisé à part et,
l'ayant entouré d'une surface congelée, il le rendit humide et plu-
vieux, en rapport avec les besoins de la terre, qu'il féconderait de
ses rosées.

1. La division du texte en chapitres, sections et paragraphes et les sommaires ne sont pas l'œuvre de Josèphe.

2. *Genèse*, I.

3. Josèphe, conformément à l'exégèse traditionnelle, remarque l'emploi du mot *èḥad*, « un », dans la Bible au lieu de l'ordinal *rišôn* « premier », qu'on attendrait. Mais il se réserve de donner plus tard les raisons de cette singularité. Le Talmud (*Nazir*, 7 *a*) l'explique en disant que l'expression « un jour » signifie un jour complet, d'où il résulte qu'on doit compter avec le jour la nuit qui précède. Philon, *De mundi opificio*, § 9, M. I, p. 7, dit aussi : καὶ ἡμέραν οὐχὶ πρώτην, ἀλλὰ μίαν..., « non pas premier jour, mais *un* jour » ; mais il donne, lui, une explication allégorique. Il voit dans le terme de « un » l'unité intelligible, incorporelle du monde, κόσμος νοητός, ἀσώματος, comme il dit plus loin.

4. Le même dont il parle à la fin du préambule (§ 25).

31. Le troisième jour, il fixe la terre et répand autour d'elle les eaux de la mer; c'est ce même jour qu'il lui fait produire d'un seul coup[1] les végétaux et les semences.

Le quatrième jour, il orne le ciel en y plaçant le soleil, la lune et les autres astres; il prescrit leurs mouvements et leurs cours, qui devront indiquer les révolutions des saisons.

32. Le cinquième jour, paraissent les poissons et les oiseaux; il lance les uns dans les profondeurs des mers, les autres à travers les airs. Il les unit par les liens de la vie en commun et la génération, pour se perpétuer et multiplier leur espèce.

Le sixième jour, il crée la race des quadrupèdes, les fait mâles et femelles; et, ce jour-là, il forme aussi l'homme.

33. Ainsi, selon Moïse, le monde avec tout ce qu'il renferme fut créé en six jours seulement; le septième, Dieu s'arrêta et se reposa de ses travaux. De là vient que, nous aussi, nous passons ce jour-là dans le repos et nous l'appelons sabbat, mot qui signifie cessation[2] dans la langue des Hébreux.

34. 2[3]. Après le septième jour, Moïse commence à parler de questions naturelles[4]; sur la création de l'homme il s'exprime ainsi : Dieu, pour façonner l'homme, prit de la poussière de la terre, et y inspira un souffle et une âme[5]. Cet homme fut appelé Adam(os)[6], ce qui, en

1. Cf. *Rosch-haschana*, 11 *a* et *Ḥoullin*, 60 *a* : R. Josué ben Lévi (Amora palestinien du IIIe siècle de l'ère chrétienne) dit que toute l'œuvre de la création est apparue en plein développement. Philon dit de même, dans le *De mundi opificio*, 12, M. I, p. 9 : ἐπεβρίθει δὲ πάντα καρποῖς εὐθὺς ἅμα τῇ πρώτῃ γενέσει, κατὰ τὸ ἐναντίον τρόπον ἢ τὸν νυνὶ καθεστῶτα, « il chargea tout de fruits, dès le début de la création, au rebours de ce qui se passe maintenant ».

2. Philon (*De Cherub.*, 26, M. I, p. 54) traduit également par ἀνάπαυσις, cessation. C'est, en effet, le sens de la racine hébraïque שבת.

3. *Genèse*, II.

4. Voir préambule, §§ 18 et suiv. On ne voit pas très bien pourquoi le ch. II de la *Genèse* serait plus « physiologique » que le premier [T. R.].

5. Cette distinction de trois éléments dans l'homme — corps, souffle et âme — se retrouve dans plusieurs écrits contemporains de Josèphe, par exemple Saint Paul, *Ire aux Thessaloniciens*, v, 23 [T. R.].

6. Ἄδαμος dans le texte; les LXX ont Ἀδάμ : Josèphe, pour ne pas effaroucher ses lecteurs romains et grecs, hellénise presque tous les noms propres en

hébreu, signifie *roux*[1], parce que c'est avec de la terre rouge délayée
qu'il fut formé ; c'est bien, en effet, la couleur de la vraie terre
35. vierge. Dieu fait passer devant Adam les animaux selon leurs espèces,
mâles et femelles, en les désignant[2] ; il leur donne les noms qui
sont encore usités aujourd'hui. Puis, considérant qu'Adam n'a pas
de compagne à qui s'unir (en effet il n'existait pas de femme), et
qu'il s'étonne de voir les autres animaux pourvus de femelles, il lui
36. enlève une côte, tandis qu'il dort, et en forme la femme. Adam, quand
elle lui fut présentée, reconnut qu'elle était née de lui-même. La
femme s'appelle *essa*[3] en hébreu : mais cette première femme eut
nom Ève, c'est-à-dire *mère de tous les vivants*.
37. 3. Moïse raconte que Dieu planta du côté de l'orient un parc,
foisonnant en plantes de toute espèce ; il y avait, entre autres, la plante
de la vie et celle de l'entendement, par laquelle on apprenait ce que
38. c'est que le bien et le mal ; il fit entrer dans ce jardin Adam et la
femme et leur recommanda de prendre soin des plantes. Ce jardin
est arrosé par un fleuve unique dont le cours circulaire environne
toute la terre et se divise en quatre branches ; le Phison, dont le
nom signifie *abondance*[4], s'en va vers l'Inde se jeter dans la mer :
39. les Grecs l'appellent Gange ; puis l'Euphrate et le Tigre, qui vont se

les déclinant, comme il le dit lui-même plus loin (§ 129) ; il arrive ainsi à modifier parfois singulièrement le nom qu'il transcrit. En français, nous garderons l'orthographe de Josèphe pour les noms peu importants ; pour ceux qui reviennent très souvent, nous conservons la forme traditionnelle en indiquant, entre parenthèses, à la première mention, la transcription de Josèphe.

1. Josèphe fond ici les deux explications de la racine אדם : le sens de « terre » est le seul qui soit donné pour Adam dans la Bible. Quant au sens de « rouge », on ne le trouve pas dans la littérature rabbinique, excepté dans le *Pirkê de Rabbi Eliézer*, XII, qui s'inspire d'écrits chrétiens.

2. Dans l'Écriture, c'est Adam qui donne leurs noms aux animaux.

3. Transcription de אִשָּׁה . La *Version latine* porte : *issa*.

4. Josèphe transcrit l'hébreu פִּישׁוֹן par Φεισών (LXX : Φισών). Il le traduit par πλῆθος, faisant venir, par conséquent, l'héb. Phisôn de la racine פּוּשׁ « s'étendre, prendre de grandes proportions. » Philon traduit (*Leg. alleg.*, M. I, p. 24) par στόματος ἀλλοίωσις, « changement de corps ». Le Phisôn est assimilé au Gange parce que, d'après l'Écriture, il entoure « le pays de l'or ».

perdre dans la mer Érythrée ; l'Euphrate est appelé Phora[1], c'est-à-dire *dispersion* ou *fleur*, et le Tigre, Diglath[2], ce qui exprime à la fois l'*étroitesse* et la *rapidité* ; enfin le Géon[3], qui coule à travers l'Égypte, dont le nom indique *celui qui jaillit de l'orient* ; les Grecs l'appellent Nil.

40. 4[4]. Dieu donc invita Adam et la femme à goûter de tous les végétaux, mais à s'abstenir de la plante de l'entendement, les
41. prévenant que, s'ils y touchaient, ils s'attireraient la mort. A cette époque où tous les animaux parlaient une même langue[5], le serpent, vivant en compagnie d'Adam et de la femme, se montrait

1. Héb. פְּרָת. Josèphe, en proposant deux traductions, voit dans le mot hébreu, soit la racine פרד (ou פרץ), soit la racine פרח (ou פרח) ; la première signifie, en effet, dispersion, et la seconde, fleur. Philon (*Leg. alleg.*, I, 23) traduit par καρποφορία, « fertilité » ; il pensait sans doute à פרה, fructifier.

2. *Diglath* n'est pas hébreu, mais araméen (Onkelos et Pseudo-Jonathan, *Gen.* II, 14) ; en assyrien, c'est *diklat* ou *idiklat*. En réalité, Josèphe traduit l'hébreu הִדֶּקֶל, qu'il décompose sans doute en deux mots ; de là les deux termes de ὀξύ et de στενότης. La question est de savoir comment il le décompose. Peut-être, comme le propose Siegfried (*op. cit.*), Josèphe a-t-il vu dans *hiddékel* : *had* = ὀξύ et *dak* avec un ל terminal comme dans כרמל ; mais le mot *dak* signifie « fin », « ténu » et non « étroit ». Dans *Gen. R.*, XVI, le mot *hiddékel* est décomposé en : חד « aigu » et קוֹל « voix » ou קַל « rapide » ; ὀξύ correspond assez à חד et à קל mais στενότης ? Gesenius (*Geschichte der hebr. Sprache*) distingue dans *hiddékel*, *had* = ὀξύ et *dékel*, équivalent un peu altéré de Tigris qui signifie « flèche », « cours rapide » ; Josèphe l'entendait peut-être ainsi, à moins, enfin, qu'il n'ait eu dans l'esprit, non pas l'hébreu *hiddékel*, mais uniquement la transcription *diglath*, où il a pu reconnaître, ainsi que nous le suggère M. Israël Lévi, les racines דק « mince, étroit » et דלג « bondir ».

3. Le Géon. Josèphe transcrit l'hébreu גִּיחוֹן par Γηών, les LXX, par Γεών. Sa traduction « celui qui jaillit » indique qu'il pensait à la racine גיח. Philon traduit Gihon par στῆθος, « poitrine » ou κερατίζων, « qui frappe avec les cornes » (*Leg. alleg.*, I, § 21), ce qui donne deux étymologies différentes, גחון et נגח.

4. *Gen.*, III, 1.

5. Cf. Philon, *De opif. mundi*, M I, p. 37 : λέγεται τὸ παλαιὸν .... ὄφις ἀνθρώπου φωνὴν προΐεσθαι, « on dit qu'autrefois le serpent émettait une voix humaine. » *Le Livre des Jubilés*, ch. III, fin, dit que les animaux parlaient à l'origine une seule et même langue, et que Dieu leur ferma la bouche après que le serpent eut séduit Ève. Ceci se retrouve plus tard dans le *Livre d'Adam*, œuvre chrétienne (voir Roensch, *Das Buch der Jubiläen*, Leipzig, 1874, p. 341).

42. jaloux des félicités qu'il leur croyait promises[1], s'ils se conformaient
aux prescriptions de Dieu, et, espérant qu'ils tomberaient dans le
malheur en désobéissant, il engage perfidement la femme à goûter
de la plante de l'entendement ; « on y trouve, disait-il, le moyen de
discerner le bien et le mal » ; dès qu'ils le posséderaient, ils mèneraient une vie bienheureuse qui ne le céderait en rien à la vie divine.
43. Il ébranle par ses mensonges la femme au point de lui faire négliger
la recommandation de Dieu ; elle goûta de la plante, en apprécia la
44. saveur et persuada à Adam d'en manger aussi. Alors ils se rendirent compte qu'ils étaient nus et que leur sexe était à découvert,
et ils songèrent à se couvrir; la plante, en effet, aiguisait l'intelligence. Aussi se couvrirent-ils de feuilles de figuier, et, après
s'en être fait une ceinture, ils crurent leur félicité plus grande
45. puisqu'ils avaient trouvé ce qui leur manquait auparavant. Mais,
comme Dieu entrait dans le jardin, Adam, qui jusqu'alors venait
souvent converser avec lui, eut conscience de sa faute et se
déroba. Dieu trouva son attitude étrange et lui demanda pourquoi,
tandis que naguère il se plaisait à converser avec lui, il fuyait
46. maintenant l'entretien et se détournait. Comme Adam ne disait
mot, se sentant coupable d'avoir contrevenu à l'ordre divin, Dieu
lui dit : « J'avais décidé que vous mèneriez une vie heureuse, à
l'abri de tout mal, sans qu'aucun souci vous torturât l'âme ; tout
ce qui contribue à la jouissance et au plaisir devait s'offrir spontanément à vous, de par ma providence, sans labeur, sans souffrances pour vous ; avec ces avantages, la vieillesse ne vous aurait pas atteints rapidement, et une longue vie eût été votre par-
47. tage. Mais voici que tu as outragé mon dessein en méprisant
mes ordres; ce n'est pas par vertu que tu gardes le silence,
48. c'est parce que ta conscience est troublée. » Adam cherchait à se
disculper et priait Dieu de ne pas s'irriter contre lui ; il rejetait

1. Dans le Talmud, *Sanhédrin*, 59 *b*, Juda ben Têma (Tanna du IIe siècle) dit : les anges se tenaient devant Adam, lui cuisaient sa viande, etc... Le serpent s'en montra jaloux. Un autre Tanna de la même époque, Josué ben Korha, dit (*Gen. R.*, XVIII) : le serpent avait vu Adam et Ève s'unir et avait désiré celle-ci. D'après la Tosefta, *Sota*, IV, p. 301, le serpent voulait tuer Adam pour épouser sa femme.

sa faute sur la femme, et disait qu'elle l'avait, par sa ruse, induit à pécher; à son tour, la femme accusait le serpent. Dieu jugea
49. Adam digne de punition pour avoir succombé à un conseil de femme; il déclara que désormais pour eux la terre ne produirait plus rien d'elle-même et que, en retour d'un labeur acharné, parfois elle donnerait des fruits, parfois elle les refuserait. Quant à Ève, il la punit en lui infligeant l'enfantement et les souffrances qui l'accompagnent, parce que, s'étant laissée prendre aux tromperies du serpent, elle avait entraîné Adam dans le malheur.
50. Il priva aussi le serpent de la parole [1], irrité de sa malice à l'égard d'Adam; il lui mit du venin sous la langue, le désigna comme un ennemi des hommes et ordonna qu'on le frappât à la tête, parce que c'est là que gît l'origine du mal qui a atteint les hommes et que c'est là aussi que ses adversaires lui porteront le plus aisément le coup mortel; enfin il le condamna à n'avoir plus de pieds et à
51. se traîner en se tordant sur la terre. Dieu, leur ayant infligé ces châtiments, fit sortir Adam et Ève du jardin et les transporta dans un autre lieu.

CHAPITRE II

1. *Caïn et Abel.* — 2. *Postérité de Caïn.* — 3. *Seth et ses descendants.*

52. 1 [2]. Il leur naquit deux enfants mâles; le premier s'appelait Kaïs (Caïn) [3], dont le nom se traduit par *acquisition*, le second, Abel(os)

1. Voir p. 10, note 5.
2. *Gen.*, IV, 1.
3. Josèphe, qui rend tous les noms déclinables, grâce à des désinences ap-

53. c'est-à-dire *deuil*[1]. Il leur naquit également des filles[2]. Les deux
frères se plaisaient à des occupations différentes : Abel, le plus
jeune, était zélé pour la justice et, dans l'idée que Dieu présidait à
toutes ses actions, il s'appliquait à la vertu ; sa vie était celle d'un
berger. Caïn était en tout d'une grande perversité et n'avait d'yeux
que pour le lucre ; il est le premier qui ait imaginé de labourer la terre ;
54. il tue son frère pour le motif suivant. Comme ils avaient décidé de
faire des offrandes à Dieu, Caïn apporta les fruits de la terre[3] et ceux
des arbres cultivés ; Abel, du lait[4] et les premiers-nés de ses troupeaux.
C'est cette offrande qui plut davantage à Dieu : des fruits nés spontanément et selon les lois naturelles l'honoraient, mais non pas des
produits obtenus par la cupidité d'un homme, en forçant la nature.
55. Alors Caïn, irrité de voir Abel préféré par Dieu, tue son frère :
ayant fait disparaître le cadavre, il croyait que le meurtre resterait
ignoré[5]. Mais Dieu, qui savait le crime, alla trouver Caïn, et lui
demanda où pouvait être son frère ; depuis plusieurs jours, il ne

propriées, arrive à dénaturer singulièrement le mot hébreu קַיִן. L'étymologie qu'il donne de ce nom est d'ailleurs conforme à la racine hébraïque קין et à l'explication qu'en donne la *Genèse* elle-même (IV, 1).

1. Πένθος « deuil » est aussi le terme dont se sert Philon pour expliquer le nom d'Abel, *De migr. Abr.*, § 13 : ὄνομα δ' ἐστὶ τοῦ τὰ θνητὰ πενθοῦντος « C'est le nom de celui qui pleure un mort. » Le traducteur de l'*Ecclésiastique* rend également (XLI, 14) הבל par πένθος. Ils ont tous confondu הבל, qui signifie « souffle, vanité », avec אבל, qui se traduit, en effet, par « deuil ». Dans le ms. R (Paris) de Josèphe, on lit, au lieu de πένθος, οὐδέν ou οὐθέν, c'est la leçon qu'a choisie Niese, sans s'expliquer, d'ailleurs, sur le sens qu'il lui attribue (« ne signifie rien » ou « signifie néant ? »).

2. Cf. *Gen. R.*, XXII ; *Yebamot*, 62 *a* : Rabbi Natan (Tanna du IIe siècle de l'ère chrét.) dit qu'en même temps que Caïn et Abel naquirent des filles. Le *Livre des Jubilés* au ch. IV (commencement) cite le nom d'une fille nommée Avan. Cf. aussi le *Livre d'Adam*, cité dans Roensch, *op. cit.*, p. 341, 348.

3. La Bible (*Gen.*, IV, 3) ne parle que des fruits de la terre.

4. Josèphe, par une curieuse variante, a dû lire ici dans l'hébreu וּמֵחֲלָבָהֶן, au lieu de וּמֵחֶלְבֵהֶן. Les LXX traduisent, conformément à notre texte de la Bible : καὶ ἀπὸ τῶν στεάτων αὐτῶν, « et de leurs graisses ». Des exemples de ce genre sont de nature à prouver l'indépendance de Josèphe à l'égard de la Septante.

5. Le même trait se lit dans le *Pirké R. El.*, ch. XXI. Caïn a enseveli le corps de son frère pour pouvoir nier le meurtre et Dieu lui reproche d'avoir menti et d'avoir cru qu'il ne saurait rien.

l'aperçoit plus, lui qu'il voyait auparavant aller et venir sans cesse avec
56. Caïn. Celui-ci, embarrassé, n'ayant rien à répondre, déclare d'abord
qu'il est très étonné lui-même de ne pas voir son frère, puis, harcelé par Dieu de questions pressantes et poussé à bout, il répond
qu'il n'est pas le gouverneur de son frère, chargé de surveiller sa per-
57. sonne et ses actes. Dès ce moment, Dieu l'accuse d'être le meurtrier
de son frère : « Je m'étonne, dit Dieu, que tu ne puisses dire ce
58. qui est advenu d'un homme que tu as toi-même tué. » Cependant,
il ne lui inflige pas la peine méritée par son meurtre, Caïn lui ayant
offert un sacrifice et l'ayant supplié de ne pas lui faire sentir trop
durement sa colère[1]; mais il le maudit et menace de punir ses descendants jusqu'à la septième génération[2]; puis, il le bannit de cette
59. contrée avec sa femme. Comme Caïn craignait de devenir la proie
des bêtes féroces[3] et de périr ainsi, Dieu l'exhorte à ne pas baisser
la tête d'un air morne pour un pareil motif : il n'aura rien à redouter
des bêtes féroces et, par suite, il pourra errer sans crainte sur toute
la terre. Dieu met un signe sur lui pour le faire reconnaître et lui
enjoint de partir.

60. 2[4]. Caïn traverse beaucoup de pays et s'arrête avec sa femme dans
un endroit appelé Naïs[5], où il fixe sa résidence et où des enfants lui
naquirent. Loin de considérer son châtiment comme un avertissement, il n'en devint que plus pervers ; il s'adonna à toutes les voluptés corporelles, dût-il maltraiter, pour les satisfaire, ceux qui

1. Dans le *Pirké R. El.*, XXI, il est dit que les mots prononcés par Caïn (*Gen.*, IV, 13) : « Mon péché est trop grand pour être supporté » furent considérés par Dieu comme l'expression de son repentir. Dans *Sanhédrin*, 37 *b*, *Gen. R.*, XXII, *Pesikta* 160 *a*, *Lévit. R.*, X, il est parlé également de la pénitence de Caïn. Voir aussi le *Pseudo-Jonathan* (*ad loc.* et vers. 24).

2. D'après le verset 24 (ch. IV). L'expression « sera vengé sept fois » est interprétée par Josèphe d'une façon singulière. *Onkelos*, dans sa traduction du même passage, *Pseudo-Jonathan* et *Gen. R.*, XXIII, expliquent, au contraire, que Dieu a suspendu la peine de Caïn jusqu'à la septième génération.

3. Dans *Gen. R.*, XXII, Juda ben Haï (Tanna du IIe siècle ap. J.-C.), se fondant sur les mots de l'Écriture : « *Quiconque* tuera Caïn », dit que les animaux même sont venus réclamer la punition du meurtrier.

4. *Gen.*, IV, 17.

5. Héb. : Nôd ; LXX : Ναίδ.

étaient avec lui; il augmente sa fortune de quantités de richesses amassées par la rapine et la violence; il invita au plaisir et au pillage tous ceux qu'il rencontrait et devint leur instructeur en pratiques scélérates. Il détruisit l'insouciance, où vivaient précédemment les hommes, par l'invention des mesures et des poids; la vie franche et généreuse que l'on menait dans l'ignorance de ces choses, il en fait une vie de fourberie. Le premier, il délimita des propriétés; il bâtit une ville, la fortifia par des murs et contraignit ses compagnons à s'associer en communauté. Cette ville, il la nomme Anocha du nom de son fils aîné Anoch(os)[1]. Anoch eut pour fils Jared(ès)[2]; de celui-ci naquit Marouêl(os)[3], lequel eut pour fils Mathousalas, père de Lamech(os) qui eut soixante-dix-sept enfants[4] de deux femmes, Sella et Ada. L'un deux, Jôbel(os), né d'Ada, planta des tentes et se plut à la vie pastorale. Joubal(os), son frère, né de la même mère, s'adonna à la musique et inventa les psaltérions et les cithares. Thobél(os), un des fils de l'autre femme, plus fort que tous les hommes, se distingua dans l'art de la guerre où il trouva de quoi satisfaire aux plaisirs du corps; il inventa le premier l'art de forger. Lamech devint père d'une fille, Noéma : comme il voyait, par sa grande science des choses divines, qu'il subirait la peine du meurtre commis par Caïn sur son frère, il s'en ouvrit à ses femmes[5].

Encore du vivant d'Adam, les descendants de Caïn en arrivèrent aux plus grands crimes : par les traditions et l'exemple, leurs vices

1. LXX : Ἐνώχ. La ville porte le même nom.
2. LXX : Γαϊδάδ. En hébreu, *'Irad*.
3. Ce nom a beaucoup de variantes. L'hébreu lui-même donne déjà : *Meḥouyaël* et *Meḥiyaël*, les LXX : Μαλελεήλ. Il y a des confusions entre les deux listes de *Gen.*, IV, et *Gen.*, V. Pour les noms qui suivent, les transcriptions de Josèphe et des Septante sont à peu près identiques.
4. Il n'est pas fait mention dans la *Genèse* de ces 77 fils de Lamech; peut-être faut-il voir un rapport entre cette donnée et le verset obscur (*Gen.*, IV, 24) où il est dit : « Lamech sera vengé 77 fois ». Il n'est pas invraisemblable que Josèphe, souvent fantaisiste dans ses exégèses (cf. plus haut, § 58, n. 1), ait vu dans ce chiffre énigmatique le nombre des enfants du patriarche.
5. Ainsi abrégé, ce trait n'a pas de sens. Dans la Bible (*Gen.*, IV, 23) il sert à amener un fragment de vieille chanson [T. R.].

allaient toujours en empirant ; ils faisaient la guerre sans modération et s'empressaient au pillage. Et ceux qui n'osaient pas verser le sang montraient, du moins, tous les emportements de l'insolence, de l'audace et de la cupidité.

67. 3. Adam, le premier-né de la terre, pour en revenir à lui, comme mon récit l'exige, après qu'Abel eut été immolé et que Caïn eut pris la fuite à cause de ce meurtre, souhaitait d'autres enfants ; il fut pris d'un vif désir de faire souche, alors qu'il avait franchi déjà
68. 230[1] années de sa vie ; il vécut encore 700 ans avant de mourir. Il eut, avec beaucoup d'autres enfants[2], un fils Seth(os) ; il serait trop long de parler des autres ; je me contenterai de raconter l'histoire de Seth et de sa progéniture. Celui-ci, après avoir été élevé, parvenu à l'âge où l'on peut discerner le bien, cultiva la vertu, y excella
69. lui-même et resta un exemple pour ses descendants. Ceux-ci, tous gens de bien[3], habitèrent le même pays et y jouirent d'un bonheur exempt de querelles sans rencontrer jusqu'au terme de leur vie aucun fâcheux obstacle ; ils trouvèrent la science des astres et leur
70. ordre dans le ciel[4]. Dans la crainte que leurs inventions ne parvinssent pas aux hommes et ne se perdissent avant qu'on en eût pris connaissance, — Adam avait prédit un cataclysme universel occasionné, d'une part, par un feu violent et, de l'autre, par un déluge d'eau, — ils élevèrent deux stèles[5], l'une de briques et l'autre de pierres, et gravèrent sur toutes les deux les connaissances qu'ils

1. Ici commencent des divergences numériques avec la *Genèse*, v, 3-4 ; Adam, dans la Bible hébraïque, est père à 130 ans, et vit ensuite 800 ans ; cette différence de 100 ans dans le détail des calculs, sinon dans le total, se retrouvera perpétuellement plus loin (§§ 83 sqq.), à propos des générations des patriarches.

2. Cf. le *Livre des Jubilés*, ch. IV. Adam et Ève auraient eu encore neuf fils.

3. *Pirké R. El.* (ch. XXI et XXII) : « De Seth descend la race des hommes vertueux. » Philon (*De poster. Caini*, I, § 50, M. I, p. 258), appelle de même Seth : σπέρμα ἀνθρωπίνης ἀρετῆς, « semence de la vertu humaine ».

4. D'après le *Pirké R. El.*, Dieu a confié à Adam, qui l'a transmise à ses descendants, la science de l'embolisme, c'est-à-dire de l'intercalation d'un mois additionnel dans l'année lunaire.

5. Il en est question aussi dans le *Livre des Jubilés*, ch. VIII. Le *Sefer hayaschar* (6 *a*) dit que Kénan écrivit l'avenir sur deux tables de pierre qu'il déposa parmi ses trésors. Cette histoire a passé dans le *Livre d'Adam* ou *Apocalypse de Moïse* (voir Roensch, *op. cit.*, p. 425) et dans les chroniques byzantines.

avaient acquises; au cas où la stèle de brique disparaîtrait dans le déluge, celle de pierre serait là pour enseigner aux hommes ce qu'ils y avaient consigné et témoignerait qu'ils avaient également construit une stèle de brique. Elle existe encore aujourd'hui dans le pays de Siria[1].

CHAPITRE III

1. *Corruption des hommes; les fils des anges; Noé.* — 2. *Le déluge et l'arche.* — 3. *Époque du déluge.* — 4. *Chronologie des patriarches.* — 5. *Fin du déluge.* — 6. *Témoignages d'auteurs païens sur le déluge.* — 7. *Sacrifice de Noé.* — 8. *L'arc-en-ciel.* — 9. *Longévité des patriarches.*

1[2]. Durant sept générations, ces hommes ne cessèrent de considérer Dieu comme le souverain de l'univers et de prendre en tout la vertu pour guide; mais, dans la suite des temps, ils s'écartent pour mal faire des coutumes de leurs pères; ils ne rendent plus à Dieu les honneurs qui lui sont dus et ne se préoccupent plus de justice envers les hommes; ils font paraître par leurs actes deux fois plus d'ardeur pour le vice qu'ils n'en montraient naguère pour la vertu;

1. κατὰ γῆν τὴν Σιριάδα. On ignore ce qu'il faut entendre par là. Vossius pensait au pays de Seirath (?) mentionné dans l'histoire d'Ehud (*Juges*, III, 26), et qui n'était pas très loin des « pierres taillées » (d'autres interprètent : des carrières) de Gilgal. En tout cas, c'est quelque vieux monument en écriture inconnue (hiéroglyphes hétéens?) qui aura donné lieu à la tradition recueillie par Josèphe. Whiston soupçonne qu'il s'agit des stèles érigées par Sésostris en pays conquis (Hérodote, II, 102) [T. R.].

2. *Gen.*, VI, 1.

73. c'est ainsi qu'ils s'attirèrent l'inimitié divine. Beaucoup d'anges de Dieu s'unirent à des femmes et engendrèrent une race d'hommes violents, dédaigneux de toute vertu, tant était grande leur confiance dans leur force brutale. Les exploits que leur attribue la tradition ressemblent aux tentatives audacieuses que les Grecs rapportent au
74. sujet des Géants[1]. Noé (Nôchos)[2], indigné de leur conduite et voyant avec chagrin leurs entreprises, tenta de les amener à de meilleures pensées et à de meilleures actions[3]; mais voyant que, loin de céder, ils étaient complètement dominés par le plaisir des vices, il craignit d'être tué[4] par eux et quitta le pays avec sa femme, ses fils et ses belles-filles.

75. 2[5]. Dieu l'aimait pour sa justice et non seulement condamna ces hommes à cause de leur corruption, mais il résolut d'exterminer tous les hommes qui existaient en ce temps et de créer une autre race exempte de vices, dont il abrégerait la vie, en réduisant la longévité primitive à cent vingt ans[6]. A cet effet il changea la terre ferme
76. en mer. Tandis que tous disparaissent ainsi, Noé seul est sauvé, Dieu lui ayant fourni un moyen et un engin de salut comme il suit.
77. Il construit une arche à quatre étages[7] de 300 coudées de long, 50

1. On retrouve cette assimilation dans le *Livre d'Hénoch* (A. Lods, p. 73); le IIIe livre des *Oracles Sibyllins*, d'origine juive, identifie aussi la donnée biblique avec la légende grecque des Titans (cf. F. Delaunay, *Moines et Sibylles*, pp. 336 sqq.).

2. Josèphe transcrit l'hébreu נֹחַ par Νῶχος, si l'on en croit Niese, qui démontre (*Praef.*, p. XLIII) la supériorité de cette leçon sur celle des éditions antérieures, où l'on trouve Νωέος, leçon corrigée vraisemblablement d'après les LXX, qui ont Νῶε. C'est l'addition de la désinence ος qui fait écrire un χ à Josèphe. Le plus souvent le ח hébreu n'est pas transcrit en grec, sauf au commencement d'un mot (comme Χάμος = חָם; mais Μαρσουάνη = מַרְחֶשְׁוָן, Μαθουσαλάς = מְתוּשֶׁלַח).

3. Dans le Talmud (*Sanhédrin*, 108 *a* et *b*), Rabbi Yosé de Césarée et, un peu plus loin, Rabba disent aussi que Noé adressa des remontrances à ses contemporains, mais sans succès. Voir aussi Targoum Onkelos, sur VI, 3; *B. R.*; 30 et 31.

4. On ne trouve rien de semblable ni dans la Bible, ni dans le Midrasch.

5. *Gen.*, VI, 7.

6. *Gen.*, VI, 3.

7. Trois seulement dans l'Écriture.

de large et 30 de profondeur ; il s'y embarque avec [ses fils][1], la mère
de ses enfants et les femmes de ceux-ci ; il y met tous les objets nécessaires à leurs besoins, y introduit des animaux de toute espèce,
mâles et femelles, pour conserver leurs races et, pour certains d'entre
8. eux, il prend sept couples[2]. L'arche avait les parois, les joints et la
toiture assez solides pour n'être ni submergée ni défoncée par la
9. violence des eaux. C'est ainsi que Noé fut sauvé avec les siens. Il
était le dixième descendant d'Adam, car il était fils de Lamech, qui
avait pour père Mathousalas[3], fils d'Anoch, fils de Jared. Jared
était fils de Marouël, que Caïnas[4], fils d'Enôs(os), avait engendré
avec beaucoup de sœurs[5]. Enôs était fils de Seth, fils d'Adam.
10. 3[6]. La catastrophe eut lieu la 600e année de la vie[7] de Noé, dans le
second mois, que les Macédoniens appellent Dios, et les Hébreux
Marsouan[8], suivant la façon dont ils ont arrangé le calendrier en
11. Égypte. Moïse fit de Nisan, c'est-à-dire de Xanthicos, le premier mois
pour les fêtes, parce que c'est en Nisan qu'il avait mené les Hébreux
hors de l'Égypte ; il fit encore commencer l'année par ce mois pour
tout ce qui concerne le culte divin ; mais pour les ventes et achats
et toutes les autres affaires, il conserva l'ancien ordre[9]. Il dit que

1. Il faut suppléer ces mots, qui manquent dans le texte.
2. Dans l'Écriture, Noé prend deux couples des animaux *impurs* (VI, 19) et sept couples des animaux *purs* (VII, 2).
3. Héb. : Methousélah : LXX : Μαθουσάλα.
4. Héb. : Kainan ; LXX : Καϊνᾶν.
5. ἀδελφαῖς. On a proposé la correction ἀδελφοῖς (frères).
6. *Gen.*, VII, 6, 11.
7. Le texte dit : « du règne » (ἀρχῆς).
8. On ne trouve pas les noms des mois hébreux dans la Bible, à l'exception des derniers livres. On appelle généralement les mois : premier, second, etc... Μαρσουάνης est la transcription de l'hébreu מַרְחֶשְׁוָן. Quant aux mois macédoniens, *Dios* et plus loin *Xanthicos*, Josèphe se sert la plupart du temps de ces noms, sans indiquer toujours les mois hébreux correspondants.
9. Pour tout ce passage sur les mois hébreux et le commencement de l'année hébraïque, cf. Talmud, *Rosch-haschana*, 2 *a*, 8 *a* ; *Gen. R.*, XXXIII. Josèphe a la même opinion qu'une baraïta (*ibid.*, 11 *b*) attribue à R. Éliézer (Tanna du Ier siècle ap. J.-C.), à savoir que le deuxième mois dont il est parlé dans la *Genèse* est Marheschwan.

82. le déluge commença le vingt-septième jour[1] dudit mois. Cette époque tombe 2.262 ans[2] après la naissance d'Adam, le premier homme; la date est inscrite dans les saints Livres; on marquait alors avec un soin extrême la naissance et la mort des gens illustres.

83. 4[3]. Adam eut pour fils Seth à l'âge de 230 ans; celui-ci[4] vécut 930 ans. Seth à l'âge de 205 ans engendra Enôs, qui, à 905 ans, remit
84. le soin de ses affaires à son fils Caïnas, qu'il avait eu à 190 ans. Enôs vécut en tout 912 ans. Caïnas, qui vécut 910 ans, eut son fils Malaël à l'âge de 170 ans. Ce Malaël mourut, âgé de 895 ans, laissant un fils
85. Jared, qu'il engendra à 165 ans. Celui-ci vécut 969 ans[5]; son fils Anoch le remplace; il était né quand son père avait 162 ans; à l'âge de 365 ans, il retourna vers la divinité[6]. Aussi sa mort n'a-t-elle

1. La Bible dit « le 17 »; le texte de Josèphe a peut-être été corrigé d'après les LXX, qui ont également « le 27 ».

2. La fin de ce paragraphe et le paragraphe suivant présentent de sérieuses difficultés. Nous suivons la leçon des manuscrits qui portent : δισχιλίων διακοσίων ἑξήκοντα δύο, leçon justifiée par Niese (*Praef.*, p. xxxv). C'est la seule qui s'accorde avec les nombres de la généalogie des patriarches qui suit immédiatement. L'autre leçon, 1.656 années, n'est pas admissible si les nombres de la généalogie sont justes. Mais il semble bien que l'ensemble soit altéré. Car Josèphe prétend expressément s'inspirer des Livres saints; or, le total, selon la *Genèse*, est de 1.656 ans. Les manuscrits qui ont 2.656 ont corrigé d'après la Bible; ceux qui portent 2.262, d'après la Septante, où le total est avec une légère variante (167 ans pour Mathousalas au lieu de 187 ans) identique, à savoir 2.242. La vérité, c'est apparemment que le texte primitif était conforme aux données de la *Genèse*; et les copistes ont introduit les différentes variantes selon les deux systèmes, dans le but de reculer la date de la création du monde par l'addition de quelques centaines d'années. Voir à ce sujet Destinon, *Die Chronologie des Fl. Jos.*, pp. 6, 24, 25.

3. *Gen.*, v, 6.

4. ὃς se rapporte bien à Seth; ce patriarche aurait donc vécu 930 ans selon Josèphe; or ce chiffre de 930 ans est attribué à Adam dans la *Genèse*: l'altération du texte ou l'erreur de Josèphe est visible.

5. Confusion avec le total des années de la vie de Mathusalas. Pour Jared, la *Genèse* et les LXX donnent 962 ans.

6. Les LXX ont (*Gen.*, v, 24) : μετέθηκεν αὐτὸν ὁ Θεός « Dieu le transporta » ; le traducteur de l'*Ecclésiastique* dit également d'Enoch : μετετέθη (XLIV, 16). La *Sapience* : μετετέθη et ἡρπάγη.

86. pas même été consignée. Mathousalas, que Anoch eut à 165 ans, eut
pour fils Lamech à 187 ans ; il lui remit le pouvoir, qu'il avait détenu
87. 969 ans. Lamech le garda 777 ans et mit à la tête des affaires son
fils Noé, qu'il avait eu à l'âge de 188 ans, et Noé gouverna les affai-
88. res pendant 950 ans. Ces chiffres, additionnés ensemble, donnent
le total mentionné plus haut. On ne doit pas examiner l'année
de la mort de ces personnages, car leur vie se prolongeait durant
celle de leurs enfants et de leurs descendants ; qu'on se borne à
regarder leurs dates de naissance.

89. 5[1]. Dieu fit un signe et commença à faire pleuvoir[2] ; les eaux se
mirent à tomber pendant quarante jours pleins, de manière à s'é-
lever de 15 coudées au-dessus de la surface de la terre. Cela fut
cause qu'il ne put se sauver un plus grand nombre d'hommes, faute
90. d'endroit où s'enfuir. Quand les pluies cessèrent, l'eau se mit à baisser à peine après 150 jours ; c'est dans le 7e mois, le 7e jour du mois,
que les eaux commencèrent à se retirer[3]. L'arche alors s'arrête sur
la cime d'une montagne en Arménie : Noé s'en aperçoit, ouvre
l'arche, voit un peu de terre qui l'environne et, renaissant
91. déjà à l'espérance, il se rassérène. Quelques jours après, l'eau
ayant baissé davantage, il lâche un corbeau, pour savoir s'il y avait
sur la terre un autre endroit laissé à découvert où l'on pût débar-
quer avec sécurité ; mais le corbeau trouva toute la terre encore
couverte d'eau et revint vers Noé. Sept jours après, il envoie une
92. colombe[4] à la découverte. Elle revient souillée de boue, rapportant

1. *Gen.*, VII, 10.

2. Proprement, Dieu commença à pleuvoir ; les Grecs disaient : Ζεὺς ὕει. Josèphe démarque volontiers certains traits de la mythologie grecque et les adapte aux anciens récits de la *Genèse*. Cf. plus loin, § 101 : εἴ ποτε χειμάσαιμι, « si je suscite jamais des tempêtes ».

3. La *Genèse* dit que les eaux commencèrent à diminuer au bout de 150 jours et que l'arche s'arrêta le 17e jour du 7e mois. Le texte de Josèphe est sûrement altéré. Nous lisons : παυσαμένου δὲ τοῦ ὑετοῦ μόλις ἤρξατο ὑποβαίνειν (var. ὑπονοστεῖν) τὸ ὕδωρ μεθ' (mss. ἐφ') ἡμέρας ἑκατὸν καὶ πεντήκοντα, ὡς μηνὶ ἑβδόμῳ... κατ' ὀλίγον ἀπολήγοντος [T. R.].

4. Dans la *Genèse*, la colombe est envoyée à trois reprises reconnaître l'état du sol (VIII, 8, 10, 12).

un rameau d'olivier; Noé, voyant que la terre est délivrée du déluge, attend encore sept jours, puis il fait sortir les animaux de l'arche, en sort lui-même avec sa progéniture, sacrifie à Dieu et célèbre un festin avec les siens. Les Arméniens donnent à cet endroit le nom de *débarcadère*; c'est là que l'arche s'était échouée et que les indigènes en montrent encore les débris[1].

93. 6. Le déluge et l'arche sont mentionnés par tous ceux qui ont écrit l'histoire des barbares; de ce nombre est Bérose le Chaldéen[2]. Dans son récit des événements du déluge, il s'exprime ainsi: « On dit qu'il reste des fragments du navire en Arménie sur le mont des Cordyéens; quelques personnes s'en emparent en les débarrassant
94. du bitume; on s'en sert comme de talismans. » Il est question aussi de ces choses chez Hiéronyme l'Égyptien, l'auteur de l'Archéologie phénicienne[3], chez Mnaséas[4] et chez beaucoup d'autres. Nicolas
95. de Damas, dans le XCVI[e] livre[5], raconte ces faits en ces termes: « Il y a, au-dessus du pays de Minyas[6] en Arménie, une haute montagne appelée Baris, où plusieurs réfugiés du déluge trouvèrent, dit-on,

1. Josèphe parle ici sur la foi des chroniqueurs qu'il cite plus loin. Mais il semble qu'il y ait eu aussi une tradition agadique au sujet des restes de l'arche. Le Talmud (*Sanhédrin*, 96 *a*) raconte que Sanhérib, le roi d'Assyrie, trouva une planche de l'arche de Noé, ce qui lui fit dire: « C'est un Dieu puissant qui a sauvé Noé du déluge, etc... »

2. Fr. 7 Müller (*Frag. hist. graec.*, II, 501). Le récit entier du déluge dans Bérose nous a été conservé par Alexandre Polyhistor (ap. Syncell., p. 30 A). Mais ce déluge est celui des Chaldéens et le héros s'appelle Xisouthros, non Noé, ce que Josèphe s'est abstenu de relever. Les détails du récit babylonien sont, d'ailleurs, tellement analogues à celui du récit de la *Genèse* qu'il est impossible que l'un ne dérive pas de l'autre. Bérose, prêtre babylonien hellénisé, né sous Alexandre le Grand, dédia à Antiochus Soter (280-261) une Histoire babylonienne en trois livres [T. R.].

3. Historien inconnu, peut-être identique au remanieur de la Théogonie orphique (Susemihl, *Gesch. der alexandrin. Literatur*, I, 376).

4. Fr. 34 Müller (*F. H. G.*, III, 155). Mnaséas de Patras ou de Patara, disciple d'Ératosthène, polygraphe et antiquaire (fin du IIIe siècle av. J.-C.).

5. Fr. Müller (*F. H. G.*, III, 415) = *Textes relatifs au judaïsme*, p. 81, n° 41.

6. Il faut se garder de corriger ce mot (avec Vossius) en Mylias; voir *Textes*, *loc. cit.* Josèphe nous apprend ailleurs (*Ant.*, XX, 2, 2, § 25) que les débris de l'arche étaient situés dans le district de Charræ, au sud-est d'Édesse, qui ne correspond pas à l'emplacement ordinairement assigné au mont Baris [T. R.].

le salut; un homme, transporté dans une arche, aurait abordé au
sommet du mont et les épaves ont été conservées longtemps : cet
homme pourrait bien être le même dont parle Moïse, le législateur
des Juifs. »
96. 7[1]. Noé, craignant que Dieu n'inondât chaque année la terre
dans le dessein arrêté d'anéantir les hommes, lui offrit des holocaustes et le supplia de conserver à l'avenir l'ordre primitif et de ne
plus déchaîner un tel fléau qui vouerait à la mort tout le règne
animal; les méchants une fois punis, il devait épargner ceux que
leur vertu avait sauvés et qui avaient mérité d'échapper à la catas-
97. trophe. Leur sort serait plus misérable que celui de ces méchants,
ils seraient condamnés à une peine bien pire, s'ils n'étaient pas désormais absolument à l'abri, si on les réservait pour un autre déluge;
après avoir appris l'histoire épouvantable du premier, ils seraient
98. les victimes du second[2]. Il le prie donc d'agréer son sacrifice, et de
ne plus faire éclater sur la terre un tel courroux, afin qu'on puisse se
livrer avec ardeur à l'agriculture, bâtir des villes, mener une vie
heureuse, sans être privé d'aucun des biens dont on jouissait avant
le déluge, arriver à une vieillesse avancée et obtenir une longévité
semblable à celle des hommes d'autrefois[3].
99. 8. Noé ayant fini ses supplications, Dieu, qui aimait cet homme
pour sa justice, lui fit signe qu'il exaucerait ses prières; ceux qui
avaient péri n'avaient pas été ses victimes : c'est par leurs propres
crimes qu'ils avaient encouru ce châtiment; s'il avait eu le dessein
d'anéantir les hommes une fois nés, il ne les aurait pas appelés à
100. l'existence; car il était plus sage dès le principe de ne point les
gratifier de la vie, que de la retirer sitôt donnée : « C'est, dit-il, l'arrogance avec laquelle ils répondaient à ma bonté et à ma vertu
101. qui m'a contraint à leur infliger cette peine. Mais dorénavant je
m'abstiendrai de châtier les crimes avec une telle rigueur; je
m'en abstiendrai surtout à ta prière. Si d'aventure je suscite de

1. *Gen.*, VIII, 20.
2. Après ἀπώλειαν il faut suppléer παθόντες.
3. Tous les manuscrits donnent : τοῖς τάχιον, ce qui n'offre aucun sens; nous avons traduit selon les éditions qui restituent : τοῖς πάλαι.

fortes tempêtes, ne vous effrayez pas de la violence des pluies.
102. Jamais plus l'eau ne submergera la terre[1]. Cependant je vous exhorte à ne point verser de sang humain, à vous tenir purs de tout meurtre et à punir ceux qui commettraient un tel crime ; vous pourrez faire de tous les autres animaux l'usage qui vous conviendra selon vos désirs ; car je vous ai faits maîtres d'eux tous, qu'ils vivent sur la terre, dans l'eau, ou qu'ils se meuvent parmi les airs ; je
103. fais une réserve pour le sang, car c'est en lui que réside l'âme[2]. Je vous manifesterai la trêve que je conclus avec vous par un signe de mon arc. » C'est l'arc-en-ciel qu'il désignait ainsi, car on croit dans ces pays que c'est l'arc de Dieu[3]. Dieu, après ces paroles et ces promesses, se retire.
104. 9. Noé vécut après le déluge 350 ans, qu'il passa toujours heureu-
105. sement ; il meurt âgé de 950 ans. Que personne, comparant la vie de ces anciens à la nôtre d'un nombre d'années si restreint, n'aille tenir pour faux ce qui est raconté de ces hommes : qu'on ne se figure point, parce que nul aujourd'hui n'atteint dans son existence un âge aussi avancé, que ceux-là non plus n'aient pu la prolonger à ce
106. point. D'abord, ils étaient aimés de Dieu et nés de Dieu lui-même ; leur nourriture les rendait plus propres à durer davantage ; il est donc vraisemblable qu'ils ont pu vivre aussi longtemps. Ensuite, c'est pour leur vertu et c'est pour faciliter leurs recherches dans l'astronomie et la géométrie, inventées par eux, que Dieu leur accordait cette longévité ; ils n'auraient rien pu prédire avec certitude s'ils
107. n'avaient vécu 600 ans, car c'est là la durée de la grande année[4]. J'ai

1. *Gen.*, VIII. 21 ; IX.

2. Josèphe explique le verset 4 du ch. IX selon une exégèse un peu différente de celle du Talmud (*Houllin*, 102). Il relie ensemble les mots *benafschô damô*. La tradition rabbinique les sépare pour en tirer deux prohibitions : celle de manger la chair d'un animal vivant et celle de manger du sang.

3. Ici encore une explication du récit de la *Genèse* d'un caractère mythologique ; on songe aux dieux toxophores (Artémis, Apollon) du Panthéon grec (cf. G. Tachauer, *Das Verhältniss von Fl. Josephus zur Bibel und Tradition*, Erlangen, 1871, p. 20).

4. Dans tout ce passage, Josèphe s'inspire encore, sans le nommer, de Bérose, dont il a cité précédemment un court fragment. Bérose s'étend, en effet, sur les sciences, astronomie et géométrie, qui ont fleuri chez les premiers

là-dessus le témoignage de tous ceux, Grecs ou Barbares, qui ont écrit des antiquités : Manéthon, qui a fait les annales des Égyptiens; Bérose, qui a rassemblé ce qui concerne la Chaldée; Mochos, Hestiée ainsi que Hiéronyme l'Égyptien, auteurs d'histoires phéni-
108. ciennes, sont d'accord avec moi; Hésiode, Hécatée, Hellanicos, Acusilaos, ainsi qu'Éphore et Nicolas, rapportent que ces premiers hommes vivaient mille ans[1]. Mais sur ce sujet, que chacun décide comme il lui plaira.

CHAPITRE IV

1. Les fils de Noé dans la plaine de Sennaar. — 2. Nemrod. — 3. La Tour de Babel.

1[2]. Les enfants de Noé au nombre de trois, Sèm(as), Japheth(as)
109. et Cham(as), étaient nés cent ans avant le déluge; les premiers, ils descendirent des montagnes[3] vers les plaines et y établirent leur

hommes et sur la longévité primitive; le μέγας ἐνιαυτὸς dont parle Josèphe est le cycle de 600 ans que Bérose appelle νῆρος. Voir Bérose, fr. 4 Müller; Tannery, *Recherches sur l'histoire de l'astronomie ancienne*, p. 306-322.

1. Manéthon, Bérose, Hésiode, Éphore, Nicolas (de Damas) sont bien connus. Hiéronyme l'Égyptien a été mentionné plus haut (§ 94). Hestiæos (ou Histiæos, d'après St. Byz.) est un historien d'époque inconnue (*F. H. G.*, IV, 433), que Josèphe cite encore plus loin (§ 119) : la correction Ἑκαταῖος de Naber est absurde. Môchos est un vieil historien, peut-être fictif, de Sidon, dont l'ouvrage avait été traduit en grec par Laitos (*F. H. G.*, IV, 437). Hécatée (de Milet, non d'Abdère), Acusilaos, Hellanicos sont des chroniqueurs célèbres du ve siècle [T. R.].

2. *Gen.*, IX, 18.

3. On ne sait d'où Josèphe a puisé ce renseignement. La phrase qui suit : « comme les *autres* craignaient » est étrange. Quels sont ces autres? La famille de Noé survivait seule à cette époque. D'après la suite, il semble qu'il soit ici parlé des descendants de Noé; mais comment peuvent-ils être contemporains de Sem, Cham et Japhet? D'après le *Pirke R. Él.*, ch. XI, tous les hommes s'en vont habiter la plaine de Sennaar.

demeure. Comme les autres craignaient fort d'habiter les plaines
à cause du déluge[1] et hésitaient à la pensée de descendre des hau-
teurs, ils leur rendirent courage et leur persuadèrent de suivre
110. leur exemple. La plaine où ils les établirent d'abord s'appelle Sennaar[2]. Dieu leur recommanda[3], s'ils se multipliaient, d'envoyer des
colonies ailleurs, pour éviter les querelles mutuelles et de cultiver
de grandes terres pour jouir de leurs fruits en abondance; mais par
aveuglement ils n'écoutèrent point Dieu, et, en conséquence, ils
furent précipités dans des calamités qui leur firent sentir leur er-
111. reur. En effet, comme ils avaient une floraison nombreuse de jeunes
gens, Dieu leur conseilla de nouveau de détacher une colonie; mais
eux, sans songer qu'ils tenaient leurs biens de la bienveillance divine,
et attribuant à leur force personnelle l'origine de toute leur abon-
112. dance, n'obéissaient pas. A leur désobéissance ils ajoutèrent même
le soupçon que Dieu leur tendait un piège en les poussant à émigrer, afin que, divisés, il pût les maîtriser plus aisément.
113. 2[4]. Celui qui les exalta ainsi jusqu'à outrager et mépriser Dieu fut
Nemrod (Nébrôdès)[5], petit-fils de Cham, fils de Noé, homme audacieux, d'une grande vigueur physique; il leur persuade d'attribuer
la cause de leur bonheur, non pas à Dieu, mais à leur seule valeur
114. et peu à peu transforme l'état de choses en une tyrannie. Il estimait que le seul moyen de détacher les hommes de la crainte de
Dieu[6], c'était qu'ils s'en remissent toujours à sa propre puissance.

1. Cette explication n'a pas d'origine explicite dans la Bible. Le *Pirké Rabbi El.*, ch. XI, dit aussi que les hommes craignaient un nouveau déluge à l'époque de Nemrod qui régnait sur eux.

2. *Gen.*, XI, 2.

3. Josèphe supplée au moyen d'explications rationalistes au silence de la *Genèse* sur les causes de la dispersion des premiers hommes lors de l'édification de la tour de Babel. Ces explications sont sans doute personnelles à Josèphe. Le Midrasch s'est efforcé aussi, mais par une autre voie, d'éclaircir le mystère du XIe chapitre de la *Genèse*.

4. *Gen.*, X, 8; XI, 3.

5. En hébreu, Nemrôd; LXX et *Jubilés*, ch. VIII : Νεβρώδ.

6. Dans une baraïta citée par le Talmud (*Pesahim*, 94 *b*; *Hagiga*, 13 *a*), R. Yohanan ben Zakkaï (un contemporain de Josèphe) parle de Nemrod qui fomenta la révolte contre le règne de Dieu (il joue sur le mot Nimrod, qui ressemble au mot *marad*, se révolter).

Il promet de les défendre contre une seconde punition de Dieu qui
veut inonder la terre : il construira[1] une tour assez haute pour que
les eaux ne puissent s'élever jusqu'à elle et il vengera même la mort
de leurs pères[2].
15. 3. Le peuple était tout disposé à suivre les avis de Nemrod, considérant l'obéissance à Dieu comme une servitude ; ils se mirent à
édifier la tour avec une ardeur infatigable, sans se ralentir dans
leur travail ; elle s'éleva plus vite qu'on n'eût supposé, grâce à la
16. multitude des bras. Mais elle était si formidablement massive que
la hauteur en semblait amoindrie. On la construisait en briques cuites,
reliées ensemble par du bitume pour les empêcher de s'écrouler.
Voyant leur folle entreprise, Dieu ne crut pas devoir les exterminer complètement, puisque même la destruction des premiers
17. hommes n'avait pu assagir leurs descendants ; mais il suscita la
discorde parmi eux en leur faisant parler des langues différentes, de
sorte que, grâce à cette variété d'idiomes, ils ne pouvaient plus se
comprendre les uns les autres. L'endroit où ils bâtirent la tour s'appelle maintenant Babylone, par suite de la confusion introduite dans
un langage primitivement intelligible à tous : les Hébreux rendent
18. « confusion » par le mot *babel*[3]. La Sibylle fait aussi mention de cette
tour et de la confusion des langues dans ces termes[4] : « Alors que
tous les hommes parlaient la même langue, quelques-uns édifièrent
une tour extrêmement haute, pensant s'élever par là jusqu'au ciel.
Mais les dieux envoyèrent des ouragans, renversèrent la tour et
donnèrent un langage spécial à chacun ; de là vient le nom de Ba-
19. bylone attribué à la ville. » Quant à la plaine appelée Sennaar en
Babylonie, Hestiée[5] en parle en ces termes : « Les prêtres qui

1. Sur Nemrod constructeur de la tour de Babel, voir *Houllin*, 89 *a*, et *Pirkê R. Él.*, XXIV. Nemrod fait un discours au peuple pour l'engager à construire une grande ville, afin de se protéger contre un nouveau déluge.

2. Peut faire allusion à la légende que les hommes voulaient alors faire la guerre à Dieu. *Sanhedrin*, 109 *a* ; *Gen. R.*, 38 ; *Tanh.*, *ad loc.*, etc.

3. Transcription exacte de l'hébreu. Les LXX donnent du mot Babel la même explication que Josèphe : σύγχυσις = confusion.

4. L. III, § 2 des *Oracula Sibyllina*, p. 84 (éd. Alexandre, Paris, 1869).

5. Voir la note sur § 107.

échappèrent, emportant les objets sacrés de Zeus Enyalios[1], s'en vinrent en Sennaar de Babylonie. »

CHAPITRE V

Dispersion des descendants de Noé à travers le monde.

120. 1[2]. A partir de ce moment, ils se dispersent par suite de la diversité des langues[3] et fondent des colonies de toutes parts : chacun prenait le pays qui s'offrait à lui et où Dieu le conduisait[4], de sorte que tous les continents furent peuplés, tant à l'intérieur des terres qu'au bord de la mer ; il en est même qui traversèrent la mer sur
121. des vaisseaux pour peupler les îles. Quelques-unes parmi les nations conservent encore les noms qui leur viennent de leurs fondateurs, d'autres les ont changés, d'autres encore les ont modifiés pour les faire mieux entendre de ceux qui venaient s'établir chez eux. Ce sont les Grecs qui ont été les auteurs de ces changements. Devenus les

1. Enyalios est ordinairement une épithète d'Arès, une fois de Dionysos ; notre texte est le seul, à ma connaissance, où cet adjectif soit accolé au nom de Zeus. Gutschmid proposait de lire Ζεὺς ἐνάλιος, c'est-à-dire Poséidon (comme chez Proclus, sur *Cratyle*, 88) ; mais il s'agit peut-être du dieu des batailles [T. R.].

2. *Gen.*, x, 32.

3. Ἀλλογλωσσίας. En lisant avec Eusèbe ὁμογλωσσίας il faudrait traduire : « et, se groupant d'après la conformité de langage, ils fondent, etc. » (Eusèbe a rattaché par erreur la moitié du § 120 à la citation d'Hestiée) [T. R.].

4. Josèphe semble ici mélanger deux manières de voir touchant l'origine des nations, origine, selon lui, à la fois humaine et divine ; il va, dans le chapitre suivant, combiner les données de la *Genèse*, où le partage des pays se fait théoriquement, avec ses connaissances géographiques, qui ne sont pas toujours d'accord avec les premières.

maîtres à des époques ultérieures, ils ont voulu s'approprier même les gloires du passé, décorant les nations de noms qui leur fussent intelligibles et leur imposant leurs formes de gouvernement, comme si ces nations étaient issues d'eux-mêmes.

CHAPITRE VI

1. *Peuples issus de Japheth.* — 2. *Peuples issus de Cham.* — 3. *Malédiction de Cham.* — 4. *Peuples issus de Sem.* — 5. *Origine des Hébreux.*

1[1]. Les enfants de Noé[2] eurent des fils qu'on honora en donnant leurs noms aux pays[3] où l'on venait s'établir. Japheth, fils de Noé, eut sept fils; ils commencèrent à habiter depuis les monts Tauros et Amanos et s'avancèrent en Asie jusqu'au fleuve Tanaïs et en Europe jusqu'à Gadeïra (Cadix), occupant le territoire qu'ils rencontraient et où personne ne les avait précédés; ils donnèrent leurs noms à ces contrées. Ceux que les Grecs appellent aujourd'hui Gaulois, on les nomma Gomariens, parce qu'ils avaient été fondés par Gomar(ès)[4]. Magog(ès) fonda les Magogiens, appelés ainsi de

1. *Gen.*, x, 1.

2. Pour tout ce chapitre, comparez la traduction araméenne de Ps.-Jonathan sur la *Genèse* et le *Livre des Jubilés*, ch. VIII et IX. — Josèphe a peut-être utilisé ce dernier ouvrage, quoique le point de vue soit différent selon les deux auteurs. C'est un tirage au sort qui détermine dans le *Livre des Jubilés* les établissements ethniques.

3. Josèphe, comme plusieurs de ses contemporains, prend ἔθνος indifféremment au sens de peuple et de province, contrée. [T. R.]

4. LXX : Γαμέρ. Les noms de peuples formés par Josèphe selon ceux des personnages bibliques sont presque tous fictifs.

124. son nom, et que les Grecs nomment Scythes. Deux autres fils de Japheth, Javan(ès) et Mados[1], donnèrent naissance, celui-ci aux
Madéens, — les Mèdes selon les Grecs, — celui-là à l'Ionie et à
tous les Grecs. Thobel(os) fonde les Thobéliens, qu'on appelle au-
125. jourd'hui Ibères. Les Mosochènes, fondés par Mosoch(os)[2], s'appellent
aujourd'hui Cappadociens; de leur ancienne dénomination un vestige subsiste : ils ont encore une ville du nom de Mazaca, ce qui indique, pour qui comprend, que tel était autrefois le nom de tout le
peuple. Thiras[3] donna son nom aux Thiriens, qu'il gouvernait; les
126. Grecs en ont fait les Thraces. Telles sont les nations fondées par
les fils de Japheth. Gomar(ès) eut trois fils : Aschanaz(os) fonda
les Aschanaziens, que les Grecs aujourd'hui appellent Réginiens (?);
Riphath(ès) les Riphathéens, aujourd'hui Paphlagoniens ; Thorga-
m(ès)[4], les Thorgaméens, qu'il plut aux Grecs d'appeler Phrygiens.
127. Javan, fils de Japheth, eut aussi trois fils : Élisas[5] donna son nom
aux Éliséens, qu'il gouvernait, — ils s'appellent aujourd'hui Éoliens ;
Tharsos[6] aux Tharsiens; c'était le nom antique de la Cilicie : la
preuve en est que la plus importante de ses villes, qui en est la
128. capitale, s'appelle Tarse, par le changement du *Th* en *T*. Chéthi-
m(os)[7] eut l'île de Chéthima, aujourd'hui Cypre; de là le nom de
Chéthim donné par les Hébreux à toutes les îles et à la plupart des
contrées maritimes; j'invoque en témoignage l'une des villes de
Cypre qui a réussi à garder cette appellation; ceux qui l'ont
hellénisée l'ont appelée Kition, ce qui diffère à peine du nom
de Chetim[8]. Telles sont les contrées possédées par les fils et les petits-

1. En hébreu : Yavan, Madaï; LXX : Ἰωυάν, Μαδοί.
2. En hébreu : Mésech : LXX : Μοσόχ.
3. LXX : Θείρας; Thiras en hébreu. Ps.-Jonathan et Josèphe sont d'accord pour identifier ce nom de peuple avec celui des Thraces.
4. Les LXX ont Θοργαμά. En hébreu : Thogarma.
5. LXX : Ἐλισά.
6. LXX : Θάρσεις; en hébreu : Tharsis.
7. En hébreu : Khitim; LXX : Κήτιοι. Kitim ou Kityim dans la Bible est le nom des archipels éloignés, cf. *Isaïe*, XXII, 1; *Jérémie*, II, 10; *Daniel*, XI, 30.
8. Josèphe cite seulement trois fils de Javan, Elisas, Tharsos et Chéthim. Il y en a un quatrième dans la *Genèse*, X, 4, Dodanim, ou, selon I *Chron.*, I, Rodanim; LXX : Ῥόδιοι.

fils de Japhet. Une chose que les Grecs ignorent sans doute et que j'ajoute avant de reprendre mon récit où je l'ai laissé, c'est que ces noms sont arrangés à la façon des Grecs, pour l'agrément de mes lecteurs; dans notre pays, ils n'ont pas cette forme-là : leur structure et leur terminaison reste toujours semblable à elle-même; ainsi Nôchos se dit Noé[1], et le nom conserve la même terminaison à tous les cas.

2. Les enfants de Cham occupèrent les pays qui s'étendent depuis la Syrie et les monts Amanos et Liban jusqu'à la mer (Méditerranée) d'une part, et jusqu'à l'Océan de l'autre. Les noms de quelques-uns de ces pays se sont perdus tout à fait; d'autres, altérés ou changés en d'autres noms, sont méconnaissables; peu se sont gardés intégralement. Des quatre fils de Cham, l'un, Chous(os), a vu son nom épargné par les siècles : les Éthiopiens, ses sujets, s'appellent eux-mêmes encore aujourd'hui et sont appelés par tout le monde en Asie Chouséens. Les Mestréens, eux aussi, ont vu leur nom demeurer, car nous appelons tous, dans ces pays, l'Égypte Mestré et les Égyptiens Mestréens. Phout(ès)[2] fonda la Libye et nomma de son nom les habitants Phoutiens. Il y a même un fleuve dans le pays des Maures qui a ce nom : plusieurs historiens grecs en font mention, ainsi que du pays qu'il baigne, la Phouté. Mais ce pays a changé de nom; celui qu'il a aujourd'hui vient d'un des fils de Mestraïm[3], Libys[4]; je dirai prochainement pourquoi on en est venu à l'appeler aussi Afrique. Chanaan(os)[5], quatrième fils de Cham, s'établit dans le pays qui est aujourd'hui la Judée; il l'appela de son nom Chananée. Ces fils de Cham eurent des fils à leur tour. Chous en eut six : Sabas donna naissance aux Sabéens, Évilas aux Éviléens, les

1. Νῶε, orthographe usuelle des LXX. Il résulte de ce curieux passage qu'il est difficile de se rendre compte exactement de la façon dont Josèphe prononçait l'hébreu, les altérations en vue de l'euphonie pouvant affecter le commencement et le corps des mots comme leur terminaison.

2. LXX : Φούδ; Phout en hébreu.

3. Hébreu : Miçraïm; LXX : Μεσραΐν.

4. Le même que celui qui est appelé plus loin Labiïm.

5. Hébreu : Kenaan; LXX : Χαναάν.

Gétules d'aujourd'hui; Sabath(ès)[1] aux Sabathéniens, que les Grecs
135. appellent Astabariens; Sabacathas[2] aux Sabacathéniens; Regmos[3]
fonda les Regméens; il eut deux fils : Joudad(as)[4] qui fonda les
Joudadéens, peuple de l'Éthiopie occidentale, auxquels il donna son
nom; Sabéos les Sabéens. Nemrod, fils de Chous, resta parmi les
Babyloniens, dont il fut le tyran, comme je l'ai déjà indiqué anté-
136. rieurement. Mestraïm eut huit fils, qui occupèrent tous les pays
qui s'étendent depuis Gaza jusqu'à l'Égypte; Phylistin(os) est le seul
dont le pays ait conservé le nom; les Grecs appellent, en effet, Pa-
137. lestine la part qui lui échut. Quant aux autres, Loudiim(os), Éné-
métiim(os) et Labiim(os)[5], qui seul s'établit en Libye et donna ainsi
son nom à la contrée, Nédem(os)[6], Phéthrosim(os)[7], Chesloïm(os)
et Chephthorim(os)[8], on ne sait rien d'eux, hormis leurs noms;
car la guerre éthiopienne dont nous parlerons plus tard[9] a ruiné leurs
138. villes. Chanaan eut aussi des fils : Sidon, qui bâtit en Phénicie une
ville, à laquelle il donna son nom et que les Grecs encore aujour-
d'hui nomment Sidon; Amathous[10], qui bâtit Amathous, que ses
habitants appellent encore aujourd'hui Amathe (Hamath); les Macédoniens l'ont appelée Épiphanie du nom d'un des épigones. Arou-
139. daios eut l'île d'Arados[11]; Arucéos[12] habitait Arcé dans le Liban. Des
sept autres, Evéos, Chettaios[13], Jebouséos, Amorréos, Gergéséos,

1. LXX : Σαβαθά; héb. : Sabtha.
2. LXX : Σαβαθακά; héb. : Sabtecha.
3. LXX : Ῥεγμά; héb. : Ra'mah.
4. Diffère assez sensiblement de l'hébreu Dedan ; LXX : Δαδάν.
5. En hébreu : Loudim, Anamim, Lehabim ; LXX : Λουδιείμ, Ἐνεμετιείμ, Λαβιείμ.
6. Héb. : Naphthouḥim ; LXX : Νεφθαλείμ.
7. Héb. : Pathrousim ; LXX : Πατροσωνιείμ.
8. Héb. : Kaslouḥim et Kafthôrim ; LXX : Χασμωνιείμ, Γαφθοριείμ. Les Philistins forment dans Josèphe une souche à part, sans lien avec Kaslouḥim comme le veut la *Gen.*, x, 14.
9. Plus bas, II, ch. x.
10. Héb. : Ḥamati ; LXX : Ἀμαθί. L'ordre des noms qui suivent est tout différent dans la Septante et dans l'hébreu.
11. Héb. : Arvadi ; LXX : Ἀράδιος.
12. Héb. : Arki ; LXX : Ἀρουκαῖος.
13. Héb. : Ḥivvi, Ḥeth.

signés dans les Saintes Écritures : les Hébreux détruisirent leurs
villes, et voici la raison de leurs malheurs.
140. 3[1]. Après le déluge, la terre étant revenue à sa nature primitive,
Noé se mit à l'œuvre et y planta la vigne. Quand les fruits parvinrent à maturité, il les vendangea au moment opportun ; le vin étant
141. prêt, il fit un sacrifice et se livra à de grands festins. Ivre, il s'endort et reste étendu dans un état de nudité indécente. Le plus jeune
de ses fils l'aperçoit et le montre en raillant à ses frères ; ceux-ci en-
142. veloppent leur père d'une couverture. Noé, ayant appris ce qui
s'était passé, fait des promesses de bonheur à ses deux fils aînés ; quant à Cham, à cause de sa parenté avec lui il ne le maudit pas, mais il maudit ses descendants. La plupart des fils de Cham échappèrent cependant à cette malédiction ; seuls les fils de Chanaan furent atteints par Dieu. C'est de quoi je parlerai par la suite.
143. 4[2]. Sem, le troisième fils de Noé, eut cinq fils, qui habitèrent l'Asie
jusqu'à l'océan Indien, en commençant à partir de l'Euphrate. Élam(os) eut pour descendants les Élaméens, ancêtres des Perses. Assour(as) fonde la ville de Ninos et donne son nom à son
144. peuple, les Assyriens, qui eurent une fortune exceptionnelle. Arphaxad(ès) nomma ses sujets Arphaxadéens ; ce sont les Chaldéens d'aujourd'hui. Aram(os) fut le chef des Araméens, que les Grecs appellent Syriens ; ceux qu'ils appellent aujourd'hui
145. Lydiens étaient autrefois les Loudiens, fondés par Loud(as)[3]. Des
quatre fils d'Aram(os), l'un, Ous(os), fonde la Trachonitide et Damas, située entre la Palestine et la Cœlé-Syrie. Oul(os) fonde l'Arménie, Gather(os) les Bactriens, Mésas[4] les Mésanéens ; leur ville s'ap-
146. pelle aujourd'hui Spasinou Charax. Arphaxadès fut père de Salès[5]
et celui-ci d'Hébér(os)[6]. D'après son nom, les Judéens étaient ap-

1. *Gen.*, IX, 20.
2. *Gen.*, X, 22.
3. Les LXX ont une variante curieuse : ils placent ici Καϊνᾶν.
4. Héb. : Mas ; LXX : Μοσόχ, qui semble venu de l'hébreu Mesech.
5. Héb. : Sélaḥ ; LXX : Σαλά.
6. L'esprit rude de Ἔβερος correspond ici à l'ע hébreu.

pelés Hébreux dans le principe. Héber fut père de Jouctas et de Phaléc(os), qui fut appelé ainsi parce qu'il naquit lors du partage
147. des territoires : *phalec*, en hébreu, veut dire partage. Ce Jouctas, fils d'Héber, eut pour fils Elmôdad(os), Saléph(os) [1], Azermôth(ès)[2], Iraès[3], Adôram(os)[4], Aizèl(os), Déclas, Ebal(os)[5], Abimaë(los), Sabeus, Ophairès, Evilatès[6], Jôbab(os). Ceux-ci, à partir du fleuve Côphen, habitent quelques parties de l'Inde et de la Sérique, qui y confine.

Voilà ce qu'on peut rapporter des enfants de Sem.

148. 5[7]. Je vais maintenant parler des Hébreux. Phalec, fils d'Héber, eut pour fils Ragav(os)[8]; de Ragav naquit Séroug(os), de Séroug Nachôr(ès), de Nachôr Tharros[9] ; celui-ci devint père d'Abram (Abramos)[10], qui est le dixième à partir de Noé et qui naquit 992[11]
149. ans après le déluge. Tharros fut père d'Abram à 70 ans ; Nachôr avait 120 ans quand il engendra Tharros et Séroug, 132 quand il

1. LXX : Σαλέθ.
2. LXX : Σαρμώθ ; Héb. : Ḥatzarmaveth.
3. Héb. : Yaraḥ ; LXX : Ἰαράχ.
4. LXX : Ὀδοῤῥά.
5. Héb. : Obal ; LXX : Εὐάλ.
6. LXX : Εὐιλά ; pour le précédent Οὐφείρ.
7. *Gen.*, xi, 10.
8. Héb. : Reou.
9. Héb. : Théraḥ ; LXX : Θάῤῥα.
10. Josèphe transcrit de la même façon les deux noms hébreux Abram et Abraham. Les LXX donnent Ἄβραμ et Ἀβραάμ.
11. Ce chiffre de 992 est bien le total des chiffres qui suivent. Si donc on admet l'authenticité des chiffres partiels, cette leçon, qui n'est pas celle de tous les manuscrits, est la seule acceptable. Mais il est probable qu'il y a eu interpolation. Quelques manuscrits annoncent d'abord un total de 292 ans, ce qui se rapproche beaucoup du total biblique, qui est de 295. Seulement ces manuscrits donnent ensuite comme les premiers des chiffres qui sont ceux de la *Genèse*, augmentés chacun de 100 années. Le système de Josèphe semble différer à la fois de celui de la Bible et de celui des LXX, qui introduisent dans la liste des descendants de Sem un Kaïnan, père de Sélah à l'âge de 130 ans. Il faut croire que Josèphe s'est conformé aux indications bibliques pour les noms des fils de Sem et leur succession, mais en les faisant pères 100 ans plus tard que dans la Bible; ou bien que tout le passage est interpolé; dans ce cas, il faudrait garder 292 (295?) et corriger les chiffres suivants conformément au total.

eut Nachôr; Ragav engendra Séroug à 130 ans; Phalec avait le
150. même âge quand il eut Ragav; Héber, à l'âge de 134 ans, engendra
Phalec; il était né lui-même de Salès quand celui-ci avait 130 ans.
Salès naquit d'Arphaxad quand celui-ci était âgé de 135 ans; Arphaxad était fils de Sem et était né 12 ans après le déluge[1].
151. Abram eut des frères, Nachôr(ès) et Aran(ès). Aran laissa un
fils, Lôt(os), et des filles, Sarra[2] et Melcha; il mourut en Chaldée
dans la ville d'Our dite des Chaldéens[3]; on montre encore
son sépulcre aujourd'hui. Nachôr épousa sa nièce Melcha, Abram
152 sa nièce Sarra[4]. Tharros ayant conçu de l'aversion pour la Chaldée
à cause de la mort d'Aran, ils vont tous s'établir à Charran en
Mésopotamie; Tharros y meurt; on l'y enterre; il avait vécu
205 ans. La durée de la vie des hommes se raccourcissait déjà;
elle diminua jusqu'à la naissance de Moïse, avec lequel la limite de
l'existence fut fixée par Dieu à 120 ans; c'est précisément l'âge
153. que vécut Moïse[5]. Nachôr[6] eut huit fils de Melcha, Oux(os),
Baoux(os)[7], Mathouël(os)[8], Chazam(os)[9], Azav(os), Iadelphas, Iada-
phas[10], Bathouël(os) : ce sont les fils légitimes de Nachôr. Ta-
béos[11], Gadam(os), Taavos et Machas[12] lui naquirent de sa concubine

1. *Gen.*, xi, 27.

2. Σάρρα est l'unique transcription du nom hébreu Sarah, d'abord Saraï dans la *Genèse* jusqu'à xvii, 15. Les LXX ont Σάρα = Saraï, et Σάρρα = Sarah. La Genèse donne pour filles à Haran Milkha et Yiska. La tradition identifie, en effet
(*Sanh.*, 69b), Yiskah et Sarah. Josèphe remplace tout simplement l'une par l'autre.

3. *Gen.*, xi, 8 : Beour Kasdim. Les LXX ont seulement : ἐν τῇ χώρᾳ τῶν
Χαλδαίων, « dans le pays des Chaldéens ».

4. La *Genèse* dit seulement (xi, 29) qu'Abraham épousa Saraï. Pour Josèphe,
comme pour la tradition rabbinique, Sara est la fille de Haran et, par conséquent, la nièce d'Abraham.

5. Confusion de *Gen.*, vi, 2, avec le fait que Moïse est mort à cet âge.

6. *Gen.*, xxii, 20.

7. Héb. : Ouz, Bouz ; LXX : Οὔζ, Βαύξ.

8. Héb. : Kemouel ; LXX : Καμουήλ.

9. Héb. : Késed.

10. Héb. : Pildasch, Yidlaph ; LXX : Φαλδές, Ἰελδάφ.

11. Héb. : Tébah ; LXX : Ταβέκ.

12. Héb. : Tahas, Ma'achak ; LXX : Τοχός, Μοχά.

Rouma. Bathouël, un des fils légitimes de Nachôr, eut une fille, Rébecca, et un fils, Laban(os).

CHAPITRE VII

1. Sagesse d'Abraham; il s'établit en Canaan. — 2. Témoignages païens sur Abraham.

154. 1[1]. Abram, n'ayant pas d'enfant légitime, adopte Lôt, fils d'Aran[2]
son frère et frère de sa femme Sarra; il quitte la Chaldée à l'âge de soixante-quinze ans; Dieu lui ayant enjoint de se rendre en Chananée, il s'établit là et laissa le pays à ses descendants. Ce fut un homme d'une vive intelligence dans toutes les matières, sachant persuader ceux qui l'écoutaient et infaillible dans ses conjectures.
155. Ces qualités exaltèrent son sentiment de supériorité morale et il entreprit de renouveler et de réformer les idées qu'on avait alors communément au sujet de la divinité. Le premier il osa montrer que Dieu, créateur de l'univers, est un ; quant à tous les autres êtres, tout ce qui de leur part vient contribuer à notre prospérité, ils l'accomplissent en vertu des décrets divins, et nullement en vertu d'une
156. puissance propre. Ces conceptions lui sont inspirées par les révolutions de la terre et de la mer, par le cours du soleil et de la lune et tous les phénomènes célestes ; si tous ces corps avaient une

1. *Gen.*, XII, 1.
2. Dans le Talmud (*Sanhédrin*, 69 *b*), Loth est donné aussi comme étant fils de Haran.

puissance propre, ils sauraient pourvoir eux-mêmes à leur bon ordre ; que si cette puissance leur fait défaut, il apparaît que tous les avantages que ces corps nous procurent, ils n'ont pas en eux-mêmes la force de les produire, mais qu'ils n'agissent que par les ordres souverains d'un maître, auquel seul il convient d'adresser nos hommages et nos actions de grâce.

157. Ce furent ces idées précisément qui soulevèrent contre lui les Chaldéens et les autres peuples de la Mésopotamie; il crut donc bon d'émigrer[1] et, avec la volonté et l'appui de Dieu, il occupa le pays de Chananée[2]. Établi là, il bâtit un autel et offrit un sacrifice à Dieu.

158. 2. Bérose fait mention de notre ancêtre Abram sans le nommer ; il en parle en ces termes : « Après le déluge, dans la dixième génération, il y eut chez les Chaldéens un homme juste, illustre et
159. versé dans la connaissance des choses célestes[3]. » Hécatée, lui, fait plus que de le mentionner : il a laissé tout un livre, composé sur lui[4]. Nicolas de Damas, dans le quatrième livre de ses *Histoires*, s'exprime ainsi : « Abram(ès) régna à Damas; il était venu en conquérant avec une armée de la contrée située au-dessus de Babylone,
160. appelée Chaldée. Peu de temps après, il quitta également cette con-

1. Les motifs pour lesquels Abraham quitte la Chaldée se trouvent aussi chez Philon, *Quis rerum div. her.*, § 20, M., I, p. 486; *De migrat. Abr.*, § 32, M., I, p. 463 sqq., et *De Abrahamo*, M., II, p. 11 : les Chaldéens, très versés dans l'astronomie, se trompaient en attribuant une puissance divine au monde visible. Aussi Dieu engage Abraham à quitter la Chaldée, c'est-à-dire à s'affranchir des erreurs chaldéennes. Le Midrasch s'occupe également des motifs du départ d'Abraham (*Gen. R.*, XLIV; *Sabbat*, 156 *a*; *Nedarim*, 32 *a*).

2. Je suis porté à croire que dans cet article Josèphe s'est inspiré du pseudo-Hécatée sur Abraham [T. R.]

3. Bérose, fr. 8 Müller (*Textes*, p. 34). Josèphe omet de dire sur quoi se fonde son identification entre ce « sage chaldéen » et Abraham. Il faut observer, en outre, que d'après la Bible, Abraham était le onzième et non le dixième descendant de Noé [T. R.].

4. Hécatée d'Abdère, philosophe et historien qui vécut en Égypte sous le premier Ptolémée (vers 300 av. J. C.). Mais l'ouvrage sur Abraham, où se trouvaient notamment des vers apocryphes de Sophocle, est sûrement une fraude juive de l'époque hasmonéenne (*Textes*, p. 236) [T. R.].

trée avec tout son peuple et se fixa dans la Judée d'aujourd'hui, qu'on appelait alors Chananée : c'est là qu'il habita ainsi que ses descendants qui s'y multiplièrent et dont je raconterai l'histoire ailleurs. Le nom d'Abram est encore célébré aujourd'hui dans la Damascène ; on y montre un village qui s'appelle en souvenir de lui *demeure d'Abram*[1]. »

CHAPITRE VIII

1. — *Abraham en Égypte.* — 2. *Il communique sa science aux Égyptiens.* — 3. *Son partage avec Lôt.*

161. 1[2]. Quelque temps plus tard, une famine sévissant en Chananée, Abram, informé de la prospérité des Égyptiens, eut envie de se rendre chez eux pour profiter de leur abondance et pour entendre ce que leurs prêtres disaient des dieux ; s'il trouvait leur doctrine meilleure que la sienne, il s'y conformerait ; au contraire, il corri-
162. gerait leurs idées, si les siennes valaient mieux. Comme il emmenait Sarra et qu'il craignait la frénésie dont les Égyptiens font preuve à l'égard des femmes, pour empêcher que le roi ne le fît périr à cause de la beauté de son épouse, il imagina l'artifice suivant : il feignit d'être son frère et, disant que leur intérêt l'exigeait,

1. Nicolas, fr. 30 Müller (*Textes*, p. 78). Trogue Pompée citait également Abraham parmi les rois de Damas. Ces traditions ont dû prendre naissance à l'époque des rapports intimes entre Damas et Israël [T. R.].
2. *Gen.*, XII, 10.

163. lui apprit à jouer son rôle. Quand ils arrivèrent en Égypte, tout se passa pour Abram comme il l'avait prévu ; la beauté de sa femme fut partout vantée ; aussi Pharaôthès[1], roi des Égyptiens, ne se contenta pas de l'entendre célébrer ; il désira vivement la voir et
164. fut sur le point de s'emparer d'elle. Mais Dieu fait obstacle à cette passion coupable par une peste et des troubles politiques. Comme il sacrifiait pour savoir le remède à employer, les prêtres lui déclarèrent[2] que cette calamité était l'effet de la colère divine, parce qu'il
165. avait voulu faire violence à la femme de son hôte. Terrifié, il demanda à Sarra qui elle était et qui l'accompagnait. Il apprit la vérité et alla s'excuser auprès d'Abram : c'est dans la supposition qu'elle était sa sœur et non sa femme qu'il s'était occupé d'elle ; il avait voulu contracter une alliance avec lui et non pas lui faire injure dans l'emportement de la passion. Puis il lui donne de grandes richesses et le fait entrer en relation avec les plus savants d'entre les Égyptiens ; sa vertu et sa réputation trouvèrent là une occasion de briller davantage.
166. 2. En effet, comme les Égyptiens avaient différentes manières de vivre et se moquaient mutuellement de leurs propres usages, de sorte que leurs rapports étaient fort tendus, Abram s'entretenant avec chacun d'eux et examinant les arguments qu'ils faisaient valoir en faveur de leurs opinions particulières, leur en montra clairement
167. l'inanité et le manque absolu de fondement. Très admiré par eux dans leurs réunions comme un homme extrêmement intelligent et fort habile non-seulement à concevoir, mais aussi à convaincre ceux qu'il tentait d'instruire, il leur fait connaître l'arithmétique et leur transmet ses notions en astronomie[3], car avant

1. Héb. : Phar'ô ; LXX : Φαραώ. Josèphe conserve partout (sauf *Ant.*, VIII, § 151, Φαραών ou Φαραώνης) la transcription Φαραώθης qu'on ne trouve que chez lui. Artapanos (cité par Eusèbe, *Praeparatio evangelica*, IX, 18) écrit Φαρεθώθης. Voir, d'ailleurs, la notice que Josèphe consacre aux Pharaons dans *Ant.*, VIII, §§ 155-159. D'après le *Bellum Jud.* (V, § 379), le roi égyptien qui voulait prendre Sara s'appelait Néchao.

2. Cp. Eupolémos (dans Eus., *Pr. ev.*, IX, 17) (*F. H. G.*, III, 212) : Μάντεις δὲ αὐτοῦ καλέσαντος, τοῦτο φάναι, μὴ εἶναι χήραν τὴν γυναῖκα κτλ. « Les devins, appelés par lui, lui déclarèrent que la femme n'était point libre. »

3. Cp. Artapanos (Eus., *Pr. ev.*, IX, 18 ; *F. H. G.*, III, 213) : τοῦτον δὲ φησι

168. l'arrivée d'Abram, les Égyptiens étaient dans l'ignorance de ces
sciences : elles passèrent donc des Chaldéens à l'Égypte, pour parvenir de là jusqu'aux Hellènes.

169. 3[1]. Revenu en Chananée, il partage le pays avec Lôt, car leurs
bergers se querellaient à propos des terrains de pâture, mais il
170. laisse choisir Lôt à son gré. Ayant pris pour lui la vallée que l'autre
lui abandonne, il vient habiter la ville de Nabrô (Hébron) : elle est plus ancienne de sept ans que Tanis en Égypte. Quant à Lôt, il occupait le pays situé vers la plaine et le fleuve Jourdain, non loin de la ville des Sodomites, alors florissante, aujourd'hui anéantie par la volonté divine; j'en indiquerai la raison en son lieu.

CHAPITRE IX

Guerres des Sodomites et des Assyriens; Lôt prisonnier[2].

A cette époque où les Assyriens étaient maîtres de l'Asie, les
171. Sodomites se trouvaient dans une situation florissante; leurs richesses étaient considérables[3], et leur jeunesse nombreuse; des rois, au nombre de cinq, gouvernaient le pays : Balac(os)[4], Baléas[5],

πανοικίᾳ ἐλθεῖν πρὸς τὸν τῶν Αἰγυπτίων βασιλέα Φαρεθώνην, καὶ τὴν ἀστρολογίαν αὐτὸν διδάξαι, « il dit qu'Abraham vint avec tous les siens chez Pharéthonès, roi d'Egypte, et lui apprit l'astrologie. »

1. *Gen.*, XIII, 1.
2. *Gen.*, XIV, 1.
3. Ancien Midrasch dans *Tossefta Sota*, III, 11; cf. *Mechilta* sur *Exode*, XV, 1; *Sifré*, Deuter., 43; *Sanhédrin*, 109 *a*, etc.
4. Héb. : Béra.
5. LXX : Βαρσά; héb. : Birṣa'.

Synabar(ès)[1], Symobor(os)[2] et le roi Balènôn[3]; chacun avait sa part
172. du royaume à gouverner. Les Assyriens marchèrent contre eux
et, divisant leur armée en quatre corps, les assiégèrent; un chef
était placé à la tête de chacun de ces corps. Un combat a lieu, les
Assyriens vainqueurs imposent tribut aux rois des Sodomites.
173. Pendant douze ans ils restèrent soumis et payèrent patiemment
les tributs qu'on leur imposa, mais, la treizième année, ils se soulevèrent; une armée d'Assyriens marcha contre eux sous les ordres
d'Amarapsidès[4], d'Ariouch(os), de Chodolamôr(os)[5] et de Thada-
174. l(os)[6]. Ceux-ci ravagèrent toute la Syrie et domptèrent les descendants des Géants; arrivés dans le pays de Sodome, ils campent
dans la vallée appelée *Les Puits de bitume*[7]. A cette époque-là,
en effet, il y avait des puits dans cet endroit; maintenant que la
ville des Sodomites a disparu, cette vallée est devenue le lac Asphal-
175. tite; quant à ce lac, nous aurons bientôt à en reparler. Les Sodomites en vinrent donc aux mains avec les Assyriens et le combat
fut acharné : beaucoup périrent, le reste fut fait prisonnier: on
emmena, entre autres, Lôt qui était venu combattre en allié des
Sodomites.

1. Héb. : Sinab; LXX : Σενναάρ.
2. Héb. : Séméber.
3. Ou des Baléniens. Héb. : Béla'; LXX : Βαλάκ.
4. Héb. : Amraphel; LXX : Αμαρφάλ.
5. Héb. : Kedarlaômer; LXX : Χοδολλογομόρ.
6. Héb. : Thid'al; LXX : Θαργάλ.
7. L'expression φρέατα ἀσφάλτου se trouve dans les LXX (*Gen.*, XIV, 10).

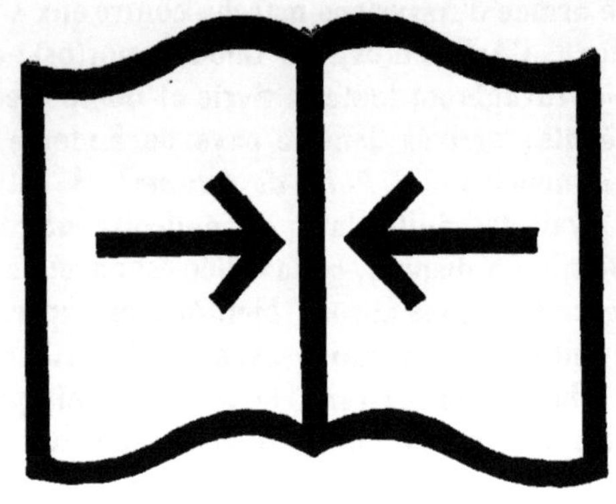

CHAPITRE X

1. *Victoire d'Abraham sur les Assyriens.* — 2. *Rencontre avec Melchisédec.* — 3. *Promesses de Dieu à Abraham.* — 4. *Agar et Ismaël.* — 5. *Naissance d'Isaac. La circoncision.*

176. 1[1]. Abram, à la nouvelle de leur défaite, éprouva de la crainte pour Lôt, son parent, et de la pitié pour les Sodomites, ses amis et
177. ses voisins. Ayant résolu de leur porter secours, sans différer, il se met en route, atteint la cinquième nuit les Assyriens près de Dan(os) tel est le nom d'une des deux sources du Jourdain), les surprend avant qu'ils se mettent en armes ; ceux qui se trouvaient au lit, il les tue sans qu'ils se rendent compte de ce qui se passe ; et ceux qui ne s'étaient pas encore livrés au sommeil[2], mais que l'ivresse
178. rendait incapables de combattre, prennent la fuite. Abram les poursuit, les serre de près jusqu'au jour suivant, où il les refoule dans Ob, du pays des Damascéniens ; ce succès fit voir que la victoire ne dépend pas du nombre et de la multitude des bras, mais que l'ardeur résolue des combattants et leur valeur a raison du nombre, puisque c'est avec trois cent dix-huit de ses serviteurs et trois amis qu'Abram vint à bout d'une si grande armée. Tous ceux qui purent s'échapper s'en retournèrent sans gloire.

1. *Gen.*, XIV, 13.

2. Un passage tout à fait analogue se lit dans Philon, *De Abr.*, § 40 (M., II, p. 34) . . . . . δεδειπνημένοις ἤδη καὶ πρὸς ὕπνον μέλλουσι τρέπεσθαι. Καὶ τοὺς μὲν ἐν εὐναῖς ἱέρευε, τοὺς δὲ ἀντιταχθέντας ἄρδην ἀνῄρει. Πάντων δὲ ἐρρωμένως ἐπεκράτει, τῷ θαρραλέῳ τῆς ψυχῆς μᾶλλον ἢ ταῖς παρασκευαῖς. « Ils avaient déjà mangé et se préparaient à dormir. Il (Abraham) immola ceux qui étaient au lit, et tailla en pièces ceux qui lui opposèrent résistance. Enfin il remporta sur eux une victoire complète, due à la vaillance de son âme plutôt qu'à ses armes. » Josèphe suit d'un peu plus près les données bibliques.

79. 2. Abram, ayant délivré les captifs Sodomites qui avaient été pris
par les Assyriens, ainsi que son parent Lôt, s'en revint en paix.
Le roi des Sodomites vint à sa rencontre dans l'endroit qu'on
80. appelle *Plaine royale*. Là, le roi de Solyme, Melchisédéc(ès), le
reçoit ; ce nom signifie *roi juste*[1] ; il était, en effet, réputé tel
partout : c'est même pour cette raison qu'il devint prêtre de Dieu ;
quant à cette Solyma, elle s'appela ultérieurement Hiérosolyma[2]
81. (Jérusalem). Ce Melchisédec traita avec hospitalité l'armée d'Abram,
pourvut avec abondance à tous leurs besoins et, au milieu du festin,
se mit à faire l'éloge d'Abram et à rendre grâce à Dieu d'avoir
livré les ennemis entre ses mains. Abram lui offrit la dîme du butin,
82. et il accepta ce cadeau. Quant au roi des Sodomites, il consentit à
ce qu'Abram emportât le butin ; mais il désirait emmener ceux de
ses sujets qu'Abram avait sauvés des mains des Assyriens. Abram
lui dit qu'il n'en ferait rien et qu'il n'emporterait d'autre avantage
de ce butin que les provisions de bouche nécessaires à ses serviteurs ; cependant il offrit une part à ses amis qui avaient combattu
avec lui : ils s'appelaient, le premier, Eschôl(ès), les autres, Ennê-
r(os)[3] et Mambrès.
83. 3. Dieu loua sa vertu : « Tu ne perdras pas, dit-il, la récompense
que tu mérites pour ces belles actions. » Et comme il demandait
quel serait le bienfait d'une telle récompense, s'il n'y avait personne
pour la recueillir après lui (car il était encore sans enfant), Dieu
lui annonce qu'un fils lui naîtra dont la postérité sera si grande
84. qu'on en comparera le nombre à celui des étoiles. Après avoir
entendu ces paroles, Abram offre un sacrifice à Dieu sur son ordre.
Voici comment ce sacrifice eut lieu ; il se composait d'une génisse
de trois ans, d'une chèvre de trois ans et d'un bélier du même âge,
d'une tourterelle et d'une colombe ; Abram reçut l'ordre de les

1. La même interprétation, conforme, d'ailleurs, à l'hébreu, se trouve dans Philon, entre autres passages : *Leg. alleg.*, III, § 25 (M., p. 103).

2. Cette étymologie fantaisiste de Jérusalem est donnée avec plus de précision au livre VII, § 67 ; cf. *B. Jud.*, VI, § 438. Saint Jérôme prétend que le Salem (Solyma) de Melchisédec était une bourgade voisine de Scythopolis, qui avait conservé ce nom jusqu'à son temps [T. R.].

3. Héb. : Anèr ; LXX : Αὐνάν.

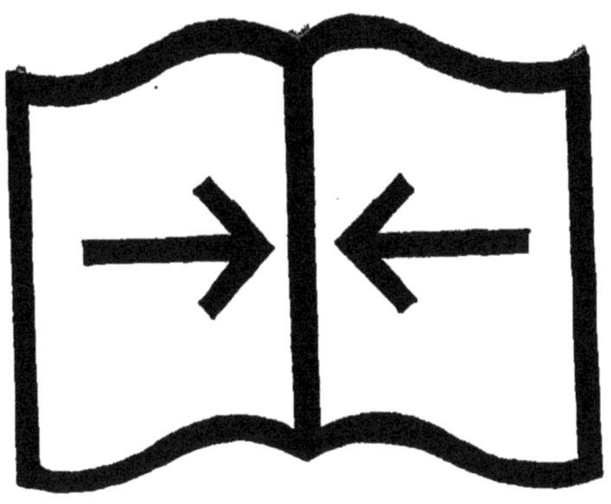

RELIURE SERRÉE
ABSENCE DE MARGES INTÉRIEURES

VALABLE POUR TOUT OU PARTIE DU
DOCUMENT REPRODUIT

185. diviser en morceaux, sauf les oiseaux qu'il ne divisa pas. Ensuite[1], avant l'érection de l'autel, comme les oiseaux tournoyaient, attirés par le sang, une voix divine se fit entendre, annonçant que ses descendants auraient de méchants voisins pendant quatre cents ans en Égypte, qu'après y avoir souffert extrêmement, ils triompheraient de leurs ennemis, vaincraient à la guerre les Chananéens et prendraient possession de leur pays et de leurs villes.

186. 4[2]. Abram habitait près du chêne appelé Ogygé[3], — c'est un endroit de la Chananée, non loin de la ville des Hébroniens. — Affligé de la stérilité de sa femme, il supplie Dieu de lui accorder la naissance

187. d'un enfant mâle. Dieu l'engage à se rassurer ; c'est pour son bonheur en toute chose qu'il lui a fait quitter la Mésopotamie et, de plus, des enfants lui viendront. Sarra, sur l'ordre de Dieu, lui donne alors pour concubine une de ses servantes, nommée Agar(é), de race

188. égyptienne, afin qu'il en ait des enfants. Devenue enceinte, cette servante osa prendre des airs d'insolence envers Sarra, faisant la reine parce que le pouvoir devait être attribué au rejeton qui naîtrait d'elle. Abram l'ayant remise à Sarra pour la châtier, elle résolut de s'enfuir, incapable d'endurer ses humiliations et pria Dieu de

189. la prendre en pitié. Tandis qu'elle va à travers le désert, un envoyé divin vient à sa rencontre, l'exhorte à retourner chez ses maîtres : sa condition sera meilleure, si elle fait preuve de sagesse, car présentement, c'était son ingratitude et sa présomption à l'égard de

190. sa maîtresse qui l'avaient conduite à ces malheurs. Si elle désobéissait à Dieu en poursuivant son chemin, elle périrait ; mais si elle rebroussait chemin, elle deviendrait mère d'un enfant, futur roi de ce pays. Ces raisons la convainquent, elle rentre chez ses maîtres,

1. *Gen.*, xv, 13.
2. *Gen.*, xiii, 18; xvi, 1.
3. C'est la localité appelée dans l'Écriture *les Chênes de Mambré*. Josèphe lui donne, d'ailleurs, lui-même ce nom un peu plus loin (§ 196). Quant à Ogygé, ce nom rappelle celui d'un roi de l'antiquité grecque, à l'époque duquel les traditions placent un déluge analogue à celui de la Bible. Josèphe semble y avoir songé en écrivant Ogygé, soit par une confusion involontaire, soit afin de suggérer un rapprochement.

et obtient son pardon; elle met au monde, peu après, Ismaël(os) : ce nom peut se rendre *exaucé par Dieu*, à cause de la faveur avec laquelle Dieu avait écouté sa prière.

91. 5[1]. Abram avait atteint sa quatre-vingt-sixième année, quand ce premier fils lui naquit; quand il eut quatre-vingt-dix-neuf ans, Dieu lui apparut pour lui annoncer qu'il aurait également un fils de Sarra; il lui ordonne de l'appeler Isac(os), lui révèle que de grands peuples et des rois sortiront de lui, qu'après des guerres, ils occuperont la Chananée tout entière depuis Sidon jusqu'à l'Égypte. Il lui prescrivit aussi, pour que sa race ne se mêlât pas avec les autres[2], de pratiquer la circoncision et cela, le huitième jour après la naissance. Quant à la raison de notre pratique de la circoncision, je l'indiquerai ailleurs[3]. Comme Abram s'informait aussi d'Ismaël, demandant s'il vivrait, Dieu lui fit savoir qu'il deviendrait très âgé et serait le père de grandes nations. Abram en rendit grâce à Dieu et se circoncit aussitôt, ainsi que tous les siens et aussi son fils Ismaël, qui eut ce jour-là treize ans, tandis que lui-même accomplissait sa quatre-vingt-dix-neuvième année.

1. *Gen.*, xv, 18; xvii, 8.
2. Ce motif n'est pas exprimé dans l'Écriture. De la phrase suivante : « Quant à la raison de *notre* pratique de la circoncision, » il semble résulter que Josèphe distinguait le motif historique de sa prescription de son sens rationnel ou symbolique.
3. Allusion à un ouvrage qui devait traiter de la signification rationnelle des lois mosaïques. Cet ouvrage est probablement le même dont Josèphe parle dans le préambule (voir § 25 et note) et dans plusieurs autres passages des *Antiquités* (III, § 143, fin; IV, § 198 et XX, fin).

CHAPITRE XI

1. *Impiété des Sodomites.* — 2. *Abraham et les anges.* — 3. *Les anges à Sodome.* — 4. *Destruction de Sodome.* — 5. *Lôt et ses filles, Moab et Ammon.*

194. 1. A la même époque, les Sodomites, tout fiers de leur nombre
et de l'étendue de leurs richesses, se montraient arrogants envers
les hommes et impies à l'égard de la divinité[1], si bien qu'ils ne se
souvenaient plus des bienfaits qu'ils en avaient reçus; ils haïssaient
195. les étrangers[2] et fuyaient toute relation avec autrui. Irrité de cette
conduite[3], Dieu décida de châtier leur insolence, de détruire leur
ville et d'anéantir le pays au point qu'aucune plante, aucun fruit
n'en pût naître désormais.
196. 2[4]. Après que Dieu eut rendu ce jugement contre les Sodomites,
Abram, étant assis auprès du chêne de Mambré, devant la porte de
sa cour, aperçut un jour trois anges; s'imaginant que c'étaient des
étrangers, il se leva, les salua, et les invita à entrer chez lui pour
197. jouir de son hospitalité. Ceux-ci acceptèrent, et il fit préparer sur-le-
champ du pain de fleur de farine; il immola un veau, qu'il fit rôtir
et porter à ses hôtes, attablés sous le chêne; ceux-ci lui donnèrent
à croire qu'ils mangeaient[5]. Ils s'informèrent aussi de sa femme et

1. Cf. *Gen. R.*, XLI. Selon le Midrasch, les Sodomites péchaient envers eux-mêmes par leurs infractions aux lois et envers Dieu par leur idolâtrie.

2. Le Talmud (*Sanhédrin*, 109 *a*) rapporte aussi que les habitants de Sodome, orgueilleux de leur prospérité et de la richesse de leur pays, où « poussait le pain » selon le verset de *Job* (XXVIII, 5), décidèrent de ne plus accueillir les passants, les « ôberê derachim ».

3. *Gen.*, XVIII, 20.

4. *Gen.*, XVIII, 2.

5. Ce détail se lit aussi dans le Midrasch, *Gen. R.*, XLVIII. Le mot « et ils mangèrent » de la *Genèse* (XVIII, 8) est compris comme s'il y avait : « et ils firent semblant de manger ». Philon dit de même (*De Abrah.*, § 23; M., II, p. 18) : τεράστιον δὲ καὶ τὸ μὴ πεινῶντας πεινώντων καὶ μὴ ἐσθίοντας ἐσθιόντων

demandèrent où était Sarra; comme il leur dit qu'elle était dans
la maison, ils assurèrent qu'ils reviendraient un jour et la trouve-
198. raient mère. La femme sourit à ces mots[1] et se dit impropre à la ma-
ternité puisqu'elle avait quatre-vingt-dix ans et son mari cent; alors
ils cessèrent de dissimuler et révélèrent qu'ils étaient des messagers
de Dieu, que l'un d'entre eux était envoyé pour annoncer l'enfant et
les deux autres[2] pour anéantir les Sodomites.
199. 3. A cette nouvelle, Abram plaignit les Sodomites; il se leva et
fit une prière à Dieu, le suppliant de ne point faire périr les justes
et les bons avec les méchants. Dieu lui répondit qu'aucun Sodomite
n'était bon, que, s'il s'en trouvait dix, il remettrait à tous le châ-
200. timent de leurs crimes. Là-dessus, Abram se tut. Les anges[3] arrivèrent dans la ville des Sodomites, et Lôt leur offrit l'hospitalité,
car il était fort bienveillant pour les étrangers et avait pris pour
exemple la bonté d'Abram[4]. Les Sodomites, ayant aperçu ces jeunes
hommes d'une remarquable beauté que Lôt avait fait descendre chez
201. lui, complotèrent de faire violence à leur jeunesse. Lòt les conjure
de se contenir, de ne point déshonorer leurs hôtes, mais de respecter leur séjour chez lui; s'ils ne pouvaient maîtriser leur passion,
il leur livrerait plutôt ses propres filles, disait-il, pour racheter ces
jeunes gens; mais cela même ne les fit pas céder.
202. 4[5]. Dieu, indigné de leur audace, aveugla les criminels de ma-

παρέχειν φαντασίαν, « chose merveilleuse, quoique n'ayant pas faim, ils avaient l'air d'avoir faim, et, quoique ne mangeant pas, ils paraissaient manger. »

1. Le texte est probablement altéré. Comment Sara peut-elle sourire d'un propos qu'elle n'a pas entendu? [T. R.].

2. La tradition assigne aussi une mission différente à chacun des anges. Voir *Baba Meçia*, 86 *b*; *Gen. R.*, L. Le verset XIX, 1, où il n'est plus question que de deux messagers, exerçait les commentateurs et leur faisait supposer que l'un des anges, le premier, était chargé d'annoncer à Sara la naissance d'un fils; les deux autres devaient sauver Loth et détruire Sodome. Selon Philon aussi (*De Abr.*, § 28, M. II, p. 22), deux des trois anges seulement étaient chargés d'aller à Sodome.

3. *Gen.*, XIX, 1.

4. Le Midrasch (*Gen. R.*, L, et *Pirké R. Eliézer*, XXV) explique que Loth avait appris l'hospitalité quand il demeurait avec Abraham.

5. *Gen.*, XIX, 11.

nière qu'ils ne purent trouver l'entrée de la demeure de Lôt, et il décida la perte de tout le peuple des Sodomites. Lôt, à qui Dieu annonce la ruine prochaine des Sodomites, part en emmenant sa femme et ses deux filles, qui étaient vierges; quant à leurs prétendants, ils se moquaient de ce départ et traitaient de niaiserie ce que Lôt leur
203. disait. Alors Dieu lance ses traits sur la ville et la brûle avec ses habitants, anéantissant tout le pays dans un même embrasement, comme je l'ai rapporté antérieurement dans mon récit de la guerre judaïque[1]. La femme de Lôt, pendant la fuite, ne cessant de se retourner vers la ville et de regarder indiscrètement ce qui s'y passait malgré la défense expresse de Dieu, fut changée en une colonne de sel; j'ai vu cette colonne qui subsiste encore aujourd'hui[2]. Lôt
204. s'enfuit seul avec ses filles et va occuper un petit endroit resté intact au milieu des ravages du feu; il porte encore le nom de *Zoôr*[3] : les Hébreux appellent ainsi ce qui est petit. Il y vécut misérablement par suite de l'absence d'habitants et du manque de ressources.
205. 5[4]. Ses filles, croyant que tout le genre humain avait péri, s'unissent à leur père en prenant garde de ne pas se laisser voir; elles agissaient ainsi, afin que la race ne s'éteignît pas. Des enfants leur naissent : l'aînée eut Môab(os), qu'on pourrait traduire *du père*[5]. La seconde met au monde Amman(os); ce mot signifie *fils de la*
206. *race*[6]. Le premier fonde les Moabites, qui forment aujourd'hui encore une très grande nation; le second, les Ammanites. Ces deux

1. Voir *Bell. Jud.*, IV, §§ 483-485. Josèphe n'accepte pas l'opinion d'après laquelle Sodome aurait disparu dans la mer Morte.

2. Il s'agit sans doute d'un bloc détaché de la chaîne de montagnes appelée aujourd'hui *Djebel Ousdoum*, vers l'extrémité sud-ouest de la mer Morte, et qui se compose en majeure partie de sel cristallisé [T. R.].

3. Héb. Çô'ar; LXX : Σηγώρ.

4. *Gen.*, xx, 1.

5. Josèphe copie ici sans doute la glose que les LXX ajoutent au verset (*Gen.*, xix, 37) : καὶ ἐκάλεσε τὸ ὄνομα αὐτοῦ Μωάβ, λέγουσα · ἐκ τοῦ πατρός μου, « et elle lui donna le nom de Moab, disant : « issu de mon père ». Le mot hébreu *moab* est compris comme s'il y avait *méab*, du père.

6. Même traduction que dans les LXX (*Gen.*, xix, 38), υἱὸς γένους μου, « fils de ma race ». L'hébreu *Ben-Ammî* est pris pour une glose, tandis que le nom véritable serait Ἀμμάν.

peuples appartiennent à la Cœlé-Syrie. Telles furent les circonstances dans lesquelles Lôt se sépara des Sodomites.

CHAPITRE XII

1. Abraham chez Abimélech. — 2. Naissance et circoncision d'Isaac. — 3. Expulsion d'Agar. — 4. Postérité d'Ismaël.

207. 1[1]. Abram émigra à Gérare en Palestine, accompagné de Sarra, qu'il faisait passer pour sa sœur; c'était le même subterfuge que naguère, inspiré par la crainte, car il redoutait Abimélech, roi de ce territoire, qui, lui aussi, épris de Sarra, était capable de violence.
208. Mais sa passion fut dérangée par une grave maladie dont Dieu l'accabla; déjà les médecins désespéraient de lui, quand il eut un songe et vit qu'il ne devait pas outrager la femme de son hôte; se sentant mieux, il déclare à ses amis que Dieu lui inflige cette maladie pour défendre les droits de son hôte et garder la femme de celui-ci à l'abri de toute violence (car ce n'était pas sa sœur qu'il avait emmenée, mais sa femme légitime), et que Dieu lui promet dorénavant sa clémence, si Abram est rassuré au sujet de sa femme.
209. Cela dit, il mande Abram, sur le conseil de ses amis, et l'exhorte à ne plus craindre pour sa femme aucune tentative déshonnête, car Dieu prenait souci de lui et, conformément à l'alliance qu'il avait conclue, il la lui rendrait inviolée. Prenant à témoin Dieu et la conscience de Sarra, il déclara qu'il ne l'aurait même pas recherchée au

1. *Gen.*, xx, 1.

début s'il l'avait sue mariée; croyant prendre la sœur d'Abram, il
10. n'avait point mal agi. Il le prie, en outre, de lui montrer de la bienveillance et de lui concilier la faveur divine: s'il désirait demeurer
chez lui, il lui fournirait tout en abondance; s'il préférait partir, il lui
accorderait une escorte et tout ce qu'il était venu chercher chez lui.
211. A ces mots, Abram répond qu'il n'a pas menti en alléguant sa parenté
avec sa femme, car elle était l'enfant de son frère, et, sans le subterfuge dont il avait usé, il aurait cru manquer de sécurité durant son
voyage. Il n'était pas responsable de la maladie du roi, il souhaitait
ardemment sa guérison et se déclarait prêt à demeurer chez lui.
212. Alors[1] Abimélech lui attribue une part de son pays et de ses richesses; ils conviennent ensemble de gouverner loyalement et
prêtent serment au-dessus d'un puits qu'ils nomment Bersoubai[2],
c'est-à-dire le *puits du serment* : c'est encore le nom que lui donnent aujourd'hui les habitants.
213. 2[3]. Abram, peu de temps après, eut également un fils de Sarra,
ainsi qu'il lui avait été annoncé par Dieu; il l'appela Isac[4], ce qui
signifie *rire*; il lui donna ce nom parce que Sarra avait souri quand
Dieu lui eut dit qu'elle enfanterait, elle qui ne s'attendait pas à devenir enceinte à son âge; elle avait, en effet, quatre-vingt-dix ans et
214. Abram cent. Leur enfant naît donc l'année après (la prédiction des
anges)[5]; on le circoncit le huitième jour. De là vient la coutume pour
les Hébreux de pratiquer la circoncision après huit jours; les Arabes
attendent la treizième année, car Ismaël leur ancêtre, qui naquit
d'Abram par la concubine, fut circoncis à cet âge : je vais présenter
à son sujet les détails les plus précis.
215. 3. Sarra, au début, chérissait cet Ismaël, né de sa servante Agar,

1. *Gen.*, xxi, 22.

2. Héb. : Beerşéba'. Josèphe traduit par ὅρκου φρέαρ ; cf. LXX, *Gen.*, xxi, 31 : φρέαρ ὁρκισμοῦ, et v. 33 : ἐπὶ τῷ φρέατι τοῦ ὅρκου.

3. *Gen.*, xxi, 1.

4. Héb. : Yiçḥak ; LXX : Ἰσαάκ. Cf. Apollonius Molon *ap.* Al. Polyhistor (*F. H. G.*, III, 213; *Textes*, p. 61) : ἐκ δὲ τῆς γαμετῆς υἱὸν αὐτῷ γενέσθαι ἕνα, ὃν ἑλληνιστὶ Γέλωτα ὀνομασθῆναι.

5. Ce passage est peu intelligible dans le grec. Il faut probablement écrire avec Bekker τῷ ὑστέρῳ (mss. ὑστάτῳ) ἔτει.

avec toute la tendresse qu'elle eût témoignée à son propre fils; on l'élevait, en effet, pour succéder au commandement; mais quand elle eut mis au monde Isac, elle ne crut pas devoir élever avec lui Ismaël, qui était l'aîné et pouvait lui nuire après que leur père
216. serait mort. Elle persuade donc à Abram de l'envoyer s'établir ailleurs avec sa mère. Mais lui, dans le principe, ne donnait pas son adhésion aux projets de Sarra; il estimait qu'il n'y avait rien de si inhumain que de congédier un enfant en bas âge et une femme dénuée de toutes les ressources nécessaires à la vie. Mais plus tard,
217. — aussi bien Dieu approuvait-il les desseins de Sarra, — il cède, remet Ismaël à sa mère, car il ne pouvait encore cheminer tout seul, et la congédie, avec une outre pleine d'eau et un morceau de pain;
218. la nécessité lui servirait de guide. Elle s'en fut et quand le nécessaire vint à manquer, elle se trouva dans une situation cruelle; comme l'eau s'épuisait, elle posa son enfant mourant sous un pin et, pour n'être pas là quand il rendrait l'âme, elle alla un peu plus
219. loin. Un ange de Dieu la rencontre, lui indique une source dans le voisinage et lui recommande de veiller à la nourriture de son enfant; car le salut d'Ismaël serait pour elle la source de grands biens. Elle reprend courage à ces promesses, et rencontre des bergers, dont la sollicitude la tire de peine.

220. 4[1]. Quand son enfant eut atteint l'âge d'homme, elle lui fit prendre une femme de cette race égyptienne dont elle était elle-même originaire : Ismaël eut de cette femme en tout douze fils : Nabaïôth(ès), Kédar(os), Abdéel(os)[2], Massam(as)[3], Idoum(as)[4], Masmas(os)[5], Massès[6], Chodad(os)[7], Théman(os), Jétour(os), Naphais(os), Kedma-
221. s(os)[8]. Ceux-ci occupent tout le pays qui s'étend depuis l'Euphrate

1. *Gen.*, xxv, 12 : I *Chron.*, I, 29.
2. Héb. : Adbeël; LXX : Ναβδεήλ.
3. Héb. : Mibsam.
4. Héb. et LXX : Douma.
5. Héb. : Misma'.
6. Héb. : Massa.
7. Héb. : Ḥadad; LXX : Χοδδάν.
8. Héb. et LXX : Kedma.

jusqu'à la mer Érythrée et qu'ils appelèrent Nabatène. Ce sont eux dont les tribus de la nation arabe ont reçu les noms en l'honneur de leurs vertus et en considération d'Abram.

CHAPITRE XIII

1. *Dieu ordonne à Abraham le sacrifice d'Isaac.* — 2. *Préparatifs du sacrifice.* — 3. *Discours d'Abraham.* — 4. *Isaac sauvé. Bénédiction de Dieu.*

222. 1[1]. Isac était aimé par-dessus tout de son père Abram, comme un fils unique qu'il avait eu sur le seuil de la vieillesse, par une faveur de Dieu. De son côté, l'enfant méritait cette tendresse et se faisait chérir de plus en plus de ses parents en pratiquant toutes les vertus, en montrant une piété filiale assidue et beaucoup de zèle
223. dans le culte de Dieu. Abram mettait tout son bonheur à laisser un fils florissant après qu'il aurait fini de vivre. Cependant voici ce qui lui arriva par la volonté divine : comme Dieu voulait faire l'épreuve de sa piété envers lui, il lui apparut, lui énuméra tous les bienfaits
224. dont il l'avait comblé, lui parla de la supériorité qu'il lui avait conférée sur ses ennemis, de sa félicité présente qu'il devait à la bienveillance divine et de la naissance de son fils Isac ; il lui demanda de lui offrir ce fils en sacrifice et en victime et lui ordonna de l'amener sur le mont Môrion[2] pour en faire un holocauste après

1. *Gen.*, XXII, 1.
2. Héb. : Môria. Dans l'Écriture (*Gen.*, XXII, 2), il est question seulement d'une montagne qui se trouvait dans le pays de Môria. L'expression « mont de Môria » ne se rencontre que II *Chron.*, III, 1, pour indiquer la montagne du Temple. Josèphe identifie plus loin (§ 226) ces deux montagnes, de même que la tradition (*Gen. R.*, LV).

avoir élevé un autel : ainsi seulement il témoignerait de sa piété envers lui, si le salut de son enfant lui importait moins que le souci d'être agréable à Dieu.

225. 2. Abram, estimant que rien ne justifiait une désobéissance à Dieu et qu'il fallait le servir en tout, puisque c'est sa providence qui fait vivre tous ceux qu'il protège, dissimule à sa femme l'ordre de Dieu et ses propres desseins au sujet de l'immolation de son fils; sans en rien découvrir à personne de sa maison[1], car on eût pu l'empêcher d'obéir à Dieu, il prend Isac avec deux serviteurs, et, ayant chargé sur un âne les objets nécessaires au sacrifice, il se
226. met en route vers la montagne. Deux jours, les serviteurs firent route avec lui ; le troisième jour, quand la montagne fut en vue, il laissa dans la plaine ses compagnons, et s'avança avec son fils seul sur la hauteur où le roi David bâtit plus tard le temple[2].
227. Ils portaient avec eux tout ce qu'il fallait pour le sacrifice, hormis la victime. Comme Isac, qui avait vingt-cinq ans, édifiait l'autel et demandait ce qu'on allait immoler puisqu'il n'y avait pas là de victime, Abram lui dit que Dieu y pourvoirait, car il avait le pouvoir de procurer aux hommes ce qui leur manquait et de dépouiller de leurs biens ceux qui s'en croyaient assurés : il lui donnerait donc aussi une victime, s'il devait accueillir favorablement son sacrifice.

228. 3. Lorsque l'autel fut prêt, qu'il y eut disposé les morceaux de bois et que tout fut dans un bel ordre, il dit à son fils : « Mon enfant, dans mille prières, j'ai demandé ta naissance à Dieu; après que tu es venu au monde, il n'est aucune peine que je ne me sois donnée pour ton éducation, rien qui me parût plus heureux que de te voir parvenir à l'âge d'homme et te laisser en mourant héritier de mon
229. pouvoir. Mais, puisque c'est la volonté de Dieu qui m'a fait ton père, et qu'il lui plaît maintenant que je te perde, supporte vaillamment le sacrifice; c'est à Dieu que je te cède, à Dieu qui a voulu

1. Le Midrasch dit aussi qu'Abraham prit bien soin de cacher à Sara le but réel de son départ avec Isaac. Dans *Tanhouma* (sur *Gen.*, XXII, 4), Abraham dit à Sara qu'il emmène Isaac dans un endroit où on fera son instruction.
2. Au lieu de David on attendrait Salomon.

avoir de moi ce témoignage de vénération en retour de la bienveillance avec laquelle il s'est montré mon appui et mon défenseur.
230. Puisque tu as été engendré *d'une façon peu commune*[1], tu vas aussi quitter la vie d'une façon peu ordinaire; c'est ton propre père qui t'envoie d'avance à Dieu, père de toutes choses, selon les rites du sacrifice; il n'a pas, je crois, jugé à propos que la maladie ni la guerre, ni aucun des fléaux qui assaillent naturellement les hommes,
231. t'enlève à la vie : c'est au milieu de prières et de cérémonies sacrées qu'il recueillera ton âme et qu'il la gardera près de lui; tu seras pour moi un protecteur et tu prendras soin de ma vieillesse — car c'est surtout vers cette fin que je t'ai élevé —, mais au lieu de toi, c'est Dieu dont tu me procureras l'appui[2]. »
232. 4. Isac — d'un tel père il ne pouvait naître qu'un fils magnanime — accueille avec joie ces paroles et s'écrie qu'il ne mériterait pas même d'être venu au monde, s'il voulait s'insurger contre la décision de Dieu et de son père et ne pas se prêter docilement à leur volonté à tous deux, alors que, son père seul eût-il pris cette résolution, il eût été impie de ne point s'y soumettre; il s'élance
233. donc vers l'autel et la mort. Et l'acte s'accomplissait, si Dieu n'eût été là pour l'empêcher; il appelle Abram par son nom et lui défend d'immoler son fils : ce n'était pas le désir de sang humain, lui dit-il, qui lui avait fait ordonner le meurtre de son fils et il ne l'avait pas rendu père pour le lui enlever avec cette cruauté, il ne voulait qu'éprouver ses sentiments et voir si même de pareils ordres
234. le trouveraient docile. Sachant maintenant l'ardeur et l'élan de sa piété, il était satisfait de tout ce qu'il avait fait pour lui, et il ne cesserait jamais de veiller de toute sa sollicitude sur lui et sur sa race; son fils atteindrait un âge avancé et, après une vie de félicité, transmettrait à une postérité vertueuse et légitime une grande puis-
235. sance. Il lui prédit aussi que leur race donnerait naissance à de grandes et opulentes nations dont les chefs auraient une renommée

1. Nous suppléons ces mots nécessaires au sens et que le copiste a oubliés [T. R.].

2. Bien entendu, tout ce discours est imaginé par Josèphe : on ne lit rien de semblable dans la Bible.

éternelle, et qu'ayant conquis par les armes la Chananée, ils devien-
236. draient un objet d'envie pour tous les hommes. Après avoir ainsi parlé, Dieu fit sortir d'un lieu invisible un bélier pour le sacrifice; quant à eux, se retrouvant ensemble contre toute espérance, après avoir entendu ces magnifiques promesses, ils s'embrassèrent, et, une fois le sacrifice accompli, s'en retournèrent auprès de Sarra, et menèrent une vie heureuse, car Dieu les assistait dans toutes leurs entreprises.

CHAPITRE XIV

Mort et sépulture de Sara.

237. Sarra [1], peu de temps après, meurt à l'âge de cent vingt-sept ans. On l'enterre à Hébron; les Chananéens offraient de lui donner la sépulture publique, mais Abram acheta la terre pour quatre cents sicles à un certain Ephraïm(os) [2] de Hébron. C'est là qu'Abram et ses descendants bâtirent leurs tombeaux.

1. *Gen.*, XXIII, 1.
2. Héb. et LXX : Ephrôn.

CHAPITRE XV

Postérité d'Abraham et de Chetoura.

Abram [1] épouse plus tard Chetoura, qui lui donne six fils d'une
238. grande vigueur au travail et d'une vive intelligence : Zambran(ès) [2],
Jazar(ès) [3], Madan(ès), Madian(ès), Lousoubac(os) [4], Soùos [5]. Ceux-ci
engendrèrent aussi des enfants : de Soùos [6] naissent Sabakan(ès) [7]
et Dadan(ès) [8] et de celui-ci Latousim(os), Assouris et Lououris [9].
Madan [10] eut Ephâs [11], Ophrès [12], Anôch(os), Ebidâs [13], Eldâs [14]. Tous,
239. fils et petits-fils, allèrent, à l'invitation d'Abram, fonder des colonies ;
ils s'emparent de la Troglodytide et de la partie de l'Arabie Heureuse
qui s'étend vers la mer Érythrée. On dit aussi que cet Ophren fit
une expédition contre la Libye, s'en empara et que ses descendants
s'y établirent et donnèrent son nom au pays qu'ils appelèrent
Afrique. Je m'en réfère à Alexandre Polyhistor, qui s'exprime
240. ainsi [15] : « Cléodème le prophète, surnommé Malchos, dans son his-

1. *Gen.*, xxv, 1 ; I *Chron.*, I, 32.
2. Héb. : Zimran ; LXX : Ζομβράν.
3. Héb. : Yokṣan ; LXX : Ἰεξάν.
4. Héb. : Yiṣbak ; LXX : Ἰεσβώκ.
5. Héb. : Ṣouaḥ ; LXX : Σωϊέ.
6. Par inadvertance, sans doute, Josèphe a remplacé ici par Ṣouaḥ le Yokṣan de la *Genèse*.
7. Héb. : Ṣeba ; LXX : Σαβά.
8. Héb. et LXX : Dedan.
9. L'hébreu donne un autre ordre : Assourim (LXX : Ἀσσουριείμ), Letouṣim (LXX : Λατουσιείμ), Leoumim (LXX : Λαωμείμ).
10. Dans le texte hébreu, c'est Madian et non Madan.
11. Héb et LXX : Γεφάρ.
12. Héb. : 'Efer ; LXX : Ἀφείρ.
13. Héb. : Abîda ; LXX : Ἀβειδά.
14. Héb. : Elda'a ; LXX : Ἐλδαγά.
15. *Frag. hist. graec.*, III, 214, n° 7.

toire des Juifs, dit, conformément au récit de Moïse, leur législateur,
241. que Chetoura donna à Abram des fils vigoureux. Il dit aussi leurs noms; il en nomme trois : Aphéras, Sourîm, Japhras. Sourîm donna son nom à l'Assyrie, les deux autres, Aphéras et Japhras, à la ville d'Aphra et à la terre d'Afrique. Ceux-ci auraient combattu avec Hercule contre la Libye et Antée; et Hercule, ayant épousé la fille d'Aphra, aurait eu d'elle un fils Didôros, duquel naquit Sophôn; c'est de lui que les Barbares tiennent le nom de Sophaques. »

CHAPITRE XVI

1. Abraham envoie demander la main de Rébecca pour Isaac. — *2. La scène du puits.* — *3. Mariage d'Isaac.*

242. 1[1]. Quand Isac eut environ quarante ans, Abram, ayant décidé de lui donner pour femme Rébecca, fille du fils de Nachôr[2], son frère, envoie pour la demander en mariage le plus ancien de
243. ses serviteurs après l'avoir lié par de solennels serments. Ces serments se font de la façon suivante : les contractants se mettent réciproquement la main sous la cuisse; ensuite ils invoquent Dieu comme témoin de leurs actes à venir. Il envoya également aux gens de là-bas des présents que leur rareté ou l'impossibilité absolue
244. de les avoir rendait inestimables. Ce serviteur resta longtemps en route, vu la difficulté qu'on avait à traverser la Mésopotamie, en hiver, à cause des boues profondes, en été, à cause de la séche-

1. *Gen.*, XXIV, 1.
2. On a déjà vu que ce fils s'appelait Bathouël (§ 153).

resse ; en outre, elle était infestée de voleurs, qu'il était difficile aux voyageurs d'éviter, quand ils n'avaient pas pris leurs précautions. Il arrive enfin à la ville de Charran et, comme il en atteignait le faubourg, il rencontre plusieurs jeunes filles qui allaient
245. puiser de l'eau. Alors il demande à Dieu que Rébecca, celle qu'Abram l'avait envoyé demander en mariage pour son fils, s'il lui plaisait que ce mariage s'accomplît, se trouvât parmi ces jeunes filles, et qu'elle se fît connaître à lui en lui donnant à boire, tandis que les autres refuseraient.

246. 2. Au milieu de ces pensées, il arrive près du puits et il prie les jeunes filles de lui donner à boire; celles-ci refusent, prétextant qu'elles devaient apporter l'eau à la maison et non pas la lui donner, car elle n'était pas facile à puiser; une seule les réprimande de leur malveillance à l'égard de l'étranger : comment pourraient-elles jamais partager la vie des hommes, quand elles ne consentaient même pas à partager un peu d'eau? Et elle lui en offre avec
247. bonté. Celui-ci, plein d'espérance pour toute sa mission, mais désireux de savoir la vérité, se met à vanter la jeune fille pour sa noblesse et son bon cœur, elle qui, au prix de ses propres fatigues, ne laissait pas de secourir ceux qui l'invoquaient; il lui demande quels étaient ses parents, fait des vœux pour qu'une telle enfant leur fasse honneur et profit : « Puissent-ils la marier, dit-il, à leur gré, en la faisant entrer dans la famille d'un homme vertueux à qui elle
248. donnera des enfants légitimes! » La jeune fille ne lui refusa pas non plus cette satisfaction et elle lui révéla quelle était sa famille. « Rébecca, dit-elle, est mon nom; mon père était Bathouel : il est mort[1], mais Laban est notre frère et il dirige toute la maison avec ma mère et prend soin également de ma jeunesse. »

249. A ces mots, le serviteur se réjouit de cet incident et de cette conversation, preuve manifeste que Dieu l'avait secondé dans son voyage. Il présente à Rébecca un collier et de ces parures qui conviennent aux jeunes filles, les offrant en retour et en récompense de la grâce qu'elle lui avait faite de lui donner à boire :

1. C'est contraire au récit biblique.

il lui dit qu'il était juste qu'elle obtînt ces présents pour s'être montrée généreuse, seule de toutes ces jeunes filles. Il lui demande aussi de le mener chez elle, la nuit lui interdisant de poursuivre sa route, et comme il avait avec lui des parures de femme d'un grand prix, il disait qu'il ne pouvait se confier à des gens plus sûrs qu'à ceux dont il jugeait d'après elle. Ce qui attestait à ses yeux les sentiments d'affabilité de sa mère et de son frère et lui faisait croire qu'ils n'éprouveraient aucune contrariété, c'étaient les qualités mêmes de la jeune fille; d'ailleurs, il ne leur serait pas à charge, il paierait le prix de leur hospitalité et ses dépenses lui seraient personnelles. Elle lui répondit qu'à l'égard des sentiments de bienveillance de ses parents ses conjectures étaient exactes, mais elle lui reprocha de les suspecter de mesquinerie; il aurait tout sans bourse délier; mais elle dit qu'elle en parlerait cependant d'abord à son frère Laban et que, sur son avis favorable, elle l'emmènerait.

3. La démarche faite, elle amène l'étranger; ses chameaux sont reçus par les serviteurs de Laban, qui en prennent soin, et lui-même s'en va manger en compagnie de Laban. Après le repas, il s'adresse à lui et à la mère de la jeune fille : « Abram est le fils de Tharros et votre parent; car Nachôr, ô femme, le grand-père des enfants que voici, était frère d'Abram : ils avaient même père et même mère. Eh bien! cet Abram m'envoie vers vous dans le désir de prendre cette jeune fille comme femme pour son fils : c'est son fils légitime; il est seul élevé pour avoir tout l'héritage. Alors qu'il pouvait choisir parmi les femmes de là-bas la plus fortunée, dédaigneux d'une telle alliance, il entend faire honneur à sa race en combinant le mariage en question. Ne faites point fi de son empressement et de son choix, car c'est grâce à la volonté divine que j'ai fait toutes ces rencontres sur ma route et que j'ai trouvé cette enfant et votre demeure : en effet, lorsque je fus près de la ville, je vis plusieurs jeunes filles arriver près du puits et je souhaitai de rencontrer celle-ci, ce qui arriva. Un mariage qui se conclut ainsi sous les auspices de Dieu, ratifiez-le, et accordez la jeune fille pour honorer Abram, qui a mis tant d'empressement à m'envoyer ici. » Eux alors, comme cette proposition était avantageuse et leur agréait,

pénétrèrent l'intention divine; ils envoient donc leur fille aux conditions requises. Isac l'épouse, déjà maître de l'héritage; car les enfants nés de Chetoura étaient partis fonder des colonies ailleurs.

CHAPITRE XVII

Mort d'Abraham.

256. Abram [1] meurt peu après; c'était un homme qui avait toutes les vertus à un degré éminent, et qui fut particulièrement estimé de Dieu pour l'ardeur qu'il avait mise à le servir. Il vécut en tout cent soixante-quinze ans, et fut enterré à Hébron avec sa femme Sarra par ses fils Isac et Ismaël.

CHAPITRE XVIII

1. *Naissance d'Esaü et de Jacob.* — 2. *Isaac à Gérare; les trois puits.* — 3. *Réconciliation avec Abimélech.* — 4. *Mariages d'Esaü.* — 5. *Vieillesse d'Isaac.* — 6. *Jacob béni par Isaac.* — 7. *Prédiction pour Esaü.* — 8. *Esaü épouse Basemmathé.*

257. 1 [2]. Après la mort d'Abram [3], la femme d'Isac se trouva enceinte,

1. *Gen.*, xxv, 8.
2. *Gen.*, xxv, 21.
3. Josèphe est ici en désaccord avec l'Écriture : Abraham était encore vivant à ce moment; il fallait dire « après la mort de Sara ».

et, comme sa grossesse prenait d'excessives proportions, il s'inquiéta et alla consulter Dieu. Dieu lui répond[1] que Rébecca enfantera deux fils jumeaux, que des nations porteront leurs noms et
3. que la plus faible en apparence l'emportera sur la plus grande. Il
lui naît, en effet, quelque temps après, selon la prédiction de Dieu, deux enfants jumeaux, dont l'aîné était extraordinairement velu depuis la tête jusqu'aux pieds; le plus jeune tenait l'autre, qui le précédait, par le talon. Le père aimait l'aîné, Esaü (Esavos), appelé aussi Séîros[2], du nom dont on désigne la chevelure, car les Hébreux appellent la chevelure *séir*(*os*); Jacob (Jacôbos), le plus jeune, était particulièrement cher à sa mère.

2[3]. Comme la famine régnait dans le pays, Isac résolut d'aller en Égypte, car cette contrée était prospère; il s'en fut à Gérare sur l'ordre de Dieu. Le roi Abimélech le reçoit en vertu de l'amitié et de l'hospitalité conclue avec Abram; mais, après qu'il lui eut témoigné une entière bienveillance, l'envie l'empêcha de demeurer tou-

1. Josèphe simplifie les données de la Bible : dans l'Écriture, c'est d'abord Isaac qui invoque Dieu (v. 21), puis c'est au tour de Rébecca (v. 22), et c'est à Rébecca seule que Dieu révèle l'avenir de ses fils.

2. Ni dans la Bible, ni dans les LXX, Esaü ne porte le nom de Séir. Aussi toute cette fin de phrase paraît à M. G. Schmidt (*De Fl. Josephi elocutione*, Leipzig, 1883, p. 9) une glose d'un éditeur hébraïsant qui, ne connaissant pas de substantif tiré de la racine עשׂה (d'où vient le nom d'Esaü), a pensé au nom de Séir, formé de la racine שער (poil, cheveu), mot qui lui était suggéré, d'ailleurs, par l'histoire d'Esaü, où il revient souvent comme désignation géographique (pays de Séir, montagne de Séir). Mais il n'est pas nécessaire de recourir à cette hypothèse d'une interpolation érudite. Josèphe a pu fort bien se fonder sur le verset 25 du ch. xxv, où le mot עשו est rapproché, sans doute avec intention, du mot שֵׂעָר, et induire que Séir était un autre nom d'Esaü. Dans une autre version rapportée par certains manuscrits et adoptée par Niese, on ne trouve pas le nom de Séir et on lit cette phrase : «... Esaü, ainsi nommé parce qu'il était couvert de poils; les Hébreux appellent la chevelure ἤσαυρος ». Si tel est le texte, Josèphe aurait tout à fait brouillé les deux racines que contient le verset 25, à savoir עשו et שער. L'étymologie d'עשו par שער, qui est implicitement renfermée dans ce verset, aurait été adoptée par Josèphe, qui, pour la rendre plus apparente, aurait changé שער en עשר. C'est là un artifice dont Josèphe était capable. Il est donc assez difficile d'établir au juste à cet endroit le texte original.

3. *Gen.*, xxvi, 1.

260. jours dans ces sentiments. Voyant l'assistance que Dieu prêtait à
Isac et les grandes faveurs dont il l'entourait, il le repoussa. Celui-
ci s'aperçut de ce revirement dû à la jalousie d'Abimélech, et se
retira alors dans un endroit appelé Pharanx[1] non loin de Gérare;
comme il creusait un puits, des bergers tombèrent sur lui et le pro-
voquèrent au combat pour empêcher le travail. Comme Isac
ne se souciait pas de lutter avec eux, ils s'estimèrent vainqueurs.
261. Il céda la place et creusa un autre puits, mais d'autres bergers
d'Abimélech lui firent violence; il l'abandonna également et dut sa
262. sécurité à ce sage calcul. Ensuite, le hasard lui fournit le moyen de
creuser un puits sans en être empêché: il appela ce puits Roôbôth[2],
ce qui veut dire *large emplacement*. Quant aux précédents, le premier s'appelle Eskos[3], c'est-à-dire *combat*, et le second Syenna[4],
mot qui signifie *haine*.

263. 3. Il advint qu'Isac atteignit au comble de la prospérité par la
grandeur de ses richesses, et, comme Abimélech croyait qu'Isac lui
était hostile, car la défiance s'était mise dans leurs rapports et Isac
s'était retiré dissimulant sa haine, il craignit que la primitive amitié
ne servît de rien quand Isac songerait à se venger de ce qu'il avait
souffert et il s'en alla renouer avec lui en emmenant un de ses géné-
264. raux, Philoch(os)[5]. Ayant réussi pleinement dans son dessein, grâce
à la générosité d'Isac, qui sacrifie son ressentiment récent à l'antique entente qui avait régné entre lui et son père, il s'en retourne
dans son pays.

265. 4[6]. Quant aux enfants d'Isac, Esaü, pour qui son père avait une

1. C'est-à-dire : Ravin. Il est assez singulier que Josèphe, voyant dans le mot Naḥal-Gerar (*Gen.*, xxvi, 17) un nom propre, l'ait néanmoins traduit en grec. Il semble avoir suivi les LXX, qui traduisent de même Naḥal-Gerar par ἐν τῇ φάραγγι Γεράρων, « dans le ravin de Gérar »; mais les LXX ne font pas comme lui de *naḥal* un nom propre.

2. Héb. : Reḥoboth. La traduction qu'en donne Josèphe concorde avec celle des LXX : εὐρυχωρία. Les LXX ne donnent pas les noms hébreux des trois puits qui sont énumérés dans ce passage.

3. Héb. : Ecek. Les LXX traduisent par ἀδικία, « injustice ».

4. Héb. : Sitna, que Josèphe traduit par ἔχθρα. LXX : ἐχθρία.

5. Héb. : Phikhol.

6. *Gen.*, xxxvi, 1.

prédilection, épouse à quarante ans Ada, fille de Hélon [1], et Alibamé [2],
fille d'Eusébéon [3], deux souverains chananéens ; il fit ces mariages de
6. sa propre autorité sans consulter son père ; car Isac n'y eût pas consenti s'il avait eu à donner son avis : il ne lui était pas agréable que
sa famille s'unît aux indigènes. Mais il ne voulut pas se rendre
odieux à son fils en lui commandant de se séparer de ses femmes
et prit le parti de se taire.

7. 5 [4]. Devenu vieux, et tout à fait privé de la vue, il mande Esaü,
lui parle de son âge, lui représente qu'outre ses infirmités et la privation de la vue, la vieillesse l'empêche de servir Dieu, et il lui demande d'aller à la chasse, d'y prendre ce qu'il pourrait et de lui
8. préparer un repas, afin qu'ensuite il pût supplier Dieu de protéger
son fils et de l'assister durant toute sa vie ; il ajoutait qu'il ne savait
pas exactement quand il mourrait, mais auparavant il voulait
appeler sur lui la protection divine par des prières dites en sa faveur.

9. 6. Esaü s'empressa de sortir pour aller à la chasse ; mais Rébecca,
qui entendait appeler sur Jacob les faveurs de Dieu, même contrairement à l'intention d'Isac, ordonne à Jacob d'égorger des che-
vreaux et de préparer un repas. Jacob obéit à sa mère, car il faisait
0. tout sous son inspiration. Quand le mets fut prêt, il mit la peau d'un
chevreau autour de son bras, afin de faire croire à son père, grâce
à son aspect velu, qu'il était Esaü ; il lui ressemblait, d'ailleurs,
complètement puisqu'ils étaient jumeaux, et n'avait avec lui que
cette seule différence. Comme il craignait qu'avant les bénédictions
la supercherie ne fût découverte et n'irritât son père au point de lui
. faire dire tout l'opposé, il alla lui apporter le repas. Isac, distin-
guant le son particulier de sa voix, appelle son fils ; mais Jacob lui
tend le bras autour duquel il avait enroulé la peau de chèvre ; Isac

1. LXX : Αἰλώμ.
2. Héb. : Oholibamah; LXX : Ὀλιβεμά.
3. Josèphe passe un intermédiaire, qui est Ana. Héb. : Çibeon ; LXX : Σεβεγών. Il y a dans la Bible trois notices très difficiles à accorder concernant les mariages d'Esaü (*Gen.*, xxvi, 34-35 ; xxviii, 8-9 ; xxxvi, 2-3) ; Josèphe ne suit que la troisième, en l'insérant dans son récit avant l'histoire des bénédictions d'Isaac.
4. *Gen.*, xxvii, 1.

la tête et s'écrie : « Tu as bien la voix de Jacob, mais, à en
272. juger par l'épaisseur du poil, tu me parais être Esaü. » Et ne soupçonnant aucune espèce de fraude, il mange et se met en devoir de
prier et d'invoquer Dieu : « Maître de toute éternité, dit-il, et créateur de tout l'univers, tu as donné à mon père une profusion de
biens, et moi, tout ce que j'ai présentement, tu as daigné me l'accorder, et à mes descendants tu as promis ton aide bienveillante et
273. la faveur constante de tes plus grands bienfaits. Ces promesses,
confirme-les, et ne me méprise pas pour ma débilité actuelle, qui
fait que je me trouve avoir besoin de toi encore davantage ; protège-
moi cet enfant dans ta bonté, garde-le à l'abri de tout mal ; donne-
lui une vie heureuse et la possession de tous les biens que tu as le
pouvoir d'accorder, rends-le redoutable à ses ennemis, précieux et
cher à ses amis. »

274. 7. C'est ainsi qu'il invoquait Dieu, s'imaginant prononcer ces bénédictions en faveur d'Esaü. Il venait de les terminer quand Esaü
arrive, au retour de la chasse. Isac, s'avisant de son erreur, demeure
275. calme ; mais Esaü voulait obtenir de son père les mêmes bénédictions que Jacob ; comme son père refusait parce qu'il avait épuisé
toutes ses prières pour Jacob, il se désolait de cette méprise. Son
père, affligé de ses larmes, lui promit qu'il s'illustrerait à la chasse
et par sa vigueur dans les armes et tous les exercices corporels, et
que de là lui et sa race tireraient renommée à travers les siècles,
mais qu'il serait asservi à son frère.

276. 8. Comme Jacob craignait que son frère ne voulût se venger
d'avoir été trompé au sujet des bénédictions, sa mère le tire de peine.
Elle persuade à son mari d'envoyer Jacob en Mésopotamie pour
277. épouser une femme de leur famille. Déjà[1] Esaü avait pris pour
nouvelle femme la fille d'Ismaël, Basemmathé, car Isac et son entourage n'étaient pas favorables aux Chananéens : aussi les voyant
hostiles à ses précédentes unions, il s'était conformé à leurs préfé-
rences et avait épousé Basemmathé, qu'il chérissait particulièrement.

1. *Gen.*, XXVIII, 8.

XIX

1. *Songe de Jacob.* — 2. *Consécration de Béthel.* — 3. *Le puits de Charran.* — 4. *Rencontre avec Rachel.* — 5. *Jacob et Laban.* — 6. *Servitude et mariages de Jacob.* — 7. *Enfants de Jacob.* — 8. *Fuite de Jacob et des siens.* — 9. *Dispute entre Jacob et Laban.* — 10. *Leur réconciliation.*

278. 1[1]. Jacob est envoyé par sa mère en Mésopotamie pour y épouser
la fille de Laban, son frère, mariage autorisé par Isac, qui obéissait
aux intentions de sa femme. Il traversa la Chananée et, par
haine pour les habitants, ne jugea à propos de descendre chez
279. aucun d'eux; il passait la nuit en plein air, posant la tête sur
des pierres qu'il rassemblait et voici la vision qu'il eut durant
son sommeil[2]. Il lui parut qu'il voyait une échelle qui allait de
la terre au ciel et par laquelle descendaient des figures d'un caractère
trop imposant pour être humaines; enfin, au-dessus de
l'échelle, Dieu se montrait à lui en personne, l'appelait par son
280. nom et lui tenait ce langage : « Jacob, fils d'un père vertueux,
petit-fils d'un aïeul illustré par sa grande valeur, il ne faut pas suc-
281. comber aux fatigues du présent, mais espérer un avenir meilleur;
de très grands biens t'attendent qui te seront prodigués en abondance
par mes soins. J'ai fait venir Abram de Mésopotamie jusqu'ici,
chassé qu'il était par sa famille; j'ai exalté ton père dans la prospérité;
la part que je t'attribuerai ne sera pas inférieure. Courage
282. donc, et poursuis ce voyage où tu m'auras pour guide; il s'accomplira,
le mariage que tu recherches, et il te naîtra des enfants ver-

1. *Gen.*, XXVIII, 1.
2. *Gen.*, XXVIII, 12.

tueux qui laisseront après eux une postérité innombrable [1]. Je leur donne la domination de ce pays à eux et à leur postérité qui rem-
283. pliront tout ce que le soleil éclaire de terres et de mers. Ainsi ne crains aucun danger et ne te mets pas en peine de tes nombreuses fatigues, car c'est moi qui veillerai sur tout ce que tu feras dans le présent et bien davantage dans l'avenir. »

284. 2. Voilà ce que Dieu prédit à Jacob ; celui-ci, tout joyeux de ces visions et de ces promesses, lave les pierres sur lesquelles il reposait au moment de l'annonce de si grands biens et fait vœu d'offrir sur elles un sacrifice, si, une fois qu'il aurait gagné sa vie, il revenait sain et sauf, et de présenter à Dieu la dîme de ce qu'il aurait acquis, s'il effectuait ainsi son retour ; de plus, il juge cet endroit vénérable et lui donne le nom de Béthel, ce qui signifie *foyer divin* [2] dans la langue des Grecs.

285. 3 [3]. Continuant de s'avancer en Mésopotamie, au bout de quelque temps, il se trouve à Charran. Il rencontre des bergers dans le faubourg ; des enfants, jeunes garçons et jeunes filles, étaient assis sur le bord d'un puits ; désireux de boire, il se mêle à eux, engage avec eux la conversation et leur demande s'ils ont connaissance
286. d'un certain Laban et s'il vit encore. Et tous de répondre qu'ils le connaissent, car ce n'était pas un homme dont on pût ignorer l'existence, et que sa fille conduisait les troupeaux en leur compagnie et ils s'étonnaient qu'elle n'eût pas encore paru : « C'est d'elle, disaient-ils, que tu apprendras plus exactement tout ce que tu désires savoir à leur endroit. » Ils parlaient encore que la jeune fille
287. arrive avec les bergers de sa compagnie. Ils lui montrent Jacob en lui disant que cet étranger venait s'informer de son père. Elle se réjouit ingénument de la présence de Jacob et lui demande qui il est, d'où il leur arrive et quelle nécessité le conduit ; elle souhaite qu'il leur soit possible de lui procurer ce qu'il est venu chercher.

288. 4. Jacob ne fut pas aussi touché de sa parenté avec la jeune fille,

1. Le texte est ici corrompu.
2. LXX traduisent par οἶκος Θεοῦ « maison de Dieu ».
3. *Gen.*, XXIX, 1.

ni de la bienveillance mutuelle qui en résultait, qu'il ne s'éprît d'amour pour elle; il demeura stupéfait de l'éclat de sa beauté, qui était tel qu'on eût trouvé peu de femmes de ce temps à lui comparer. Il s'écrie : « En vérité, la parenté qui me lie à toi et à ton père, puisque tu es fille de Laban, date d'avant ma naissance et la
289. tienne : car Abram et Arran et Nachôr étaient fils de Tharros; de Nachôr naquit ton aïeul Bathouel; d'Abram et de Sarra, fille d'Arran, Isac mon père. Mais nous avons un autre gage, plus
290. récent, de parenté qui nous unit : Rébecca, ma mère, est sœur de ton père Laban; ils eurent même père et même mère; et nous sommes cousins germains, moi et toi. Et maintenant je viens ici pour vous saluer et renouveler cette alliance qui existait déjà aupa-
291. ravant entre nous. » Elle se souvient alors, comme il arrive souvent aux jeunes gens, de ce qu'elle avait déjà entendu dire à son père touchant Rébecca et, comme elle savait ses parents désireux d'entendre parler de celle-ci, dans sa tendresse filiale, elle fond en larmes
292. et se jette au cou de Jacob; elle l'embrasse affectueusement et lui dit qu'il allait procurer la plus désirable et la plus vive des joies à son père et à tous les gens de la maison, car Laban vivait dans le souvenir de la mère de Jacob et ne pensait qu'à elle; sa visite lui paraîtrait digne des plus grandes récompenses. Elle le prie de venir chez son père où elle allait le conduire; il ne fallait pas qu'il le privât davantage de ce plaisir en tardant trop longtemps.

293. 3. Elle dit et le conduit chez Laban. Reconnu par son oncle, il se trouvait pour sa part en sécurité parmi des amis et leur apportait à eux une grande satisfaction par son apparition inopinée.
294. Après quelques jours, Laban lui dit qu'il se félicitait de sa présence plus qu'il ne pouvait l'exprimer; mais il lui demandait, d'autre part, pour quelle raison il était venu, laissant sa mère et son père dans un âge avancé où ses soins leur étaient nécessaires; il s'of-
295. frait à l'aider et à le secourir à toute épreuve. Jacob lui expose toute l'histoire en disant qu'Isac avait deux fils jumeaux, lui et Esaü. Comme il avait frustré ce dernier des bénédictions paternelles, que l'artifice de sa mère détourna à son profit, Esaü cherchait à le tuer pour l'avoir privé du pouvoir souverain issu de Dieu

296. et des biens que lui avait souhaités son père ; et voilà pourquoi il
se trouvait là conformément aux instructions maternelles. « Car,
dit-il, nous avons pour aïeuls [1] des frères et ma mère est proche de
vous à un degré plus étroit encore que celui-là. Je place mon
voyage sous la protection de Dieu et sous la tienne ; c'est ce qui me
donne confiance dans l'heure présente. »

297. 6. Laban, au nom de leurs ancêtres, lui promet de l'assister de toute
son amitié, au nom aussi de sa mère à qui il témoignera son affection même à distance en entourant son fils de sollicitude. Il déclare
qu'il l'établira surveillant de ses troupeaux et, en échange, lui accordera la préséance au pâturage ; et s'il veut s'en retourner chez ses
parents, il rentrera comblé de présents et de tous les honneurs qu'on
298. doit à un parent aussi proche. Jacob l'écouta avec joie et dit que,
pour lui faire plaisir, il demeurerait chez lui et supporterait toutes les
fatigues ; mais en récompense, il demandait à avoir Rachel (Ra-
chèla) pour femme : à tous égards elle méritait son estime, et puis
elle lui avait rendu le service de l'introduire chez Laban ; c'était son
amour pour la jeune fille qui lui inspirait ces discours. Laban,
299. charmé de ces paroles, consent au mariage avec sa fille, disant qu'il
ne pouvait souhaiter un meilleur gendre ; pourvu qu'il restât quelque
temps chez lui, c'était une affaire faite ; car il n'enverrait pas sa
fille chez les Chananéens ; même il avait regret du mariage qu'on
300. avait fait conclure là-bas à sa propre sœur. Comme Jacob acceptait
ces conditions, on convient d'une période de sept ans ; c'est le
temps pendant lequel on estime qu'il doit servir son beau-père,
afin de donner la preuve de son mérite et de faire mieux connaître
qui il est. Laban agrée ce langage, et le temps écoulé, il se met à
301. préparer le festin nuptial. La nuit venue, sans que Jacob se doute
de rien, il place à ses côtés son autre fille, l'aînée de Rachel,
qui était dépourvue de beauté [2]. Jacob s'unit à elle, trompé par
l'ivresse et l'obscurité ; puis, avec le jour, il s'en aperçoit et

1. Nous lisons avec Niese πάπποι (mss. πᾶσι).
2. Dans la *Genèse* (XXIX, 17), on dit seulement que les yeux de Lia étaient faibles.

302. reproche sa fourberie à Laban. Celui-ci, pour s'excuser, alléguait la nécessité où il avait été d'en user ainsi; ce n'était pas par méchanceté qu'il lui avait donné Lia; un autre motif plus fort l'avait déterminé[1]... Cela n'empêchait nullement, d'ailleurs, son mariage avec Rachel; s'il la désirait, il la lui donnerait après une autre période de sept ans. Jacob se résigne : son amour pour la jeune fille ne lui permettait pas un autre parti, et à l'issue d'une nouvelle période de sept ans, il épouse aussi Rachel.

303. 7. Les deux sœurs avaient chacune une servante que leur avait donnée leur père; Zelpha appartenait à Lia et Balla[2] à Rachel; ce n'étaient pas des esclaves, mais des subordonnées. Lia était cruellement mortifiée de l'amour que son mari portait à sa sœur; elle espérait qu'en ayant des enfants, elle lui deviendrait chère et priait
304. Dieu continuellement. Un enfant mâle lui naît et comme cet événement lui ramène son mari, elle appelle son fils Roubèl(os)[3] (Ruben) parce qu'il lui venait de la compassion divine; c'est là ce que signifie ce nom. Il lui naît encore trois fils plus tard : Syméon[4]; ce nom indique que Dieu l'a *exaucée*, puis Lévis[5], c'est-à-dire le *garant de la vie en commun*; après lui Joudas[6], c'est-à-dire *action de grâces*.
305. Rachel[7], craignant que l'heureuse fécondité de sa sœur n'amoindrît sa propre part dans l'affection de son époux, donne comme concubine à Jacob sa servante Balla. Un enfant naît d'elle, Dan, qu'on traduirait en grec par *Théocritos* (décerné par Dieu); après lui vient

1. Il semble qu'il y ait ici une lacune dans le texte de Josèphe, car on ne comprend pas pourquoi il ne s'explique pas davantage sur ce motif qui est indiqué en toutes lettres dans la *Genèse* (XXIX, 26) : « Laban lui-même dit : Ce n'est pas la coutume dans notre endroit de donner la cadette avant l'aînée. »

2. LXX; Héb. : Zilpah et Bilhah.

3. Héb. : Reouben; LXX : Ῥουβήν. Josèphe donne ici une étymologie un peu vague, qui ne correspond pas dans les termes à celle qui est indiquée dans l'hébreu (*Gen.*, XXIX, 32), ni à celle de Philon (υἱὸς ὁρῶν). Aurait-il vu dans la finale du mot *el* — qui n'existe que dans sa transcription — le nom de *Dieu*?

4. LXX; Héb. : Sim'ôn.

5. Héb. : Lévi; LXX : Λευί.

6. Héb. : Iehouda.

7. *Gen.*, XXX, 1.

Nephthalîm [1], c'est-à-dire *machiné*, parce que cela avait con-
306. trebalancé la fécondité de sa sœur. Lia en use de même, opposant artifice à artifice; elle donne aussi sa servante pour concubine; et il naît de Zelpha un fils nommé Gad(as), ce qui équivaut à
fortuit [2]; ensuite Aser(os), autrement dit *qui donne le bonheur* [3],
307. à cause de la gloire qu'elle en tirait. Roubel, l'aîné des fils de Lia,
apportant à sa mère des pommes de mandragore [4], Rachel s'en
aperçoit et la prie de lui en céder, car elle avait un vif désir d'en
manger. Mais celle-ci refuse, disant qu'elle devait se contenter
de l'avoir dépossédée des faveurs de son mari; Rachel calme l'irritation de sa sœur et lui dit qu'elle lui cédera ses droits, car son
308. mari devait venir chez elle cette nuit-là. Celle-ci accepte l'offre et
Jacob s'unit à Lia, en croyant favoriser Rachel. De nouveau donc
elle a des enfants : Issachar(ès), c'est-à-dire *celui qui provient d'un
salaire* [5], et Zaboulon, *gage de l'affection* [6], témoignée à elle, et une
fille, Dina. Plus tard, Rachel obtient un fils, Joseph (Iôsèpos), c'est-
à-dire « addition d'un futur surcroît » [7].
309. 8. Durant tout ce temps, à savoir pendant vingt années, Jacob
garda les troupeaux de son beau-père; mais ensuite il demanda à
emmener ses femmes et à s'en retourner chez lui; son beau-père
310. n'y consentant pas, il résolut de le faire secrètement. Il éprouva
d'abord le sentiment de ses femmes sur ce départ; celles-ci se montrèrent satisfaites; Rachel enleva même les images des dieux que
la religion de ses pères commandait de vénérer, et s'échappa avec
sa sœur ainsi que les enfants des deux femmes, les servantes avec
311. leurs fils et tout ce qu'elles possédaient. Jacob emmenait aussi la

1. Héb. : Napthali ; LXX : Νεφθαλεί.

2. Pour la traduction du mot Gad, qui est obscur, Josèphe emploie la même expression que les LXX, qui traduisent le mot Ba-gad (xxx, 11) par ἐν τύχῃ.

3. Cf. LXX (*Gen.*, xxx, 13) : ὅτι μακαριοῦσί με κτλ. « parce qu'on me félicitera ».

4. Même traduction que dans les LXX des *doudaïm* de la *Genèse*.

5. Cf. LXX : ὅ ἐστι μισθός, « c'est-à-dire salaire ».

6. D'après cette traduction, le mot Zaboulon (héb. Zeboulоun) semble venir, pour Josèphe, plutôt de la racine זבד (*Gen.*, xxx, 20) que de la racine זבל (*ibid.*).

7. En grec : προσθήκη γενησομένου τινός (?). Cf. LXX : προσθέτω ὁ Θεός μοι υἱὸν ἕτερον, « Que Dieu *m'accorde encore* un autre fils ».

moitié des troupeaux, sans que Laban y eût donné son consentement.
Rachel, qui emportait les idoles des dieux, avait sans doute appris
de Jacob à mépriser un tel culte, mais son but était, au cas où son
père les poursuivrait et les surprendrait, d'en tirer parti pour se
faire pardonner [1].

312. 9 [2]. Laban, au bout d'un jour [3], ayant appris le départ de Jacob et de
ses filles, très courroucé, se met à sa poursuite en hâte avec des
forces et, le septième jour, les rejoint sur une colline où ils
s'étaient campés; alors, comme c'était le soir, il se repose. Dieu
313. lui apparaît en songe et l'exhorte, maintenant qu'il a atteint son
gendre et ses filles, à agir en douceur, à ne rien tenter contre eux
par colère et à faire un pacte avec Jacob; lui-même, dit-il,
combattrait en faveur de celui-ci, si Laban, méprisant son infério-
314. rité numérique, venait s'attaquer à lui. Laban, après cet avis préalable, le jour venu, appelle Jacob à un entretien, lui fait part de
son rêve et quand celui-ci confiant vient à lui, il commence à l'accuser, alléguant qu'à son arrivée chez lui, il l'avait recueilli, pauvre
et dénué de tout, et qu'il lui avait sans compter fait part de tout ce
qu'il possédait. « J'ai été, dit-il, jusqu'à te faire épouser mes filles,
315. pensant par là augmenter ton affection pour moi. Mais toi, sans
égard ni pour ta mère ni pour la parenté qui te lie à moi, ni pour
mes filles que tu as épousées, sans songer à ces enfants dont je
suis l'aïeul, tu m'as traité comme en guerre, emportant mon bien
et persuadant mes filles de fuir celui qui les a engendrées, et tu
t'en vas, en me dérobant en cachette les objets sacrés de ma fa-
316. mille que mes ancêtres ont vénérés et que j'ai cru devoir entourer
du même culte; et ces procédés que même en état de guerre on
n'emploierait pas contre des ennemis, toi, un parent, le fils de ma
propre sœur, le mari de mes filles, l'hôte et le familier de ma mai-
317. son, tu t'en es servi à mon égard. » Quand Laban eut ainsi parlé,
Jacob allégua pour se disculper qu'il n'était pas le seul à qui Dieu

1. Cette interprétation de l'acte de Rachel a un caractère midraschique. La Bible ne dit rien de pareil.
2. *Gen.*, XXXI, 22.
3. La Bible dit le troisième jour.

eût mis au cœur l'amour de la patrie, que tout le monde éprouvait
ce sentiment, et qu'après si longtemps il convenait qu'il revînt dans
318. la sienne. « Quant[1] à cette accusation de larcin, dit-il, c'est toi au contraire qui serais convaincu de m'avoir fait tort devant tout autre juge. Quand tu devrais me savoir gré d'avoir géré et fait prospérer ta fortune, n'est-ce pas déraisonner que de venir me reprocher la faible part que nous en avons prise? Quant à tes filles, sache que ce n'est pas une perfidie de ma part qui les a fait accompagner ma fuite, c'est ce sentiment légitime d'affection que les épouses ont coutume d'avoir
319. pour leurs maris; et c'est moins moi qu'elles suivent que leurs enfants. » Voilà comment il se défendit d'avoir eu aucun tort; il fit au surplus des reproches à Laban et l'accusa : bien qu'il fût le frère de sa mère et qu'il lui eût donné ses filles en mariage, il l'avait épuisé en lui imposant des tâches pénibles et en l'y retenant vingt ans; et, sans doute, ajoutait-il, ce qu'il l'avait fait souffrir sous prétexte de mariage, encore que cruel, était supportable; mais les maux qui avaient
320. suivi étaient pires et tels qu'un ennemi s'y fût soustrait. Et, en effet[2], c'était avec une excessive méchanceté que Laban en avait usé avec Jacob; voyant que Dieu lui venait en aide dans tout ce qu'il désirait, il lui promettait de lui donner parmi les animaux qui naî-
321. traient tantôt tous ceux qui seraient blancs, tantôt, au contraire, les noirs. Mais comme ceux qui étaient destinés à Jacob naissaient en grand nombre, il ne tenait pas sa parole sur l'heure, mais lui promettait de s'acquitter l'année suivante, car il considérait avec convoitise cette fortune abondante; il promettait ainsi, parce qu'il n'y avait pas lieu de supposer une telle production; et il trompait Jacob une fois que les bêtes étaient nées.
322. 10[3]. Quant aux objets sacrés, Jacob l'invite à faire une perquisition; Laban accepte avec empressement; Rachel, informée, cache les images dans le bât de la chamelle qu'elle montait; elle y reste assise, prétextant qu'elle était incommodée par l'indisposition
323. naturelle aux femmes. Laban ne cherche pas davantage, n'osant

1. *Gen.*, XXXI, 31.
2. *Gen.*, XXX, 27.
3. *Gen.*, XXXI, 32.

supposer que Rachel, dans l'état où elle se trouvait, s'approchât des images; il s'engage par serment avec Jacob à ne pas lui garder rancune du passé, et Jacob, de son côté, jure d'aimer ses filles.
24. Ces engagements, ils les prirent sur des collines où ils érigèrent une stèle en forme d'autel; de là vient le nom de Galad(ès) donné à la colline [1], ce qui fait qu'on appelle encore aujourd'hui ce pays la Galadène. Un festin suivit ces serments et Laban s'en retourna.

CHAPITRE XX

1. *Retour de Jacob en Canaan.* — 2. *Jacob et l'ange.* — 3. *Rencontre avec Esaü.*

25. 1. Jacob, en poursuivant sa route vers la Chananée, eut des visions qui lui firent concevoir d'heureuses espérances pour l'avenir; l'endroit où elles lui apparurent, il l'appela *Camp de Dieu.* Voulant connaître les sentiments de son frère à son égard, il envoya des gens en avant s'assurer de tout avec exactitude; car il le craignait
326. encore, à cause des soupçons d'autrefois. Il chargea ses messagers de dire à Esaü que Jacob avait quitté volontairement son pays, parce qu'il lui semblait inadmissible de vivre avec lui tant qu'il était en colère; mais qu'à présent, estimant que le temps passé suffisait à les réconcilier, il revenait avec ses femmes et ses enfants et toutes les ressources qu'il s'était procurées et se remettait à lui avec ce qu'il avait de plus précieux, n'estimant aucun bien plus désirable que de jouir avec son frère des richesses que Dieu lui

1. Josèphe emploie le mot βουνός comme les LXX (*Gen.*, XXXI, 46); héb. : Gal'èd.

327. avait données. Les messagers [1] rapportèrent ces paroles ; Esaü s'en
réjouit vivement et vient à la rencontre de son frère avec quatre cents
hommes armés. Jacob, apprenant qu'il arrive au-devant de lui avec
une si grande troupe, est très effrayé, mais il met en Dieu son espoir
de salut et prend les mesures que comporte la situation, afin de ne
pas être atteint, de sauver les siens et de triompher de ses ennemis,
328. s'ils voulaient lui nuire. Il divise donc son monde, envoie les uns
en avant et recommande au restant de les suivre de près, afin que,
si l'avant-garde était assaillie par une subite agression de son frère,
329. elle trouve un refuge parmi ceux qui suivent. Ayant rangé de la
sorte les siens, il envoie quelques-uns apporter des présents à son
frère : cet envoi consistait en bêtes de somme et en une quantité
de quadrupèdes d'espèces diverses qui seraient très estimés de
330. ceux qui les recevraient à cause de leur rareté. Les messagers marchaient espacés afin de paraître plus nombreux en arrivant les
uns après les autres. A la vue des présents on espérait qu'Esaü laisserait s'apaiser sa colère, s'il était encore irrité; d'ailleurs, Jacob
recommanda encore aux messagers de l'aborder d'un ton affable.

331. 2 [2]. Ces dispositions prises durant toute la journée, il met, la
nuit venue, sa troupe en marche et quand ils eurent passé un torrent nommé Jabacchos [3], Jacob, demeuré seul, rencontre un fan-
332. tôme qui commence à combattre avec lui, et il en triomphe; ce fantôme prend alors la parole et lui, conseille de se réjouir de ce qui
lui est advenu et de se persuader que ce n'est pas d'un médiocre
adversaire qu'il a triomphé; il a vaincu un ange divin et doit voir
là un présage de grands biens à venir, l'assurance que sa race ne
333. s'éteindra jamais et qu'aucun homme ne le surpassera en force.
Il l'invita à prendre le nom d'Israël(os); ce mot signifie, en hébreu,
celui qui résiste à l'envoyé de Dieu [4]; voilà ce qu'il révéla sur
la demande de Jacob; car celui-ci, ayant deviné que c'était un

1. *Gen.*, XXXII, 7.
2. *Gen.*, XXXII, 23.
3. Héb. : Yabbôk ; LXX : Ἰαβώκ.
4. Le verset 29 du chapitre XXXII explique le nom d'Israël par ces mots : « Tu as combattu contre Elohim ». Josèphe atténue cet anthropomorphisme. Les LXX traduisent : « Tu as pris des forces avec Dieu », ὅτι ἐνίσχυσας μετὰ Θεοῦ.

envoyé divin, lui avait demandé de lui dire ce que la destinée lui
34. réservait. L'apparition, après avoir ainsi parlé, s'évanouit; Jacob,
tout heureux, nomme l'endroit Phanouël(os), c'est-à-dire *la face
de Dieu*[1]. Et comme, dans le combat, il avait été blessé près du
nerf large[2], il s'abstint lui-même de manger ce nerf, et à cause de
lui il ne nous est pas permis non plus de le manger.
35. 3[3]. Apprenant que son frère approchait, il ordonne à ses femmes
de s'avancer, chacune à part, avec leurs servantes, afin qu'elles
vissent de loin les mouvements des combattants, si Esaü voulait
en arriver là; lui-même salue en se prosternant son frère, qui arrive
36. près de lui sans songer du tout à mal. Esaü, l'ayant embrassé, le
questionne sur cette foule d'enfants et sur ces femmes et, une fois
au courant de tout ce qui les concerne, il voulait les conduire lui-
même chez leur père; mais Jacob alléguant la fatigue des bêtes de
somme, Esaü se retira à Saïra[4]; c'est là qu'il passait sa vie, ayant
nommé ce pays d'après son épaisse chevelure.

CHAPITRE XXI

1. *Rapt de Dina; massacre des Sichémites.* — 2. *Purification des Israélites.* — 3. *Mort de Rachel.*

37. 1. Jacob arriva en un lieu qu'on appelle encore aujourd'hui les
Tentes[5]; de là, il s'en vint à Sikim(os) (Sichem); cette ville est
aux Chananéens. Comme les Sikimtes étaient en fête, Dina, fille

1. *Gen.*, XXXII, 23.
2. Le nerf sciatique.
3. *Gen.*, XXXIII, 1.
4. Héb. : Séïr; LXX : Σηείρ.
5. Cf. LXX (*Gen.*, XXXIII, 17).

unique de Jacob, s'en alla[1] dans la ville pour voir les atours des femmes du pays[2]. Sychém(ès)[3], fils du roi Emmôr(os)[4], l'ayant aperçue, la déshonore après l'avoir enlevée, et, devenu amoureux d'elle, il supplie son père de demander pour lui la jeune fille en
338. mariage; celui-ci y consent, et s'en va demander à Jacob de donner Dîna en mariage légitime à son fils Sychem. Jacob, qui ne pouvait refuser vu le rang du solliciteur et qui, d'autre part, estimait qu'il lui était défendu de marier sa fille à un homme d'une autre race, demande la permission de réunir un conseil au sujet de sa requête.
339. Le roi s'en retourne alors, espérant que Jacob consentirait au mariage, mais Jacob, ayant instruit ses fils du déshonneur de leur sœur et de la demande d'Emmôr, les consulte sur la conduite à tenir. Ceux-ci restent muets pour la plupart, ne sachant que penser; mais Siméon et Lévi, qui avaient la même mère que leur sœur, dé-
340. cident ensemble l'expédition suivante: au moment d'une fête, tandis que les Sikimites se livraient aux plaisirs et aux festins, ils surprennent, de nuit, les premiers gardes qu'ils tuent pendant leur sommeil, pénètrent dans la ville et tuent tous les mâles et le roi avec eux ainsi que son fils; ils épargnent les femmes; tout cela accompli à l'insu de leur père, ils ramènent leur sœur.
341. 2. Tandis que Jacob était bouleversé devant l'énormité de ces actes et très irrité contre ses fils, Dieu lui apparaît, l'engage à se

1. *Gen.*, xxxiv, 1.

2. Cp. Eus., *Praep. ev.*, IX, c. 22 (d'après un poète du nom de Théodotos, auteur d'un Περὶ Ἰουδαίων et mentionné par Josèphe dans le *Contre Apion*, I, § 216) : καὶ τὴν Δείναν, παρθένον οὖσαν, εἰς τὰ Σίκιμα ἐλθεῖν, πανηγύρεως οὔσης, βουλομένην θεάσασθαι τὴν πόλιν, « Dîna, qui était vierge, serait allée à Sichem à l'époque d'une fête, curieuse de voir la ville ». Dans le *Pirké de R. El.*, Sichem est censé amener des jeunes filles pour les faire jouer et frapper sur des tambourins devant la tente de Dîna, afin de l'attirer au dehors et de l'enlever. Le *Séfer hayaschar*, 63 *a* et *b*, raconte une scène du même genre. Il y avait fête à Sichem, avec grand concours des femmes du pays, venues pour assister aux réjouissances. Rachel, Léa et leurs servantes, ainsi que Dîna, sortirent aussi de leurs maisons, pour voir ce spectacle. C'est à cette occasion que Sichem, fils de Hamor, aperçut Dîna et s'éprit d'elle.

3. Héb. : Sekhem.

4. Héb. : Ḥamôr.

rassurer, à purifier les tentes et à accomplir les sacrifices que jadis,
en s'en allant en Mésopotamie, il avait fait vœu d'offrir, après ce
2. qu'il avait vu en songe. En purifiant sa troupe, il met la main sur
les dieux de Laban; il ne savait pas que Rachel les avait dérobés. Il
les cacha à Sichem sous le chêne dans la terre; ensuite il partit de
là et fit des sacrifices à Bèthel où il avait eu le songe jadis quand il
allait en Mésopotamie.

43. 3. De là [1] il alla plus loin et arriva dans l'Ephratène; là Rachel
meurt dans les douleurs de l'enfantement et il l'enterre; seule de
sa famille, elle n'eut point les honneurs de la sépulture à Hébron.
Il mena pour elle un grand deuil et donna à l'enfant le nom de Ben-
44. jamin [2] à cause des souffrances qu'il avait causées à sa mère. Ce
furent là tous les enfants de Jacob, douze fils et une fille. De ces
fils, huit étaient légitimes, six de Lia, deux de Rachel; quatre
étaient nés des servantes, deux de chacune d'elles; j'ai déjà donné
leurs noms à tous.

CHAPITRE XXII

1. *Mort de Rébecca et d'Isaac.*

45. 1. Il arriva de là dans la ville d'Hébron située chez les Chananéens; c'est là qu'Isac demeurait. Ils vécurent peu de temps ensemble, car Jacob ne retrouva pas Rébecca vivante et Isac meurt

1. *Gen.*, xxxv, 16.
2. Dans la Bible, c'est le nom de Benôni, donné par Rachel à Benjamin, qui rappelle ses souffrances; Benjamin (Binyamin) signifie « fils de ma vieillesse ».

aussi peu après la venue de son fils; il est enseveli par ses enfants auprès de sa femme à Hébron, où ils avaient le sépulcre de leurs
346. ancêtres. Isac avait été aimé de Dieu et jugé digne par lui de toutes les faveurs après son père Abram; il vécut même plus longtemps que celui-ci, car il avait atteint la cent quatre-vingt-cinquième année[1] de cette vie si vertueuse quand il mourut.

1. La Bible (*Gen.*, xxxv, 28) n'attribue à Isaac que cent quatre-vingts ans.

LIVRE II

CHAPITRE PREMIER

1. Esaü cède son droit d'aînesse à Jacob. — 2. Postérité d'Esaü ; l'Idumée.

1. 1[1]. Après la mort d'Isac, ses fils se partagèrent entre eux ses domaines, mais ils ne gardèrent pas les pays qu'ils avaient reçus.
Esaü quitta la ville d'Hébron, cédant la place à son frère, et passa
sa vie à Saïra, d'où il gouverna l'Idumée, pays qu'il appelait ainsi
d'après lui-même : car il avait pour surnom Edôm(os)[2] par l'oc-
2. casion suivante. Un jour, étant encore enfant, il revenait[3] de la
chasse, fatigué de ses courses, accablé de faim ; rencontrant son
frère qui venait de se préparer pour son repas un plat de lentilles,
d'une belle couleur dorée, ce qui excita davantage encore son
désir, il lui demanda de les lui donner à manger. Celui-ci, profi-
3. tant de ce grand appétit, obligea[4] son frère de lui céder en échange
son droit d'aînesse ; et ce dernier, talonné par la faim, lui abandonna ses droits en s'engageant par serment. Ensuite, à cause

1. *Gen.*, xxxvi, 6.
2. Héb. et LXX : Edom.
3. *Gen.*, xxv, 29.
4. Dans la Bible, Esaü cède de plein gré son droit d'aînesse, auquel il n'attache pas momentanément d'importance (v. 34).

de la couleur dorée du mets, les jeunes gens de son âge l'appelèrent, en manière de plaisanterie, Edom, — c'est par le mot *édôma* que les Hébreux désignent le rouge, — et il nomma ainsi le pays; ce sont les Grecs qui lui ont donné le nom d'Idumée pour plus de noblesse.

4. 2[1]. Il devient père de cinq enfants; d'abord Iaous, Iéglôm(os)[2]
et Koréos d'une seule femme nommée Olibamé; quant aux autres,
5. Eliphaz(ès) lui naquit d'Ada, Ragouèl(os) de Basemmathé. Tels
étaient les fils d'Esaü. Eliphaz eut cinq fils légitimes : Théman(os),
Oman(os)[3], Sôpharos[4], Gotham(os)[5], Kénéz(os); Amalèc(os) était
6. un bâtard qui lui était né d'une concubine, nommée Thamnaé[6].
Ceux-ci occupèrent la partie de l'Idumée nommée Gobolitide et
celle qui s'appela, d'après Amalec, Amalécitide : l'Idumée, qui
s'étendait loin autrefois, a conservé dans son ensemble, comme
dans ses parties, les noms qui provenaient de ses fondateurs.

CHAPITRE II

1. *Prospérité de Jacob.* — 2-3. *Songes de Joseph.* — 4. *Jalousie de ses frères.*

7. 1[7]. Jacob parvint à un degré de prospérité qui a difficilement été

1. *Gen*, xxxvi, 1; 1 *Chron.*, i, 35.
2. LXX : Ἰεούς. — Ἰεγλόμ (héb. : Ya'lam).
3. LXX : Ὠμάρ (héb. : Omâr).
4. Héb. : Çephô; LXX : Σωφάρ.
5. Héb. : Ga'tham; LXX : Γοθώμ.
6. Héb. : Thimna.
7. *Gen.*, xxxvii, 1.

atteint par un autre : en richesse, il dépassait les habitants du pays; les vertus de ses enfants le faisaient considérer avec envie : point de qualité qui leur fît défaut; pour le travail des mains et la résistance aux fatigues, ils montraient beaucoup de courage et une vive intelligence. La divinité prenait un tel soin de lui et veillait si bien à sa prospérité que même les événements qui lui semblaient déplorables devinrent une source d'immenses bienfaits et qu'elle prépara pour nos ancêtres la sortie d'Égypte par le moyen de Jacob et de ses descendants, voici de quelle façon.

Joseph, que Jacob avait eu de Rachel, était celui de tous ses enfants qu'il chérissait le plus, tant pour sa beauté physique que pour les qualités de son âme, car il avait une sagesse exceptionnelle. Il s'attira la jalousie et la haine de ses frères par cette affection que son père lui vouait, ainsi que par des songes qui lui promettaient la fortune et qu'il allait raconter à son père ainsi qu'à eux : car les hommes sont jaloux des prospérités même de leurs plus proches parents. Or, voici ce que Joseph vit en songe.

2[1]. Envoyé avec ses frères par son père pour faire la moisson au plus fort de l'été, il eut une vision très différente des songes qui nous visitent d'ordinaire pendant le sommeil; réveillé, il la raconte à ses frères pour qu'ils lui en montrent la signification. Il avait vu, disait-il, la nuit passée, sa gerbe de froment immobile à l'endroit où il l'avait posée, tandis que les leurs accouraient se prosterner devant la sienne, comme des esclaves devant leurs maîtres. Ceux-ci comprirent que la vision lui présageait la puissance, une grande fortune, et la suprématie sur eux-mêmes, mais ils n'en firent rien savoir à Joseph, comme si le songe leur était inintelligible[2]. Ils formèrent des vœux pour que rien ne se réalisât de ce qu'ils auguraient, et leurs sentiments d'aversion pour lui ne firent que s'aggraver encore.

3. Renchérissant sur leur jalousie, la divinité envoya à Joseph une seconde vision bien plus merveilleuse que la précédente : il crut

1. *Gen.*, XXXVII, 5.
2. L'Écriture dit, au contraire (v. 8), qu'au récit de ce songe, ses frères s'écrièrent : « Est-ce que tu prétends régner sur nous et nous dominer ? »

voir le soleil, accompagné de la lune et des autres astres, descendre
14. sur la terre et se prosterner devant lui. Cette vision, il la révéla à
son père en présence de ses frères, sans soupçonner aucune méchanceté de leur part, et lui demanda de lui expliquer ce qu'elle
15. voulait dire. Jacob se réjouit de ce songe; il réfléchit aux prédictions qu'il enfermait[1], dans sa sagesse en devina heureusement le sens, prit plaisir aux grandes choses qu'il annonçait, à savoir la prospérité de son fils et la venue d'un temps voulu par Dieu où il deviendrait digne des hommages et de la vénération de ses parents
16. et de ses frères; la lune et le soleil, c'étaient sa mère et son père, celle-là faisant tout croître et se développer, celui-ci donnant aux objets leur forme et leur imprimant toutes les autres énergies; les autres astres désignaient ses frères : ils étaient, en effet, au nombre de onze comme les astres[2], empruntant, comme eux, leur force au soleil et à la lune.

17. 4. Jacob avait montré beaucoup de sagacité dans l'interprétation de cette vision; quant aux frères de Joseph, ces prédictions les chagrinèrent fort; à leurs sentiments, on eût dit que c'était un étranger qui allait profiter des bienfaits annoncés par les songes et non pas un frère; c'étaient cependant des biens dont il était naturel qu'ils partageassent la jouissance, puisqu'ils allaient être unis à la
18. fois par les liens de la naissance et de la prospérité. Ils méditent de faire périr le jeune homme et, ayant arrêté ce projet, comme les travaux de la récolte étaient terminés, ils se dirigent vers Sikima[3] (Sichem), pays excellent pour ses pâturages et pour l'élève du bé-

1. *Gen.*, XXXVII, 11. La Bible dit que Jacob se fâcha contre lui, mais qu'il « observa la chose ». Dans *Gen. R.*, LXXXIV, ces mots sont interprétés par les rabbins d'une façon analogue à celle de Josèphe : « R. Ḥiyya Rabba, ou plutôt bar Abba, Amora palestinien de la fin du IIIe siècle après J.-C., dit : l'Esprit saint disait (à Jacob) : Observe ces paroles, car elles doivent se réaliser un jour. » Cf. Philon, *De Josepho*, 2, M., II, p. 42 : . . . τὸν πατέρα, θαυμάσαντα τὸ γεγονὸς, ἐναποθέσθαι τῇ διανοίᾳ ταμιεύοντα καὶ σκοπούμενον τὸ ἐσόμενον, « son père, étonné de la chose, la garda en mémoire, réservant et considérant l'avenir ».

2. La Bible (*Gen.*, XXXVII, 9) ne dit pas *les* onze astres, mais *onze* astres. Josèphe a cru sans doute voir ici une allusion aux douze signes du zodiaque, explication donnée d'ailleurs par Philon (*De somniis*, II, 16, p. 673, Mangey) [T. R.].

3. Héb. : Sékhem. LXX : Συχέμ.

tail; là, ils s'occupèrent de leurs troupeaux sans aviser leur père de leur venue dans ce pays. Celui-ci, dans son incertitude, comme personne ne venait des pâturages qui pût lui donner des nouvelles certaines de ses fils, faisait à leur égard les plus inquiétantes conjectures, et, plein d'anxiété, il envoie Joseph vers les troupeaux pour s'informer au sujet de ses frères et lui rapporter ce qu'ils faisaient.

CHAPITRE III

1. *Les frères de Joseph complotent sa mort.* — 2. *Discours de Ruben.* — 3. *Joseph vendu aux Ismaélites.* — 4. *Deuil de Jacob.*

1. Ceux-ci, voyant leur frère arriver vers eux, se réjouirent, non pas de voir un parent, l'envoyé de leur père, mais comme s'il s'agissait d'un ennemi que la volonté divine livrait entre leurs mains; et ils se mirent en devoir de le faire périr tout de suite, sans laisser échapper l'occasion qui s'offrait. Les voyant dans ces dispositions, tous d'accord pour accomplir l'acte, Roubel, le plus âgé, tenta de les retenir; il leur représenta l'énormité de leur crime et l'horreur qu'il exciterait; si c'était une scélératesse et un sacrilège, aux yeux de Dieu et des hommes, de tuer de sa main un homme à qui la parenté ne nous lie point, il serait beaucoup plus abominable encore d'être convaincus d'avoir accompli le meurtre d'un frère, dont la disparition causerait en même temps une grande douleur à leur père et plongerait dans le deuil une mère[1], à qui

1. Josèphe commet ici une erreur et une contradiction. D'après *Gen.*, XXXV, 19, et d'après lui-même (*supra*, I, § 343), il y avait longtemps que Rachel était morte; il est vrai que l'interprétation du deuxième songe semblerait impliquer le contraire. D'ailleurs, tout ce discours de Ruben, comme, en général, tous ceux qu'on lira dans la suite, sont des fictions de rhéteur.

23. un enfant serait ainsi ravi hors des lois naturelles. Il les engage
donc, par considération pour leurs parents, à réfléchir à la douleur
que leur causerait la mort d'un fils si vertueux et si jeune, et à
s'abstenir de leur attentat, à craindre Dieu, qui était déjà spectateur
et témoin tout ensemble de leurs intentions contre leur frère,
et qui leur saurait gré d'avoir renoncé à leur forfait et obéi à de sa-
24. ges réflexions; que s'ils en venaient à l'acte, il n'était pas de châtiment
qu'il ne leur infligeât pour leur fratricide, car ils auraient profané
sa providence présente en tout lieu et à qui n'échappe rien
de ce qui se passe, soit dans la solitude, soit dans les villes; car
partout où se trouve l'homme, il faut se dire que Dieu lui-même
25. est présent. Leur propre conscience, disait-il, serait le pire ennemi
de leur entreprise; que la conscience soit pure, ou dans l'état où ils
la mettront par le meurtre de leur frère, on ne peut fuir devant elle.
26. Il ajoutait encore à ses remontrances qu'il n'est pas légitime de tuer
un frère, eût-il mal agi, et qu'il est beau de ne pas garder rancune
à des êtres chers des fautes qu'ils ont pu commettre. Et c'était Joseph,
qui n'avait jamais été coupable envers eux, qu'ils voulaient
faire périr, « lui, dont l'âge tendre, disait-il, réclame plutôt la pitié
27. et toute notre sollicitude ! » Quant au motif du meurtre, il aggravait
encore l'odieux de leur forfait, si c'était par jalousie pour sa fortune
future qu'ils avaient résolu de lui ôter la vie, alors qu'ils pouvaient
en avoir chacun une part égale et en jouir en commun, n'étant pas
28. pour lui des étrangers, mais des parents; ils pouvaient considérer
comme leur bien tout ce que Dieu donnait à Joseph et ils devaient
donc penser que la colère céleste n'en deviendrait que plus terrible,
si, en tuant celui-là même que Dieu jugeait digne de ces bienfaits
tant souhaités, ils ravissaient à Dieu l'objet de ses faveurs.

29. 2. Roubel, par ces paroles et beaucoup d'autres encore, les suppliait
et tentait de les détourner du fratricide; mais, comme il
voyait que ses paroles, bien loin de modérer leur passion, ne faisaient
que les exciter au meurtre, il leur conseilla d'adoucir au
30. moins l'horreur de leur acte par le choix du moyen. Il eût mieux
valu, leur disait-il, suivre ses premiers conseils, mais puisqu'ils
avaient décidé d'immoler leur frère, ils seraient moins criminels

en obéissant au plan qu'il allait maintenant leur donner; sans doute, ce plan acceptait l'acte qu'ils avaient décidé d'accomplir; mais la façon serait autre et, mal pour mal, le crime plus léger.
Il entendait qu'ils ne missent pas à mort leur frère de leurs propres mains, mais qu'ils le précipitassent dans la citerne prochaine, où ils le laisseraient périr; ils y gagneraient de ne pas souiller leurs mains de son sang. Les jeunes gens y consentirent et Roubel, ayant saisi l'adolescent, le lie au moyen d'une corde et le fait descendre doucement dans la citerne qui se trouvait suffisamment sèche. Cela fait, il s'en va en quête de terrains propres aux pâturages.

2. 3[1]. Joudas[2], qui était également fils de Jacob, vit alors passer des Arabes de la race des Ismaélites, qui portaient des parfums et des marchandises syriennes de la Galadène aux Égyptiens; après le départ de Roubel, il conseille à ses frères de faire remonter
3. Joseph pour le vendre aux Arabes; envoyé ainsi le plus loin possible, il mourrait chez des étrangers et eux-mêmes seraient purifiés de toute souillure. L'avis leur plaît et ils vendent aux marchands pour vingt mines Joseph, qu'ils retirent de la citerne : il avait alors
4. dix-sept ans. Roubel revient de nuit à la citerne, résolu de sauver Joseph à l'insu de ses frères; et comme celui-ci ne répondait pas à ses appels, craignant qu'ils ne l'eussent tué après son départ, il accable ses frères de reproches. Mais ils lui disent ce qui s'est passé, et Roubel cesse de se lamenter.

5. 4. Après que Joseph eut ainsi été traité par ses frères, ils cherchèrent comment ils pourraient se mettre à l'abri des soupçons paternels; ils songèrent à la tunique dont Joseph était revêtu quand il vint près d'eux et dont ils l'avaient dépouillé pour le faire descendre dans la citerne; ils résolurent de la mettre en pièces, de la tacher de sang de bouc et d'aller la porter à leur père en lui donnant
6. à croire que les bêtes avaient déchiré son fils. Ils firent ainsi et s'en

1. *Gen.*, XXXVII, 25.
2. Dans la Bible (*Gen.*, XXXV, 25), c'est tous les frères, et non Juda seul, qui voient passer les Ismaélites. Plus loin Josèphe ne parle pas non plus des Madianites dont il est question dans le chapitre de la *Genèse*.

vinrent auprès du vieillard, qui avait déjà[1] eu connaissance du malheur de son fils, et lui dirent qu'ils n'avaient pas vu Joseph et ne savaient ce qui lui était advenu, mais qu'ils avaient trouvé cette tunique sanglante et lacérée, ce qui leur avait fait supposer qu'il était mort, surpris par les bêtes féroces, si toutefois c'était couvert
37. de ce vêtement qu'on l'avait fait partir de la maison. Jacob, qui
caressait l'espoir plus doux que son fils avait été vendu comme esclave, abandonna cette conjecture, songeant que la tunique était un témoignage manifeste de sa mort; car il savait que Joseph en était vêtu quand il l'avait envoyé chez ses frères, et désor-
38. mais il pleura l'enfant comme s'il était mort. Telle était son afflic-
tion qu'on l'eût cru le père d'un fils unique, ne trouvant aucune consolation dans les autres; il se figurait qu'avant d'avoir pu rencontrer ses frères, Joseph avait été anéanti par les bêtes féroces. Il demeurait assis, couvert d'un cilice, appesanti dans son chagrin; ni ses fils, par leurs exhortations, n'adoucissaient son humeur, ni lui-même ne parvenait à lasser sa douleur.

CHAPITRE IV

1. *Joseph chez Putiphar.* — 2. *La femme de Putiphar.* — 3. *Ses instances auprès de Joseph.* — 4. *Chasteté de Joseph.* — 5. *Vengeance de la femme de Putiphar.*

39. 1[2]. Joseph, vendu par les marchands, fut acheté par Pétéphrès

1. Ce détail ne se trouve pas dans le récit de la *Genèse*.
2. *Gen.*, XXXIX, 1.

(Putiphar)[1], un Égyptien, chef des bouchers du roi Pharaôthès ; cet homme le tint en parfaite estime, lui donna une éducation libérale, lui accorda de vivre dans une condition bien supérieure à
40. celle d'un esclave, confia à sa surveillance toute sa fortune. Joseph jouissait de ses bienfaits sans que la vertu qui l'ornait subît d'éclipse par suite de ce changement ; il montra que la véritable sagesse peut triompher des épreuves de la vie et qu'elle ne s'accommode pas seulement de la prospérité due au hasard.

41. 2. En effet, la femme de son maître se prit d'amour pour lui à cause de sa beauté et de l'habileté dont il témoignait dans les affaires ; elle pensa que, si elle lui manifestait cet amour, elle le persuaderait aisément d'entretenir des relations avec elle, et qu'il regarderait comme une bonne fortune de se voir désiré par sa maî-
42. tresse ; elle le considérait sous les dehors actuels de la servitude et non selon les sentiments où il était demeuré en dépit du changement de sa condition. Elle lui découvrit sa passion et parla même de la satisfaire ; mais Joseph rejeta sa demande, estimant qu'il n'était pas permis d'avoir pour elle cette complaisance qu'il estimait injuste et outrageante à l'égard de celui qui l'avait acheté
43. et jugé digne de tant de faveurs. Il l'engagea à surmonter sa faiblesse, en faisant ressortir l'impossibilité de donner satisfaction à cette passion, laquelle finirait par s'apaiser, puisqu'il n'y avait point d'espoir ; pour lui, il supporterait tout plutôt que de se laisser entraîner à ce crime ; car, enfin, si un esclave ne doit rien faire qui contrarie sa maîtresse, en de telles circonstances une infraction à
44. ces règles était parfaitement excusable. Mais le désir de la femme ne fit que s'irriter davantage devant cette résistance inattendue de Joseph, et, comme elle était étrangement tourmentée par son mal, elle fit une nouvelle tentative pour arriver à ses fins.

45. 3. Un jour qu'une fête publique s'apprêtait[2], où la loi prescri-

1. Hébreu : Pôtiphar.
2. Légende qu'on retrouve dans le Talmud (*Sôta*, 36 *b*) et *Gen. R.*, LXXXVII. Cette légende est destinée à expliquer le verset 11 du ch. XXXIX : *et personne des gens de la maison ne se trouvait là.* « Comment, dit le Talmud, se faisait-il qu'il n'y eût personne dans la maison d'un grand dignitaire comme Putiphar ?

vait aux femmes de se joindre à l'assemblée, elle prétexta envers son mari une maladie, car elle cherchait l'isolement et une occasion favorable pour renouveler ses instances auprès de Joseph. Cette occasion s'étant trouvée, elle lui tient un langage bien plus pressant
46. encore que la première fois : il eût mieux valu pour lui céder à ses premières instances, sans faire d'objection, sensible à la confusion de la solliciteuse et à l'excès de cette passion qui force une maîtresse à s'abaisser au-dessous de sa dignité; maintenant encore il serait plus avisé en acquiesçant et il réparerait son étourderie de
47. naguère. Que s'il n'attendait qu'une seconde sollicitation, voici qu'elle l'avait faite et avec plus d'ardeur encore : elle avait prétexté une maladie; à la fête et à la réunion elle avait préféré un entretien avec lui; et si c'était la défiance qui l'avait fait repousser ses premières raisons, la preuve qu'il n'y avait point de sa part perfidie,
48. c'est qu'elle y persistait. Il pouvait s'attendre non seulement à goûter les félicités présentes, dont il jouissait dès maintenant, en se prêtant à son caprice, mais à obtenir encore de plus grands biens par sa soumission; en revanche, c'était son inimitié et sa haine qu'il s'attirait, en faisant fi de cette faveur et en aimant
49. mieux passer pour chaste que de plaire à sa maîtresse. Car cela ne lui servirait de rien, au cas où elle irait l'accuser et le charger par des affirmations mensongères auprès de son mari : Pétéphrès serait plus sensible à ses paroles qu'à celles de Joseph, si véridiques qu'elles pussent être.

50. 4. Malgré les discours de cette femme et ses pleurs, ni la pitié ne put le déterminer à manquer de retenue, ni la crainte l'y contraindre; il résista à ses supplications et ne céda pas devant ses menaces, aimant mieux souffrir injustement et s'exposer aux châtiments les plus pénibles que de profiter des circonstances par une
51. faiblesse qui lui attirerait une mort méritée. Il lui rappelait son mariage et la vie conjugale, et la suppliait d'accorder plus à ces

On a enseigné dans le collège de R. Ismaël (IIe siècle ap. J.-C.) que ce jour-là était un jour de fête et que la femme de Putiphar prétexta une maladie pour rester à la maison. »

sentiments qu'à une aventure de passion éphémère ; celle-ci amè-
nerait le remords, qui la ferait souffrir de sa faute sans la réparer,
52. sans compter la crainte d'être prise sur le fait...[1] ; tandis que la vie
commune avec son mari comportait des jouissances sans danger.
Il ajoutait l'avantage d'une conscience pure devant Dieu et devant
les hommes ; elle aurait plus d'autorité sur lui, si elle demeurait
honnête et elle userait envers lui de ses droits de maîtresse, mais
non pas s'ils avaient manqué ensemble à la chasteté ; il valait bien
mieux puiser sa hardiesse dans la notoriété d'une vie bien vécue
que dans la dissimulation du crime.

53. 5[2]. Par ces paroles et bien d'autres analogues, il s'efforçait de
contenir l'élan de cette femme et de ramener sa passion à la raison ;
mais elle ne mit que plus de violence dans son ardeur et, portant
les mains sur lui, désespérant de le persuader, elle prétendait lui
54. faire violence. Joseph, irrité, s'échappe en lui abandonnant son
manteau, qu'elle avait saisi et qu'il lui laissa pour se précipiter
hors de la chambre ; alors elle craignit fort qu'il n'allât parler à
son mari et, blessée au vif de l'outrage, résolut de prendre les
devants et d'accuser faussement Joseph auprès de Péléphrès ; elle
pensa qu'en le punissant ainsi de l'avoir si cruellement dédaignée
et en l'accusant d'avance, elle agirait tout ensemble en personne
55. avisée et en femme. Elle s'assit alors, les yeux baissés de honte et
toute bouleversée, méditant dans sa colère de faire attribuer à
une tentative de viol le chagrin que lui causait en réalité l'échec
de sa passion. Quand son mari arriva et, troublé de la voir ainsi,
56. lui en demanda la raison, elle commença à accuser Joseph : « Il
faut que tu meures, dit-elle, ô mon époux, ou que tu châties cet
esclave scélérat, qui a voulu déshonorer ta couche ; il n'a su rester
sage, en se souvenant de ce qu'il était quand il est arrivé dans notre
demeure et des bienfaits qu'il a reçus de ta bonté. Lui, qui serait
un ingrat de ne pas se conduire d'une façon irréprochable avec
nous, il a formé le dessein d'insulter à tes droits d'époux et cela

1. Le texte est ici corrompu. Les mots ἀλλὰ χάριν ... κακοῦ nous paraissent être une glose marginale sur la fin du paragraphe [T. R.].
2. *Gen.*, XXXIX, 12.

pendant une fête où il a épié ton absence; ainsi, toute la réserve qu'il montrait auparavant, c'était la crainte de toi qui la lui dic-
57. tait et non une vertu naturelle. S'il en est arrivé là, c'est pour être parvenu aux honneurs contre tout mérite et toute espérance : il fallait bien qu'un homme admis à prendre la surveillance de tes biens et leur administration, de préférence aux anciens serviteurs, finît par porter la main jusque sur ta propre femme. »

58. Ayant cessé de parler, elle lui montra le manteau, prétendant que Joseph l'avait laissé entre ses mains quand il essayait de lui faire violence. Pétéphrès, devant les pleurs de sa femme, son récit et ce qu'il vit, ne put se montrer incrédule; donnant plus qu'il ne devait à son amour pour elle, il ne se soucia pas de rechercher la vérité.
59. Il loua la vertu de sa femme et, estimant Joseph coupable, il jeta ce dernier dans la prison des criminels et quant à sa femme, il ne fut que plus fier d'elle, se portant garant de sa décence et de sa chasteté.

CHAPITRE V

1. *Joseph en prison.* — 2. *Songe de l'échanson du roi.* — 3. *Songe du panetier.* — 4-5. *Songes de Pharaon.* — 6. *Joseph les interprète.* — 7. *Joseph ministre de Pharaon.*

60. 1[1]. Joseph, dans tous ces événements, s'en remit entièrement à Dieu, et ne voulut ni se défendre ni dévoiler la vérité sur ce qui c'était passé : il souffrit en silence ses liens et sa contrainte, et se consolait en songeant que Dieu l'emporterait sur ceux qui l'avaient

1. *Gen.*, XL, 1.

enchaîné, lui qui savait le motif de sa disgrâce et la vérité; il
61. connut bientôt en effet les marques de la Providence divine. Le
geôlier, considérant de quelle diligence et de quelle fidélité il faisait
preuve dans les emplois où il l'avait commis, touché aussi de la
dignité de ses traits, lui ôte ses chaines et lui rend son infortune
plus tolérable et plus légère; il lui accorde un traitement plus
62. doux que celui des prisonniers. Ceux qui étaient réunis dans la
même prison, à chaque relâche de leurs pénibles travaux, se mettaient à converser, ainsi qu'il arrive entre compagnons d'infortune,
et se demandaient réciproquement les motifs de leurs condamna-
63. tions. L'échanson du roi, d'ailleurs très estimé de lui, et qu'il
avait fait mettre aux fers dans un moment de colère, portait les
mêmes entraves que Joseph et se lia d'autant plus intimement
avec lui; comme il lui parut d'une intelligence extraordinaire, il lui
raconta un songe qu'il avait eu et le pria de lui en indiquer le sens,
se plaignant qu'outre le chagrin de sa disgrâce, la divinité l'acca-
blât encore de songes troublants.
64. 2. Il dit qu'il avait vu pendant son sommeil trois ceps de vigne,
dont chacun soutenait une grappe de raisins; ces raisins étaient
déjà grands et mûrs pour la vendange; lui-même les pressait dans
une coupe que tenait le roi; et, après avoir fait couler goutte à
goutte le moût, il le donnait à boire au roi, qui l'acceptait de bonne
65. grâce. Telle était sa vision et il désirait que Joseph, si quelque
perspicacité lui avait été départie, lui indiquât ce que cette vision
présageait. Celui-ci l'invite à avoir bon courage et à attendre dans
trois jours son élargissement, car le roi avait réclamé son minis-
66. tère et le rétablirait dans ses fonctions. Il lui expliquait que le
fruit de la vigne était un bien que Dieu procurait aux hommes;
car il est offert à Dieu en libation et il sert aux hommes de gage
de confiance et d'amitié, il défait les haines et délivre des souffrances et des chagrins ceux qui le portent à leur bouche et les in-
67. duit au plaisir : « Ce jus, me dis-tu, provenant de trois grappes que
tu as exprimées de tes mains, le roi l'a accepté : eh bien! c'est là
pour toi une agréable vision; elle t'annonce la délivrance de ta présente captivité dans autant de jours que tu vendangeas de ceps

68. pendant ton sommeil. Cependant, quand tu en auras fait l'expérience,
souviens-toi de celui qui t'a prédit ton bonheur; une fois en liberté,
ne me regarde pas avec indifférence dans la situation où ton départ me laissera, toi qui marcheras vers le bonheur que je t'ai an-
69. noncé. C'est sans avoir commis aucune faute que je suis dans ces
chaines, c'est à cause de ma vertu et de ma chasteté que j'ai été
condamné à subir le châtiment des criminels; même l'attrait de
mon propre plaisir n'a pu me faire désirer le déshonneur de celui
qui m'a traité ainsi. » L'échanson n'avait qu'à se réjouir, comme
on peut croire, de cette interprétation du songe et qu'à attendre
l'accomplissement de la prédiction.
70. 3[1]. Un autre esclave, le chef des boulangers du roi, avait été
incarcéré avec l'échanson; quand Joseph eut expliqué la vision de
ce dernier, plein d'espoir (car il se trouvait avoir eu, lui aussi un
songe), il pria Joseph de lui dire également ce que pouvaient
71. signifier ses visions de la nuit passée. Voici ce qu'il avait vu : « Il
me semblait, dit-il, que je portais trois corbeilles sur la tête, deux
pleines de pains, la troisième de poisson et de mets variés, tels
qu'on en apprête pour les rois : des oiseaux descendirent en volant
et dévorèrent le tout sans se soucier des efforts que je faisais pour
72. les écarter. » Notre homme s'attendait à ce qu'on lui prédît la même
chose qu'à l'échanson : mais Joseph, après avoir concentré ses réflexions sur le songe, lui dit qu'il aurait bien voulu avoir de bonnes
choses à lui interpréter et non ce que le songe lui découvrait; il lui
déclare qu'il n'a plus que deux jours à vivre; le nombre des cor-
73. beilles l'indiquait. Le troisième jour, il sera mis en croix, et servira de
pâture aux oiseaux, sans pouvoir se défendre. Tout s'accomplit, en
effet, comme Joseph l'avait prédit à tous les deux : au jour annoncé, le roi, célébrant son anniversaire par des sacrifices, fit cru-
cifier le chef des boulangers; quant à l'échanson, il le fit sortir des
fers et le rétablit dans ses fonctions antérieures.
74. 4. Joseph était depuis deux ans dans les tourments de la captivité sans que l'échanson, au souvenir de ses prédictions, lui fût

1. *Gen.*, XL, 16.

venu en aide, quand Dieu le fit sortir de prison; voici comment il
75. procura sa délivrance. Le roi Pharaôthès eut le même soir deux songes et ensemble l'explication de chacun d'eux[1]; il oublia l'explication, mais retint les songes. Chagriné de ces visions qui lui paraissent fâcheuses, il convoque, le lendemain, les plus savants des Égyptiens,
76. désireux d'avoir l'explication de ces songes. Mais devant leur embarras, le trouble du roi augmente encore. L'échanson, voyant la perplexité de Pharaôthès, vient à se souvenir de Joseph et de l'in-
77. telligence qu'il avait des songes; il s'avance, il parle de Joseph, raconte la vision qu'il avait eue lui-même en prison, sa libération, prédite par Joseph; comment le même jour, le chef des boulangers avait été crucifié et comment cet événement aussi s'était produit
78. conformément à l'interprétation divinatrice de Joseph. Il ajoute que ce dernier avait été emprisonné comme esclave par Péléphrès, le chef des bouchers; cependant, à l'en croire, il appartenait à l'élite de la race des Hébreux et avait pour père un homme illustre. Le roi devait donc le mander, ne pas juger de lui par le malheureux état où il se trouvait actuellement, et il apprendrait ce que signi-
79. fiaient ses songes. Le roi ordonne qu'on amène Joseph en sa présence; les messagers reviennent en l'amenant, après lui avoir donné leurs soins, selon les instructions du roi.
80. 5[2]. Celui-ci le prit par la main. « Jeune homme, dit-il, puisque ta vertu et ton extrême intelligence me sont attestées par mon serviteur, les mêmes bons offices que tu lui as rendus, accorde-les à moi aussi en me disant ce que présagent ces songes que j'ai eus pendant mon sommeil; je désire qu'aucune crainte ne t'empêche de parler, que tu ne me flattes point par des mensonges et par souci
81. de plaire, si la vérité se trouvait pénible à dire. Il m'a semblé que je me promenais le long du fleuve et que j'y voyais des vaches grasses et d'une taille exceptionnelle, au nombre de sept; elles sortaient du courant pour aller dans le bas-fond; d'autres, égales en nombre aux premières, venaient du bas-fond à leur rencontre,

1. Ce détail est étranger à la Bible et d'allure midraschique.
2. *Gen.*, XLI, 15.

celles-là extrêmement maigres et d'un aspect horrible; elles dévorèrent les vaches grasses et grandes sans aucun profit[1], tant la
82. faim les consumait. Après cette vision, je m'éveillai de mon sommeil, tout troublé, me demandant ce que j'avais vu là; puis je
m'endors de nouveau et j'ai un second rêve, bien plus étrange
que le premier, et qui m'inspire encore plus de crainte et d'inquié-
83. tude. Je voyais sept épis issus d'une seule racine, la tête déjà
lourde de grains, s'inclinant par suite de leur poids et de l'approche
de la moisson, puis, auprès d'eux, sept autres épis misérables et
tout secs, faute de rosée; ceux-ci se mirent à dévorer et à engloutir
les sept beaux épis, ce qui me frappa de terreur. »
84. 6. Joseph répondit en ces termes : « Ce songe, ô roi, quoique vu
85. sous deux formes, annonce un seul et même avenir. Ces vaches,
animaux destinés à la charrue, dévorées par des vaches bien plus
faibles, ces épis engloutis par de moindres épis prédisent à l'Égypte
famine et disette succédant à une durée égale de prospérité; ainsi
la fertilité des premières années sera consumée par la stérilité des
années qui suivront en nombre égal. Il sera difficile de remédier à
86. la pénurie des vivres nécessaires. La preuve en est que les vaches
maigres ont dévoré les vaches grasses sans avoir pu se rassasier.
Cependant, ce n'est pas pour les affliger que Dieu fait voir l'avenir
aux hommes; c'est pour que, une fois avertis, ils emploient leur
sagacité à atténuer les épreuves annoncées. Toi-même donc, en
mettant en réserve les biens qui viendront dans la première période,
tu adouciras pour les Égyptiens le fléau futur. »
87. 7. Le roi admira le discernement et la sagesse de Joseph et,
comme il lui demandait quelles mesures préventives il devait
prendre pendant l'époque d'abondance en vue des temps qui la sui-
88. vraient, afin de rendre plus supportable la période de stérilité, Joseph
lui suggéra l'idée d'obliger les Égyptiens à ménager leurs biens et à
s'abstenir de tout abus; au lieu de dépenser en voluptueux leur
superflu, ils devraient le réserver pour l'époque de disette. Il conseille également de prendre aux cultivateurs leur blé et de le

1. Même observation que plus haut (§ 75, note).

mettre de côté, ne leur distribuant que la quantité nécessaire à
9. leur subsistance. Pharaôthès admira doublement Joseph, pour son
explication du songe et pour ses avis; il l'investit de pleins pouvoirs
pour exécuter ce qui serait utile au peuple égyptien, ainsi qu'au
roi, estimant que celui qui avait trouvé la voie à suivre serait
0. aussi le meilleur chef. Et Joseph, outre ce pouvoir, obtient du roi
le droit de se servir de son anneau et de se vêtir de pourpre; il
allait en char par tout le pays, recueillant le blé des laboureurs [1],
mesurant à chacun ce qu'il leur fallait pour ensemencer et se nourrir,
sans révéler à personne pour quelle raison il agissait ainsi.

CHAPITRE VI

1. Mariage et enfants de Joseph. La famine. — 2. Les fils de Jacob en Égypte. — 3. Discours de Ruben. — 4. Joseph renvoie ses frères. — 5. Nouveau voyage des fils de Jacob. — 6. Accueil de Joseph. — 7. La coupe de Benjamin. — 8. Discours de Juda. — 9. La reconnaissance.

1. 1 [2]. Joseph avait accompli sa trentième année; il jouissait de tous les honneurs par la faveur du roi qui lui donna le nom de *Psonthomphanèchos* [3], en considération de son intelligence excep-

1. Whiston interprète naïvement, en vrai Anglais soucieux des droits individuels : « that is, bought it for Pharaoh at a very low price. » [T. R.].

2. *Gen.*, XLI, 45.

3. Josèphe a lu ici comme la Septante. Avaient-ils sous les yeux un mot hébreu différent de celui que nous trouvons dans la Bible massorétique? Il n'est pas nécessaire de le supposer, bien que nous lisions dans l'hébreu : *Çaphnath*

tionnelle : car ce mot signifie *celui qui trouve les choses cachées*. Il contracte de plus un mariage des plus considérables; il épouse, en effet, la fille de Péléphrès[1], un des prêtres d'Héliopolis; elle était
92. encore vierge et s'appelait Asénéthé[2]. Il en eut des fils avant la période de stérilité; l'aîné, Manassès, c'est-à-dire *qui fait oublier*[3], parce que, arrivé à la prospérité, il trouvait l'oubli de ses infortunes; le plus jeune, Éphraïm(ès), mot qui signifie *celui qui restitue*[4], parce qu'il avait été rétabli dans la liberté de ses an-
93. cêtres. Quand l'Égypte, selon l'interprétation des songes donnée par Joseph, eut passé sept ans dans une enviable prospérité, la famine s'abattit la huitième année, et, comme ce malheur frappait des gens qui ne l'avaient pas pressenti, tout le monde, plein d'afflic-
94. tion, afflua vers les portes de la maison du roi. Celui-ci appelait Joseph, qui leur distribuait du blé et fut nommé d'une commune voix le sauveur du peuple; ces vivres, il ne les offrait pas seulement à ceux du pays, il était permis aussi aux étrangers d'en acheter, car Joseph pensait que tous les hommes, en vertu de leur parenté, devaient trouver appui auprès de ceux qui étaient dans la prospérité.
95. 2[5]. Or, Jacob, lui aussi, envoie tous ses fils en Égypte pour acheter du blé (car la Chananée était dans une désolation profonde, le fléau s'étendant sur tout le continent) à la nouvelle que le mar-

Phanéah et non Psonthomphanèch. La preuve qu'il n'y a là qu'une différence de simple lecture et non de texte, c'est que l'explication que donne Josèphe de ce surnom, à savoir : « celui qui trouve les choses cachées », concorde avec l'étymologie implicite du mot hébreu *Çaphnath* (Çâphoun, caché) qui n'est lui-même peut-être qu'une transcription approximative d'un mot égyptien.

1. Héb. : Pôtiphéra'.

2. Héb. : Acenath.

3. En grec : ἐπίληθος, même expression que dans la Septante (*Gen.*, XLI, 51) : ὅτι ἐπιλαθέσθαι με, traduisant l'hébreu : כי נשני אלהים.

4. En grec : ἀποδιδούς. Cette traduction que donne Josèphe du nom d'Ephraïm s'écarte singulièrement de l'étymologie donnée par la Bible elle-même et à peu près suivie par les LXX. Josèphe se réfère, non pas au verbe פרה « multiplier », mais certainement au verbe פרע, qui signifie « payer ». Cette acception du mot פרע est d'ailleurs post-biblique. Mais ce procédé d'étymologies arbitraires est courant chez les agadistes, au milieu desquels Josèphe a vécu dans sa jeunesse.

5. *Gen.*, XLI, 1.

ché était ouvert même aux étrangers; il ne retient que Benjamin,
qui lui était né de Rachel et avait ainsi la même mère que Joseph.
96. Les fils de Jacob, arrivés en Égypte, vont trouver Joseph et demandent à acheter des vivres; car rien ne se faisait sans son avis, au
point que, pour faire sa cour au roi avec profit, il fallait avoir soin
97. de rendre ses hommages également à Joseph. Celui-ci reconnaît ses
frères, qui ne se doutaient de rien quant à lui; car c'était dans l'a-
dolescence qu'il avait été séparé d'eux, et à l'âge où il était arrivé, ses
traits s'étaient transformés et le leur rendaient méconnaissable [1]; puis
la hauteur de son rang empêchait qu'il pût seulement leur venir en
la pensée. Il voulut éprouver d'une façon générale leurs sentiments.
98. De blé, il ne leur en fournit pas et il prétendit que c'était pour espionner les affaires du roi qu'ils étaient venus, qu'ils arrivaient de différents pays et que leur parenté n'était qu'une feinte; car il était
impossible qu'un simple particulier eût pu élever tant d'enfants
d'une si remarquable beauté, alors qu'il était difficile aux rois
99. mêmes d'en élever autant. C'était pour avoir des nouvelles de
son père et savoir ce qui lui était advenu après son propre départ
qu'il agissait ainsi; il désirait aussi se renseigner au sujet de Benjamin, son frère, car il craignait que, renouvelant sur lui la tentative dont il avait été lui-même victime, ils ne l'eussent fait disparaître de la famille.
100. 3 [2]. Quant à eux, ils étaient dans l'émoi et la crainte; ils
croyaient le plus grand danger suspendu sur leurs têtes, et ne songeaient en aucune façon à leur frère; ils se disposèrent à se justifier
101. de ses accusations. Roubel prit la parole, en qualité d'aîné : « Nous,
dit-il, ce n'est point pour nuire que nous sommes venus ici, ni pour
faire tort aux intérêts du roi; nous cherchons à nous sauver et à
échapper aux maux qui sévissent dans notre patrie, comptant sur
votre générosité, qui, nous l'avons appris, met à la disposition, non

1. Cf. *Baba Meçia*, 39 *b*; *Ketoubot*, 27 *b*; *Yebamot*, 88 *a*; *Gen. R.*, XCIX, où Rab Ḥisda (Amora babylonien mort en 309) explique que Josèphe reconnut ses frères, parce qu'ils étaient déjà barbus quand il les quitta, tandis que lui était imberbe à cette époque.

2. *Gen.*, XLII, 10.

seulement de vos concitoyens, mais même des étrangers, les provisions de blé; car vous avez résolu de fournir à tous ceux qui le de-
102. mandent de quoi subsister. Que nous soyons frères et qu'un même sang coule en nous, cela est manifeste, rien qu'à voir nos physionomies qui diffèrent si peu; notre père est Jacob, un Hébreu; nous, ses douze fils, nous lui sommes nés de quatre femmes. Tant que nous
103. vivions tous, nous étions heureux. Mais depuis la mort d'un de nos frères, Joseph, le sort a mal tourné pour nous. Notre père a fait paraître une grande affliction à son sujet; et pour nous, cette mort malheureuse et la douleur du vieillard nous font cruellement souffrir.
104. Nous venons maintenant nous procurer du blé; les soins à donner à notre père et la surveillance de la maison, nous les avons confiés à Benjamin, le plus jeune de nos frères. Tu n'as qu'à envoyer quelqu'un chez nous, pour savoir si j'ai dit le moindre mensonge. »

105. 4[1]. C'est ainsi que Roubel essayait d'inspirer à Joseph une opinion favorable sur leur compte; mais celui-ci, apprenant que Jacob vivait et que son frère n'avait pas péri, les fit pour le moment jeter en prison afin de les interroger à loisir; le troisième jour, il les fait
106. approcher: « Puisque, dit-il, vous affirmez avec énergie que vous êtes venus sans dessein de nuire aux intérêts du roi, que vous êtes frères et que vous avez pour père celui que vous dites, le moyen de me convaincre, c'est d'abord de me laisser comme otage l'un de vous, qui n'aura aucune violence à subir, et, une fois que vous aurez rapporté le blé chez votre père, de revenir chez moi en amenant avec vous le frère que vous déclarez avoir laissé là-bas: voilà
107. qui m'assurera de la vérité. » Ceux-ci, devant ce surcroît d'infortune, se lamentaient et ne cessaient de se rappeler les uns aux autres, en gémissant, la malheureuse histoire de Joseph: Dieu les châtiait de leur attentat contre lui et leur attirait ces malheurs. Mais Roubel blâmait énergiquement ces vains regrets, qui ne pouvaient être d'aucune utilité pour Joseph; il estimait résolument qu'il fallait supporter toutes les souffrances, car c'était une punition que Dieu
108. leur infligeait. Voilà ce qu'ils se disaient les uns aux autres, sans se

1. *Gen.*, XLII, 17.

douter que Joseph entendait leur langage. La honte les envahit tous aux discours de Roubel, ainsi que le repentir de leur action, comme s'ils n'eussent pas eux-mêmes pris la décision pour laquelle ils
109. jugeaient qu'ils étaient justement châtiés par Dieu[1]. Les voyant dans ce désarroi, Joseph, saisi d'émotion, fond en larmes et, pour ne pas se faire connaître à ses frères, se retire, laisse passer quelque
110. temps, puis revient près d'eux. Il retient Syméon comme gage du retour de ses frères et leur ordonne de se munir, en partant, de leurs provisions de blé, après avoir commandé à l'intendant de mettre secrètement dans leurs sacs l'argent qu'ils avaient emporté pour faire acquisition du blé et de les libérer nantis de cet argent. Celui-ci exécuta ce qu'on lui avait prescrit.

111. 5[2]. Les fils de Jacob, de retour en Chananée, annoncent à leur père ce qui leur est advenu en Égypte, comment on les a pris pour des gens qui venaient espionner le roi; ils avaient eu beau dire qu'ils étaient frères et qu'ils avaient laissé le onzième à la maison, on ne les avait pas crus; ils avaient dû laisser Syméon chez le gouverneur jusqu'à ce que Benjamin arrivât pour attester la véracité de leurs
112. dires; et ils étaient d'avis que leur père, sans s'effrayer de rien, envoyât le jeune homme avec eux. Jacob n'approuva nullement la conduite de ses fils, et, comme la détention de Syméon lui était
113. pénible, il trouvait insensé de lui adjoindre encore Benjamin. Roubel a beau supplier et offrir en échange ses propres fils, afin que, s'il arrivait malheur à Benjamin pendant le voyage, le vieillard les mît à mort : il ne se rend pas à leurs raisons. Dans cette cruelle perplexité, ils furent encore bouleversés davantage par la découverte
114. de l'argent caché au fond des sacs de blé. Mais ce blé qu'ils avaient apporté vint à manquer, et la famine les pressant davantage, sous l'empire de la nécessité, Jacob se décida à envoyer Benjamin avec
115. ses frères; car il ne leur était pas possible de revenir en Égypte, s'ils partaient sans avoir exécuté leurs promesses; et comme le

1. Nous conservons, avec Naber, la leçon de la majorité des mss. (ὥσπερ οὐκ αὐτῶν), mais nous avouons ne pas bien comprendre la pointe.
2. *Gen.*, XLII, 29.

fléau allait empirant[1] tous les jours et que ses fils le suppliaient, il
116. ne lui restait plus d'autre parti à prendre dans la circonstance. Joudas, d'un caractère habituellement hardi, prit la liberté de lui dire qu'il ne devait nullement s'inquiéter au sujet de leur frère, ni considérer avec défiance des choses sans gravité ; on ne pourrait rien
117. faire à son frère sans l'intervention divine ; et ce qui lui arriverait pourrait tout aussi bien lui arriver s'il demeurait auprès de son père. Il ne fallait donc pas qu'il les condamnât ainsi à une perte certaine, ni qu'il les privât des vivres que Pharaôthès pouvait leur fournir, par une crainte déraisonnable à l'égard de son fils. Au surplus, il y avait à considérer le salut de Syméon ; hésiter à laisser partir Benjamin, c'était peut-être la perte de celui-là ; pour Benjamin, il devait s'en remettre à Dieu et à lui-même : ou bien il le ramè-
118. nerait vivant, ou il perdrait la vie en même temps que lui. Jacob, se laissant convaincre, lui confie Benjamin et lui donne le double du prix du blé, avec les produits du pays chananéen, baume végétal, myrrhe, térébinthe et miel, pour les offrir à Joseph en présents. Il y eut beaucoup de larmes versées par le père et par les fils,
119. lors de leur départ ; celui-là, en effet, se demandait si ses fils lui reviendraient vivants de ce voyage, et eux, s'ils trouveraient leur père en bonne santé, sans que le chagrin qu'ils lui causaient l'eût abattu. Toute la journée se passa pour eux dans la tristesse ; le vieillard, accablé, demeura chez lui, et ses fils s'en allèrent en Égypte, consolant leurs souffrances présentes par l'espoir d'un meilleur avenir.

120. 6. Arrivés en Égypte, ils sont conduits auprès de Joseph ; ils étaient gravement tourmentés par la crainte qu'on ne les accusât à propos de l'argent du blé, en leur attribuant une fraude, et ils s'en défendaient de toutes leurs forces auprès de l'intendant de Joseph : c'était chez eux, assuraient-ils, qu'ils avaient trouvé l'argent dans
121. les sacs, et ils venaient maintenant le rapporter. Mais comme celui-ci leur déclare qu'il ne sait même pas ce qu'ils veulent dire, ils sont délivrés de leur crainte. De plus, il relâche Syméon et veille à ce

1. *Gen.* XLIII, 1.

qu'il rejoigne ses frères. Cependant Joseph revenait de son service chez le roi ; ils lui offrent les présents et, comme il s'informait de
122. leur père, ils lui dirent qu'il l'avaient laissé en bonne santé. Sachant ainsi qu'il vivait encore, il demande également, car il avait aperçu Benjamin, si c'était là leur plus jeune frère ; sur leur réponse affirmative, il s'écrie que Dieu veille sur toutes choses ; mais comme, dans son émotion, il allait pleurer, il se retire pour ne pas se trahir
123. à ses frères ; puis il les convie à souper et on place leurs lits à table dans le même rang qu'ils occupaient chez leur père. Joseph les traite tous cordialement, en favorisant Benjamin d'une part double[1] de celle de ses voisins.

124. 7[2]. Après le repas, quand ils furent allés dormir, il commanda à l'intendant de leur donner leurs mesures de blé, de cacher derechef dans leurs sacs l'argent destiné au paiement et de jeter, en outre, dans la charge de Benjamin la coupe d'argent où il avait
125. coutume de boire ; il en usait ainsi pour éprouver[3] ses frères et savoir s'ils assisteraient Benjamin accusé de vol et en danger apparent, ou s'ils l'abandonneraient, satisfaits de leur propre innocence,
126. pour s'en retourner chez leur père. L'intendant se conforme à ces instructions et, le lendemain, sans se douter de rien, les fils de Jacob s'en vont avec Syméon, doublement joyeux et d'avoir recouvré ce dernier et de pouvoir ramener Benjamin à leur père ainsi qu'ils s'y étaient engagés. Mais voici que des cavaliers les enveloppent, amenant avec eux le serviteur qui avait déposé la coupe dans le sac
127. de Benjamin. Troublés de cette attaque inopinée des cavaliers, ils leur demandent pour quelle raison ils assaillent des hommes qui, peu de temps auparavant, avaient été honorés et traités en hôtes
128. par le maître ; ceux-ci répondent en les traitant de misérables, qui, précisément, au lieu de conserver le souvenir de cette hospitalité

1. L'Écriture dit quintuple (v. 34)
2. *Gen.*, XLIV, 1.
3. Cette explication est analogue à celle que donne Philon, *De Josepho*, M., II, § 39, p. 74 : πάντα δ' ἦσαν ἀπόπειρα, ... πῶς ἔχουσι, τοῦ τῆς χώρας ἐπιτρόπου σκοποῦντος, εὐνοίας πρὸς ὁμομήτριον ἀδελφόν, « Tout cela, c'étaient des épreuves pour voir quels sentiments les animaient, en présence du gouverneur du pays, à l'égard de son frère de même mère ».

bienveillante de Joseph, n'avaient pas hésité à se mal conduire à son égard : cette coupe dont il s'était servi pour porter leurs santés[1], ils l'avaient dérobée, et l'attrait de ce profit coupable l'emportait sur l'affection qu'ils devaient à Joseph et la crainte du danger qu'ils
129. couraient si on les prenait sur le fait; là-dessus, ils les menacent d'un châtiment prochain, car, en dépit de leur fuite après le vol, ils n'avaient pas échappé à Dieu, s'ils avaient pu tromper la surveillance de l'esclave de service. « Et vous demandez, disent-ils, le motif de notre présence ici, comme si vous l'ignoriez : eh bien ! vous en serez instruits bientôt par votre châtiment même. » C'est en termes analogues et d'autres encore plus violents que l'esclave les invectivait.
130. Ceux-ci, ignorant ce qui se tramait contre eux, se moquaient de ces discours et s'étonnaient de la légèreté de langage avec laquelle cet homme osait porter une accusation contre des gens qui, loin de garder l'argent du blé retrouvé au fond des sacs, l'avaient rapporté, bien que personne n'en eût rien su : tant s'en fallait qu'ils eussent
131. conçu de coupables desseins ! Cependant, croyant qu'une enquête les justifierait mieux que leurs dénégations, ils demandèrent qu'on s'y livrât et, au cas où il se trouverait un recéleur, qu'on châtiât tout le monde ; n'ayant rien à se reprocher, ils pensaient qu'à parler librement ils ne couraient aucun danger. Les Égyptiens acceptèrent de faire ces recherches; mais, disaient-ils, la punition ne frappera
132. que celui qui sera reconnu l'auteur du larcin. Ils se mettent donc à fouiller et quand ils ont passé en revue tout le monde, ils arrivent en dernier lieu à Benjamin; ils savaient fort bien que c'était dans son sac qu'ils avaient enfoui la coupe, mais ils voulaient que leur perquisition parût se faire rigoureusement.

133. Tous les frères donc, délivrés de tout souci personnel, n'avaient encore quelque inquiétude qu'à l'égard de Benjamin, mais ils se rassurèrent en songeant que celui-là non plus ne se trouverait pas en faute; et même ils gourmandaient leurs persécuteurs pour l'obstacle qu'ils mettaient à un voyage qu'ils auraient pu pousser plus

1. Dans l'Écriture, la coupe de Joseph lui sert à des pratiques de magie (XLIV, 5).

134. loin. Mais quand on eut cherché dans le sac de Benjamin et pris la
coupe, ils se mirent aussitôt à gémir et à se lamenter et, déchirant
leurs vêtements, déploraient le sort de leur frère, qui allait être châ-
tié de son vol, et la déception qu'ils infligeraient à leur père touchant
135. le salut de Benjamin. Ce qui aggravait encore leur désastre, c'était
de se voir atteints au moment où ils croyaient déjà avoir échappé
aux plus terribles aventures; les malheurs arrivés à leur frère et le
chagrin que leur père allait en éprouver, ils s'en disaient responsables, ayant contraint leur père, malgré sa répugnance, à l'envoyer
avec eux.
136. 8. Les cavaliers, s'étant saisis de Benjamin, l'amènent à Joseph,
suivis de ses frères; ce dernier, voyant Benjamin gardé à vue et les
autres dans une tenue de deuil : « Quelle idée, dit-il, ô les plus
méchants des hommes, vous êtes-vous donc faite de ma générosité
ou de la providence divine pour avoir osé agir ainsi envers votre
137. bienfaiteur et votre hôte? » Ceux-ci s'offrent eux-mêmes au châtiment pour sauver Benjamin; ils se reprennent à songer à leur attentat contre Joseph et ils s'écrient qu'il est plus heureux qu'eux
tous; s'il a péri, il est affranchi des misères de la vie; s'il vit encore,
Dieu le venge de ses bourreaux; ils ajoutent qu'ils font le malheur
de leur père; après ce qu'il avait souffert jusque-là pour Joseph,
ils lui donnaient encore Benjamin à pleurer, et Roubel alors se
138. répandait en reproches contre eux. Mais Joseph les relâche, disant
qu'ils n'ont point fait de mal, et qu'il se contente du seul châtiment
de l'enfant; car il ne serait pas plus raisonnable, disait-il, de le relâ-
cher, lui, parce que les autres sont innocents, que de faire partager
à ceux-ci la peine de celui qui a commis le larcin; ils pouvaient s'en
139. aller, il leur promettait sauvegarde. Là-dessus, tous sont saisis
d'épouvante et l'émotion leur ôte la parole, mais Joudas, celui qui
avait déterminé leur père à envoyer le jeune homme, et qui en toute
occurrence faisait preuve d'énergie, résolut, pour sauver son frère,
140. d'affronter le danger[1] : « Sans doute, seigneur gouverneur, dit-il,
nous sommes coupables envers toi d'une excessive témérité qui mé-

1. *Gen.*, XLIV, 16.

rite un châtiment et il est juste que nous le subissions tous, encore que la faute n'ait été commise par nul autre que par le plus jeune d'entre nous. Cependant, quoique nous désespérions de le voir sauvé, un espoir nous reste dans ta bonté et nous promet que nous échap-
141. perons au danger. Et maintenant, sans te soucier de nous, sans considérer notre méfait, prends conseil de la vertu et non de la colère, qui s'empare des faibles par sa violence et les dirige non seulement dans les affaires importantes, mais même dans les circonstances les plus communes; fais preuve contre elle de grandeur d'âme et ne te laisse pas dominer par elle jusqu'à mettre à mort ceux qui cessent désormais de lutter eux-mêmes pour conquérir leur propre
142. salut, mais qui aspirent à le tenir de toi. Aussi bien, ce n'est pas la première fois que tu nous l'auras procuré; déjà, quand nous sommes venus en hâte acheter du blé et nous approvisionner de vivres, tu nous a fait la faveur de nous permettre d'en emporter aussi pour ceux de notre maison, de quoi les sauver du danger de mourir de
143. faim. Or, c'est tout un de prendre pitié de gens qui vont périr faute du nécessaire, ou de s'abstenir de punir des hommes qui ont eu l'air de pécher et qu'on a enviés pour l'éclatante générosité que tu leur as fait paraître; c'est la même faveur, accordée toutefois d'une
144. façon différente : tu sauveras ceux que tu as nourris à cet effet, et ces existences que tu n'as pas laissé anéantir par la faim, tu les préserveras par tes bienfaits; car il serait admirable et grand tout ensemble, après nous avoir sauvé la vie, de nous donner encore
145. dans notre détresse de quoi la conserver. Et je crois bien que Dieu voulait ménager une occasion de faire briller celui qui l'emporte en vertu, en amenant ainsi sur nous tous ces malheurs; il voulait qu'on te vît pardonner tes injures personnelles à ceux qui t'ont offensé et que ta bonté ne parût pas s'exercer uniquement sur ceux qui, pour
146. une autre raison, ont besoin d'être secourus; car s'il est beau d'avoir fait du bien à ceux qui étaient dans le besoin, il est plus généreux de grâcier ceux qui ont été condamnés pour avoir failli envers toi; car, si le pardon accordé à des fautes légères, commises par négligence, mérite des éloges, demeurer sans colère devant des actes tels qu'ils mettent la vie du coupable à la merci de la vengeance de

47. la victime, c'est se rapprocher de la nature de Dieu. Quant à moi,
si notre père ne nous avait fait voir, à la façon dont il pleure Joseph,
combien la perte de ses enfants le fait souffrir, je n'aurais pas plaidé,
pour ce qui nous concerne, en faveur de notre acquittement; si je
n'avais voulu donner satisfaction à ton penchant naturel qui se
complaît à laisser la vie sauve même à ceux qui n'auraient personne
pour pleurer leur perte, nous nous serions montrés dociles à toutes
48. tes exigences. En réalité, sans pleurer sur nous-mêmes, encore que
nous soyons jeunes et que nous n'ayons pas encore joui de la vie,
c'est par considération pour notre père et par pitié pour sa vieillesse
que nous te présentons cette requête et que nous te demandons la
49. vie que notre méfait a mise en ton pouvoir. Notre père n'est pas un
méchant homme, et il n'a pas engendré des enfants destinés à le devenir :
c'est un homme de bien et qui ne mérite pas de pareilles
épreuves; en ce moment, le souci de notre absence le dévore; s'il
50. apprend la nouvelle et le motif de notre perte, il n'y résistera pas; cela
ne fera que précipiter sa fin, et l'ignominie de notre disparition attristera
son départ de ce monde; avant que notre histoire se répande
51. ailleurs, il aura hâte de s'être rendu insensible. Entre dans ces sentiments
et quelque irritation que nos torts te causent aujourd'hui,
fais grâce à notre frère de la juste répression que ces torts méritent
et que ta pitié pour lui soit plus efficace que la pensée de notre
crime; révère la vieillesse d'un homme qui devra vivre et mourir
dans la solitude en nous perdant; fais cette grâce en faveur du nom
52. de père : car dans ce nom tu honoreras aussi celui qui t'a donné le
jour et tu l'honoreras toi-même, toi qui jouis déjà de ce même
titre; en cette qualité, tu seras préservé de tout mal par Dieu, le
père de toutes choses, et ce sera un témoignage de piété envers lui,
relativement à cette communauté de nom, que de prendre pitié de
notre père et des souffrances que lui causera la perte de ses enfants.
53. Ainsi, ce que Dieu nous a donné, si tu as le pouvoir de nous le prendre,
il t'appartient aussi de nous le conserver et d'avoir la même
charité que Dieu lui-même : ayant ces deux manières d'exercer ta
puissance, il te sied de la manifester dans des bienfaits et, au lieu
de faire mourir, d'oublier les droits que cette puissance te confère

comme s'ils n'existaient pas et de ne plus le concevoir que comme le pouvoir de grâcier et de croire que plus on aura sauvé de gens,
154. plus on se sera ajouté d'illustration à soi-même. Pour toi, ce sera nous sauver tous que de pardonner à notre frère cette malheureuse aventure; nous ne pouvons plus vivre, s'il est puni; car il ne nous est pas permis de retourner seuls sains et saufs chez notre père; il
155. faut que nous restions ici pour partager son supplice. Et nous te supplions, seigneur gouverneur, si tu condamnes notre frère à mort, de nous comprendre nous aussi dans son châtiment, comme si nous étions complices de son crime; car nous ne nous résoudrons point à nous donner la mort de chagrin de l'avoir perdu, c'est en
156. criminels comme lui que nous voulons mourir. Que le coupable soit un jeune homme qui n'a pas encore un jugement très assuré, et qu'il soit humain dans ces conditions d'accorder l'indulgence, je t'épargne ces arguments et je n'en dirai pas davantage[1]; de la sorte, si tu nous condamnes, ce seront mes omissions qui paraîtront nous
157. avoir attiré cet excès de sévérité, et si tu nous relâches, cet acquittement sera attribué à ta bonté éclairée; car non-seulement tu nous auras sauvés, mais tu nous auras procuré le meilleur moyen de nous justifier et tu auras plus fait que nous-mêmes pour notre pro-
158. pre salut. Mais si tu veux le faire mourir, punis-moi à sa place et renvoie-le à son père, ou s'il te plaît de le retenir comme esclave, je suis plus propre à me mettre à ton service; je suis donc mieux
159. fait, comme tu vois, pour l'une et l'autre peine. » Alors Joudas, prêt à tout supporter pour le salut de son frère, se jette aux pieds de Joseph et fait tous ses efforts pour amollir sa colère et l'apaiser; tous ses frères se prosternent et s'offrent à mourir pour sauver la vie de Benjamin.

160. 9[2]. Joseph, vaincu par l'émotion et incapable de porter plus longtemps le masque de la colère, fait sortir d'abord ceux qui étaient là afin de se déclarer à ses frères seuls. Les étrangers partis, ils se
161. fait connaître à ses frères et leur dit : « Je vous loue de votre vertu

1. Cela est bien heureux pour le lecteur de ce verbiage [T. R.].
2. *Gen.*, XLV, 1.

et de la sollicitude dont vous entourez notre frère et je vous trouve
meilleurs que je ne m'attendais d'après le complot que vous avez
formé contre moi ; tout ce que j'ai fait là, c'était pour éprouver votre
amitié fraternelle ; ce n'est donc pas à votre instinct que j'impute le
mal que vous m'avez fait, c'est à la volonté de Dieu, qui nous fait
maintenant goûter le bonheur, ainsi qu'il le fera à l'avenir s'il nous
2. reste favorable. A la nouvelle inespérée que mon père vit encore,
et en vous voyant ainsi disposés pour notre frère, je ne me souviens
plus des fautes dont je vous ai sus coupables envers moi, je renonce
aux sentiments de haine qu'elles m'inspiraient et je crois devoir
vous rendre grâce, à vous qui avez servi à la réalisation présente
3. des plans divins. Et vous aussi, je veux vous voir oublier tout cela
et vous réjouir, puisque l'imprudence de jadis a eu un tel résultat,
plutôt que de vous affliger dans la confusion de vos fautes. N'ayez
pas l'air de vous chagriner d'une méchante sentence portée contre
moi et du remords qui vous en est venu, puisque vos desseins n'ont
4. pas abouti. Réjouissez-vous donc de ce que Dieu a fait arriver ;
allez en informer notre père, de peur qu'il ne soit consumé d'inquié-
tudes à votre sujet et que je ne sois privé du meilleur de ma félicité
s'il mourait avant qu'il pût venir en ma présence et prendre sa part
5. de notre bonheur actuel. Vous l'emmènerez, lui et vos femmes et
vos enfants et tous vos parents pour émigrer ici ; car il ne faut pas
qu'ils restent étrangers à notre prospérité, ceux qui me sont si chers,
6. surtout puisque la famine a encore cinq années à durer. » Ce disant,
Joseph embrasse ses frères. Ceux-ci fondaient en larmes et déploraient la conduite qu'ils avaient eue à son égard : c'était presque
7. comme un châtiment pour eux que la générosité de leur frère. Ils
célèbrent alors des festins. Le roi apprit que les frères de Joseph
étaient venus chez lui et il s'en réjouit fort comme d'un bonheur de
famille ; il leur offrit des voitures remplies de blé, de l'or et de l'argent pour l'apporter à leur père. Ils reçurent plus de présents encore de Joseph, les uns destinés à leur père, les autres à chacun
d'eux en particulier, et Benjamin fut le plus favorisé ; puis ils s'en
retournèrent.

CHAPITRE VII

1. *Joie de Jacob.* — 2-3. *Vision du puits du Serment.* — 4. *Dénombrement des fils et petits-fils de Jacob.* — 5. *Jacob en Égypte.* — 6. *Son entrevue avec Pharaon.* — 7. *Nouveau régime des terres en Égypte.*

168. 1[1]. Lorsqu'à l'arrivée de ses enfants, Jacob apprend l'histoire de Joseph, comment non seulement il a échappé à la mort, lui qu'il passait sa vie à pleurer, mais qu'il vivait avec une éclatante fortune, partageant avec le roi le gouvernement de l'Égypte et en ayant en mains presque toute la surveillance, aucune de ces nouvelles ne
169. lui paraît invraisemblable, quand il songe à la grande puissance de Dieu et à sa bienveillance envers lui, encore qu'elle eût éprouvé une interruption, et il s'empresse aussitôt d'aller retrouver Joseph.
170. 2[2]. Arrivé au puits du Serment, il offre un sacrifice à Dieu, et craignant que la prospérité où était l'Égypte ne rendît si séduisante à ses fils l'idée d'y demeurer que leurs descendants renonceraient à retourner en Chananée pour en prendre possession selon la pro-
171. messe de Dieu, et qu'ayant effectué ce voyage en Égypte sans l'assentiment de Dieu, sa race ne fût anéantie, au surplus appréhendant de mourir avant d'avoir vu Joseph, c'est en agitant en lui-même ces réflexions qu'il s'endort.
172. 3. Dieu lui apparaît, l'appelle deux fois par son nom et, comme Jacob lui demande qui il est : « En vérité, dit-il, il ne convient pas que tu méconnaisses celui qui a toujours protégé et secouru tes
173. ancêtres et toi-même après eux. Quand tu étais privé du royaume

1. *Gen*, XLV, 25.
2. *Gen.*, XLVI, 1.

par ton père, c'est moi qui t'ai fait obtenir celui-ci; c'est grâce à ma bienveillance, que, envoyé tout seul en Mésopotamie, tu as eu le bonheur de faire d'heureux mariages et que tu as emmené à ton retour
174 beaucoup d'enfants et de grandes richesses. Et si toute ta famille t'a été conservée, c'est par ma providence; celui de tes fils que tu croyais mort, Joseph, je l'ai élevé à une fortune encore plus grande, je l'ai fait le maître de l'Égypte, où c'est à peine s'il se distingue du
175. roi. Je viens maintenant te servir de guide pendant ce voyage et t'apprendre que tu finiras ta vie dans les bras de Joseph; et je t'annonce une longue période de suprématie et de gloire pour tes descendants, que j'établirai dans le pays que j'ai promis. »
176. 4. Encouragé par ce songe, c'est avec plus d'ardeur qu'il part pour l'Égypte en compagnie de ses fils et des enfants de ses fils: ils étaient en tout soixante-dix. Je n'avais pas jugé à propos d'indiquer leurs
177. noms, d'autant qu'ils sont difficiles; mais pour protester contre ceux qui n'admettent pas que nous soyons originaires de Mésopotamie et nous croient Égyptiens[1], j'ai cru nécessaire de les transcrire. Donc Jacob avait douze fils, parmi lesquels Joseph était parti à l'avance. Nous allons indiquer ceux qui le suivirent ainsi que leurs descendants.
178. Roubel avait quatre fils : Anôch(ès), Phallous[2], Assaron[3], Charmis; Syméon, six : Joumèl(os)[4], Jamîn(as), Pouthod(os)[5], Jachîn(os), Soar(os), Saoul(os); Lévis eut trois fils : Gersom(ès)[6], Kaath(os), Marair(os)[7]; Youdas en eut trois : Salâs[8], Pharés(os), Zaras(os)[9]; il

1. Josèphe est toujours préoccupé de répondre aux accusations que des auteurs de son temps portaient sur les Juifs, dont ils travestissaient l'histoire. Pour l'opinion qui faisait des Juifs des Egyptiens « impurs », voir le *Contre Apion*.
2. Héb. : Phallou; LXX : Φαλλός (Φαλλούς, *Ex.*, VI, 14).
3. Héb. : Ḥeçrôn; LXX : Ἀσρών.
4. Héb. et LXX : Yemouël.
5. LXX : Ἀώδ; héb. : Ohad.
6. LXX : Γηρσών.
7. Héb. : Merari.
8. Héb. : Sèlah; LXX : Σηλώμ.
9. Héb. : Żaraḥ; LXX : Ζαρά. Josèphe omet, dans la liste des fils de Juda, Er et Onan, qui sont nommés dans la Bible, mais qui meurent, d'ailleurs, en Chanaan (v. 12).

eut deux petits-fils de Pharés(os), Esrôn(os) et Amyr(os)[1]. Isaccha-
r(os) eut quatre fils : Thoulâs, Phouâs[2], Jasoub(os)[3], Samarôn(os)[4];
179. Zaboulon en emmenait trois : Sarad(os), Elon, Jalèl(os)[5]. Telle était
la progéniture de Lia. Avec elle venait aussi sa fille Dîna. En tout,
180. trente-trois personnes. Rachel avait deux fils : l'un, Joseph, eut,
pour fils Manassès et Ephraïm ; l'autre, Benjamin, en eut dix : Bolo-
sor[6], Bacchar(ès)[7], Asabèl(os)[8], Géraos[9], Naïéman(ès)[10], Jès[11], Arôs
Momphis[12], Opphis[13], Arad(os). Ces quatorze personnes, ajoutées aux
181. précédentes, donnent le total de 47. Telle était la descendance légitime de Jacob. Il eut encore de Balla, la servante de Rachel, Dan(os)
et Nepthalès; ce dernier était accompagné de quatre fils : Eliél(os)[14],
Gounis, Issarès[15] et Sellim(os)[16]; Dan eut un enfant unique, Ousis[17].
182. En les ajoutant aux précédents, on atteint le nombre de 54. Gad et
183. Aser étaient fils de Zelpha, servante de Lia. Gad emmenait sept
fils : Saphônias[18], Augis, Sounis[19], Zabon[20], Irénès[21], Erôédès[22],

1. Héb. : Ḥamoul. Les LXX donnent ici le même nom que pour le premier des fils de Siméon.
2. Héb. : Thola' ; Phouwa ; LXX : Θωλά ; Φουά.
3. Héb. : Yôb.
4. Héb. : Simron ; LXX : Σαμβράν.
5. Héb. : Yaḥleël ; LXX : Ἀχοήλ.
6. Héb. : Béla ; LXX : Βαλά.
7. Héb. : Bekher ; LXX : Βόχορ.
8. Héb. et LXX : Asbèl.
9. Ou Gèras, comme héb. et LXX. Les LXX font des noms qui suivent Asbèl ceux des fils de Bala. Josèphe suit donc ici plus exactement le texte hébreu.
10. LXX : Νοεμάν ; héb. : Naaman.
11. Héb. : Eḥi ; LXX : Ἀγχίς.
12. Héb. : Mouphim : LXX : Μαμφίμ.
13. Ou Optaïs. Héb. : Ḥouppim. Les LXX l'omettent.
14. Héb. : Yaḥçeël ; LXX : Ἀσιήλ.
15. Héb. : Yètzer ; LXX : Ισσαάρ.
16. Héb. : Sillêm ; LXX : Συλλήμ.
17. Héb. : Ḥousim ; LXX : Ἀσόμ.
18. Héb. : Çiphiòn ; LXX : Σαφών.
19. Héb. : Ḥaggi ; Souni ; LXX : Ἀγγίς ; Σαννίς.
20. Héb. : Eçbon ; LXX : Θασοβάν.
21. Héb. : Eri ; LXX : Ἀηδείς.
22. Héb. : Arodi ; LXX : Ἀροηδείς.

Ariêl(os)[1]. Aser avait une fille[2] et six fils, qui s'appelaient : Jômnès[3], Isous, Isouïs, Baris[4], Abar(os), et Melchièl(os)[5]. En ajoutant ces seize-là aux 54, on atteint le nombre indiqué ci-dessus, non compris Jacob.

84. 5. Joseph apprend l'arrivée de son père, car son frère Joudas
avait pris les devants pour lui annoncer sa venue ; il sort pour aller
à sa rencontre, et le rejoint à Héroopolis[6]. Dans sa joie soudaine et
immense, Jacob pensa mourir ; mais Joseph le ranima ; lui-même
ne fut pas assez maître de lui pour résister à cette émotion du plai-
85. sir ; néanmoins il ne fut pas, comme son père, vaincu par elle. Ensuite
il prie son père d'avancer doucement ; lui-même prend cinq de ses
frères et s'empresse d'aller vers le roi pour lui annoncer l'arrivée de
Jacob avec sa famille. Celui-ci eut plaisir à cette nouvelle et pria
Joseph de lui dire quel genre de vie ils aimaient à suivre, afin qu'il
86. pût leur donner les mêmes occupations. Joseph lui dit qu'ils étaient
d'excellents bergers et qu'ils ne s'adonnaient à aucun autre métier
qu'à celui-là ; il prenait ainsi ses précautions pour qu'on ne les sépa-
rât point et que, se trouvant réunis ensemble, ils prissent soin de
leur père ; de plus, ils se feraient bien voir des Égyptiens en ne se
livrant à aucun des travaux de ceux-ci ; car il était défendu aux
Égyptiens de s'occuper des pâturages.

87. 6[7]. Quand Jacob fut arrivé auprès du roi, qu'il l'eut salué et qu'il
eut exprimé ses vœux pour son règne, Pharaôthès lui demanda com-
88. bien de temps il avait déjà vécu. Il répondit qu'il avait cent trente ans,

1. Héb. : Ar'êli ; LXX : Ἀρεηλεῖς.

2. Josèphe ne donne pas son nom. Elle s'appelle Séraḥ dans la Bible (LXX : Σαρά).

3. Héb. : Yimnah ; LXX : Ἰεμνά.

4. Héb. : Yiswah, Yiswî, Beri'ah ; LXX : Ἰεσσουά, Ἰεούλ, Βαριά.

5. Ces deux derniers sont donnés dans la Bible comme les fils de Beri'ah (*Gen.*, XLVI, 17).

6. *Gen.*, XLVI, 28. Les LXX traduisent le Gosen de la Bible par Ἡρώων πόλις et ajoutent εἰς γῆν Ῥαμεσσῆ, indication fournie par XLVII, 11. Héroopolis était une ville de la Basse-Égypte qu'on identifie aussi avec la ville qui porte le nom égyptien de Pithôm. Cf. *Exode*, I, 11. Sur l'emplacement de ces localités, consulter G. Ebers, *Durch Gosen zum Sinaï*, 2e éd., Leipzig, 1881.

7. *Gen.*, XLVII, 8.

et le roi admira Jacob pour son grand âge. Comme celui-ci lui répliqua qu'il avait vécu moins d'années que ses ancêtres, il lui permit d'aller demeurer à Héliopolis[1] avec ses enfants; c'était là aussi que ses propres bergers avaient leurs pâturages.

189. 7. La famine chez les Égyptiens commençait à prendre de l'intensité et le fléau leur causait des embarras croissants; le fleuve n'arrosait plus la terre, car ses eaux n'augmentaient pas et Dieu n'envoyait pas de pluie[2]; dans leur ignorance, ils n'avaient fait aucun préparatif. Joseph leur cédait le blé contre argent; quand l'argent leur fit défaut, ils achetèrent le blé avec leurs troupeaux et
190. leurs esclaves; ceux qui avaient, en outre, quelque terre allaient l'offrir pour acquérir des vivres; et c'est ainsi que le roi devint maître de toute la contrée et qu'ils furent transportés de côté et d'autre afin d'assurer au roi la propriété de leurs terres, sauf celles des
191. prêtres : ceux-ci gardèrent leurs domaines. Le fléau n'asservit pas seulement leurs corps, mais aussi leurs pensées et les astreignit désormais à des moyens d'existence humiliants. Mais, quand le mal s'apaisa et que le fleuve s'épandit sur la terre, qui produisit des
192. fruits en abondance, Joseph se rendit dans chaque ville, et convoquant la foule, il leur fit don pour toujours des terres qu'ils avaient cédées au roi et que celui-ci aurait pu posséder et exploiter à lui seul; il leur recommanda de les bien travailler dans l'idée qu'elles étaient leur propriété et de donner le cinquième des fruits au roi en échange de cette terre qu'il leur concède et qui vient de lui.
193. Ainsi, devenus, sans y compter, propriétaires de ces terres, ils furent saisis de joie et promirent de se conformer à ces prescriptions. De cette façon, la considération dont Joseph jouissait auprès des Égyptiens grandit encore, et il accrut l'affection que ceux-ci portaient

1. La Bible ne parle ici que du pays de Gosen et de la terre de Ramsès; mais Héliopolis (en hébreu On) était située sur le même territoire de la Basse-Égypte.

2. Déjà Reland a fait remarquer que cette dernière observation témoigne de peu de connaissance du climat de l'Égypte.

au roi. Cette loi qui les imposait du cinquième des fruits persista sous les rois suivants[1].

CHAPITRE VIII

1. — Mort et sépulture de Jacob. — 2. Mort de Joseph.

194. 1[2]. Après avoir passé dix-sept ans en Égypte, Jacob, étant tombé malade, meurt en présence de ses enfants ; à ses fils il souhaite d'acquérir des richesses et leur annonce prophétiquement comment chacun de leurs descendants ira habiter la Chananée, ce qui arriva,
195. en effet, beaucoup plus tard. Quant à Joseph, il le loue longuement de n'avoir point gardé rancune à ses frères, même de s'être montré bon pour eux en les comblant de présents qu'on ne donnerait pas même pour remercier un bienfaiteur; et il recommanda à ses propres fils de compter parmi eux les fils de Joseph, Ephraïm et Manassès, quand ils se partageraient la Chananée, événe-
196. ment dont nous parlerons ultérieurement. Cependant il exprima aussi le désir d'avoir sa sépulture à Hébron. Il meurt, après avoir vécu en tout cent quarante-sept ans : il ne fut inférieur à aucun de ses ancêtres pour la piété envers Dieu et obtint la récompense que méritait tant de vertu. Joseph, avec l'assentiment du roi, fait porter à

1. *Genèse*, XLVII, 23. Orose, I, 8, reproduit ce renseignement. On en a souvent conclu qu'à l'époque ptolémaïque l'impôt foncier était du cinquième du revenu; opinion contestée par Whiston et par Lumbroso (*Économie politique de l'Egypte*, p. 94), qui voient ici un fermage, non un impôt [T. R.].
2. *Gen.*, XLVII, 28; XLIX, 1.

197. Hébron le corps de son père et l'y ensevelit somptueusement. Ses frères ne voulaient pas s'en retourner avec lui, craignant qu'à la suite de la mort de leur père il ne tirât vengeance du complot dont il avait été victime; car personne n'était plus là pour lui savoir gré de sa modération à leur égard; mais lui leur persuade qu'ils n'ont rien à redouter et ne doivent pas le considérer avec défiance; il les emmène avec lui, leur fait de grands dons et ne cesse de leur prodiguer ses attentions.

198. 2[1]. Il meurt à son tour à l'âge de cent dix ans; il avait eu des qualités admirables, dirigeant tout avec prudence et faisant de sa puissance un usage modéré : c'est là ce qui lui valut cette grande fortune qu'il fit chez les Égyptiens, quoiqu'il vînt de l'étranger et eût
199. éprouvé les misères dont nous avons parlé précédemment. Ses frères meurent aussi, après un séjour heureux en Égypte. Leurs corps furent portés quelque temps après par leurs descendants et
200. leurs fils à Hébron, où ils les ensevelirent[2]. Quant aux ossements de Joseph, ce ne fut que plus tard, quand ils émigrèrent d'Égypte en Chananée, qu'ils les emportèrent, selon ce que leur avait fait jurer Joseph[3]. Comment chacun de ces événements arriva et par quels efforts ils s'emparèrent de la Chananée, je le montrerai après avoir rapporté les motifs pour lesquels ils quittèrent l'Égypte.

1. *Gen.*, L, 26.
2. Ceci ne se lit pas dans la Bible.
3. *Gen.*, L, 25.

CHAPITRE IX

1. Oppression des Israélites par les Égyptiens. — 2. Ordre de faire périr les nouveau-nés. — 3. Prédiction de Dieu à Amram. — 4. Naissance et exposition de Moïse. — 5. Moïse sauvé des eaux. — 6. Sa beauté, son nom. — 7. Moïse enfant et le Pharaon.

201. 1[1]. Comme les Égyptiens étaient voluptueux et nonchalants au travail et se laissaient dominer, en général, par tous les plaisirs et, en particulier, par l'appât du lucre, il advint qu'ils furent fort mal
202. disposés pour les Hébreux, dont ils enviaient la prospérité. En effet, voyant que la race des Israélites était dans la fleur de son développement, que leurs vertus et leurs aptitudes naturelles au travail leur valaient déjà l'éclat de grandes richesses, ils se crurent menacés par cet accroissement. Les bienfaits dont ils étaient redevables à Joseph, après un si long temps, ils les avaient oubliés, et comme la royauté avait passé dans une autre dynastie[2], ils faisaient subir de cruelles violences aux Israélites et imaginaient contre eux toute
203. espèce de tourments. Ainsi, ils les astreignirent à diviser le fleuve en nombreux canaux, à bâtir des remparts pour les villes et des digues pour contenir les eaux du fleuve et les empêcher de rester stagnantes quand elles déborderaient; bâtissant pyramides sur pyramides, ils épuisaient ceux de notre race en les assujettissant à toute sorte
204. de nouveaux métiers et de fatigues. Ils demeurèrent quatre cents ans[3] dans ces souffrances ; les Égyptiens s'acharnaient à faire mourir à la

1. *Exode*, I, 7.
2. *Ex.*, I, 8. Cf. pour tout le commencement de l'histoire de Moïse l'historien Artapanos, cité par Eusèbe, *Praep. ev.*, IX, 18, 27.
3. Ce chiffre, incompatible avec les données chronologiques du premier livre et celles que Josèphe présente plus loin (§ 318), n'est qu'un chiffre rond, indiqué, d'ailleurs, par la Bible elle-même (*Genèse*, XV, 13).

peine les Israélites, et ceux-ci à paraître toujours au-dessus de leur
tâche.
205. 2. Pendant que leurs affaires en étaient là, un événement se produisit qui eut pour effet d'exciter davantage les Égyptiens à faire périr
notre race. Un des hiérogrammates[1] — ces gens sont fort habiles à
prédire exactement l'avenir — annonce au roi qu'il naîtra quelqu'un[2] en ce temps chez les Israélites, lequel abaissera la suprématie des Égyptiens, relèvera les Israélites, une fois parvenu à l'âge d'homme, surpassera tout le monde en vertu et s'ac-
206. querra une renommée éternelle. Le roi, effrayé, sur l'avis de ce
personnage, ordonne de détruire tous les enfants mâles qui naîtraient chez les Israélites, en les précipitant dans le fleuve, et recommande aux sages-femmes des Égyptiens d'observer les douleurs de
l'enfantement chez les femmes des Hébreux et de surveiller leurs
207. accouchements. Il voulait, en effet, qu'elles fussent délivrées par
des femmes qui, en qualité de compatriotes du roi, ne seraient
pas tentées d'enfreindre sa volonté[3]; ceux qui cependant dédaigne-
raient cet ordre et oseraient sauver clandestinement leur pro-
208. géniture, il enjoignait qu'on les fît périr avec elle. C'était un
terrible malheur qui les menaçait; non seulement ils étaient privés de leurs enfants, non seulement ces parents devaient prêter
la main au meurtre de leurs rejetons, mais, de plus, la pensée
que leur race allait s'éteindre par la disparition de ceux qui naîtraient et par leur propre fin leur présentait une image sinistre et
209. désespérée. Ils étaient donc plongés dans cette affliction; mais nul
ne peut l'emporter sur la volonté divine, quelques ruses infinies
qu'il emploie; car cet enfant même qu'avait prédit le hiérogram-

1. Nom des prêtres égyptiens qui interprétaient les Écritures.
2. On trouve des légendes analogues dans *Sanhédrin*, 101 *b*. Rab Ḥama bar
Ḥanina (Amora palestinien du IIIe siècle) dit que les mots : « Ce sont là les
eaux de Mériba » (*Nombr.*, xx, 13) font allusion à la prédiction des astrologues
égyptiens; ceux-ci avaient annoncé que le sauveur des Hébreux devait périr
par l'eau : c'est pourquoi ils donnèrent à Pharaon l'avis de faire jeter les nouveau-nés dans le Nil; ils ne savaient pas que l'eau dont il s'agissait était l'eau
du rocher de Mériba.
3. Josèphe corrige la Bible, d'après laquelle cet ordre est donné à des sages-
femmes israélites (*Exode*, I, 15-21).

mate s'élève en échappant à la surveillance du roi, et ses actions vont vérifier la prédiction qui le concerne. Les choses se passèrent de la façon suivante.

210. 3[1]. Amaram(ès)[2], qui appartenait à une famille noble parmi les Hébreux, craignant que la race tout entière ne s'éteignît par suite de l'insuffisance de la prochaine génération, et très tourmenté pour son compte, car sa femme était enceinte, se trouvait dans un pro-
211. fond désarroi. Il recourt aux prières à Dieu, le supplie de prendre enfin un peu en pitié des hommes qui n'ont rien négligé dans les honneurs qu'ils lui rendent, de les délivrer des misères qu'ils souffrent en ce moment et de leurs soucis touchant l'extinction de la race.
212. Dieu a compassion de lui et, se laissant fléchir par cet appel suppliant, il lui apparaît pendant son sommeil[3], l'exhorte à ne pas désespérer de l'avenir et dit qu'il garde le souvenir de leur piété et qu'il les en récompensera toujours. Déjà il avait accordé à leurs ancêtres cette singulière multiplication d'une race issue de quelques hommes.
213. Abram, parti seul de Mésopotamie pour venir en Chananée, avait eu toutes les félicités et, de plus, sa femme, précédemment stérile, était par la suite devenue féconde, grâce à la volonté divine; elle lui avait donné des enfants : il avait laissé à Ismaël et à ses descendants le pays des Arabes, aux enfants de Chetoura la Troglodytide
214 et à Isac la Chananée. « Tous les succès, dit-il, qu'il a eus à la guerre, grâce à mon intervention, ce serait impie à vous de n'en pas conserver la mémoire. Jacob, lui, est devenu célèbre même chez des peuples étrangers, par le haut degré de prospérité où il parvint pendant sa vie et qu'il a transmis à ses enfants. Lui et soixante-dix personnes, en tout, arrivèrent en Égypte, et vous voilà déjà plus de six

1. *Ex.*, II, 1.
2. Amram n'est nommé dans la Bible qu'au chapitre VI, v. 20, de l'*Exode*. LXX : Ἀμβράμ.
3. Tout ce passage est surajouté au récit biblique. Le songe d'Amram est connu cependant de la tradition. Voir *Mekhilta* (le plus ancien commentaire halachique de l'*Exode*), éd. Weiss, p. 52. Dans le Talmud, *Meguilla*, 14 *a*, c'est Miriam, sœur de Moïse, qui prévoit ses destinées, selon une opinion de Rab Nahman (Amora babylonien du commencement du IVe siècle). Cette légende est reproduite dans la *Chronique de Moïse* (Jellinek, *Bet hamidrasch*, II, p. 2) et le *Sefer hayaschar*.

215. cent mille! Et maintenant sachez que je veille à vos intérêts à tous et en particulier à ta renommée : cet enfant, dont la venue a inspiré tant de crainte aux Égyptiens, qu'ils ont décrété de faire mourir tous ceux qui naîtraient des Israélites, cet enfant, ce sera le tien; il
216. échappera aux gens qui le guettent pour le perdre; élevé dans des circonstances merveilleuses, il délivrera la race des Hébreux de la contrainte des Égyptiens et, aussi longtemps que durera le monde, on se souviendra de lui dans l'humanité, non seulement parmi les Hébreux, mais même chez les peuples étrangers; c'est la faveur que j'accorde à toi et à ceux qui naîtront de toi : il aura aussi un frère digne d'occuper mon sacerdoce, lui et ses descendants à perpétuité. »

217. 4. Après que l'apparition lui eut fait ces révélations, Amaram se réveilla, en fit part à Jochabél(é)[1], sa femme, et leur crainte ne fit que s'accroître par les prédictions de ce songe. Ce n'était pas seulement pour l'enfant qu'ils étaient anxieux, c'était pour cette
218. haute fortune à laquelle il était destiné. Cependant ils ajoutèrent foi aux promesses divines quand la femme accoucha; en effet, elle put tromper la surveillance, grâce à la bénignité de son accouchement, qui ne donna pas lieu chez elle à de violentes souffrances[2].
219. Ils élèvent l'enfant trois mois en secret : après cela, Amaram, craignant d'être pris sur le fait et d'encourir ainsi la colère du roi, ce qui le perdrait, lui et son fils, et ferait évanouir la promesse divine, résolut de s'en remettre à Dieu du soin de préserver l'enfant et de veiller sur lui plutôt que de se fier à une dissimulation, expédient peu sûr et qui eût été dangereux, non seulement pour l'enfant élevé
220. en cachette, mais pour lui-même : il estimait que Dieu ferait tout pour leur sécurité, afin que rien ne se démentît de ce qu'il avait prononcé. Ayant pris cette résolution, ils fabriquent une tresse de fibres de papyrus, qu'ils arrangent en forme de corbeille. Ils lui donnent les dimensions suffisantes pour que le nouveau-né s'y
221. trouve au large. Ensuite ils l'enduisent de bitume — le bitume a

1. Héb. et LXX : Jocabed.
2. Cf. *Sota*, 12 *a* (sur *Ex.*, II, 2); il y est dit aussi que Jocabed accoucha sans douleurs.

pour propriété d'empêcher l'eau de passer à travers les mailles, — ils y déposent l'enfant et, la lançant sur le fleuve, confient à Dieu le soin de le préserver. Le fleuve reçoit l'objet et l'emporte; Mariamme[1], sœur de l'enfant, sur l'ordre de sa mère, va longer l'autre
222. rive du fleuve pour voir où il entraînerait la corbeille. Là, Dieu fit voir clairement que l'intelligence humaine ne peut rien, mais que tout ce qu'il entend accomplir finit par se réaliser heureusement et que ceux qui, en vue de leur propre sécurité, décrètent la mort d'autrui échouent malgré toute l'ardeur qu'ils déploient, tandis que ceux-là se sauvent d'une façon inattendue et, au milieu presque de leurs malheurs, rencontrent le succès, qui courent des dangers selon
223. le dessein de Dieu. C'est ainsi que la destinée de cet enfant manifesta la puissance divine.
224. 5. Le roi avait une fille, Thermouthis[2]. Jouant près des rives du fleuve et apercevant la corbeille que le courant emportait, elle dépêche des nageurs avec l'ordre de lui rapporter cette corbeille. Quand ceux-ci furent revenus, elle vit l'enfant et se prit pour lui
225. d'une grande tendresse à cause de sa taille et de sa beauté. Telle était la sollicitude dont Dieu entoura Moïse que ceux-là même qui avaient décrété à cause de lui la perte de tous les enfants qui naîtraient de la race des Hébreux crurent devoir l'élever et prendre soin de lui. Thermouthis ordonne aussi qu'on fasse venir une femme
226. pour allaiter l'enfant. Mais comme, loin de prendre le sein, il se détournait[3] et qu'il témoigna de même sa répugnance pour plusieurs autres femmes, Mariamme, qui était venue sur ces entrefaites sans dessein apparent et comme une simple curieuse : « C'est peine perdue, dit-elle, ô reine, que d'appeler pour nourrir cet enfant des

1. Héb. : Miriam.

2. La Bible ne nomme pas la fille de Pharaon. Le Talmud (*Meguilla*, 13 *a*) l'appelle Bithia, se fondant sur le verset, I *Chr.*, IV, 18 : « Et tels sont les fils de *Bithia*, fille de Pharaon ». Elle a encore d'autres noms ailleurs : *Merris* dans Artapanos (Eus., *Praep. ev.*, IX, 27). Le Syncelle l'appelle à différentes reprises *Pharié*. Le nom de Thermouthis est certainement égyptien (voir sur ce nom G. Ebers, *Durch Gosen zum Sinaï*, pp. 84, 539). C'est le nom d'une divinité égyptienne et aussi d'une localité de la Basse-Égypte d'après Étienne de Byzance.

3. Cf. *Sota*, 12 *b*; *Ex. Rabba*, I. Pour expliquer le verset, *Ex.*, II, 7, on dit aussi que Moïse ne voulait pas de nourrice égyptienne.

femmes qui n'ont aucun lien d'origine avec lui. Si tu faisais venir
une femme de chez les Hébreux, peut-être prendrait-il le sein d'une
227. femme de sa race. » Son avis parut judicieux et la princesse la pria
de lui rendre ce service et d'amener une nourrice. Elle use de la permission, et revient, amenant la mère, que nul ne connaissait. Alors
l'enfant, avec une sorte de joie, s'attache au sein et, sur la demande
de la reine, la mère se charge entièrement de le nourrir.
228. 6. Dans la suite, la princesse lui donna un nom qui rappelait son
immersion dans le fleuve; car les Égyptiens appellent l'eau *mô* et
ceux qui sont sauvés *ysès* [1]; ils lui donnent donc un nom composé de
229. ces deux termes. Et conformément aux prédictions de Dieu, il fut le
plus illustre des Hébreux par la grandeur de son intelligence et son
mépris des épreuves. [Abram était le septième de ses ascendants;
car il était fils d'Amaram, lequel était fils de Caath, et le père
230. de Caath était Lévi, fils de Jacob, fils d'Isac, fils d'Abram [2].] Son
intelligence n'était pas celle d'un enfant de son âge; elle était bien
plus profonde et plus mûre que cet âge ne le comporte; il en fit voir
clairement toute l'étendue dans ses jeux, et présagea par ses premiers actes les choses plus grandes qu'il allait accomplir à l'âge
d'homme. Quand il eut trois ans [3], Dieu le fit grandir d'une façon
231. étonnante. Quant à la beauté, personne n'y était assez indifférent
pour n'être pas frappé, en apercevant Moïse, du charme de ses
traits et il arrivait à bien des gens, quand ils rencontraient Moïse
sur leur chemin, de se retourner pour regarder l'enfant et d'aban-

1. Josèphe substitue ici à l'étymologie biblique de ce nom (*Ex.*, II, 10 : « Car je l'ai tiré des eaux », la racine משה signifiant « tirer ») une étymologie égyptienne ou prétendue telle (cf. *C. Apion*, I, § 286). Cette étymologie n'a probablement pas plus de valeur historique que celle qu'il donne de Jérusalem par exemple (v. *Ant.*, I, § 180 et la note). Comparer l'étymologie donnée par Philon dans le *De vita Moysis*, 4, M., II, p. 83 : τὸ γὰρ ὕδωρ « μῶς » ὀνομάζουσιν Αἰγύπτιοι, « les Égyptiens appellent, en effet, l'eau : μῶς ». Sur l'origine égyptienne du nom de Moïse, consulter G. Ebers, *op. cit.*, p. 539.

2. Cette phrase a été condamnée par Ernesti et la plupart des éditeurs ; elle interrompt, en effet, le développement. Mais peut-être trouvait-elle sa place ailleurs et le texte présente-t-il une lacune.

3. Le Midrasch (*Ex. R.*, I) dit que sa mère l'allaita 24 mois et qu'il grandit d'une façon extraordinaire. Dans un texte cité par le Yalkout, I, 166, Rabbi Yehouda (?) dit qu'à cinq ans Moïse, pour la taille et l'intelligence, en paraissait onze.

donner leurs affaires pressantes pour le considérer à loisir : la grâce enfantine était chez lui si parfaite et si pure qu'elle retenait les regards[1].

232. 7[2]. Cet enfant si remarquable, Thermouthis l'adopte, le sort ne lui ayant pas donné de progéniture ; un jour, elle amène Moïse à son père pour le lui faire voir et, comme il se préoccupait de son successeur, la volonté de Dieu lui ayant refusé un fils légitime, elle lui dit : « J'ai élevé un enfant d'une beauté divine et d'un esprit généreux ; je l'ai reçu merveilleusement de la grâce d'un fleuve et j'ai songé à en faire mon fils et l'héritier de ta royauté. »
233. Cela dit, elle met l'enfant entre les bras de son père ; celui-ci le prend, le presse avec bienveillance contre sa poitrine et, par amitié pour sa fille, lui met sur la tête son diadème ; mais Moïse jette le diadème à terre après l'avoir ôté de dessus sa tête par une espièglerie
234. d'enfant et le foule même aux pieds[3]. Et l'on voulut voir là un présage relatif à la royauté. A ce spectacle, le hiérogrammate qui avait prédit que la naissance de l'enfant entraînerait l'abaissement de la puissance égyptienne se précipite pour le tuer en poussant
235. des cris violents : « C'est lui, dit-il, ô roi, c'est cet enfant qu'il faut tuer, selon ce que le Dieu a révélé, pour nous délivrer d'inquiétude ; il rend témoignagne à cette prédiction en foulant aux pieds ton autorité et en marchant sur ton diadème. En le faisant disparaître, dissipe la crainte qu'il inspire aux Égyptiens et enlève aux Hébreux
236. l'espérance de son audacieuse initiative. » Mais Thermouthis s'em-

1. Le Midrasch *Tanḥouma*, sur *Ex.*, II, 7 (cf. *Ex. R.*, I), dit : « Telle était la beauté de Moïse que la fille de Pharaon ne voulait pas le faire sortir du palais, car tout le monde désirait le voir et quiconque le voyait avait peine à détacher ses regards de son visage ».

2. *Ex.*, II, 10.

3. La même légende se lit dans *Tanḥouma* (*ibid.*) : tandis que le roi Pharaon caressait l'enfant, celui-ci se saisissait du diadème et le jetait à terre, comme il était destiné à le faire plus tard. La *Chronique de Moïse* fait un long récit où l'on voit également Moïse, en présence de Pharaon et de toute la cour, s'emparer et se coiffer du diadème, ce qui effraye les assistants. Alors Balaam, un des devins, rappelle à Pharaon un songe où celui-ci avait vu la même scène et l'avertit du danger que Moïse lui fera courir.

presse de lui arracher l'enfant des mains; et le roi était peu disposé au meurtre, indécision qui lui était inspirée par Dieu, car il veillait au salut de Moïse. Il grandit donc, entouré de tous les soins, et les Hébreux pouvaient, grâce à lui, concevoir toutes les espérances,
237. tandis que les Égyptiens le voyaient élever pleins de défiance. Mais, comme il n'y avait aucun motif visible pour qu'il fût tué soit par le roi — dont il était parent par adoption — soit par quelque autre, qui eût le droit d'être plus hardi dans l'intérêt des Égyptiens et par prévision de l'avenir, ils s'abstinrent de le faire disparaître[1].

CHAPITRE X

1. *L'invasion éthiopienne en Égypte.* — 2. *Succès et mariage de Moïse.*

238. 1. Moïse donc, né et élevé de la manière que nous avons dite, parvenu à l'âge d'homme, donna aux Égyptiens une preuve éclatante de son mérite et montra qu'il était né pour leur propre déchéance
239. et pour l'élévation des Hébreux; voici quelle en fut l'occasion[2]. Les Éthiopiens, qui sont établis près des Égyptiens, faisaient irruption dans leur territoire et ravageaient les possessions des Égyptiens; ceux-ci, indignés, partent en expédition contre eux pour venger l'offense et, vaincus dans une bataille, les uns succombent, les autres
240. s'enfuient et se sauvent honteusement dans leur pays. Mais les

1. Le texte paraît altéré.
2. Le singulier récit qui suit est probablement emprunté à Artapanos (v. Eusèbe, *Praep. ev.*, IX, 27, p. 431) ou à une tradition utilisée déjà par ce dernier. Moïse était devenu, dans la littérature judéo-alexandrine, le héros de légendes destinées à présenter sa vie sous le jour le plus favorable. Dans le récit d'Artapanos, le roi d'Égypte se nomme Chénéphrès.

Éthiopiens les poursuivent, leur donnent la chasse, estimant qu'il
y aurait de la lâcheté à ne pas s'emparer de toute l'Égypte et ils
s'étendent dans le pays ; puis, ayant pris goût à ses richesses, ils ne
voulurent plus y renoncer et, comme à leurs premières incursions
sur les territoires limitrophes on n'osa pas leur opposer de résistance, ils s'avancèrent jusqu'à Memphis et jusqu'à la mer; aucune
1. des villes ne put tenir contre eux. Accablés par ces revers, les
Égyptiens ont recours aux prédictions des oracles : le dieu leur
ayant conseillé de prendre pour allié l'Hébreu, le roi prie sa fille
2. de lui donner Moïse pour en faire le chef de l'armée. Celle-ci,
après que son père eut juré qu'on ne lui ferait aucun mal, le lui
confie; elle tenait que ce serait un grand bienfait pour eux qu'une
telle alliance et voulait humilier les prêtres, qui, après avoir parlé
de le mettre à mort, ne rougissaient pas maintenant d'implorer son
secours.
3. 2. Moïse, à l'invitation de Thermouthis et du roi, accueille cette mission avec plaisir ; ce fut une joie également pour les hiérogrammates
des deux peuples : pour ceux des Égyptiens, parce que, une fois que sa
valeur les aurait fait triompher de leurs ennemis, ils pourraient se
débarrasser aussi de Moïse par la même ruse, et pour ceux des Hébreux,
car il leur serait loisible de fuir les Égyptiens, ayant Moïse pour chef.
4. Celui-ci prévient l'ennemi et, avant que celui-ci soit informé de son
approche, il prend son armée et la dirige, non par la voie du fleuve,
mais à travers les terres. Là, il donna une merveilleuse preuve de
45. sa perspicacité : la route était pénible à suivre à cause des nombreux serpents dont cette région produit une quantité; il en est qu'on
ne trouve pas ailleurs, qu'elle est seule à nourrir et qui se distinguent par leur force, leur malignité et leur aspect étrange ; quelques-uns même sont volatiles, de sorte qu'ils se cachent à terre pour
attaquer et peuvent nuire aussi avant qu'on les ait aperçus, en s'éle-
vant en l'air. Moïse imagine donc, pour assurer à son armée une
46. route exempte de dangers, un merveilleux stratagème : il prépare
des espèces de cages avec de l'écorce de papyrus et les emporte
remplies d'ibis — c'est un animal très ennemi des serpents, qui
s'enfuient quand il fond sur eux, et, s'ils résistent, ils sont saisis

et engloutis comme par des cerfs[1]. Les ibis sont, d'ailleurs, appri-
247. voisés et n'ont de férocité que pour la race des serpents. Mais c'est
assez parler d'eux, car les Grecs connaissent bien les caractères
de l'ibis. Donc, quand il pénétra dans ce pays infesté de bêtes, il se
servit des ibis pour se défendre contre les serpents, en les lâchant
248. sur eux et en profitant de ces auxiliaires[2]. C'est de cette façon
qu'il poursuit sa route; il arrive sur les Éthiopiens, qui ne s'y attendaient pas, en vient aux mains avec eux, les défait dans une bataille, anéantit les espérances qu'ils nourrissaient à l'égard des Égyptiens et pénètre dans leurs villes, qu'il saccage; il se fit un grand carnage d'Éthiopiens. Ayant pris goût aux succès que Moïse leur fait remporter, l'armée des Égyptiens se montre infatigable, de sorte que les Éthiopiens étaient menacés de la servitude et d'une
249. ruine complète. A la fin, les ayant poursuivis jusqu'à la ville de
Saba, capitale du royaume d'Éthiopie, que Cambyse plus tard appela Méroé d'après le nom de sa sœur, ils en font le siège. Mais c'était une place extrêment difficile à enlever: le Nil l'entourait d'un cercle, et d'autres fleuves, l'Astapos et l'Astaboras, rendaient l'attaque
250. malaisée à ceux qui tentaient d'en franchir le cours. La ville, se
trouvant à l'intérieur, est comme une île; de fortes murailles l'enserrent et, contre les ennemis, elle a pour abri ses fleuves, ainsi que de grandes digues entre les remparts, de sorte qu'elle ne peut être inondée, si la crue vient à être trop violente; et c'est ce qui rendait la ville imprenable même à ceux qui avaient passé les fleuves.
251. Tandis que Moïse considérait avec ennui l'inaction de l'armée, car
les ennemis n'osaient en venir aux mains, il lui arriva l'aventure
252. suivante. Tharbis, la fille du roi des Éthiopiens, en voyant Moïse
amener l'armée près des remparts et lutter vaillamment, admira

1. ὑπ' ἐλάφων. Naber propose ὑπὸ νεφῶν (par des nuées).

2. La *Chronique de Moïse* raconte une histoire analogue, avec cette différence que c'est aux Éthiopiens que Moïse rend service. Il leur donne le moyen de rentrer, au retour d'une guerre, dans leur ville, que le devin Balaam avait investie de hautes murailles et dont il avait infesté les abords de serpents et de scorpions : Moïse conseille aux Éthiopiens de dresser des petits de cigognes à la chasse ; puis de monter à cheval et de lâcher les oiseaux contre les serpents. Ce qu'ils firent avec plein succès.

l'ingéniosité de ses opérations et comprit que les Égyptiens, qui désespéraient déjà de leur indépendance, lui devaient leurs succès, et que les Éthiopiens, si vains des avantages qu'ils avaient remportés contre eux, se trouvaient par lui dans une situation tout à fait critique ; elle s'éprit d'un violent amour pour Moïse. Comme cette passion persistait, elle lui envoie les plus fidèles de ses serviteurs
253. pour lui offrir le mariage. Il accepte la proposition, moyennant la reddition de la ville, et s'engage par serment à prendre Tharbis pour femme et, une fois maître de la ville, à ne pas violer le pacte ; l'événement suit de près ces pourparlers. Après avoir défait les Éthiopiens, Moïse rend grâce à Dieu, effectue ce mariage et ramène les Égyptiens dans leur pays[1].

CHAPITRE XI

1. Fuite de Moïse au pays de Madian. — 2. Moïse et les filles de Ragouël.

254. 1[2]. Les Égyptiens, tirés d'affaire par Moïse, n'en conçurent que de la haine pour lui et ne mirent que plus d'ardeur à poursuivre sa perte, le soupçonnant de vouloir profiter de ses succès pour innover

1. Cette légende romanesque doit sa naissance au souci d'expliquer le verset des *Nombres* (XII, 1) : « Et Miriam et Aaron jasèrent sur Moïse *à cause de la femme, éthiopienne* qu'il avait prise, car il avait pris une femme éthiopienne. » Le *Pseudo-Jonathan* dit que Moïse avait épousé la reine d'Éthiopie (dont il s'était ensuite séparé). La *Chronique de Moïse* raconte que Moïse régna quarante ans en Éthiopie, où il avait épousé la veuve du précédent roi, Nikanos (Kikanos d'après le *Séfer hayaschar*). Cette femme se plaignit aux grands de ce que Moïse ne voulait pas avoir commerce avec elle, et leur demanda de nommer un autre roi, le fils de Nikanos. Alors Moïse fut congédié, d'ailleurs avec beaucoup d'égards, et s'en alla dans le pays de Madian.

2. *Ex.*, II, 15.

255. en Égypte et suggérant au roi de le faire mourir. Celui-ci, de son côté, méditait une vengeance, parce qu'il était jaloux de la glorieuse campagne de Moïse[1] et qu'il craignait de se voir abaissé; poussé, d'autre part, par les hiérogrammates, il était capable de prendre l'initia-
256. tive du meurtre de Moïse. Celui-ci, informé à l'avance du complot, s'éloigne en secret et, comme les routes étaient gardées, il dirige sa fuite à travers le désert, là où ses ennemis ne pouvaient soupçonner sa présence; il était sans vivres et dompta sa faim à force d'endurance et de mépris du besoin.

257. Il arrive dans la ville de Madian (Madiâné), située sur les bords de la mer Érythrée, et qui portait le nom d'un des fils d'Abram nés de Chatoura; il s'assied au bord d'un puits, à peu de distance de la ville, et s'y repose de sa fatigue et de ses misères — c'était vers le milieu du jour. Il eut là, à cause des mœurs des habitants, à jouer un rôle qui fit valoir son mérite et fut l'origine pour lui d'une meilleure fortune.

258. 2. Comme ces terres manquaient d'eau, les bergers se disputaient les puits, dans la crainte que l'eau, une fois épuisée par d'autres,
259. ne vînt à faire défaut pour leurs troupeaux. Or, voici qu'arrivent au puits sept sœurs, filles de Ragouël(os)[2], un prêtre tenu en haute vénération chez les habitants du pays; elles surveillaient les troupeaux de leur père; car ce soin revient aussi aux femmes chez les Troglodytes. Elles se hâtent de retirer du puits la quantité d'eau nécessaire à leurs troupeaux et la mettent dans les auges destinées
260. à la recueillir. Mais des bergers étant survenus et voulant chasser les jeunes filles pour s'emparer eux-mêmes de l'eau, Moïse, s'indignant à l'idée d'assister impassible à cette iniquité et de laisser triompher la force de ces hommes sur le droit des jeunes filles, repoussa les insolentes prétentions des premiers et fournit à celles-ci

1. Dans le récit d'Artapanos, Chénéphrès veut aussi faire périr Moïse, par jalousie pour ses vertus; c'est ce qui lui donne l'idée de l'envoyer en expédition contre les Éthiopiens. Josèphe a dérangé ce récit. En expliquant, au contraire, l'animosité de Pharaon par les succès que Moïse avait remportés à la guerre, il évitait de donner la raison de l'exil de Moïse à Madian, à savoir le meurtre de l'Égyptien, raconté dans la Bible (*Ex.*, II, 15).

2. Héb. : Reouel. L'Écriture dit : deux sœurs.

261. une aide opportune. Après ce bienfait, elles s'en vont chez leur père,
lui racontent l'outrage des bergers et l'assistance que l'étranger
leur a prêtée, et le supplient de ne pas laisser cette bonne action
sans fruit et sans récompense. Le père approuva ses filles de leur
zèle pour leur bienfaiteur et les pria d'amener Moïse en sa présence
262. pour qu'il reçût les remerciements qu'il méritait. Quand il fut arrivé, il invoqua le témoignage de ses filles au sujet de l'intervention
de Moïse, et, admirant son courage, lui dit qu'il n'avait pas obligé
des ingrats, mais bien des personnes capables de lui rendre service
pour service et de surpasser même par la grandeur de la récompense
263. l'étendue du bienfait. Il l'adopte pour fils, lui donne une de ses
filles en mariage et le désigne comme intendant et maître de ses troupeaux, car c'est en cela que consistaient anciennement toutes les richesses des barbares.

CHAPITRE XII

1. Le buisson ardent. — 2. Crainte de Moïse. — 3. Dieu le rassure par des miracles. — 4. Le nom divin.

264. 1[1]. Moïse, ayant reçu ces bienfaits de Iothor(os)[2] — tel était le
surnom de Ragouël — vécut là en faisant paître les troupeaux.
Quelque temps après, il les mena paître sur la montagne appelée
265. Sinaï[3] : c'est la plus haute montagne de cette région. Elle a les meilleurs pâturages, car il y pousse une herbe excellente et, comme la

1. *Ex.*, III, 1.
2. Héb. : Yithro; LXX : Ἰοθόρ.
3. Dans l'*Exode*, c'est le mont Horeb. Horeb et Sinaï désignent, d'ailleurs, la même montagne, comme le prouve un autre verset (*Ex.*, III, 12).

renommée voulait que la divinité y eût son séjour, elle n'avait pas
jusque-là été affectée au pacage, les bergers n'osant pas la gravir.
266. C'est là qu'il fut témoin d'un prodige étonnant : un feu brûlait un
buisson d'épines et laissait intacte la verdure qui le couronnait,
ainsi que ses fleurs; il n'anéantissait aucun de ses rameaux chargés
267. de fruits, quoique la flamme fût très grande et très intense. Moïse s'effraye de ce spectacle étrange, mais il est frappé bien davantage encore
d'entendre ce feu émettre une voix, l'appeler par son nom et lui
adresser la parole, l'avertissant de la hardiesse qu'il y avait à oser s'a-
vancer dans un lieu où nul homme n'était venu auparavant à cause
de son caractère divin et lui conseillant de s'éloigner le plus possible
de la flamme, de se contenter de ce qu'il avait vu, en homme vertueux issu d'ancêtres illustres, et de garder là-dessus quelque dis-
268. crétion. Il lui prédit aussi qu'il acquerra une gloire extraordinaire
et sera comblé d'honneurs par les hommes, grâce à l'assistance divine, et lui ordonne de s'en retourner avec confiance en Égypte, où
il deviendra le chef et le guide de la foule des Hébreux et délivrera
269. ceux de sa race des tourments qu'ils y subissaient. « Car, dit-il,
ils occuperont cette terre fortunée qu'Abram, votre ancêtre, habita
et ils y jouiront de tous les biens et c'est toi, c'est ton intelligence
qui les y conduira. » Toutefois, il lui ordonne, après qu'il aurait
fait sortir les Hébreux de l'Égypte, d'offrir des sacrifices de reconnaissance en arrivant à cet endroit-là. Voilà les avertissements
divins qui sortirent du feu.

270. 2. Moïse, frappé de stupeur par ce qu'il avait vu et surtout par ce
qu'il avait entendu : « Seigneur, dit-il, manquer de foi en ta puissance que je vénère moi-même et qui, je le sais, s'est manifestée à
mes ancêtres, ce serait une folie trop indigne, à mon avis, pour que
271. j'en conçoive la pensée. Mais je me demande comment moi, simple
particulier, dépourvu de toute puissance, je pourrai persuader mes
frères par mes discours d'abandonner le pays qu'ils occupent actuellement pour me suivre dans celui où je pense les mener et, quand
même ils m'écouteraient, comment je forcerai Pharaôthès à leur
accorder de partir, à eux dont les efforts et les travaux concourent à
la prospérité de ses États. »

272. 3[1]. Mais Dieu l'exhorte à se rassurer entièrement et lui promet de l'assister lui-même; quand il faudrait parler, il lui donnerait la persuasion, et quand il faudrait agir, il lui procurerait la force; il lui commande de jeter à terre son bâton et de prendre confiance en ses promesses. Moïse obéit, alors un serpent se met à ramper, se contracte en spirales et dresse la tête comme pour se défendre d'une attaque;
273. puis il redevient bâton. Ensuite Dieu lui ordonne de placer sa main droite dans son sein : il obéit et la retire blanche et d'une couleur semblable à celle de la chaux; puis elle reprit son aspect naturel. Enfin, il reçoit l'ordre de prendre de l'eau à la source voisine et de la verser à terre, et il la voit devenir couleur de sang.
274. Comme il s'étonne de ces merveilles, Dieu l'exhorte à se rassurer, à croire qu'il sera toujours pour lui le plus grand des secours, et à user de miracles « pour convaincre tout le monde, dit-il, que c'est moi qui t'envoie et que tu agis en tout selon mes instructions. Et je t'ordonne d'aller sans plus tarder en Égypte, de marcher en toute hâte, nuit et jour, et, sans perdre de temps davantage, d'accomplir cette mission pour les Hébreux, qui souffrent dans l'esclavage. »

275. 4[2]. Moïse ne peut pas ne pas ajouter foi aux promesses de la divinité, après avoir vu et entendu tant de témoignages rassurants; il prie Dieu et lui demande de faire l'épreuve de ce pouvoir en Égypte; il le supplie de ne pas lui dénier la connaissance de son nom particulier, et, puisqu'il avait été admis à lui parler et à le voir, de lui dire aussi de quelle manière il fallait l'appeler, afin que, en sacrifiant,
276. il pût l'inviter par son nom à présider à la cérémonie sacrée. Alors Dieu lui révèle son nom qui n'était pas encore parvenu aux hommes, et dont je n'ai pas le droit de parler[3]. Ces miracles, Moïse ne les

1. *Ex.*, IV, 1.
2. *Ex.*, VI, 2.
3. Il s'agit du nom *ineffable* ou tétragramme, dont les consonnes seules (ה, ו, ה, י) se sont conservées. La remarque de Josèphe fait penser que la prononciation de ce nom lui était connue, ce qui n'a rien d'étonnant puisqu'il était d'une famille de prêtres; on sait que seul le grand-prêtre avait le droit de le prononcer. La défense relative au nom divin se trouve dans le *Lévitique*, XXIV, 16. La prérogative du grand-prêtre est énoncée dans la *Tosifta* de *Sota*, XIII, 8 (éd. Zuckerm.);

accomplit pas seulement alors, mais en général toutes les fois qu'il était nécessaire. Tous ces signes lui firent croire davantage à la véracité de l'oracle du feu, et, confiant en l'aide bienveillante de Dieu, il espéra pouvoir sauver les siens et précipiter les Égyptiens dans le malheur.

CHAPITRE XIII

1. *Retour de Moïse en Égypte.* — 2. *Moïse devant le nouveau Pharaon.* — 3. *Miracle des bâtons-dragons.* — 4. *Obstination du Pharaon.*

277. 1. Instruit de la mort du roi d'Égypte Pharaôthès, celui-là même
sous le règne duquel il avait été exilé, il demande à Ragouël de lui
permettre, dans l'intérêt des gens de sa race, de s'en aller en Égypte;
il prend avec lui Sapphôra [1], sa femme, fille de Ragouël, et les en-
278. fants qu'il avait d'elle, Gersos et Eléazar(os); de ces deux noms,
l'un, Gersos [2], signifie *sur une terre étrangère*; l'autre, Eléazar [3],

Yoma, 39 *b*; cf. Philon, *De mut. nom.*, § 2, M., I, p. 580, et *De vit. Moys.*, VII, 25 (M., II, p. 166).

1. Héb. : Çippóra; LXX : Σεπφώρα.

2. Héb. : Gersôm; LXX : Γηρσάμ. L'étymologie du nom donnée ensuite par Josèphe concorde avec *Ex.*, II, 22, et XVIII, 3.

3. Héb. et LXX : Eliézer. L'étymologie est la même que dans le verset *Ex.*, XVIII, 3. Josèphe remplace seulement le « glaive de Pharaon » dont il est parlé dans la Bible par les Égyptiens. A noter la transcription du nom hébreu par *Eléazar*, qui correspond à la variante אֶלְעָזָר : Josèphe l'adopte parce qu'elle était plus répandue sans doute de son temps. Eliézer et Eléazar ne diffèrent, d'ailleurs, que par l'orthographe.

que c'est avec l'assistance du Dieu de ses pères qu'il avait échappé
279. aux Égyptiens. Quand il arrive près de la frontière, son frère Aaron
vient à sa rencontre sur l'ordre de Dieu; Moïse révèle à Aaron ce qui
lui est advenu sur la montagne et les instructions divines. Tandis
qu'ils s'avancent, arrivent au-devant d'eux les plus illustres des Hébreux, qui avaient appris son arrivée; Moïse, ne pouvant les convain-
280. cre par le seul récit des signes miraculeux, les leur fait voir. Frappés de ce spectacle merveilleux, ils prennent confiance et espè-
rent que tout ira bien puisque Dieu veille à leur sécurité.
281. 2[1]. Une fois sûr de l'adhésion des Hébreux, de leur disposition
unanime à se conformer à ses ordres et de leur amour de la liberté,
282. Moïse se rend chez le roi, récemment investi du pouvoir, et lui représente les services qu'il a rendus aux Égyptiens[2], quand les Éthiopiens les humiliaient et ravageaient leur pays, comment il avait
commandé en chef l'armée et s'était efforcé, comme s'il s'agissait
des siens; il lui apprend les périls que ceux-là mêmes lui faisaient
283. courir et comme il était mal payé de retour. Et tout ce qui lui était
arrivé sur le mont Sinaï, les paroles de Dieu et les signes miraculeux qu'il lui avait montrés pour lui inspirer confiance dans ses commandements, il le lui raconte en détail et le prie de ne pas faire
obstacle en incrédule aux desseins de Dieu.
284. 3. Comme le roi le raillait, Moïse lui fait voir, réalisés devant lui,
les miracles qui s'étaient produits sur le mont Sinaï. Le roi s'emporte, le traite de scélérat, déclare que d'abord il avait fui l'esclavage des Égyptiens, puis était revenu maintenant par fraude et ten-
285. tait d'en imposer par des prodiges et des sortilèges. Et, ce disant, il
enjoint aux prêtres[3] de lui montrer les mêmes phénomènes, car les
Égyptiens sont versés aussi dans ces sortes de sciences[4]... Ces prêtres
286. ayant jeté alors leurs bâtons, ceux-ci deviennent des dragons. Mais

1. *Ex.*, v, 1.
2. Voir plus haut, ch. x.
3. *Ex.*, vii, 11.
4. Nous retranchons avec Dindorf les mots qui suivent et qui paraissent altérés. On peut, à la rigueur, les interpréter ainsi : « et Moïse n'est pas la seule personne à connaître ces secrets, et s'il s'avise d'en attribuer à Dieu le merveilleux, il ne sera cru que des ignorants » [T. R.].

Moïse sans se troubler : « Moi non plus, dit-il, ô roi, je ne méprise pas la science des Égyptiens ; mais je déclare que ce que j'ai fait moi-même surpasse autant leur magie et leur art qu'il y a de distance entre les choses divines et les choses humaines. Et je montrerai que ce n'est pas du charlatanisme et d'une dépravation de la vraie doctrine, mais de la providence et de la puissance divine que mes miracles
287. procèdent. » Disant cela, il jette à terre son bâton, en lui commandant de se métamorphoser en serpent ; le bâton obéit, fait le tour des bâtons des Égyptiens, qui semblaient des dragons, et les dévore jusqu'à ce qu'il les ait fait tous disparaître ; ensuite il reprend son aspect normal et Moïse s'en saisit.

288. 4. Mais le roi n'est pas plus frappé de ce fait-là ; il se fâche, et, après lui avoir déclaré qu'il ne lui servirait de rien d'employer sa sagesse et son habileté contre les Égyptiens, il ordonne au surveillant[1] des Hébreux de ne point leur accorder de relâche dans leur travail, mais de les assujettir à des traitements encore plus durs que
289. précédemment. Et celui-ci, qui leur fournissait auparavant de la paille pour la confection des briques, cesse de leur en fournir. Le jour, il les oblige à peiner sur leur tâche, la nuit à ramasser la paille. Ainsi deux fois malheureux, ils rendaient Moïse responsable
290. de ce surcroît de labeur et d'infortune. Mais lui[2], sans s'affecter des menaces du roi, sans céder aux récriminations des Hébreux, tient bon de part et d'autre et met tous ses efforts à procurer aux
291. siens la liberté. Il va se présenter devant le roi et cherche à lui persuader de laisser aller les Hébreux sur le mont Sinaï pour y sacrifier à Dieu, qui l'avait ordonné, et de ne point faire opposition aux volontés divines ; il devait mettre la faveur de Dieu au-dessus de tout et les autoriser à partir, de peur qu'en les en empêchant, il ne devînt, sans le savoir, responsable envers lui-même, quand il subirait les peines qui frappent d'ordinaire ceux qui contreviennent aux
292. ordres de Dieu ; car ceux qui s'attirent le courroux divin voient surgir des maux terribles de partout ; pour ceux-là, plus rien

1. *Ex.*, v, 6.
2. *Ex.*, v, 22.

d'ami, ni la terre, ni l'air ; il ne leur naît plus d'enfants selon la loi naturelle ; tous les éléments leur sont contraires et hostiles ; les Égyptiens, déclarait-il, seraient mis à de pareilles épreuves en même temps que le peuple des Hébreux sortirait de leur pays contre leur gré.

CHAPITRE XIV

1. *Les plaies d'Égypte. Le Nil.* — 2. *Les grenouilles.* — 3. *Vermine et bêtes féroces.* — 4. *Ulcères, grêle, sauterelles.* — 5. *Ténèbres.* — 6. *La Pâque. Mort des premiers-nés.*

293. 1[1]. Comme le roi dédaignait ces discours de Moïse et n'y prêtait plus aucune attention, des fléaux terribles accablèrent les Égyptiens ; je les exposerai tous, d'abord parce que des malheurs inconnus jusque-là furent éprouvés par les Égyptiens, ensuite parce que Moïse voulait faire connaître qu'il n'y avait rien de mensonger dans ses prédictions et qu'il est utile aux hommes d'apprendre à se garder d'une conduite telle que Dieu s'en irrite et dans sa colère les punisse de leurs iniquités.

294. Le fleuve, sur l'ordre de Dieu, devint couleur de sang et roula des eaux qu'il était impossible de boire ; or, d'autres eaux potables, ils n'en avaient point, et ce n'était pas seulement par la couleur que le fleuve était devenu répugnant : quiconque tentait d'y boire était
295. saisi de maladie et de cruelles souffrances. Tel était l'effet qu'il produisait sur les Égyptiens ; mais pour les Hébreux ses eaux étaient

1. *Ex.*, VII, 13.

douces et potables et n'avaient pas changé de nature. Le roi, troublé par ce prodige et inquiet pour les Égyptiens, permit aux Hébreux de s'en aller; mais, dès que le fléau s'apaisa, il changea d'idée et s'opposa à leur départ.

296. 2. Dieu, voyant que l'ingrat, après qu'il est délivré de cette calamité, ne veut plus se montrer raisonnable, inflige une autre plaie aux Égyptiens : une multitude innombrable de grenouilles[1] dévora leur pays; le fleuve même en était plein, elles s'y entassaient et la boisson qu'on prenait se trouvait corrompue par le sang de ces
297. bêtes qui mouraient et pourrissaient dans l'eau; et le pays qui en était infesté devenait un affreux limon où elles se développaient et mouraient; tous les vivres qu'on avait dans les maisons, elles les détruisaient; on les trouvait dans tous les aliments solides et liquides; elles se répandaient jusque sur les couches; une odeur intolérable et fétide se dégageait de ces grenouilles, soit en vie, soit mou-
298. rantes, soit en décomposition. Voyant les Égyptiens accablés par ces maux, le roi pria Moïse de s'en aller en emmenant les Hébreux, et, sitôt qu'il eut dit cela, cette multitude de grenouilles disparut et la
299. terre et le fleuve reprirent leur aspect naturel. Mais Pharaôthès, dès que le pays est délivré de cette calamité, en oublie l'origine et retient les Hébreux, et, comme s'il eût voulu faire l'épreuve de plus grands maux encore, il ne permet plus à Moïse et aux siens de partir : c'était par crainte plutôt que par raison qu'il le leur avait accordé.

300. 3[2]. Alors la divinité envoie un autre fléau pour punir cette déloyauté. Une multitude infinie de vermine vint à se développer sur le corps des Égyptiens et fit périr misérablement ces misérables; ni les baumes, ni les onguents ne pouvaient détruire ces
301. bêtes. Effrayé par cet horrible fléau, craignant la perte de son peuple et songeant à l'ignominie d'une telle destruction, le roi des Égyptiens est forcé d'entendre raison, et encore, à moitié
302. seulement, tant sa méchanceté était grande : il accorde bien aux Hébreux l'autorisation de partir, mais, comme aussitôt le fléau s'apaise,

1. *Ex.*, VII, fin et VIII.
2. *Ex.*, VIII, 12.

il exige[1] qu'ils laissent femmes et enfants comme gages de leur retour. Ainsi il ne fait qu'irriter Dieu davantage, en prétendant en imposer à sa sagesse, comme si c'était Moïse et non Dieu lui-même
303. qui punissait les Egyptiens à cause des Hébreux. Dieu, envoyant toutes sortes d'animaux divers, qu'on n'avait jamais rencontrés auparavant, infesta leur pays, de sorte que les hommes périrent sous leurs dents et que la terre fut privée des soins des laboureurs, et tout ce qui échappait à leurs ravages était détruit par la maladie, encore que les hommes, eux, pussent la supporter.

304. 4[2]. Mais comme cela même ne fit pas céder Pharaôthès à la volonté divine, et que, tout en permettant que les femmes s'en allassent avec leurs maris, il voulut que les enfants lui fussent abandonnés, Dieu ne fut pas en peine de l'éprouver et de le poursuivre par des punitions plus variées et plus terribles que celles qu'il avait subies jusque-là ; leurs corps furent frappés d'horribles ulcères, les organes internes se décomposaient et la plupart des Égyptiens pé-
305. rirent ainsi[3]. Mais comme cette plaie elle-même n'assagissait pas le roi, une grêle, inconnue jusque-là au climat égyptien et qui ne ressemblait pas aux pluies d'hiver qui tombent ailleurs, une grêle plus considérable encore que celles des régions tournées vers le septentrion et l'Ourse s'abattit, au cœur du printemps, et brisa tous les
306. fruits. Ensuite[4] une légion de sauterelles acheva de dévorer ce qui avait été laissé intact par la grêle, de façon à ruiner à la lettre toutes les espérances que pouvaient avoir les Égyptiens sur la récolte de leur pays.

307. 5. Il eût suffi de tous ces malheurs pour ramener à la raison et à l'intelligence de ses intérêts un insensé dénué de méchanceté, mais Pharaôthès, moins insensé que scélérat — car sachant le motif de tout cela, il ne s'en posait pas moins en rival de Dieu et trahissait de gaîté de cœur le bon parti — ordonne bien à Moïse d'em-

1. Ce détail se trouve dans *Ex.*, x, 11.
2. *Ex.*, ix, 8.
3. Josèphe omet de parler d'une des dix plaies, la peste (*Ex.*, ix, 18). Ce qui suit correspond à *Ex.*, ix, 8.
4. *Ex.*, x, 1.

mener les Hébreux, y compris les femmes et les enfants, mais il veut qu'ils laissent leur butin[1] aux Égyptiens dont les biens étaient
308. détruits. Moïse déclare qu'il ne trouve pas cette prétention légitime, car il leur fallait offrir à Dieu des sacrifices[2] avec ce butin, et tandis que les choses traînent là-dessus, une nuit profonde, dénuée de toute clarté, se répand sur les Égyptiens ; l'épaisseur en est telle qu'ils en ont les yeux aveuglés et les voies respiratoires obstruées ; ils périssent d'une mort lamentable et chacun craint d'être
309. étouffé par ces nuées. Elles se dissipent après trois jours et autant de nuits, et comme Pharaôthès ne changeait pas d'avis, relativement au départ des Hébreux, Moïse s'avance et lui dit : « Jusqu'à quand vas-tu résister à la volonté de Dieu? Il te commande de laisser aller les Hébreux; vous ne pourrez être délivrés de vos maux qu'en
310. agissant ainsi. » Le roi, furieux de ce langage, menace de lui faire trancher la tête s'il revient encore le troubler à ce propos. Moïse répond qu'il cessera, quant à lui, d'en parler et que c'est le roi lui-même, avec les premiers des Égyptiens, qui priera les Hébreux de s'en aller. Cela dit, il se retire.
311. 6. Dieu montra encore par une plaie qu'il obligerait les Égyptiens à libérer les Hébreux. Il ordonne à Moïse d'avertir le peuple de tenir prêt un sacrifice dès le dix[3] du mois de Xanthicos pour le quatorzième jour (ce mois s'appelle Pharmouthi chez les Égyptiens, Nisan chez les Hébreux ; les Macédoniens l'appellent Xanthicos)
312. et d'emmener les Hébreux munis de tous leurs biens. Moïse, tenant les Hébreux prêts au départ, les range en phratries et les réunit tous ensemble ; quand se lève le quatorzième jour, tout le monde est en état de partir ; ils sacrifient ; avec le sang, ils purifient les maisons en y joignant des touffes d'hysope et, après le repas, ils
313. brûlent le reste des viandes, en gens qui sont sur leur départ. De là vient qu'encore aujourd'hui nous avons coutume de faire ainsi ce sacrifice ; nous appelons la fête *Pascha*[4], ce qui veut dire

1. A savoir leur bétail (*Ex.*, x, 24).
2. *Ex.*, x, 25.
3. *Ex.*, xii, 3.
4. Même transcription que dans les LXX du mot Péçah.

passage par-dessus, car, ce jour-là, Dieu passa par-dessus les Hébreux et accabla les Égyptiens de la maladie. La mort sévit sur les premiers-nés des Égyptiens durant cette nuit-là, de sorte que beaucoup de ceux qui habitaient autour du palais du roi vinrent
314. conseiller à Pharaôthès de laisser partir les Hébreux. Celui-ci, ayant mandé Moïse, lui ordonne de partir, pensant que, s'ils quittaient le pays, l'Égypte cesserait de souffrir ; ils gratifient même les Hébreux de présents, les uns, par impatience de les voir partir, les autres, à cause des relations de voisinage qu'ils avaient entretenues avec eux[1].

CHAPITRE XV

1. *L'exode ; les azymes.* — 2. *Date de l'exode.* — 3. *Poursuite des Égyptiens.* — 4. *Détresse des Hébreux.* — 5. *Exhortations de Moïse.*

315. 1. Ils s'en allèrent donc, tandis que les Égyptiens se lamentaient et regrettaient de les avoir traités si durement ; ils firent route par Latopolis[2], qui était alors déserte ; Babylone y sera fondée plus tard, lorsque Cambyse conquerra l'Égypte. Ils effectuent leur marche rapidement et arrivent le troisième jour au bourg de Belséphon près

1. L'expression assez obscure de l'Écriture (*Ex.*, XII, 36) : וישאלום « ils leur prêtèrent » a donné lieu dans l'exégèse agadique à diverses interprétations. Dans la *Mechilta* (14 *b*), R. Natan (Tanna du IIe siècle) explique que les Égyptiens donnèrent beaucoup d'objets aux Israélites, sans en avoir été priés. Dans *Berachot*, 9 *b*, R. Ammi (Amora palestinien du commencement du IVe siècle ap. J.-C.) déduit du verset que les Égyptiens ont été contraints de se dépouiller.

2. Correspond au Soukkot de la Bible (aujourd'hui Vieux-Caire).

316. de la mer Érythrée[1]. Et comme la terre ne leur fournissait rien, car c'était un désert, ils se nourrissent de farine de froment un peu détrempée et qu'une brève cuisson convertit en pains[2]; ils en firent usage pendant trente jours[3] : ils ne purent se suffire plus longtemps avec ce qu'ils avaient emporté de l'Égypte, quoiqu'ils eussent rationné la nourriture, se bornant au nécessaire sans manger à satiété; de là vient qu'en mémoire de ces privations, nous célébrons la fête
317. dite des azymes pendant huit jours[4]. A considérer toute la foule des émigrants, y compris les femmes et les enfants, il était difficile de les compter; ceux qui avaient l'âge de porter les armes étaient environ 600.000.

318. 2. Ils quittèrent l'Égypte au mois de Xanthicos, le quinzième jour de la lune, 430 ans après que notre ancêtre Abram était venu en
319. Chananée; l'émigration de Jacob avait eu lieu 215 ans[5] après. Moïse

1. *Ex.*, XIV, 2.
2. *Ex.*, XII, 39.
3. Ce détail n'est pas formellement dans la Bible. Il est dit (*Ex.*, XVI, 2) que les Israélites arrivèrent au désert de Sin le 15 du 2e mois. C'est là qu'ils commencèrent à manger la manne. Il faut donc croire qu'ils se nourrirent d'azymes durant trente jours, puisqu'ils quittèrent l'Égypte le 15 du 1er mois (Nisan). Ce calcul est, d'ailleurs, établi par la tradition rabbinique (*Sabbat*, 87 *b*).
4. Dans un autre passage (*Ant.*, III, § 249), Josèphe indique, pour la fête de Pâque, conformément à *Nombr.*, XXVIII, 17, une durée de sept jours et non de huit. On a voulu expliquer (voir Olitzki, *Fl. Josephus und die Halacha*, Berlin, 1885, p. 54) que, dans notre passage, Josèphe insistait particulièrement sur la fête des azymes (τὴν τῶν ἀζύμων λεγομένην) et par là se rencontrait avec la Halacha (*Pesaḥim*, 5 *a*), qui défend le pain levé dès le 14 Nisan, de sorte qu'en effet, on se nourrit d'azymes pendant huit jours. Mais dans l'autre passage précité, Pâque est appelée également : ἡ τῶν ἀζύμων ἑορτή. A la vérité, il ne faut pas trop presser les termes de Josèphe, qui ne se soucie pas toujours, on le voit par sa chronologie, de faire concorder ses propres données (voir note suivante).
5. Ce chiffre est contraire aux indications données par Josèphe lui-même (*Ant.*, I, § 257), à savoir que Jacob naquit après la mort d'Abraham. Or, cette naissance, d'après *Gen.*, XII, 4, et XXV, 7, a dû survenir au moins cent ans après la venue d'Abraham en Canaan. Et comme Jacob a 130 ans à son arrivée en Égypte (*Ant.*, II, § 188), le total des années écoulées depuis l'immigration d'Abraham est donc de 230 ans, et non de 215. Mais Josèphe se soucie peu d'exactitude. Le total de 430 lui est fourni par la Bible (*Ex.*, XII, 40, 41) et le chiffre de 215 lui vient probablement, selon Freudenthal (*Hellenistische Studien*, Breslau, 1874-1875, I, p. 49) de l'historien Démétrios, qui calcule ainsi (Eus., *Praep. ev.*, IX, 21) : Jacob vit en Égypte, jusqu'à la naissance de Kehat, 17 ans; Kehat

avait déjà 80 ans[1], son frère Aaron avait trois ans de plus. Ils emportaient avec eux les ossements de Joseph, selon les recommandations que ce dernier avait faites à ses fils.

20. 3[2]. Mais les Égyptiens se repentaient d'avoir laissé partir les Hébreux, et, comme le roi était vivement contrarié à l'idée que tout
était arrivé par les sortilèges de Moïse, on résolut de marcher contre
eux. Ils prennent les armes et tout leur attirail et se mettent à les
poursuivre ; leur but était de les ramener s'ils parvenaient à les
joindre : on n'avait plus rien à craindre de Dieu, puisqu'on les
21. avait laissés partir. Et l'on pensait vaincre aisément des gens sans
armes[3] et épuisés par le voyage. Ils s'informent auprès de chacun
par où les Hébreux ont passé et poussent vivement la poursuite,
quoique le pays fût pénible à traverser, non seulement pour des
22. troupes, mais même pour des voyageurs isolés. Moïse avait fait
prendre ce chemin aux Hébreux[4] afin que, si les Égyptiens se ravi-
saient et voulaient les poursuivre, ils fussent punis de leur mauvaise
foi et de leur infraction aux conventions ; c'était aussi à cause des
Philistins (Palestiniens), qu'une ancienne inimitié leur rendait hostiles et à qui il voulait, coûte que coûte, dérober sa marche ; car leur
23. pays est limitrophe de celui des Égyptiens. Voilà pourquoi il ne
conduisit pas le peuple par la route qui mène en Palestine ; c'est
par le désert, en un circuit long et pénible, qu'il voulait envahir la
Chananée ; au surplus, c'était pour se conformer aux prescriptions
de Dieu, qui lui avait commandé d'amener son peuple sur le mont Si-
24. naï pour y faire des sacrifices. Cependant les Égyptiens, ayant rejoint
les Hébreux, se disposent à combattre et les refoulent, grâce à leur

vit 40 ans jusqu'à la naissance d'Amram ; Amram, 78 ans jusqu'à la naissance de Moïse ; en ajoutant les 80 ans qu'avait Moïse lors de la sortie d'Égypte, on obtient le chiffre 215. On remarquera, en outre, que 215 est la moitié de 430 : l'émigration de Jacob coupe ainsi en deux parties égales la durée comprise entre la première occupation de Canaan et l'Exode.

1. *Ex.*, VII ; XIII, 19.
2. *Ex.*, XIV, 5.
3. Cf. Démétrios (Eus., *Praep. ev.*, IX, 29 fin), surtout les mots : ἄνοπλοι ἐξιόντες « partis *sans armes* ».
4. *Ex.*, XIII, 17.

supériorité de forces, dans un étroit espace[1] : ils étaient suivis, en effet, de six cents chars de guerre avec 50.000 cavaliers et des hoplites au nombre de 200.000[2]. Ils barrèrent tous les chemins par où ils pensaient que les Hébreux chercheraient à s'enfuir et les tenaient prisonniers entre des escarpements inaccessibles et la mer;
325. vers la mer, en effet, se terminait une montagne que ses sentiers trop rudes rendent infranchissable et impropre à une retraite. Ainsi, profitant des rapprochements de la montagne et de la mer, ils fermaient toute issue aux Hébreux en postant leur camp à l'entrée même, afin de les empêcher de s'échapper vers la plaine.
326. 4. Incapables d'attendre à la façon des assiégés, faute des vivres nécessaires, ne voyant aucun moyen de fuir et dépourvus d'armes[3], au cas où l'idée leur viendrait d'engager un combat, les Hébreux croyaient déjà à un complet désastre, s'ils ne se livraient eux-mêmes
327. de plein gré aux Égyptiens. Et ils incriminaient Moïse, oubliant tous les miracles accomplis par Dieu en vue de leur libération, au point qu'incrédules à la parole du prophète qui les encourageait et leur promettait le salut, ils voulaient le lapider et étaient d'avis de se
328. remettre entre les mains des Égyptiens. On n'entendait que lamentations, gémissements des femmes et des enfants : la mort devant les yeux, enfermés entre les montagnes, la mer et les ennemis, ils ne trouvaient aucun moyen de leur échapper.
329. 5. Moïse, malgré l'irritation du peuple contre lui, ne se relâchait pas de sa sollicitude à leur égard et s'en remettait à Dieu, qui avait fait tout ce qu'il avait promis pour leur délivrance et ne les laisserait pas maintenant tomber aux mains des ennemis, ni devenir esclaves,
330. ni périr. Se levant au milieu d'eux, il s'écrie : « Même envers des hommes qui vous auraient gouvernés heureusement jusqu'à présent, il y aurait de l'injustice à douter qu'ils restent les mêmes dans l'ave-
331. nir; mais désespérer de la vigilance de Dieu, ce serait de votre part un acte de démence, puisque c'est à lui que vous devez tout ce qui s'est fait par mon entremise pour votre salut et votre délivrance de

1. *Ex.*, XIV, 9.
2. On ne trouve aucun de ces derniers chiffres dans l'Écriture; ils sont de pure fantaisie. Pour les chars, cf. *Ex.*, XIV, 7.
3. Voir plus haut, § 321, note.

l'esclavage, quand vous ne vous y attendiez nullement. Il vaut bien
mieux, dans cette situation critique où vous croyez être, espérer en
l'assistance de Dieu ; c'est lui qui a fait en sorte que nous fussions cernés dans ce difficile passage, afin que de ce péril dont vous ne croyez
pas, ni vous ni l'ennemi, que vous puissiez échapper, il vous retire
et fasse voir sa puissance et la sollicitude dont il vous entoure.
32. Car ce n'est pas dans d'infimes rencontres que la divinité prête son
appui à ceux qu'elle favorise, c'est quand elle voit les hommes dé-
33. sespérer d'un sort meilleur. Aussi, ayez foi en un tel défenseur,
qui a le pouvoir de faire grand ce qui est petit et de décréter l'af-
faiblissement de ces grandes puissances. Ne vous laissez pas effrayer
par l'attirail des Égyptiens et, parce que la mer et derrière vous
les montagnes n'offrent point de moyens de fuite, n'allez pas pour
cela désespérer de votre salut : ces montagnes pourraient devenir
des plaines, si Dieu voulait, et la mer une terre ferme. »

CHAPITRE XVI

1. *Prière de Moïse.* — 2. *Miracle de la mer Rouge.* — 3. *Destruction des Égyptiens.* — 4. *Joie des Hébreux. Cantique de Moïse.* — 5. *Parallèle tiré de l'histoire d'Alexandre.* — 6. *Armement des Hébreux.*

334. 1. Ayant ainsi parlé, il les mène vers la mer, aux yeux des Égyptiens ; car ceux-ci étaient en vue, mais, épuisés par les fatigues de
la poursuite, ils croyaient bien faire en remettant la bataille au
lendemain. Quand Moïse est arrivé sur le rivage, ayant pris son
bâton, il supplie Dieu et invoque son aide et son alliance en ces
335. termes : « Tu ne peux méconnaître toi-même, Seigneur, que la
fuite dans la situation où nous sommes, soit par force, soit par

adresse, est humainement impossible · mais s'il y a au monde une chance de salut pour cette armée que ta volonté a fait sortir de
336. l'Égypte, il t'appartient de la procurer. Pour nous, abandonnant toute autre espérance et tout remède, nous ne nous confions qu'en toi seul, et nous avons les yeux sur tout ce que ta providence fera pour nous dérober à la colère des Égyptiens. Qu'il arrive promptement ce secours qui nous manifestera ta puissance ; relève ce peuple que le désespoir a fait tomber dans le pire abattement, rends-lui
337. l'ardeur et la confiance en son salut. Ce n'est pas un domaine étranger pour toi que l'impasse où nous sommes ; elle t'appartient la mer, ainsi que la montagne qui nous environne ; elle peut s'ouvrir sur ton ordre, et la mer se changer en terre ferme, et nous pouvons nous enlever dans les airs, s'il te plaît d'employer ta puissance à nous sauver de la sorte. »

338. 2[1]. Après cet appel à Dieu, il frappe la mer de son bâton. Celle-ci, sous le choc, se divise et, se retirant sur elle-même, quitte son lit
339. par où les Hébreux pourront passer et s'enfuir. Moïse, voyant que Dieu intervient et que la mer a fait place pour eux à la terre ferme, s'y engage le premier et ordonne aux Hébreux de le suivre dans ce chemin ouvert par Dieu, en se réjouissant du péril où sont leurs ennemis qui arrivent et en rendant grâce à Dieu du salut qu'il a fait luire d'une manière si inconcevable.

340. 3. Ceux-ci, sans plus hésiter, s'élancent allègrement, forts de l'assistance divine, et les Égyptiens croient d'abord qu'ils sont atteints de folie pour se précipiter ainsi vers une mort certaine ; mais quand ils les voient très avancés sans aucun mal, sans qu'aucun obstacle, sans qu'aucun accident les arrête, ils s'élancent à leur poursuite, pensant que la mer demeurerait tranquille pour eux aussi ; ils placent
341. en avant la cavalerie et se mettent à descendre. Mais les Hébreux, pendant que leurs ennemis s'arment et perdent leur temps à cette manœuvre, vont de l'avant et s'échappent vers la rive opposée, sans aucun dommage ; cela ne fit que stimuler l'ardeur des ennemis à leur
342. donner la chasse, car ils pensaient aussi s'en tirer sans perte. Mais

1. *Ex.*, XIV, 21.

les Égyptiens ne se doutaient pas que le chemin où ils pénétraient
était réservé aux Hébreux et nullement public et qu'il était fait pour
sauver les fuyards en danger et non à l'usage de ceux qui s'achar-
343. naient à leur perte. Aussi, quand toute l'armée des Égyptiens s'est
engagée, la mer se replie sur eux; de toutes parts, elle surprend
les Égyptiens de ses flots impétueux, que déchaînent les vents; des
pluies descendent du ciel; le tonnerre éclate en coups secs, accom-
344. pagnés d'éclairs, et la foudre tombe[2]. En un mot, aucune de ces catastrophes mortelles dont la colère de Dieu frappe les hommes ne
manqua de se produire alors. Une nuit sombre et noire les enveloppa.
Ils périrent ainsi tous, sans qu'il en restât un seul pour retourner
annoncer le désastre à ceux qu'on avait laissés en Égypte.
345. 4. Quant aux Hébreux, ils ne pouvaient contenir leur joie devant
ce salut inespéré et la destruction de leurs ennemis; ils songeaient
à la certitude qu'ils avaient d'être libres, puisque les tyrans qui
voulaient les asservir avaient péri, et à la façon manifeste dont Dieu
346. les avait secourus. Et après avoir ainsi échappé au danger et vu leurs
ennemis châtiés comme on ne souvient pas que d'autres hommes
l'aient été auparavant, ils passent toute la nuit en chants et en réjouissances; Moïse, lui, compose en rythme hexamètre[3] un chant
en l'honneur de Dieu, rempli de louanges et d'actions de grâce pour
ses faveurs.
347. 5. Quant à moi, tout ce que j'ai raconté, je l'ai trouvé tel quel
dans les livres saints. Que personne ne juge étrange et contraire à
la raison le fait que des anciens, exempts de tout vice, aient pu être
sauvés en passant à travers la mer, soit par la volonté divine,
348. soit par l'effet du hasard[4], alors que les soldats d'Alexandre, roi

1. *Ex.*, XIV, 24.

2. L'*Exode* ne fait intervenir aucun phénomène céleste, mais cf. *Psaumes*, LXXVII, 17 suiv.

3. Le cantique qui remplit le chapitre XV de l'*Exode*. L'attribution à Moïse d'une composition en hexamètres est assez plaisante; il n'y a rien dans la poésie hébraïque de nettement comparable à la métrique grecque classique.

4. Josèphe a sans cesse la préoccupation d'atténuer, autant que possible, le merveilleux de l'histoire qu'il raconte; il a peur de choquer la raison de ses lecteurs romains et grecs : de là le souci de trouver des faits analogues dans

de Macédoine, ont vu naguère reculer devant eux la mer de Pamphylie et, à défaut d'autre route, leur offrir elle-même un passage, quand Dieu voulut détruire la puissance des Perses. C'est ce qu'affirment d'un commun accord ceux qui ont raconté les hauts faits d'Alexandre[1]. Aussi bien, chacun peut en penser ce que bon lui semblera.

349. 6. Le lendemain, les armes des Égyptiens ayant été portées jusqu'au camp des Hébreux par le flux et la violence du vent qui s'y déchaînait, Moïse attribua cette aubaine à la providence de Dieu qui veillait à ce qu'ils ne fussent point dépourvus d'armes[2]; il les recueillit, en revêtit les Hébreux et les emmena sur le mont Sinaï pour y sacrifier à Dieu et lui consacrer les offrandes du peuple délivré, selon ce qui lui avait été prescrit auparavant.

l'histoire d'autres peuples et la grave concession contenue dans les mots εἴτε κατὰ ταὐτόματον.

1. Cp. Arrien, I, 26; Strabon, XIV, p. 666; Callisthène, fr. 25; Appien, *Civ.*, II, 189; Ménandre (Kock, *Com. att. fragm.*, Leipzig, t. III, 1884, fr. 924, passage cité par Plutarque, *Vie d'Alexandre*, XVII) :

> Ὡς Ἀλεξανδρῶδες ἤδη τοῦτο · κἂν ζητῶ τινα,
> αὐτόματος οὗτος παρέσται · κἂν διελθεῖν δηλαδὴ
> διὰ θαλάττης δέῃ τόπον τιν' οὗτος ἔσται μοι βατός.

« C'est tout à fait l'histoire d'Alexandre ! Suis-je à la recherche de quelqu'un, voici qu'il se présente de lui-même ; et s'il me faut traverser la mer en quelque endroit, les flots me livreront passage ».

2. Pour tout ce passage, cf. Démétrios (dans Eus., *Praep. ev.*, IX, 29, fin) : . . . . φαίνεται οὖν τοὺς μὴ κατακλυσθέντας τοῖς ἐκείνων ὅπλοις χρήσασθαι. « Il apparaît que ceux qui n'avaient pas été engloutis utilisèrent les armes des autres ».

LIVRE III

CHAPITRE PREMIER

1. *Marche pénible vers le Sinaï.* — 2. *Les eaux de Mar.* — 3-4. *Souffrances à Élim.* — 5. *Miracle des cailles.* — 6. *La manne.* — 7. *Le rocher de Raphidim.*

1. 1[1]. Lorsque, contre toute espérance, les Hébreux eurent ainsi été sauvés, ils furent de nouveau cruellement en peine, tandis qu'on les menait vers le mont Sinaï. La contrée était absolument déserte, dénuée de toute production propre à leur subsistance et extrêmement pauvre en eau ; non seulement elle ne pouvait rien fournir aux hommes, mais elle n'était même pas capable de nourrir aucune espèce animale ; en effet, c'est une terre sèche, d'où ne sort aucune humidité propice à la végétation. C'est par un tel pays qu'ils étaient contraints de cheminer, aucune autre route ne leur étant ouverte.
2. Des lieux antérieurement parcourus ils avaient emporté de l'eau, selon l'ordre de leur chef, et, quand cette eau fut épuisée[2], ils essayè-

1. *Exode*, xv, 23.
2. Pour ces détails ajoutés par Josèphe au récit de l'*Exode*, cf. *Mechilta*, éd. Weiss, p. 53, et *Tanhouma* sur le même passage : selon quelques commentateurs, les mots de l'Écriture : « Et ils ne trouvèrent point d'eau » feraient allusion aussi à l'épuisement de leurs provisions de route.

rent d'en retirer de puits. Ce fut un travail pénible à cause de la dureté
du sol; mais ce qu'ils trouvaient était amer, non potable et, au surplus, en quantité très minime.
3. En marchant ainsi, ils arrivèrent aux approches du soir à Mar,
localité qu'ils appelèrent de ce nom à cause de la mauvaise qualité
de l'eau — en effet, l'amertume[1] se dit *mar* —; et là, épuisés par
cette marche ininterrompue et par le manque de nourriture — à
4. ce moment ils n'en avaient plus du tout —, ils font halte. Un puits
se trouvait là, c'était une raison de plus pour y demeurer; sans doute,
il ne pouvait à lui seul suffire à une si grande armée, cependant
c'était un léger encouragement pour eux de l'avoir trouvé dans de
tels parages; car ils avaient ouï dire à ceux qui allaient aux informations qu'ils n'en rencontreraient plus aucun en poursuivant leur
route. Mais cette eau-là était amère, et non seulement les hommes
ne pouvaient la boire, mais les bêtes de somme même ne la supportaient pas.
5. 2. Moïse, voyant leur découragement et l'inefficacité des paroles
en une telle circonstance, — car ce n'était pas une armée véritable,
capable d'opposer à la contrainte de la nécessité la force virile;
l'élan généreux de leurs sentiments était enrayé par la foule des
enfants et des femmes, qui n'étaient pas de force à recevoir les enseignements de la raison —, Moïse donc était dans le plus grand em-
6. barras, parce qu'il faisait siennes les souffrances de tous. En effet,
on n'avait recours à personne qu'à lui; tous l'adjuraient, les femmes pour leurs enfants, les maris pour leurs femmes, de ne pas se
désintéresser d'eux, mais de leur procurer quelque moyen de salut.
Il se met alors à supplier Dieu de débarrasser l'eau du mauvais
7. goût qu'elle avait et de la rendre potable. Et comme Dieu consentit à lui faire cette faveur, ayant saisi l'extrémité d'un bâton qui se
trouvait sur le sol à ses pieds, il le fendit par le milieu[2], dans le
sens de la longueur, puis, l'ayant jeté dans le puits, il persuada aux

1. Josèphe traduit l'hébreu *mar* par πικρία, comme les LXX; ceux-ci transcrivent l'hébreu Mâra par Μερρά.
2. La Bible ne dit rien de tel.

Hébreux que Dieu avait prêté l'oreille à ses prières et avait promis de rendre l'eau telle qu'ils la désiraient, pourvu qu'ils exécutas-
8. sent ses ordres, non avec mollesse, mais avec ardeur. Ceux-ci demandant ce qu'il leur faudra faire pour que l'eau s'améliore, il ordonne à ceux qui étaient dans la force de l'âge de tirer l'eau du puits, en leur disant que ce qui resterait au fond, quand ils en auraient eu vidé la plus grande partie, serait potable. Ils se mirent à l'œuvre, et l'eau travaillée et purifiée par leurs coups incessants[1] devient bientôt bonne à boire.

9. 3[2]. Partis de là, ils arrivent à Elis[3]; de loin, cette localité avait belle apparence, car elle était plantée de palmiers, mais, quand on en fut près, on se convainquit, au contraire, que c'était un méchant lieu; car ces palmiers, qui n'étaient pas plus de soixante-dix, croissaient péniblement et demeuraient tout au ras du sol, faute d'eau, tout
10. l'endroit étant sablonneux. Même des sources qui se trouvaient là, au nombre de douze, il ne jaillissait pas assez d'eau pour les arroser; et comme rien n'en pouvait sourdre ni s'élever en l'air, elles ne donnaient que de rares filets de liquide et l'on creusait le sable sans rien rencontrer; encore le peu d'eau qu'ils parvenaient à recueillir goutte à goutte se trouvait impropre à tout usage, tant
11. il était trouble. Et les arbres étaient trop débiles pour porter des fruits, faute d'eau pour leur donner de la vigueur et de l'élan. Aussi incriminait-on le chef et l'accablait-on d'injures : ces misères, ces épreuves malheureuses, c'était par lui qu'on les endurait, disaient-ils. Ils en étaient à leur trentième jour[4] de marche; les provisions qu'ils avaient emportées était complètement épuisées[5], et, comme ils ne trouvaient rien en route, ils désespéraient complè-

1. Moyen rationnel substitué par Josèphe au phénomène miraculeux raconté par la Bible. Cf. *Bellum*, IV, 8, 3.
2. *Ex.*, xv, 27.
3. Héb. : Élim; LXX : Αἰλείμ.
4. *Ex.*, xvi, 1; on dit, dans ce passage, que les Israélites étaient au 15e jour du 2e mois, à compter de la sortie d'Égypte, laquelle s'était effectuée le 15 du 1er mois. Cf. les calculs du Talmud, *Schabbat*, 87 *b*.
5. Cf. *Pseudo-Jonathan* sur *Ex.*, xvi, 2 : « la pâte qu'ils avaient emportée était épuisée ».

12. tement. Tout à la pensée de leur malheur présent, qui les empêche
de se souvenir des bienfaits qu'ils doivent à Dieu d'une part, à la vertu
et à l'intelligence de Moïse de l'autre, ils n'ont pour leur chef que
de la colère, et s'élancent pour le lapider [1], comme s'il était le plus
responsable de leur détresse actuelle.

13. 4. Mais lui, devant cette foule ainsi surexcitée et animée contre
lui de sentiments violents, fort de l'appui de Dieu et de la conscience
qu'il a d'avoir veillé sur ceux de sa race, s'avance au milieu d'eux
tandis qu'ils vocifèrent et tiennent encore des pierres dans leurs
mains; avec son aspect si agréable et son éloquence si persuasive
pour la foule, il commence à apaiser leur colère, les exhorte à ne
pas oublier, sous l'impression des difficultés actuelles, les bien-
14. faits antérieurs, et à ne pas chasser de leurs pensées, parce qu'ils
souffrent présentement, les grâces et les faveurs considérables et
inespérées qu'ils avaient reçues de Dieu. Ils doivent compter qu'ils
seront tirés aussi des embarras actuels, grâce à la sollicitude di-
15. vine, car, vraisemblablement, c'était pour éprouver leur vertu, pour
savoir de quelle force d'âme ils étaient doués, quelle mémoire ils
conservaient des services déjà rendus, et s'ils n'y reporteraient point
leur pensée sous l'influence des maux actuels, que Dieu les acca-
16. blait maintenant de ces tourments. Il leur reproche de ne savoir ni
les endurer, ni se souvenir d'un heureux passé, en faisant si peu de
cas de Dieu et du dessein selon lequel ils ont quitté l'Égypte, et en
montrant tant d'humeur contre lui-même, serviteur de Dieu, lui qui
ne leur a jamais menti, ni dans ses discours, ni dans les ordres qu'il
17. leur a donnés selon les instructions divines. Puis il leur énumère
tout, comment les Égyptiens ont été détruits en voulant les retenir
de force contre la volonté de Dieu, comment le même fleuve se
changea pour ceux-là en sang, de sorte qu'ils ne purent boire de
ses eaux, tandis que pour eux-mêmes elles restaient potables et
18. douces, comment, traversant la mer qui s'écartait d'eux au loin en
leur ouvrant un chemin tout nouveau, ils y trouvèrent le salut pour
eux-mêmes, tandis qu'ils voyaient leurs ennemis périr; comment,

1. Dans la Bible, il n'est question de lapider Moïse que plus loin (*Ex.*, XVII, 4).

lorsqu'ils manquaient d'armes, Dieu leur en procura abondamment;
enfin il leur dit toutes les circonstances où, quand ils paraissaient à
deux doigts de leur perte, Dieu les avait sauvés à l'improviste,
19. quelle puissance était la sienne, qu'il ne fallait donc pas non plus
désespérer maintenant de sa providence, mais patienter sans colère,
en songeant que le secours ne peut tarder, même s'il ne vient pas
immédiatement, avant toute épreuve fâcheuse, et considérer
que ce n'est pas par indifférence que Dieu temporise, mais bien
20. pour éprouver leur courage et leur amour de la liberté, « afin de
savoir, dit-il, si, à l'occasion, vous pourriez supporter généreusement
pour elle la privation d'aliments et le manque d'eau, ou si vous pré-
férez l'esclavage, comme les bêtes que leurs maîtres domptent et
nourrissent copieusement en vue des services qu'ils en attendent. »
21. Il ajoute que, s'il craint quelque chose, ce n'est pas tant pour sa propre sécurité, — car ce ne sera pas un malheur pour lui de mourir
injustement, — que pour eux-mêmes : il a peur qu'en lançant des
pierres contre lui, ils n'aient l'air de mépriser Dieu.
22. 5. Il les calme ainsi, arrête leurs bras prêts à le lapider et les
amène à se repentir de l'acte qu'ils allaient commettre : mais, ayant
songé que cette agitation provoquée par la nécessité n'était pas
déraisonnable, il réfléchit qu'il devait aller supplier et invoquer
Dieu, et, monté sur un observatoire élevé, il lui demande de procurer quelque secours au peuple et de l'arracher à sa détresse, —
23. car c'était en lui que se trouvait leur salut et en nul autre, — et de
pardonner au peuple ce qu'il venait de commettre sous l'empire de
la nécessité, car la race des hommes est naturellement portée à se
plaindre et à récriminer dans la mauvaise fortune. Dieu promet[1] de
prendre soin d'eux et de leur fournir ces ressources tant souhaitées.
24. Moïse, ayant entendu cette réponse de Dieu, retourne auprès du
peuple. Ceux-ci, en le voyant tout réjoui des promesses divines,
passent de l'abattement à une humeur plus gaie, et lui, debout au
milieu d'eux, dit qu'il vient leur apporter de la part de Dieu un
25. secours contre les embarras présents. Et, peu après, une quantité de

1. *Ex.*, XVI, 12.

cailles[1] (cette espèce d'oiseaux abonde, plus que toute autre, dans le golfe Arabique) traverse ce bras de mer et vient voler au-dessus d'eux; et, fatiguées de voler, habituées, d'ailleurs, plus que les autres oiseaux à raser la terre, elles viennent s'abattre sur les Hébreux. Ceux-ci, les recueillant comme une nourriture préparée par Dieu, soulagent leur faim. Et Moïse adresse des actions de grâce à Dieu pour les avoir secourus si vite et comme il l'avait promis.
26. 6[2]. Aussitôt après ces premiers secours en vivres, Dieu leur en
envoya une seconde fois. En effet, tandis que Moïse élève les mains
en prière, une rosée tombe à terre, et, comme elle adhérait en se
coagulant[3] à ses mains, Moïse, soupçonnant que c'était là un aliment
27. envoyé par Dieu, la goûte, et, charmé, tandis que le peuple, dans
son ignorance, la prend pour de la neige et l'attribue à l'époque de
l'année où l'on se trouvait[4], il leur apprend que cette rosée des-
cendue du ciel n'est pas ce qu'ils supposent, mais qu'elle est destinée à les sauver et à les nourrir; en la goûtant, ils s'en convain-
28. craient. Ceux-ci, imitant leur chef, eurent plaisir à manger de cette
substance[5], car elle tenait du miel par sa saveur douce et délicieuse
et ressemblait à cette espèce d'aromate nommée *bdella*[6]; la gros-
seur était celle d'une graine de coriandre. Ils mirent à la récolte
29. une ardeur extrême. Mais il leur était recommandé à tous également de n'en récolter chaque jour qu'un *assaron*[7] (c'est le nom

1. *Ex.*, XVI, 13.
2. *Ex.*, XVI, 14.
3. Dans une interprétation midraschique (*Mechilta*, Weiss, p. 58) d'un verset des *Psaumes* (LXXVIII, 25) qui rappelle l'épisode de la manne, on attribue à Josué un fait analogue à celui qui est rapporté ici à propos de Moïse.
4. L'Écriture ne parle pas de neige (il ne neige guère dans le désert arabique), mais de gelée blanche. La comparaison avec la neige est déjà dans Artapanus. Dans la *Mechilta* (sur *Ex.*, XVI, 14) R. Josué ben Ḥanania (Tanna de la fin du Ier et du commencement du IIe siècle) dit que la manne était menue comme du *givre*, interprétation adoptée par le *Pseudo-Jonathan*.
5. *Nombres*, XI, 7.
6. Plus connu sous le nom de *bdellium*. Cette comparaison de la manne au *bdellium*, — pour la couleur, — n'est pas dans l'*Exode*, mais dans les *Nombres* (XI, 7). L'explication que donne Josèphe du mot hébreu *bdôlah*, qu'il traduit par « sorte d'aromate », n'est pas celle des LXX, qui traduisent le même mot par κρυστάλλος.
7. Josèphe substitue ici l'assarôn (héb. : *issarôn*) à une autre mesure, l'*ômer*,

d'une mesure), cet aliment ne devant jamais leur faire défaut; c'était là une précaution afin que les faibles ne fussent pas empêchés d'en prendre par les forts, qui profiteraient de leur vigueur pour
30. faire une récolte plus copieuse. Ceux qui, néanmoins, recueillaient plus que la mesure prescrite n'avaient aucun avantage pour la peine qu'ils se donnaient, car ils ne trouvaient rien de plus qu'un assaron; et tout ce qu'on mettait de côté pour le jour suivant ne servait plus à rien : les vers et l'amertume l'abîmaient, tant cet ali-
31. ment était divin et extraordinaire. Il remplaçait pour ceux qui en mangeaient tous les autres aliments absents[1]. Et encore aujourd'hui[2] tout ce lieu est arrosé d'une pluie semblable à celle que jadis, par
32. faveur pour Moïse, Dieu envoya pour leur servir de nourriture. Les Hébreux appellent cet aliment *manna*[3]. Car le mot *man* est une interrogation dans notre langue et sert à demander : « Qu'est-ce que cela[4] ? » Ils ne firent donc que se réjouir de cet envoi du ciel et ils usèrent de cette nourriture pendant quarante ans, tout le temps qu'ils furent dans le désert.
33. 7[5]. Lorsque, partis de là, ils arrivèrent à Raphidin[6], tourmentés

que donne l'*Exode* (xvi, 16). Les deux mesures sont, d'ailleurs, équivalentes. L'ômer, selon la Bible elle-même (*Ex.*, xvi, 36), vaut un dixième d'êfa, et l'issarôn, comme son nom l'indique, vaut, de même, un dixième d'êfa (31,64).

1. La *Sapience* dit de même de la manne qu'elle renfermait tout ce qui est agréable au goût (xvi, 20) et qu'elle se changeait en tout ce qu'on désirait (21). Cette tradition se retrouve dans le Midrasch. *Exode Rabba* (xxv) dit que la manne avait toutes les saveurs et que chaque Israélite y trouvait celle qui lui plaisait. Dans *Yoma*, 75 *a*, R. Abbahou (Amora de la fin du IIIe siècle) dit en jouant sur le terme de לשד (*Nombr.*, xi, 8) : « De même que l'enfant trouve différentes saveurs au lait maternel (שד = sein), de même les Israélites trouvaient différentes saveurs à la manne. » R. Yosé ben Ḥanina (Amora du IIIe siècle) disait (*ibid*, 75 *b*) que la manne avait le goût du pain pour les jeunes gens, de l'huile pour les vieillards, du miel pour les petits enfants. Cf. des variantes des mêmes dires dans *Sifré* sur *Nombr.*, xi, 8; *Tanḥouma* (sur *Ex.*, xvi, 14); *Ex. R.*, v; *Pesikta*, 110 *a*.

2. Cette observation est confirmée par ceux qui ont visité cette partie de l'Arabie. Il existe une manne végétale provenant d'un arbrisseau, la *Tamarix mannifera*.

3. Héb. : Man : LXX : *id.*, parfois (*Nombr.*, xi, 7) : μαννά. *Manna* est l'araméen de *man*.

4. Même étymologie que dans l'hébreu et les LXX : τί ἐστι τοῦτο;

5. *Ex.*, xvii, 1.

6. Héb. : Rephidim; LXX : Ῥαφιδείν.

par une soif extrême, — car après avoir dans les premiers jours rencontré quelques sources, ils se trouvaient maintenant dans un pays
absolument dépourvu d'eau, — leur situation était pénible et ils
34. recommençaient à s'irriter contre Moïse. Mais lui, échappant à
grand peine aux transports de la foule, se met à prier Dieu, et lui
demande, de même qu'il leur avait donné à manger dans le besoin,
de leur procurer aussi à boire, car c'en était fait de leur reconnaissance pour la nourriture qu'ils avaient reçue, si la boisson leur fai-
35. sait défaut. Dieu ne différa pas longtemps d'accorder cette faveur;
il promit à Moïse de produire une source abondante qui jaillirait
d'un endroit imprévu. Et il lui commande de frapper de son bâton
la roche qui se trouvait là devant leurs yeux; c'était d'elle qu'ils
recevraient en abondance tout ce qu'ils désiraient; il veillerait aussi
36. à ce que l'eau leur apparût sans peine ni travail. Moïse, ayant reçu
ces promesses de Dieu, revient auprès du peuple, qui était dans
l'attente et tenait les regards fixés sur lui; car on l'avait déjà aperçu
qui descendait vivement de la colline. Dès qu'il arrive, il leur dit
que Dieu voulait les délivrer aussi de cette détresse et qu'il daignait
même les sauver d'une façon inespérée; de la roche jaillirait pour
37. eux un courant d'eau. Tandis que cette nouvelle les stupéfie à la
pensée d'être encore obligés, tout épuisés qu'ils sont par la soif et le
voyage, à tailler dans le rocher, Moïse le frappe de son bâton;
celui-ci s'entr'ouvrant, il s'en échappe une eau abondante et parfai-
38. tement limpide. Eux sont frappés de l'étrangeté de ce spectacle et
rien qu'à son aspect, leur soif se calme déjà; ils en boivent, et ce
liquide leur paraît agréable et délicieux et tel qu'un vrai présent de
Dieu. Ils en conçoivent aussi de l'admiration pour Moïse, si fort en
honneur auprès de Dieu et ils offrent des sacrifices pour remercier
Dieu de la providence dont il les a entourés. L'écrit [1] déposé dans
le temple atteste que Dieu avait prédit à Moïse qu'il ferait ainsi
sortir de l'eau du rocher.

1. Suppléer l'article ἡ, qui manque dans les mss. Il ne peut s'agir que de la *Tora*; cf. *Ant.*, V, § 61.

CHAPITRE II

1. Préparatifs de guerre des Amalécites. — 2. Moïse encourage les Hébreux effrayés. — 3. Il les prépare au combat. — 4. Victoire des Hébreux ; butin considérable. — 5. Fêtes en l'honneur de cette victoire et arrivée au Sinaï.

39. 1[1]. Comme le renom des Hébreux s'était déjà fort répandu partout et qu'on parlait beaucoup d'eux, il advint que les gens du pays
ne furent pas médiocrement effrayés. S'envoyant mutuellement des
députations, ils s'invitent à repousser et à tenter d'exterminer ces
40. intrus. Les instigateurs de cette entreprise étaient les habitants
de la Gobolitide et de Pétra[2], qui s'appellent Amalécites; c'était le
plus belliqueux des peuples de ce pays. Leurs rois, par des messages
adressés des uns aux autres ainsi qu'aux peuples voisins, s'exhortent
à faire la guerre aux Hébreux[3]; une armée d'étrangers, disaient-ils,

1. *Ex.*, XVII, 8.

2. Josèphe a déjà parlé précédemment (*Ant.*, II, § 6) de la Gobolitide, habitée par les Amalécites. On ne trouve que chez lui cette expression géographique. Cependant on lit une expression analogue chez Stéphane de Byzance : ἡ Γεβαληνὴ χώρα. Un passage de la Bible (*Ps.*, LXXXIII, 8) fait mention d'une contrée nommée *Gébal*, dans la région de l'Arabie Pétrée; elle est citée à côté d'Ammôn, d'Amalec et de Peleschet. C'est vraisemblablement la Gobolitide de Josèphe. Le terme paraît avoir été employé assez tard, et précisément le psaume précité ne paraît pas être plus ancien que l'époque macchabéenne. Pétra correspond à l'hébreu *Séla* (future capitale des Nabatéens).

3. Cf. *Mechilta* (*ad loc.*), sur l'explication des mots : « Et Amalec vint » (*Ex.*, XVII, 8) : d'après R. Yosé ben Ḥalafta (Tanna du IIe siècle), Amalec serait « venu » avec un plan, c'est-à-dire qu'il aurait invité tous les peuples à s'associer avec lui pour combattre Israël ; d'ailleurs, les peuples auraient reculé devant les vainqueurs du roi d'Égypte.

qui s'étaient dérobés à la servitude des Égyptiens, s'installait près
41. d'eux pour leur nuire : « On aurait tort de les mépriser; c'est avant
qu'ils se fortifient et que leurs ressources augmentent, et qu'ils commencent à nous attaquer, se sentant encouragés en ne nous voyant
opposer aucune résistance, qu'il est prudent et sage de les défaire
en les punissant de leur agression[1] et de ce qu'ils y ont commis,
et non lorsqu'ils auront mis la main sur nos villes et nos richesses.
42. Ceux qui tentent de ruiner la puissance naissante de leurs ennemis
font preuve de plus de sagacité que ceux qui s'opposent à son accroissement après qu'elle a déjà progressé; car ceux-ci semblent ne
s'indigner que de l'excès de leurs avantages, mais ceux-là ne leur
laissent jamais prendre barre sur eux. » Après ces avis adressés aux
peuplades voisines ainsi qu'entre soi, on décida d'entrer en lutte
avec les Hébreux.
43. 2. Comme Moïse ne s'attendait à aucune hostilité, il éprouva de
l'embarras et de l'inquiétude devant cette attitude des gens du
pays; et, alors que ceux-ci étaient déjà prêts au combat et qu'il
fallait affronter le péril, la foule des Hébreux se trouva dans
une vive agitation; manquant de tout, elle allait se battre avec
44. des gens équipés de tout à merveille. Moïse alors entreprend de
les consoler, les exhorte à reprendre courage en se fiant au
suffrage de Dieu; élevés par lui à la liberté, ils triompheraient de
45. ceux qui se disposaient à les attaquer pour la leur disputer. Ils devaient considérer leur armée comme assez nombreuse et pourvue
d'armes, d'argent, de vivres, de tout ce dont la présence enhardit
l'homme qui va combattre, la seule assistance de Dieu leur donnait
tout cela; tandis que l'adversaire était peu nombreux, désarmé,
faible, facile à vaincre même par de moins forts qu'eux, dès que
46. Dieu le voulait[2]. Ils savaient quel secours Dieu procurait, d'après
de nombreuses expériences, plus tragiques que la guerre; car la
guerre, on la fait contre des hommes; mais les difficultés où ils
s'étaient trouvés devant la faim et la soif, devant les montagnes et

1. Les mots περὶ τῆς ἐρήμου n'ont pas de sens. Nous supposons ἐφόδου [T. R.].
2. Texte corrompu.

la mer quand ils ne savaient par où fuir, c'était grâce à la seule bienveillance divine qu'ils les avaient surmontées. Il les invitait aujour-
d'hui à montrer la plus grande ardeur, car ils auraient de tout en
abondance s'ils triomphaient de leurs ennemis.

47. 3[1]. C'est par ces discours que Moïse rendait courage à la foule, et,
appelant les chefs de tribu et les magistrats séparément et tous
ensemble, il engageait les plus jeunes à obéir aux plus anciens et ces
48. derniers à écouter leur général. Ceux-ci, dont les âmes s'exal-
taient en vue du danger, et qui, prêts pour la terrible affaire, espéraient qu'un moment viendrait où l'on serait délivré de ces maux,
priaient Moïse de les conduire sur l'heure et sans retard contre
49. leurs ennemis, tout délai pouvant arrêter leur ardeur. Moïse, après
avoir choisi dans la foule tous ceux qui pouvaient se battre, met à
leur tête Josué (Jésoùs)[2], fils de Noun (Navèchos), de la tribu d'É-
phraïm, un homme très courageux, qui supportait vaillamment les
fatigues, qui savait fort bien réfléchir et parler, honorait Dieu d'une
piété singulière que Moïse lui avait enseignée, et possédait l'estime
50. des Hébreux. Il rangea quelques hommes armés autour de l'eau
pour la garde des enfants et des femmes et de l'ensemble du camp.
Ils passèrent toute la nuit en préparatifs, à réparer les armes
endommagées, le regard tendu vers leur chef, tout prêts à s'élancer
au combat quand Moïse leur en donnerait le signal. Moïse aussi
passe la nuit à enseigner à Josué comment il rangera l'armée en
51. bataille. Quand le jour commence à paraître, il exhorte à nouveau
Josué à ne pas se montrer dans l'action inférieur aux espérances
fondées sur lui et à s'acquérir dans son commandement la considération de ses troupes pour ses exploits. Il exhorte encore, chacun à
part, les plus notables d'entre les Hébreux, et bientôt il donne l'élan
52. à toute la foule réunie sous les armes. Lui-même, après avoir
animé l'armée par ses paroles et tout ce travail préparatoire, se
retire sur la montagne en confiant l'armée à Dieu et à Josué.

1. *Ex.*, XVII, 9.
2. Héb. : Yehôschoua bin Noun. La mention de la tribu d'Éphraïm est tirée de *Nombr.*, XIII, 8.

53. 4. Les adversaires en viennent aux mains, le combat s'engage
avec acharnement et l'on s'anime les uns les autres. Tout le temps
que Moïse tient les bras levés en l'air, les Amalécites faiblissent
devant les Hébreux. Mais Moïse, ne pouvant supporter la
fatigue de cette tension des bras, et constatant que chaque fois qu'il
les laissait retomber, régulièrement les siens se trouvaient avoir le
54. dessous, il ordonne à son frère Aaron et au mari de sa sœur Mariamme,
Our(os)[1], de se tenir de chaque côté de lui pour soutenir
ses mains et ne pas le laisser se fatiguer dans son intervention tutélaire.
Cela fait, les Hébreux remportent une victoire écrasante sur les
Amalécites. Et ceux-ci eussent tous péri, si la nuit survenant n'eût
55. arrêté le carnage. C'était une très belle victoire et très opportune
que remportèrent là nos ancêtres, car ils triomphèrent de ceux qui
s'étaient jetés sur eux et ils effrayèrent les peuples voisins tout en se
procurant de nombreuses et magnifiques richesses pour prix de leurs
efforts. S'étant emparés, en effet, du camp des ennemis, ils acquirent
des ressources considérables tant pour l'usage public que pour leur
usage particulier, eux qui précédemment avaient manqué même du
56. nécessaire. Et ce leur fut, non seulement pour le présent, mais encore
pour l'avenir, une source de bienfaits que le succès de ce combat; car
ils n'asservirent pas seulement la personne de leurs assaillants, mais
aussi leur moral; et pour tous les peuples voisins, après la défaite de
ces premiers adversaires, ils devinrent redoutables. En même temps,
57. ils s'emparèrent d'une grande quantité de richesses. Car beaucoup
d'argent et d'or fut saisi dans le camp, ainsi que des vases d'airain
qui servaient pour les repas, profusion aussi d'or et d'argent monnayés[2],
puis tous les tissus et les ornements servant aux armures,
d'autres objets de parure et d'équipement, un butin varié de bêtes

1. Héb. : Ḥour; LXX : Ὢρ. Cette parenté entre Moïse et Ḥour est inconnue à la Bible; la tradition fait de Ḥour, non le mari, mais le fils de Miriam, qui aurait épousé Caleb. C'est R. Siméon b. Lakisch (dans *Ex. Rabba*, XL; cf. *Tanḥouma*, sur *Ex.*, XXXI, 2) qui établit cette filiation (d'après I *Chron.*, II, 5, 19, 20, 24), pour expliquer la généalogie de Beçalel, petit-fils de Ḥour, et descendant de Juda (*Ex.*, XXXI, 2).

2. Plaisant anachronisme.

de somme et tout ce qui suit habituellement une armée en cam-
58. pagne[1]. Les Hébreux conçurent une haute idée de leur propre valeur
et leur vertu se retrempa; désormais ils ne reculèrent devant aucun
effort, estimant que par l'effort tout peut se conquérir.
59. 5. C'est ainsi que se termina cette lutte. Le lendemain, Moïse
fit dépouiller les cadavres des ennemis et réunir les armures laissées
par les fuyards; il distribua des récompenses aux vaillants et fit
l'éloge de leur chef Josué, dont les exploits étaient attestés par
l'armée tout entière. Chez les Hébreux personne n'avait péri, mais les
ennemis avaient eu tant de morts qu'on ne pouvait même les comp-
60. ter. Après avoir offert des sacrifices d'actions de grâce, il érige un
autel et appelle Dieu du nom de *Donneur de victoire*[2] et il prédit que
les Amalécites périraient d'une ruine complète, que nul d'entre eux
ne survivrait, parce qu'ils s'étaient jetés sur les Hébreux, alors
qu'ils se trouvaient dans un pays désert, en pleine détresse; puis il
restaura l'armée par des festins.
61. Tel fut leur premier engagement, livré après leur sortie d'Égypte
contre d'audacieux agresseurs. Après qu'ils eurent célébré la fête
en l'honneur de leur victoire, Moïse, ayant attendu quelques jours,
62. emmena, après ce combat, les Hébreux rangés en bon ordre. Déjà
beaucoup d'entre eux étaient armés. Avançant par petites étapes,
le troisième mois après la sortie d'Égypte, il arrive au mont Sinaï[3],
où s'étaient passés le miracle du buisson et ses autres visions que
nous avons déjà rapportés.

1. L'Écriture ne parle pas de ce butin. Josèphe est probablement encore ici l'écho d'une tradition. Il s'agit pour lui d'expliquer comment plus tard les Hébreux auront à leur disposition les nombreux et riches matériaux nécessaires à l'érection du tabernacle.

2. Les mots de la Bible : יהוה נסי (*Ex.*, XVII, 15), signifient : « Dieu-ma-bannière » (cf. LXX : Κύριος καταφυγή μου) et s'appliquent non pas à Dieu, mais à l'autel.

3. *Ex.*, XIX, 1. Josèphe place, comme on voit, cette étape avant l'épisode de Jéthro. C'est qu'en effet, Jéthro vient retrouver Moïse (*Ex.*, XVIII, 5) près de « la montagne du Seigneur », c'est-à-dire du mont Horeb ou Sinaï. Mais dans la Bible le départ de la station de Rephidim n'est relaté qu'après la visite de Jéthro : Josèphe évite la difficulté en transposant.

CHAPITRE III

Ragouël vient rejoindre Moïse.

63. 1[1]. Ragouël[2], son beau-père, instruit de ses succès, s'en vient joyeusement à sa rencontre et fait bon accueil à Moïse, à Sapphora[3] et à leurs enfants. Moïse se réjouit de l'arrivée de son beau-père et, après avoir offert un sacrifice, il donne un festin au peuple[4] non
64. loin du buisson qui avait échappé à la combustion du feu. Tout le peuple, rangé par familles, prenait part au festin ; Aaron et les siens, s'étant adjoint Ragouël, chantaient des hymnes à Dieu, auteur et
65. dispensateur de leur salut et de leur liberté. Ils célébraient aussi leur général, dont le mérite avait tout fait réussir à souhait. Et Ragouël se répandit en éloges à l'adresse du peuple pour la reconnaissance que celui-ci témoignait à Moïse et il admira, d'autre part, Moïse pour l'ardeur virile qu'il avait mise à sauver les siens.

1. *Ex.*, XVIII, 1.
2. Dans tout cet épisode comme plus haut, Josèphe appelle le beau-père de Moïse Ragouël, au lieu qu'il est appelé partout Yithro dans l'hébreu. Ragouël est le premier des noms donnés par l'Écriture au beau-père de Moïse. V. *Ant.*, II, §§ 258, 264. Ce changement, d'ailleurs insignifiant, indique, du moins, que Josèphe ne suit pas toujours le texte de très près.
3. Dans la Bible, Jéthro vient chez Moïse accompagné de Séphora et de ses fils, dont Moïse s'était séparé. Josèphe simplifie en supposant que Moïse les avait toujours eus auprès de lui.
4. Le verset (*Ex.*, XVIII, 12) ne parle pas d'un festin offert par Moïse ; il y est dit seulement que Aaron et les anciens d'Israël vinrent prendre un repas avec le beau-père de Moïse. La *Mechilta* (*ad loc.*) observe que Moïse n'est pas nommé parmi les convives, d'où elle conclut qu'il servait les autres.

CHAPITRE IV

1. *Conseils de Ragouël à Moïse. — 2. Moïse s'y conforme.*

66. 1[1]. Le lendemain, Ragouël aperçoit Moïse au milieu du tumulte
des affaires ; il tranchait, en effet, les différends de tous ceux qui le
lui demandaient, car tous venaient à lui, pensant que le seul moyen
67. d'obtenir justice, c'était de l'avoir, lui, pour arbitre ; et aux vaincus
mêmes la défaite semblait légère, persuadés qu'elle était due à
la justice et non à la cupidité. Sur le moment, Ragouël garde le
silence, ne voulant empêcher personne d'avoir recours aux talents
du chef, mais, une fois le tumulte apaisé, il le prend à part, et, de-
68. meuré seul avec lui, il lui enseigne ce qu'il doit faire. Il lui conseille de laisser à d'autres le tracas des petites affaires et de garder
toute sa vigilance pour les plus importantes et pour le salut du
peuple ; pour ce qui était de juger, d'autres Hébreux s'en trouveraient capables ; mais, quant à veiller à la sécurité de tant de
69. myriades d'hommes, nul autre ne le pourrait qu'un Moïse. « Ainsi
conscient de ton mérite, dit-il, et du rôle que tu as joué en con-
courant avec Dieu au salut du peuple, laisse à d'autres le soin
d'arbitrer les contestations : toi, consacre-toi sans cesse au seul
culte de Dieu en cherchant les moyens de tirer le peuple de son
70. dénuement actuel. Suivant mes avis sur les affaires humaines, tu
dénombreras l'armée soigneusement et tu la diviseras par groupes
de dix mille hommes[2], auxquels tu désigneras des chefs choisis,
71. puis par groupes de mille. Ensuite tu les diviseras en groupes de

1. *Ex.*, XVIII, 13.
2. La Bible ne nomme que des chefs de 1.000, de 100, de 50 et de 10 (*Ex.*, XVIII, 21).

cinq cents, puis de cent, puis de cinquante[1]... Ces groupes auront des chefs qui tiendront leur titre du nombre d'hommes qu'ils comman-
72. deront ; ils seront reconnus par tout le peuple pour des gens de bien et des hommes justes, et connaîtront des différends des gens de leur groupe. Pour les affaires plus importantes, ils en référeront, au sujet de la décision à prendre, aux magistrats plus élevés ; et, si à ceux-ci également les difficultés de l'affaire échappent, c'est à toi qu'ils la renverront. Il en résultera ainsi deux choses : les Hébreux obtiendront justice, et toi, par ton commerce assidu avec Dieu, tu le rendras plus propice à l'armée. »

73. 2[2]. Ragouël l'ayant ainsi exhorté, Moïse accepte avec plaisir ses avis et fait tout conformément à son plan, sans dissimuler l'origine d'une telle mesure et sans s'en approprier le mérite, mais en dési-
74. gnant clairement l'inventeur au peuple. Même il a inscrit dans les livres le nom de Ragouël comme l'inventeur de ladite organisation, estimant qu'on fait bien de rendre un fidèle témoignage au mérite[3], quelque gloire que puissent rapporter à celui qui les enregistre à son compte les inventions d'autrui ; c'est ainsi qu'on peut connaître jusqu'en ce trait les vertus de Moïse.

Mais nous aurons d'excellentes occasions de parler de ces vertus dans d'autres passages de notre ouvrage.

1. Les mots qui suivent (ἄρχοντας ... συναριθμουμένους) sont peu intelligibles. « Puis tu leur donneras des chefs qui les rangeront par sections de 30, de 20 et de 10 ». Comment concilier des groupes de 30 et de 20 avec des groupes de 50? Peut-on admettre que chaque cinquantaine se divisait en un groupe de 30 et un de 20? Seuls les groupes de 10 sont confirmés par le texte biblique.

2. *Ex.*, XVIII, 24.

3. La tradition insiste également sur l'honneur que Moïse fait à Jéthro en lui laissant tout le mérite de cette organisation juridique (v. *Sifré* sur ce passage).

CHAPITRE V

1. *Moïse monte au Sinaï.* — 2. *Orage miraculeux sur la montagne.* — 3. *Discours de Moïse aux Hébreux.* — 4. *Transmission des dix commandements.* — 5. *Leur sens.* — 6. *Les Hébreux demandent des lois.* — 7. *Moïse remonte au Sinaï ; son absence inquiète les Hébreux.* — 8. *Il revient avec les Tables de la loi.*

75. 1[1]. Moïse, ayant convoqué le peuple, leur dit qu'il partait, lui, vers
le mont Sinaï pour s'entretenir avec Dieu et qu'après avoir reçu de
lui un oracle[2], il reviendrait le leur apporter ; quant à eux,
il leur commanda de transférer leur campement près de la monta-
76. gne, par préférence pour le voisinage de Dieu. Cela dit, il monte
au Sinaï, qui était la montagne la plus haute de ces parages et
dont les dimensions étaient si extraordinaires et les escarpements
si abrupts que, non seulement elle était impossible à gravir, mais
qu'on ne pouvait même la contempler sans se fatiguer le regard,
d'autant plus que ce qu'on disait du séjour de Dieu la rendait redou-
77. table et inaccessible. Cependant les Hébreux, conformément aux
instructions de Moïse, changent leur camp de place et viennent
occuper le pied de la montagne, s'exaltant à la pensée que Moïse
reviendrait d'auprès de Dieu avec l'annonce de ces biens qu'il leur
78. avait fait espérer. Tout en fêtes, ils attendent leur chef, observant
toute pureté en général et, en particulier, s'abstenant du commerce
des femmes durant trois jours, comme il le leur avait prescrit, et
priant Dieu qu'après un accueil favorable, il donne à Moïse un présent qui les fasse vivre heureux. Ils font aussi des repas plus
somptueux et mettent un soin particulier à se parer en même
temps que leurs femmes et leurs enfants.

1. *Ex.*, XIX, 1.
2. Nous lisons τινα χρησμόν, « un oracle ». Le *Laurentianus* a τι χρήσιμον, « quelque chose d'utile », leçon très défendable (voir § 77).

79. 2[1]. Ils passent ainsi deux jours en festins. Le troisième, avant le lever du soleil, une nue se pose sur tout le camp des Hébreux, qui n'avaient jamais vu encore pareil phénomène, et environne
80. l'emplacement où ils avaient établi leurs tentes. Et, tandis que le reste du ciel restait serein, des vents impétueux, amenant des pluies violentes, font rage, des éclairs terrifient les regards, et la foudre qui s'abat atteste la présence d'un Dieu propice aux
81. vœux de Moïse. Au sujet de ces événements chacun de mes lecteurs peut penser ce qu'il voudra; quant à moi, je suis obligé d'en faire un récit conforme à ce qui est consigné dans les saints Livres. Pour ce qui est des Hébreux, ce qu'ils virent et le fracas qui
82. frappait leurs oreilles les mit dans une vive agitation, car ils n'y étaient pas accoutumés et la rumeur qui courait au sujet de cette montagne, qui passait pour le séjour de Dieu, frappait singulièrement leur imagination. Ils se tenaient contre leurs tentes, mornes, croyant que Moïse avait péri victime de la colère de Dieu, et s'attendant pour leur part au même sort.

83. 3[2]. Tel était leur état d'esprit quand apparaît Moïse, rayonnant et plein de hautes pensées. Sa vue les délivre d'inquiétude et leur fait concevoir pour l'avenir de meilleures espérances; l'air redevint
84. serein et pur des récentes perturbations, quand Moïse arriva. Là-dessus, il convoque le peuple en assemblée pour entendre ce que Dieu lui a dit. Dès qu'ils sont réunis, il se place sur une hauteur, d'où tous pouvaient l'entendre, et dit[3] : « Hébreux, Dieu, comme naguère, m'a accueilli avec bonté et, pour vous prescrire des règles de vie heureuse et un gouvernement ordonné, il va paraître lui-
85. même dans le camp. C'est pourquoi, par égard pour lui et tout ce qu'il a déjà fait pour vous, ne méprisez pas ce que je vais dire en me considérant, moi qui vous parle, ou sous prétexte que c'est une bouche humaine qui vous le transmet. Car, si vous considérez l'excellence de mes paroles, vous reconnaîtrez la grandeur de celui qui l'a

1. *Ex.*, XIX, 16.
2. *Ex.*, XIX, 14.
3. Tout ce discours est un hors-d'œuvre, malgré les prétentions d'exactitude formulées plus haut, § 81.

conçu et qui, dans votre intérêt, n'a pas dédaigné de me les confier.
86. Ce n'est pas Moïse, fils d'Amaram et de Jocabed, c'est celui qui a contraint le Nil à rouler en votre faveur des flots sanglants et dompté
par toutes sortes de fléaux l'orgueil des Égyptiens, celui qui, à travers la mer, vous a ouvert un chemin, celui qui a fait descendre une
nourriture du ciel quand vous étiez dans le besoin, celui qui a fait
87. jaillir du rocher l'eau qui vous manquait, celui grâce à qui Adam
reçut les produits de la terre et de la mer, grâce à qui Noé échappa
au déluge, grâce à qui Abram, notre ancêtre, cessant d'errer, s'établit dans la Chananée, celui qui a fait naître Isac de parents âgés,
qui orna Jacob des vertus de douze fils, grâce à qui Joseph gouverna la puissance des Égyptiens, c'est celui-là qui vous favorise de
88. ces commandements en se servant de moi comme interprète. Qu'ils
aient toute votre vénération ; soyez-en plus jaloux que de vos enfants
et de vos femmes. Vous aurez une vie de félicité si vous les suivez ;
vous jouirez d'un pays fertile, d'une mer à l'abri des orages, et vos
enfants naîtront d'une façon normale et vous serez redoutables à vos
ennemis. Car, admis à la contemplation de Dieu, il m'a été donné
d'entendre sa voix immortelle, tant il prend souci de votre race et
de sa conservation ! »
89. 4[1]. Après ces paroles, il fait avancer le peuple avec les femmes
et les enfants, pour entendre Dieu leur parler de leurs devoirs, afin
que la vertu de ces paroles ne fût pas altérée par le langage humain,
90. qui les eût affaiblies en les transmettant à leur connaissance. Tous
entendent une voix venue d'en haut, elle leur parvient à tous, de manière qu'ils ne perdent aucune de ces dix paroles que Moïse a laissées écrites sur les deux tables. Ces paroles, il ne nous est pas permis[2]
de les dire explicitement, en toutes lettres, mais nous en indiquerons le sens.

1. *Ex.*, xx, 1.

2. Scrupule assez singulier que nous ne retrouvons pas dans la littérature rabbinique. — Josèphe croit voir dans le texte sacré, d'ailleurs obscur à cet égard (cf. *Ex.*, xx, 16), que les Israélites auraient entendu toutes les dix paroles. La tradition n'est pas absolument fixée à ce sujet. Voir *Ex. Rabba*, xxx, *Makkot*, 24 *a* : selon une opinion talmudique, citée dans ce traité, les Hébreux n'auraient perçu que les deux premières.

91. 5. La première parole nous enseigne que Dieu est Un, qu'il ne faut vénérer que lui seul[1]. La deuxième nous commande de ne faire aucune image d'animal[2] pour l'adorer, la troisième de ne pas invoquer Dieu en vain, la quatrième d'observer chaque septième jour
92. en nous abstenant de tout travail, la cinquième d'honorer nos parents, la sixième de nous garder du meurtre, la septième de ne point commettre d'adultère, la huitième de ne point voler, la neuvième de ne pas rendre de faux témoignages, la dixième de ne rien convoiter qui appartienne à autrui.

93. 6[3]. Et le peuple, après avoir entendu Dieu lui-même leur dire ce que Moïse avait annoncé, se réjouit de ces paroles et l'assemblée fut dissoute. Les jours suivants, venant à maintes reprises vers la tente de Moïse, ils le prièrent de leur procurer aussi des lois de la part
94. de Dieu. Moïse leur établit ces lois et il leur indiqua ultérieurement d'une façon complète comment on devait les pratiquer : j'en ferai mention en temps opportun. Mais, pour la majeure partie de ces lois, je les remets à un autre livre, car j'en ferai l'objet d'une exposition spéciale[4].

1. Comme on voit, cette première parole correspond dans l'*Exode* aux versets 2 et 3 du ch. xx. Cette manière de classer les phrases initiales du Décalogue n'est pas celle de tous les docteurs du Talmud. Celle qui semble prévaloir dans *Makkot*, 24 *a*, consiste à faire de la phrase : « Je suis l'Éternel ton Dieu, etc... », (que Josèphe modifie beaucoup) le premier des dix commandements ; le second comprendrait la défense d'adorer un autre Dieu et de représenter Dieu par une image. Le classement adopté par Josèphe était sans doute celui des écoles palestiniennes, où il avait été instruit.

2. L'Écriture (*Ex.*, xx, 4) interdit toute image quelconque de ce qui est dans le ciel, sur la terre ou dans les eaux. Il est visible que Josèphe, ici, n'indique pas simplement le sens du deuxième commandement. L'expression « aucune image d'*animal* » paraît bien tendancieuse. Josèphe proteste déjà, avant de les réfuter dans son *Contre Apion*, contre les fables diffamatoires des Mnaséas, Posidonios, Apollonios Molon et autres pamphlétaires alexandrins, qui accusaient les Juifs d'adorer une tête d'âne dans le sanctuaire. C'est sans doute la même arrière-pensée qui fait dire à Josèphe un peu plus loin (§ 113 et 126) que les tissus des voiles du tabernacle avaient toute espèce d'ornements, sauf des *figures d'animaux*, alors que l'Écriture prescrit précisément les figures de *keroubim* (voir p. 171, n. 3).

3. *Ex.*, xx, 18.

4. Voir *Ant.*, IV, § 196.

95. 7[1]. Les choses en étaient là, quand Moïse gravit de nouveau le mont Sinaï, après en avoir averti les Hébreux. C'est sous leurs yeux qu'il effectua son ascension. Mais, comme le temps passait — il y avait quarante jours qu'il s'était séparé d'eux —, la crainte saisit les Hébreux qu'il ne fût arrivé malheur à Moïse, et, entre toutes les infortunes qui les avaient atteints, rien ne les chagrinait comme de
96. penser que Moïse avait péri. Il y avait contestation parmi les hommes : les uns disaient qu'il était tombé victime des bêtes fauves, — c'étaient principalement les gens dont les dispositions lui étaient hostiles qui émettaient cette opinion, — les autres disaient que la divinité
97. l'avait retiré à elle. Mais les gens sensés, qui n'avaient de préférence personnelle pour aucun de ces deux avis, qui pensaient que mourir sous la dent des bêtes était un accident humain et qui estimaient vraisemblable aussi que, grâce à la vertu dont il était orné, il eût été transporté par Dieu auprès de lui, trouvaient dans ces pensées
98. la quiétude. Pourtant, en songeant qu'ils étaient privés d'un patron et d'un protecteur tel qu'ils ne pourraient en trouver de semblable, ils ne cessaient de s'affliger extrêmement, et ni l'attente où ils étaient de quelque bonne nouvelle à son sujet ne les autorisait à prendre le deuil, ni ils ne pouvaient s'empêcher de pleurer et de montrer de l'abattement. Quant à lever le camp, ils n'osaient, Moïse leur ayant prescrit de l'attendre là.

99. 8[2]. Lorsque quarante jours furent écoulés et autant de nuits, Moïse revint sans avoir goûté d'aucun aliment[3] de ceux qui sont en usage parmi les hommes. Son apparition remplit l'armée de joie ; il leur dévoila la sollicitude que Dieu témoignait à leur égard, disant qu'il lui avait montré pendant ces jours comment ils devraient
100. s'administrer pour vivre heureux, et que Dieu voulait qu'on lui fît un tabernacle[4] où il descendrait quand il viendrait auprès d'eux, « afin que, dit-il, dans nos déplacements nous l'emportions avec nous et qu'il ne nous soit plus nécessaire de monter au Sinaï, mais

1. *Ex.*, XXXII, 1.
2. *Ex.*, XXXII, 15.
3. *Ex.*, XXXIV, 28.
4. *Ex.*, XXV, 8.

que Dieu lui-même, fréquentant ce tabernacle, soit présent à nos
101. prières. Ce tabernacle se fera dans les dimensions et avec l'aménagement qu'il a lui-même indiqués et vous vous mettrez à ce travail activement ». Cela dit, il leur montre deux tables[1] où se trouvaient gravées les dix paroles, cinq sur chacune d'elles[2]. Et l'écriture était de la main de Dieu[3].

CHAPITRE VI

1. *Les matériaux du tabernacle.* — 2. *Description de l'atrium (parvis).* — 3. *Le tabernacle proprement dit.* — 4. *Son aménagement intérieur.* — 5. *L'arche.* — 6. *La table.* — 7. *Le candélabre.* — 8. *Les deux autels.*

102. 1[4]. Joyeux de ce qu'ils avaient vu et de ce qu'ils avaient ouï dire à leur chef, ils ne se lassèrent pas de déployer tout le zèle dont ils étaient capables. Ils apportent de l'argent, de l'or et du cuivre, des bois de la nature la plus précieuse et qui n'avaient rien à craindre de la putréfaction[5], du poil de chèvre, et des peaux de moutons, les

1. L'omission de l'épisode du veau d'or qui remplit le XXXIIe chap. de l'*Exode* est très remarquable : Josèphe évite, ici encore, ce qui pourrait donner prise aux fables malveillantes des ennemis des Juifs.

2. L'Écriture ne dit rien au sujet de la disposition des dix commandements sur les tables ; mais la tradition s'en occupe. L'opinion de Josèphe est aussi celle qu'exprime R. Ḥanina ben Gamliel (Tanna du commencement du IIe siècle), tandis que d'autres docteurs pensent que les dix commandements étaient sur chacune des deux tables. Cette discussion se trouve dans *Mechilta* (sur *Ex.* XX, 16). *j. Schekalim*, VI, 1 ; *j. Sota*, 22 *d* ; *Ex. Rabba*, XLVII ; *Cant. Rabba* (sur *Cant.*, V, 14). Josèphe ajoute plus loin (§ 138) que les cinq commandements de chaque table étaient gravés deux et demi par colonne. Cette disposition comportant deux colonnes par table ne parait pas connue de la tradition rabbinique.

3. *Ex.*, XXXI, 18 ; XXXII, 16.

4. *Ex.*, XXV, 1 ; XXXV, 4.

5. Josèphe traduit l'hébreu *Schittim* (*Ex.*, XXV, 5) de la même façon que les LXX

unes teintes en violet d'hyacinthe, les autres en écarlate; d'autres offraient l'éclat de la pourpre; d'autres avaient la couleur blanche.
103. Ils apportent aussi des laines teintes de ces mêmes couleurs, de fin lin byssus, avec des pierres encastrées dans leurs tissus, de celles que les hommes enchâssent dans l'or et qui leur servent de parure de prix, enfin une quantité d'aromates. C'est avec ces matériaux que Moïse construisit le tabernacle, qui ne différait en rien d'un temple
104. portatif et ambulant. Tous ces objets ayant été rassemblés avec empressement, chacun ayant fait ce qu'il pouvait et au-delà, il prépose des architectes aux travaux, selon les instructions de Dieu, ceux-
105. là mêmes que le peuple eût choisis s'il en eût eu le droit. Voici quels étaient leurs noms[1] — car on les trouve consignés dans les livres saints — : Béséléèl(os)[2], fils d'Ouri, de la tribu de Juda, petit-fils de Mariamme, la sœur du chef, et Eliab(os)[3], fils d'Isama-
106. ch(os)[4], de la tribu de Dan. Mais le peuple mettait tant d'ardeur à s'engager dans cette entreprise que Moïse dut les écarter, en faisant proclamer qu'il y avait assez de monde[5]; c'est ce que les artisans
107. lui avaient dit. Ils se mettent donc à la confection du tabernacle. Et Moïse leur donna, conformément au plan de Dieu, les indications détaillées au sujet des mesures, au sujet de la grandeur du tabernacle et des objets qu'il devait contenir pour le service des sacri-

ὅλα ἄσηπτα). On peut rapprocher de cette exégèse une opinion rapportée dans une baraïta (*Yoma*, 72 *a*; *Soukka*, 45 *b*), selon laquelle les mots עצי שטים עומדים (*Ex.*, xxvi, 15) signifieraient : des bois de Schittim qui *tiennent* (indéfiniment).

1. *Ex.*, xxxi, 2.

2. Héb. : Beçalel. Nous lisons avec Bernard υἱωνός (mss. υἱός). En effet, dans l'Écriture on nomme son grand-père Ḥour. Or, précédemment (§ 54), Josèphe a indiqué que Ḥour était le mari de Miriam. Voir la note sur ce passage.

3. Héb. : Ohòliab.

4. Héb. et LXX : Aḥisamach. Les premières lettres sont peut-être tombées dans le texte de Josèphe, à moins qu'il ne les ait supprimées dans le souci de gréciser, séduit par l'allure grecque du mot Ἰσάμαχος?

5. *Ex.*, xxxvi, 5. Le grec emploie l'expression assez obscure de τοὺς ὄντας. Dans la Bible, les artisans viennent déclarer à Moïse que les offrandes du peuple sont surabondantes. La *Version latine* des *Antiquités*, où on lit ici : « ea quae data fuissent », semble refléter une leçon plus satisfaisante, en tout cas plus conforme à l'hébreu.

fices. Les femmes elles-mêmes[1] rivalisaient de zèle à fournir les vêtements sacerdotaux et tout ce qui était nécessaire encore à l'ornementation de l'œuvre et au service divin.

108. 2. Quand tout fut prêt, l'or, [l'argent], l'airain, et les tissus,
Moïse, après avoir prescrit une fête et des sacrifices selon les
109. moyens de chacun, dresse le tabernacle[2]. Il commence par mesurer avec soin une cour[3] de cinquante coudées de large et de cent coudées de long; il y plante des pieux de cuivre de cinq coudées de haut, vingt de chaque côté dans le sens de la longueur et dix dans la largeur du côté qui faisait le fond. Des anneaux étaient adaptés à chacun de ces pieux. Les chapiteaux étaient en argent, les socles, qui ressemblaient à des pieds de lance, étaient de cuivre et
110. s'enfonçaient dans le sol[4]. Aux anneaux étaient fixées des cordes dont l'autre extrémité était attachée à des piquets de cuivre longs d'une coudée qui, pour chaque pieu, s'enfonçaient en terre de façon à rendre le tabernacle immobile sous la poussée des vents. Un voile de byssus extrêmement fin régnait sur tous ces pieux; il pendait du chapiteau jusqu'au socle, se déployant avec ampleur et il environnait tout cet espace d'une enceinte qui ne
111. paraissait pas différer d'un mur. Tel était l'aspect de trois faces de l'aire sacrée. Dans la quatrième (cette dernière, qui avait cinquante coudées, formait le front de l'ensemble) vingt coudées s'ouvraient en porte, où se trouvaient de part et d'autre deux pieux à l'imitation de pylones; ces pieux étaient entièrement revêtus d'argent[5] à l'exception
112. des socles, lesquels étaient en cuivre. De chaque côté du porche[6], se dressaient trois pieux solidement introduits dans les montants qui

1. *Ex.*, xxxv, 25.
2. *Ex.*, xl, 17.
3. *Ex.*, xxvii, 9. Josèphe emploie à dessein le mot αἴθριον, équivalent du latin *atrium*, par souci de modernisme. L'hébreu *haçèr* (parvis) est traduit par αὐλή dans les LXX.
4. Nous traduisons d'après *Ex.*, xxvii, 10. Le texte de Josèphe est altéré.
5. Il n'est pas question dans l'hébreu (xxvii, 16) de ce revêtement d'argent.
6. C'est-à-dire aux deux ailes de cette face antérieure, chacune de 15 coudées de large, ce qui, avec les 20 coudées de la porte, complétait les 50 coudées de la largeur totale.

soutenaient les portes et fortement ajustés; autour de ces pieux
113. aussi était tendu un voile tissé de byssus. Mais devant les portes,
sur une longueur de vingt coudées et une hauteur de cinq, régnait
un voile de pourpre et d'écarlate, tissé avec l'hyacinthe et le byssus,
garni de quantité d'ornements de couleurs variées, mais sans rien
114. qui représentât des formes d'animaux[1]. En dedans des portes se
trouvait un bassin de cuivre[2] destiné aux aspersions, avec un fondement du même métal; c'est là que les prêtres pouvaient se laver les mains et répandre de l'eau sur leurs pieds. C'est ainsi que l'enceinte de la cour sacrée était aménagée.

115. 3[3]. Quant au tabernacle, Moïse le dresse au milieu en le tournant
du côté de l'orient, afin que le soleil, aussitôt à son lever, lui envoyât
ses rayons. Sa longueur s'étendait sur trente coudées, sa largeur
sur dix ; l'un des murs était au sud, l'autre au nord ; derrière le fond
116. se trouvait le couchant. Il fallait lui donner une hauteur égale à la
largeur. Chaque flanc était formé de solives de bois au nombre
de vingt[4], taillées en forme rectangulaire, larges d'une coudée et
117. demie, avec une épaisseur de quatre doigts[5]. Elles portaient de tous les
côtés un revêtement de lames d'or, sur les parties intérieures comme
sur les parties extérieures. Chacune d'elles était pourvue de deux
tenons s'enfonçant dans deux socles ; ceux-ci étaient en argent et
118. avaient chacun une ouverture pour recevoir les tenons. Le mur
occidental avait six solives, fixées toutes soigneusement les unes aux
autres, de sorte que, les joints se trouvant bien clos, elles semblaient
ne faire qu'un mur ; elles étaient dorées sur la partie interne et externe.
119. Ainsi le nombre des solives était en proportion de la longueur de
chaque face. [Sur les grands côtés] il y en avait vingt et l'épaisseur
de chacune d'elles était d'un tiers d'empan[6] [la largeur d'une coudée

1. Détail étranger à la Bible. Cf. plus loin, § 126.
2. *Ex.*, xxx, 18.
3. *Ex.*, xxvi, 1.
4. *Ex.*, xxvi, 16; xxxvi, 21.
5. L'*Exode* ne dit rien à ce sujet. La tradition croit que ces planches ou solives avaient une coudée d'épaisseur (*Schabbat*, 98 *b*).
6. Ou d'une palme (*tofah* en hébreu), c'est-à-dire de 4 doigts, comme il a été dit plus haut (§ 116).

et demie][1], de sorte qu'elles remplissaient une longueur de trente coudées. Du côté du mur d'arrière, où les six solives réunies ne faisaient que neuf coudées, on fit deux autres solives chacune d'une [demi-] coudée [2] qu'on plaça aux angles et qu'on orna de la même
120. façon que les solives plus larges. Toutes ces solives étaient garnies d'anneaux d'or sur leur face externe, bien encastrées comme par des racines, alignées et se correspondant mutuellement sur tout le pourtour; par ces anneaux passaient des barres dorées d'une longueur de cinq coudées[3] servant à assembler les solives entre elles; chaque barre entrait par son extrémité dans la suivante comme
121. dans une vertèbre artificielle faite en forme de coquillage. Du côté du mur postérieur se trouvait une barre unique qui passait par toutes les solives et où pénétraient transversalement les extrémités des barres de chacun des deux grands côtés: ce qui les assujettissait comme par des charnières, la pièce mâle s'emboîtant dans la pièce femelle. Tout cela maintenait le tabernacle, en l'empêchant d'être agité par les vents ou par toute autre cause, et devait lui procurer l'immobilité et une stabilité parfaite.

122. 4[4]. A l'intérieur, divisant sa longueur en trois parties, à dix coudées du fond il dressa quatre solives, fabriquées comme les autres, posées sur des socles identiques, en les espaçant un peu entre elles; au-delà de ces solives c'était le sanctuaire secret; le reste du taber-
123. nacle était ouvert aux prêtres. Il se trouva que cette division du tabernacle imitait la nature universelle[5]. En effet, la troisième par-

1. La lacune est évidente.
2. Le texte a ἐκ πήχεως, mais la largeur du pavillon devant être de 10 coudées, ces piliers placés aux angles ne pouvaient avoir qu'une demi-coudée de large, au lieu d'une coudée et demie comme les autres.
3. Cette donnée ne provient pas de l'Écriture, qui n'indique pas les dimensions de ces barres et déclare seulement qu'il y en avait cinq pour chaque face du tabernacle. D'après la tradition, ces cinq barres se départageaient ainsi : deux barres en haut bout à bout, et deux en bas, plus une au milieu qui passait à travers les solives elles-mêmes. Dans le système de Josèphe, cette disposition d'une barre qui passerait par toutes les solives est spéciale à la paroi postérieure (côté ouest) du tabernacle.
4. *Ex.*, XXVI, 31.
5. Voir plus loin, § 180 sqq., la même comparaison, reprise avec plus de détails.

tie, en dedans des quatre solives, qui était inaccessible aux prêtres, s'ouvrait comme le ciel à Dieu ; l'espace des vingt coudées, comme la terre et la mer sont accessibles aux hommes, était de même
124. accordé aux seuls prêtres. Mais sur le front, où on avait fait l'entrée, se dressaient des solives d'or posées sur des socles d'argent, au nombre de cinq. On recouvrait le tabernacle de tissus où le byssus
125. se mêlait à la pourpre, à l'hyacinthe et à l'écarlate. Le premier avait dix coudées de côté ; il était tendu devant les colonnes qui, divisant transversalement le temple, en interdisaient l'intérieur ; et c'est ce voile qui empêchait que personne pût y jeter les regards. L'ensemble du temple s'appelait Saint, mais la partie inaccessible en dedans
126. des quatre solives, le Saint des Saints. Cette tenture était fort belle, parsemée des fleurs les plus diverses [1] que porte la terre, et portant dans son tissu tous les ornements propres à l'embellir, à
127. l'exception des figures d'animaux [2]. Une autre [3], toute pareille par les dimensions, par le tissu et par la couleur, couvrait les cinq solives situées à l'entrée ; à l'angle de chaque solive un anneau la maintenait et elle pendait du sommet jusqu'à mi-hauteur de la solive ; le reste de l'espace livrait passage aux prêtres qui y péné-
128. traient. Par dessus cette tenture, il y en avait une autre de mêmes dimensions faite de lin, qu'on tirait à l'aide de cordons d'un côté ou de l'autre ; des anneaux étaient adjoints au voile et au cordon pour le déployer ou le retenir, après qu'on l'aurait tiré dans l'angle, afin

1. Le texte hébreu n'en dit rien.

2. Il est très remarquable que Josèphe, non seulement ne mentionne pas ici les *keroubim*, figures d'animaux ailés, qui étaient, selon *Ex.*, XXVI, 31, entre-tissées dans ce voile et que les LXX, eux, reproduisent (ποιήσεις αὐτὸ Χερουβίμ), mais même les exclue formellement (cf. aussi § 113). Le but de Josèphe paraît être, comme plus haut (v. p. 164, n. 2), de proclamer l'éloignement du judaïsme pour toute représentation d'être animé. Il ne peut pas cependant ne pas mentionner plus loin les keroubim de l'arche sainte (§ 137); mais il se tire d'affaire en disant que ces êtres ailés ne ressemblaient à rien sous le ciel. Notons encore, pour le présent passage, que la Vulgate ne parle pas non plus d'êtres ailés, de chérubins : elle traduit le mot *keroubim* (XXVI, 1 et 31) par *variatas* et *et pulchra varietate contextum*.

3. *Ex.*, XXVI, 36.

qu'il n'interceptât point la vue, surtout dans les jours exception-
129. nels. Les autres jours, et principalement quand le temps était neigeux, on le déployait et on en faisait ainsi un abri imperméable pour le voile de couleurs : de là l'usage s'est maintenu, même quand nous avons construit le temple, d'étendre ainsi un rideau devant
130. l'entrée. Dix autres[1] tentures de quatre coudées de large et de vingt-huit coudées de long, pourvues de charnières d'or[2], s'adaptaient ensemble par l'insertion des gonds dans les cylindres, de façon à présenter l'aspect d'une seule et même pièce[3]. Tendues ensuite par-dessus le sanctuaire, elles couvraient tout le haut ainsi que les parois latérales et postérieures jusqu'à une distance d'une
131. coudée du sol. Il y avait encore d'autres tentures[4] d'égale largeur, plus nombreuses d'une pièce que les précédentes, et d'une longueur plus considérable : elles avaient, en effet, trente coudées. Elles étaient tissées de poil, mais présentaient la même finesse de travail que celles de laine : on les laissait pendre librement jusqu'à terre[5], et aux portes elles offraient l'aspect d'un fronton et d'un portique,
132. la onzième pièce étant employée à cet effet. D'autres pièces recouvraient celles-ci, préparées avec des peaux ; elles servaient d'enveloppe et de protection aux tissus contre les ardeurs du soleil ainsi qu'en cas de pluie. On était tout à fait saisi quand on les regardait de loin : leur coloration paraissait toute semblable
133. à celle qu'on peut voir dans le ciel. Les couvertures de poils et de peaux descendaient également sur le voile tendu contre la porte pour la défendre du soleil et des dégâts causés par les pluies.

134. 5. C'est ainsi que fut construit le tabernacle. On fit aussi pour

1. *Ex.*, XXVI, 1.
2. Dans l'héb. et les LXX, il est question de nœuds bleu azur et d'agrafes d'or.
3. L'Écriture parle de deux pièces formées chacune de cinq tentures.
4. *Ex.*, XXVI, 7.
5. D'après le Talmud (*Sabbat*, 98 *b*), les tentures traînaient même sur le sol. Un docteur de l'école d'Ismaël (IIe siècle) compare le tabernacle à « une femme qui se promène avec une robe à traîne ».

Dieu une arche [1] de bois solide et incapable de se putréfier [2]. Cette
arche se nomme *érôn* [3] dans notre langue. Elle était constituée de
135. la façon suivante : elle avait une longueur de cinq empans [4], une
largeur et une hauteur égales de trois empans. En dedans et en
dehors elle était toute recouverte d'or de façon à masquer la boiserie ; par des pivots [5] d'or un couvercle la fermait avec une merveilleuse exactitude ; il s'y adaptait partout également ; nulle part
136. aucune saillie ne blessait cette heureuse correspondance. A chacun
des deux grands côtés étaient fixés deux anneaux d'or qui traver-
saient tout le bois et dans ces anneaux passaient de petites barres
dorées de chaque côté, pour permettre, quand il le faudrait, de
mettre l'arche en mouvement et de la déplacer — car on ne la transportait pas à dos de bêtes, c'étaient les prêtres qui s'en chargeaient.
137. Sur le couvercle se trouvaient deux figures, que les Hébreux
appellent *Cheroubeis* [6]. Ce sont des êtres ailés, d'une forme telle que
jamais on n'en a vu de semblable sous le ciel. Moïse dit qu'il les a
138. vus sculptés en bas-relief sur le trône de Dieu [7]. C'est dans cette arche
qu'il déposa les deux tables, où se trouvaient consignées les dix
paroles, cinq sur chaque table [8] et deux et demie par colonne, et il
plaça l'arche elle-même dans le sanctuaire.
139. 6 [9]. Dans le temple, il dressa une table pareille à celles de Delphes,
de deux coudées de long, d'une coudée de large et de trois empans de
haut. Elle reposait sur des pieds qui dans leur moitié inférieure étaient
sculptés, avec un art achevé, pareils à ceux que les Doriens mettent à
leurs lits ; dans la partie supérieure, près de la table proprement dite,

1. *Ex.*, xxv, 10 ; xxxvii, 1.
2. Voir plus haut, p. 166, n. 5.
3. Héb. : *aron*.
4. Ce qui équivalait aux 2 coudées et demie de la Bible, la coudée (héb. : *ammat*) valant 2 empans (héb. : *zéret* ; cf. I *Sam.*, xvii, 4).
5. Détail personnel à Josèphe.
6. *Ex.*, xxv, 18 ; xxxvii, 7. Voir plus haut, p. 171, n. 2.
7. Quoi qu'en dise Josèphe, on ne trouve rien de semblable dans le Pentateuque. Il y a peut-être ici un souvenir de la vision d'Ezéchiel.
8. Voir plus haut, p. 166, n. 2.
9. *Ex.*, xxv, 23 ; xxxvii, 10.

140. on leur avait donné une forme quadrangulaire. Elle était évidée de
chaque côté sur une profondeur d'environ quatre doigts[1]; un liseré
courait autour de la partie supérieure et de la partie inférieure du
corps de la table. Chaque pied était muni d'un anneau, non loin du
couvercle; par ces anneaux passaient des barres dorées, intérieu-
141. rement en bois, et qu'on pouvait retirer facilement. En effet, la
partie du pied embrassée par l'anneau était creuse (?); les anneaux mêmes n'étaient pas tout d'une pièce; au lieu de faire un
cercle complet, leurs extrémités se terminaient en deux pointes,
dont l'une s'insérait dans le rebord supérieur de la table et l'autre
142. dans le pied. C'est par ces appareils qu'on la transportait en route.
Sur cette table, qu'on plaçait dans le temple en la tournant vers le
nord, non loin du sanctuaire, on disposait douze pains[2] azymes en
deux séries opposées de six, faits de farine de froment parfaitement
pure, dont on prenait deux *assarôns*, mesure hébraïque qui vaut
143. sept cotyles attiques[3]. Au-dessus des pains on posait deux coupes
d'or remplies d'encens. Au bout de sept jours, on apportait de nouveaux pains, le jour que nous appelons sabbat; c'est ainsi que nous
appelons le septième jour. Quant à la raison qui fit imaginer tout
cela, nous en parlerons ailleurs[4].
144. 7[5]. Vis-à-vis de la table, mais près de la paroi tournée vers le
midi, se trouvait un candélabre d'or fondu en creux du poids de
cent mines, poids que les Hébreux appellent *kinchares*[6]; ce qui,
145. traduit en grec, répond à un talent. Il était composé de petites

1. Ou une palme. Dans la description que donne l'*Exode*, la table n'est pas évidée : elle est entourée d'un châssis d'une palme de longueur; un liseré d'or court autour de la table même; un autre entoure le châssis.

2. *Lévitique*, XXIV, 5; *Ex.*, XXV, 30.

3. Cette assimilation paraît erronée. Le cotyle vaut $0^{l},27$ et l'issarôn $3^{l},64$ (cf. J. Benzinger, *Hebräische Archaeologie*, 1894, p. 179) : or 7 cotyles ne feraient en tout que $1^{l},89$. Peut-être faut-il lire dans le grec 27 cotyles ($27 \times 0,27 = 7,29 = 2 \times 3,64$).

4. Josèphe fait allusion à l'ouvrage qu'il méditait de composer sur les motifs rationnels des prescriptions mosaïques (cf. *Ant.*, I, préamb., § 25).

5. *Ex.*, XXV, 31.

6. Héb. : *kikkar*; LXX : τάλαντον. Mais le talent grec vaut 60 mines et non 100.

sphères et de lis avec des grenades[1] et de petits cratères; en tout,
soixante-dix objets[2]. Il était constitué par ces objets depuis la base,
qui était unique, jusqu'en haut. On lui avait donné autant de branches
146. qu'on compte de planètes avec le soleil. Il se séparait en sept têtes
disposées à intervalles égaux sur une rangée. Chaque tête portait
une lampe, rappelant le nombre des planètes; elles regardaient
l'orient et le midi, le candélabre étant disposé obliquement.
147. 8[3]. Entre ce dernier et la table, en dedans, se trouvait, comme
j'ai déjà dit, un encensoir en bois, du même bois imputrescible
que les ustensiles précédents, avec une lame de métal massive
148. incrustée tout autour. Il avait une coudée de large de chaque côté
et deux coudées de haut. Sur cet encensoir était disposé un bra-
sier d'or, pourvu à chaque angle d'une couronne[4] formant un cercle
149. d'or: à ces couronnes s'adaptaient des anneaux et des barres qui
servaient aux prêtres à porter l'encensoir en route. On érigea aussi
par devant le tabernacle un autel de cuivre[5], dont l'intérieur était
aussi en bois; il mesurait cinq coudées carrées de surface, et trois
coudées de haut; il était également orné d'or et soigneusement re-
couvert de lames de cuivre avec un foyer pareil à un réseau; c'était,

1. Dans l'Écriture, le mot correspondant signifie : branche, roseau. Les LXX traduisent par καλαμίσκοι.

2. La tradition (*Menaḥot*, 28 *b*) essaye également d'énumérer les différentes parties de la *menora* (candélabre). Elle trouve 22 calices, 11 sphères et 9 fleurs. Le chiffre de 70 parait arbitraire, en ce qui concerne le tabernacle mosaïque. Mais Josèphe songe toujours, dans sa description, au temple de Jérusalem et il n'est pas impossible que le candélabre pris par les Romains ait compté 70 ornements. Reland croit pouvoir retrouver ce nombre sur le bas-relief de l'arc de Titus. On pourrait encore prétendre que le chiffre de 70 est imaginé par Josèphe pour les besoins du symbolisme : il dit, en effet, plus loin (§ 182) que les 70 parties du candélabre rappellent les 10 degrés des 7 planètes.

3. *Ex.*, xxx, 1.

4. Tous les traducteurs de la Bible, y compris les LXX (τὰ κέρατα), rendent par *cornes* l'hébreu קרנות. L'opinion de Josèphe ne se retrouve nulle part ailleurs. La tradition ne nous dit rien sur la forme des cornes de l'autel d'or ; quant à l'autel de cuivre, ses cornes, selon Maïmonide (*Mischné Torah*, H. *Bet Habeḥira*, II, 8), étaient des parallélipipèdes creux de 5 palmes de haut et de 1 coudée carrée de surface.

5. *Ex.*, xxvii, 1 et xxxv, 16.

en effet, la terre qui recevait tout le feu qui tombait du foyer[1], la
150. base ne s'étendant pas sous toute la surface de l'autel. En face de l'autel étaient placées des cruches à vin, des coupes, avec des cassolettes et des cratères d'or[2]. Tous les autres objets affectés au service sacré étaient faits de cuivre.

Tel était le tabernacle avec tous ses ustensiles.

CHAPITRE VII

1. *Vêtements des prêtres ordinaires : le caleçon.* — 2. *La tunique; la ceinture.* — 3. *Le bonnet.* — 4. *Vêtements du grand-prêtre : la tunique.* — 5. *L'éphoudès; l'essèn avec les pierres précieuses; la ceinture.* — 6. *Le bonnet et la couronne d'or.* — 7. *Symbolisme de ces vêtements.*

151. 1[3]. On fit aussi des vêtements pour les prêtres tant pour ceux

1. Josèphe simplifie la description donnée par l'Écriture, description d'ailleurs peu claire et favorisant la diversité des interprétations. Le foyer dont parle Josèphe correspond évidemment au *mikhbar*. Josèphe ne parle pas du *karkob*, sorte de plate-forme ou d'entablement (voir Talmud, *Zebaḥim*, 32 *b*). Les LXX traduisent, comme Josèphe, mikhbar par ἐσχάρα (ἔργῳ δικτυωτῷ) : d'ailleurs, karkob est aussi rendu dans les LXX par ἐσχάρα. Ce karkob, qui était en cuivre, était probablement destiné, selon l'interprétation de *Pseudo-Jonathan* sur *Ex.*, XXVII, 5, à recevoir les charbons et les cendres qui tombaient du foyer proprement dit.

2. Les objets correspondants mentionnés dans *Ex.*, XXVII, 3, ne sont pas compris de la même façon par tous les traducteurs ; cf. LXX *ad loc.*, et les Targoumim.

3. *Ex.*, XXVIII et XXXIX; cf. *Bellum*, V, § 228, sqq.

qu'on appelle *chaanées*[1] que pour le grand-prêtre, qu'on intitule
152. *anarabaque*[2], ce qui signifie grand-prêtre...[3]. Quand le prêtre va
accomplir les rites sacrés, après avoir accompli les purifications
qu'exige la loi, il commence par revêtir ce qu'on appelle le *macha-
nasès*[4]. Ce mot veut dire un vêtement étroitement ajusté; c'est un
caleçon qui couvre les parties naturelles et qui est tissé de fin lin; on
y introduit les jambes comme dans des braies; il est coupé à mi-
corps et se termine aux cuisses, autour desquelles il se serre[5].
153. 2[6]. Par dessus, il revêt un vêtement de lin, fait d'un double tissu[7]
de byssus. On l'appelle *chéthoméné*[8], c'est-à-dire : tissu de lin; en
154. effet, nous appelons le lin *chéthôn*. Ce vêtement est une tunique qui
descend jusqu'aux talons[9]; elle est ajustée au corps, avec de longues

1. Ce mot est l'équivalent araméen, *kahanya*, de l'hébreu *kohanim*.

2. On a vu avec raison dans ce mot étrange une altération de l'araméen *kahana rabba*, grand-prêtre. La première syllabe *ka* a-t-elle été transposée à la fin du mot par une erreur de copiste, ou Josèphe a-t-il pensé que la forme *anarabaque* ou *arabaque* avait une allure plus grecque, il est difficile de le déterminer. L'origine araméenne du mot est, en tout cas, indiscutable.

3. Les mots qui suivent (τὴν μὲν οὖν — συμβέβηκεν) et qui, en bon grec, ne peuvent s'appliquer qu'à une description déjà faite, ne sont pas à leur place et paraissent faire double emploi avec le § 159, à moins qu'il n'y ait ici une lacune [T. R.].

4. *Ex.*, XXVIII, 42. Héb. : *michnesaïm*. C'est bien l'ordre qu'indique, de son côté, la tradition rabbinique résumée clairement dans Maïmonide, *M. Torah*, *H. Kelè Hamikdasch*, X, 1. Dans le Talmud, *Yoma*, 25 *a*, il est dit que le caleçon de lin est la première pièce de l'habillement des prêtres, d'après *Lév.*, XVI, 4.

5. Cf. la description un peu différente qui en est donnée dans *Nidda*, 13 *b*. Josèphe paraît admettre implicitement que ce caleçon est tout d'une pièce, ce que le Talmud exprime par ces mots אין להם לא בית הנקב ולא בית הערוה, d'après la prescription de l'*Exode* (XX, 36).

6. *Ex.*, XXVIII, 4.

7. D'après la tradition également (*Yoma*, 71 *b*), dans le tissu des vêtements sacerdotaux chaque fil était doublé plusieurs fois.

8. Héb. : *koutônet*, qui paraît être la même chose que le *chitôn* grec. Josèphe ne semble pas se douter de la parenté de ces deux mots. L'étymologie qu'il propose lui est inspirée par la traduction araméenne *kitôuna* de l'héb. *koutônet*; ce n'est qu'en araméen que ce mot signifie lin. Voir *Yoma*, 71 *b*.

9. D'après Maïmonide, qui résume les traditions talmudiques, la tunique allait également jusqu'aux talons (*M. Tora*, *Hil. Kelè Hamikdasch*, VIII, 17).

manches[1] serrées autour des bras ; on l'attache sur la poitrine et on l'enserre, un peu au-dessus de l'aisselle, d'une ceinture[2] large d'environ quatre doigts et faite d'un tissu ajouré[3] qui la fait ressembler à de la peau de serpent. Des fleurs se mêlent à son tissu, aux teintes variées d'écarlate, de pourpre, d'hyacinthe[4] ; la trame est unique-
155. ment de byssus. On commence à l'enrouler sur le sternum[5] ; puis après un nouveau tour on la noue et elle pend encore d'une grande longueur jusqu'aux talons, tant que le prêtre n'a rien à faire[6] ; car pour l'œil, c'est ainsi qu'elle présente un aspect agréable. Mais quand il lui faut vaquer aux sacrifices et faire son service, pour n'être pas gêné dans ses opérations par les mouvements de l'étoffe,
156. il la rejette en haut et la porte sur l'épaule gauche. Moïse lui a donné le nom d'*abaneth*[7] ; nous, les Babyloniens nous ont appris à

1. D'après le Talmud, *Yoma*, 72 *b*, les manches étaient cousues par exception à la tunique.

2. Pour cette ceinture, dont Josèphe dit plus loin le nom, la Bible donne peu d'indications. D'après le Talmud (*Yoma*, 72 *a* et *b*), cette ceinture est la même, qu'il s'agisse d'un grand-prêtre ou d'un prêtre ordinaire. Quant aux dimensions, la tradition, au contraire de Josèphe, n'indique que la longueur, non la largeur. D'après le Talmud (*Yoma*, 44), la ceinture de la tunique aurait eu 32 coudées de long ou 32 plis, selon la leçon de Rapoport (*Erekh Millin*, art. אמה). Maïmonide, *H. Kelè Hamikdasch*, VIII, 19 indique une largeur de 3 doigts, ce qui se rapproche de l'opinion de Josèphe.

3. C'est là sans doute le *taschbeç*, tissu à mailles dont parle l'Écriture, *Ex.*, XXVIII, 4, mais en l'attribuant seulement à la tunique.

4. Nous supprimons les mots καὶ βύσσου : le byssus n'est pas une teinture, mais sert de fond aux trois autres couleurs. Cf. § 183.

5. Selon la tradition (*Zebaḥim*, 18 *b*), l'*abnet* ne devait pas s'enrouler plus bas que les hanches, ni plus haut que l'aisselle. Le *Targoum Jonathan* sur *Ézéchiel*, XLIV, 18, emploie l'expression « sur leur cœur », ce qui répond au κατὰ στέρνον de Josèphe.

6. Josèphe semble contredire ici la règle qui veut que les prêtres ne portent l'*abnet* que pendant le service, car cette étoffe contient de la laine et du lin, autrement dit du *schaatnèz*, mélange interdit dans le texte du *Deutér.*, XXII, 11, que Josèphe lui-même reproduit plus loin (*Ant.*, IV, § 208). Comme Josèphe était de souche pontificale et ne peut ici être suspect d'erreur, on est porté à croire qu'on admettait de son temps l'opinion que le Talmud (*Yoma*, 12 *b*) met dans la bouche de R. Eléazar ben Simon (Tanna de la fin du IIe siècle), à savoir que la ceinture des prêtres ordinaires ne contenait pas de laine, mais seulement du byssus.

7. *Ex.*, XXVIII, 39 ; XXXIX, 29. Héb. : *abnet*.

la nommer *émian*[1], car c'est ainsi qu'on la désigne chez eux. Cette tunique ne fait de plis nulle part; elle présente une large ouverture à l'endroit du cou; à l'aide de cordonnets pendant du bord du vêtement du côté de la poitrine et du côté du dos, on l'attache au-dessus de chaque épaule. Elle s'appelle *mazabazanès*[2].

157. 3. Sur sa tête, le prêtre porte une calotte sans pointe et qui ne couvre pas la tête tout entière, mais se pose un peu au-dessus de sa partie médiane. Son nom est *masnaemphthès*[3]; elle est arrangée de façon à ressembler à une couronne, consistant en un épais ruban fait d'un tissu de lin[4]; car elle est repliée sur elle-même et cousue[5]
158. plusieurs fois. Ensuite un tissu vient par en haut recouvrir la calotte en descendant jusqu'au front; il cache la couture du ruban et tout ce qu'il présente de disgracieux et entoure tout le crâne d'une étoffe unie. On l'ajustait avec soin, de crainte qu'il ne roulât à terre pendant que le prêtre s'occupait du service sacré.

1. C'est la traduction araméenne du mot *abnet*, qu'on trouve, d'ailleurs, dans les Targoumim. Le mot *hémyân* est un mot persan.

2. Ce mot correspond à l'hébreu *mischbéçeth*, substantif tiré du verbe *schabbeç*, que l'Écriture emploie pour expliquer le tissu de la tunique. D'après Josèphe, le tissu de la tunique des prêtres ordinaires et de la tunique du grand-prêtre serait le même, ce qui concorde avec l'opinion du Talmud (*Yoma*, 12 *b*) pour lequel l'*abnet* seul est tissé différemment, selon qu'il s'agit du grand-prêtre ou du prêtre ordinaire (laine et lin pour le premier, lin seulement pour le second). Ce qui prouve que Josèphe se réfère ici à la tradition, c'est que de l'examen des versets (*Ex.*, XXVIII, 4, 39) il semble résulter que le mot *schabbeç* s'applique exclusivement à la tunique du grand-prêtre.

3. Héb. : *miçnéfet*. Josèphe attribue aux prêtres ordinaires la coiffure qui, d'après *Ex.*, XXVIII, 4, est celle du grand-prêtre seul. Les prêtres ordinaires avaient, selon la Bible, la *migba'a*. L'erreur ou la confusion est d'ailleurs insignifiante, car ces deux sortes de coiffure étaient formées de bandes analogues, qui toutefois s'enroulaient autour de la tête de deux façons différentes (cf. Maïmonide, *H. Kelè Hamikdasch*, VIII, 2, d'après *Yoma*, 71 *b*. Voir ce que dit Josèphe plus loin, § 172).

4. Texte corrompu.

5. Tous ces détails, inconnus à la Bible et à la tradition, contredisent de plus la Halacha (*Yoma*, 72 *b*, et *Zebahim*, 88 *b*), selon laquelle les vêtements des prêtres n'étaient pas cousus, à l'exception des manches de la tunique. Cependant ce passage, par sa précision, fait croire à l'exactitude des souvenirs de Josèphe qui rapporte, sans doute, ce qu'il a vu lui-même.

159. 4[1]. Nous venons de montrer comment s'habille le commun des
prêtres.
Quant au grand-prêtre, il se pare de la même façon, sans rien
omettre de ce qui vient d'être dit, mais il revêt, en outre, une tunique faite d'hyacinthe. Elle descend également jusqu'aux pieds : on
l'appelle *méeir* [2] dans notre langue ; elle est enserrée par une ceinture ornée des mêmes teintes variées qui fleurissaient la précédente,
160. avec de l'or mêlé à son tissu. A son bord inférieur sont cousues
des franges qui pendent et rappellent par leur couleur les grenades,
et des clochettes d'or arrangées avec un vif souci de l'harmonie, de
façon à insérer entre deux clochettes une grenade et entre deux
161. grenades une clochette. Mais cette tunique n'est pas composée de
deux pièces qui seraient cousues sur les épaules et sur les côtés;
c'est un seul morceau, d'un long tissu qui présente une ouverture
pour le cou, non pas transversale, mais fendue dans le sens de la
longueur depuis le sternum jusqu'au milieu de l'espace situé entre
les deux épaules. Une frange y est cousue pour qu'on ne s'aperçoive
pas de ce que la fente a de disgracieux. Il y a également des ouver-
tures par où passent les mains [3].
162. 5[4]. Par-dessus ces vêtements, il en revêt un troisième, celui
qu'on appelle *éphoudès* [5] ; il ressemble à l'épômis [6] des Grecs. Il est
fait de la façon suivante. Tissé sur une longueur d'une coudée, de
couleurs variées et brodé aussi d'or, il laisse à découvert le milieu

1. *Ex.*, xxviii, 31 ; xxxix, 22, cf. *Bellum*, V, § 231 et suiv.
2. Héb. : *meïl*. Les LXX traduisent aussi ce mot par ὑποδύτην ποδήρη, c'est-à-dire « qui descend jusqu'aux pieds ».
3. Pour l'absence des manches, l'opinion de Josèphe est conforme à celle de Maïmonide (*H. Kelè Hamikd.*, ix, 4) et de Nahmanide dans son commentaire sur le Pentateuque (sur *Ex.*, xviii, 31) ; l'accord de ces deux derniers fait croire à un commentateur de Maïmonide qu'ils se fondent sur une baraïta qu'ils sont seuls à connaître. On voit que Josèphe possédait une tradition identique. Quant au détail de la description, il y a des divergences. Pour ce que Josèphe dit de la frange, voir plus haut, § 157, note 5. Sur le nombre des clochettes et renades, ni Josèphe, ni l'Écriture ne disent rien. Selon le Talmud, *Zebaḥim*, 88 *b*, il y en avait en tout 72.
4. *Ex.*, xxviii, 6 ; xxxix, 2.
5. Héb. : *éphod*.
6. Les LXX traduisent *éphod* par ἐπωμίς, Philon aussi (*De vita Mos.*, I, M., p. 670).

de la poitrine ; il est pourvu de manches et présente toute l'appa-
163. rence d'une tunique [1]. Dans la lacune de ce vêtement s'insère un morceau de la largeur d'une palme, tout brodé d'or et des mêmes couleurs que l'éphoudès [2]. Il s'appelle *essên* [3], mot qui se traduirait
164. en grec par *logion* [4] (oracle). Il remplit exactement la place qu'on a laissée vide dans le tissu à l'endroit de la poitrine. Il s'y unit, grâce à des anneaux d'or qu'il porte à chaque angle, à des anneaux pareils de l'éphoudès qui leur correspondent, un fil d'hyacinthe
165. passant dans ces anneaux pour les relier ensemble. Et pour qu'on ne vît pas de jour entre ces anneaux, on imagina d'y coudre un galon d'hyacinthe. Deux sardoines [5] agrafent l'épômis sur les épaules, car elles ont de part et d'autre des extrémités en or qui s'y étalent
166. et font office de crochets. Sur ces pierres sont gravés les noms des fils de Jacob dans notre langue et en caractères indigènes, six sur chaque pierre ; les noms des plus âgés [6] sont sur l'épaule droite — sur l'essên se trouvent aussi des pierres, au nombre de douze [7], d'une grandeur et d'un éclat extraordinaires, parure que les hommes ne pour-
167. raient se procurer à cause de sa valeur énorme. Ces pierres donc sont rangées trois par trois sur quatre lignes et insérées dans le tissu. Autour de ces pierres s'enroulent des fils d'or, qui font partie
168. du tissu, et disposés de manière à les empêcher de s'échapper. La première triade comprend une sardoine, une topaze, une émeraude ; la seconde présente une escarboucle, un jaspe, un saphir ; la troi-

1. L'Écriture ne donne pas de détails sur la façon de l'éphod. La tradition ne dit pas que l'éphod ait été pourvu de manches.

2. *Ex.*, xxviii, 15 ; xxxix, 8.

3. Héb. : *hôschen*.

4. Cf. LXX, qui traduisent *hôschen* par λογεῖον (τῶν κρίσεων) et Philon, *De vita Mos.*, III, 13. Josèphe ne parle pas en particulier des oracles appelés *Ourim* et *Toumim* (*Ex.*, xxviii, 30). Ces objets, qu'on n'a jamais su définir, se mettaient sur le *hôschen* (pectoral). Josèphe a préféré attribuer la faculté de rendre des oracles aux pierres même du pectoral (voir plus loin, §§ 215 et suiv.).

5. *Ex.*, xxviii, 9 ; xxxix, 6. Ce sont les pierres de *schôham* de la Bible. Les LXX traduisent par : λίθους σμαράγδους. Le texte de Josèphe est altéré.

6. Le verset (*Ex.*, xxviii, 10) dit : « selon leurs naissances ».

7. *Ex.*, xxviii, 17 ; xxxix, 10.

sième a d'abord un morceau d'ambre, puis une améthyste, et, en troisième lieu, une agate, la neuvième pierre de l'ensemble; dans la quatrième rangée est disposée d'abord une chrysolithe, après cela
169. un onyx, puis un béryl pour finir [1]. Sur toutes ces pierres sont gravées des lettres composant les noms des fils de Jacob, que nous considérons comme des phylarques, chaque pierre étant décorée d'un de ces noms, selon l'ordre même de leur naissance respective [2].
170. Comme les anneaux sont trop faibles par eux-mêmes pour supporter le poids des pierres, on mit deux autres anneaux plus grands au bord de l'essên le plus rapproché du cou, en les insérant dans le tissu et en les disposant de manière à recevoir des chaînes travaillées qui se rejoignent sur le haut des épaules et s'adaptent l'une à l'autre grâce à des ligaments d'or entrelacés. L'extrémité de ces chaînes, ramenée en sens inverse, allait se fixer dans l'anneau supérieur de la lisière dorsale de l'éphoudès, ce qui garantis-
171. sait l'essên de toute chute. A l'essên était cousue une ceinture [3] garnie des mêmes ornements de couleur mêlés d'or dont j'ai déjà parlé; cette ceinture, après avoir fait un tour, revenait se nouer par-dessus la couture, puis retombait et pendait. Quant aux franges, des étuis d'or [4] les recevaient à chaque extrémité de la ceinture et les tenaient toutes enfermées.

172. 6[5]. Comme coiffure, le grand-prêtre avait d'abord un bonnet fait de la même façon que celui de tous les prêtres; mais, par dessus, s'en trouvait cousu un second [6] de couleur d'hyacinthe; une couronne d'or l'entourait, composée de trois cercles; sur cette couronne fleurissait un calice d'or rappelant la plante que nous appe-

1. La liste des LXX est, à peu de chose près, identique.
2. Cf. sur les noms des phylarques et leur ordre *Sota*, 36 *a* et *b*.
3. *Ex.*, XXVIII, 8.
4. Il n'en est question ni dans l'Écriture, ni dans le Talmud.
5. *Ex.*, XXVIII, 36; XXXIX, 30.
6. On trouve dans le Talmud (*Houllin*, 138 *a*), une baraïta d'où il résulterait qu'en effet, par dessus le bonnet, le grand-prêtre se coiffait encore d'une sorte de turban de laine sur lequel se posait le *ciç* d'or et ainsi, dit ce texte, se trouvait réalisé le commencement du verset, *Ex.*, XXVIII, 37 : « et tu le placeras sur le tissu d'hyacinthe ». Les LXX traduisent *micnéfet* par μίτρα.

lons chez nous *saccharon* [1], mais que les Grecs versés dans l'art de
173. cueillir les simples appellent jusquiame. S'il y a des personnes qui,
tout en ayant vu cette plante, ignorant son nom, n'en connaissent
pas la nature, ou bien, tout en sachant son nom, ne la connaissent
174. pas de vue, pour celles-là je m'en vais la décrire. C'est une plante
dont la hauteur dépasse souvent trois palmes, et qui ressemble par
sa racine au navet — on pourrait sans inexactitude risquer cette
comparaison, — et par ses feuilles à la roquette [2]. Du milieu de ses
branches elle émet un calice qui tient fortement au rameau ; une
enveloppe le recouvre qui se détache d'elle-même quand il commence
à se transformer en fruit. Ce calice est grand comme une
phalange du petit doigt et ressemble par son contour à un cratère.
175. J'indique ceci également pour ceux qui ne l'ont pas appris : il présente
dans sa partie inférieure la moitié d'une balle qui serait divisée
en deux, car il est arrondi dès la racine, puis, après s'être un
peu rétréci par une légère courbe rentrante d'une forme gracieuse,
il s'élargit de nouveau insensiblement en sépales fendus comme
176. l'ombilic d'une grenade. De plus, un opercule hémisphérique le recouvre,
qu'on dirait soigneusement fait au tour et que surmontent
les sépales découpés qui, je l'ai dit, se développent comme dans la
grenade, garnis d'épines, aux extrémités finissant tout à fait en
177. pointe. La plante conserve sous cet opercule ses fruits, qui remplissent
toute l'étendue du calice, fruits pareils à la semence de la plante
dite sidérite, et elle produit une fleur qui paraît comparable aux

1. C'est l'araméen שכרונא. Voir, sûr ce nom de plante, Immanuel Löw, *Aramaeische Pflanzennamen*, Leipzig, 1881, n° 326, p. 381. Il n'est question de cette couronne et de ce calice ni dans le Pentateuque, ni dans les sources rabbiniques. L'Écriture ne parle que d'un *ciç*, appelé en quelques passages *nézer hakkôdesch*; ce *ciç* est partout traduit par plaque, lame (cf. LXX : πέταλον). Le Talmud parle bien quelquefois (*Kiddouschin*, 66 *a*) de couronne pontificale, mais seulement par métaphore. Si Josèphe ajoute au *ciç* une couronne d'or, c'est qu'il avait dans l'esprit la couronne que le grand-prêtre portait certainement à son époque. Il n'est pas seul, d'ailleurs, à rapporter au passé un usage de date récente. Déjà l'*Ecclésiastique* (commencement du IIe siècle av. J.-C.) parle d'une couronne d'or portée par Aaron (XLV, 14), et non de la simple plaque de l'*Exode*. Et Philon dit aussi (II. M., p. 152) en parlant du *ciç* : πέταλον ὡς ἀνεὶ στέφανος.

2. Le *ciç* proprement dit.

178. feuilles claquantes du pavot. C'est sur le modèle de cette plante qu'on garnit la couronne qui va de la nuque aux deux tempes ; quant au front, l'éphiélis ne le couvrait pas (c'est le nom qu'on peut donner au calice); il y avait là une lame d'or[1] qui portait gravé en caractères sacrés le nom de Dieu[2].

179. 7. Telle était la parure du grand-prêtre. On peut trouver surprenante la haine que les hommes ont pour nous et qu'ils ne cessent de nous témoigner sous prétexte que nous méprisons la divinité, qu'eux-
180. mêmes se flattent de révérer : car si on réfléchit à la construction du tabernacle et qu'on regarde les vêtements du prêtre et les ustensiles dont nous nous servons pour le ministère sacré, on découvrira que notre législateur était un homme divin et que ce sont de vaines calomnies dont nous sommes l'objet. En effet, la raison d'être de chacun de ces objets, c'est de rappeler et de figurer l'univers[3], comme on le verra si l'on consent à examiner sans haine et avec discernement.
181. Ainsi pour le tabernacle, qui a trente coudées de long, en le divisant en trois parties et en en abandonnant deux aux prêtres comme un lieu accessible à tous, Moïse représente la terre et la mer, lesquelles sont, en effet, accessibles à tous; mais la troisième partie, il l'a réservée à Dieu seul, parce que le ciel aussi est inaccessible aux hommes.
182. En mettant sur la table les douze pains, il rappelle que l'année se divise en autant de mois. En faisant un candélabre composé de soixante-dix parties, il rappelle les dix degrés des planètes, et par

1. D'après la Bible, il y avait les deux mots : קדש ליהוה, lesquels, selon le Talmud (*Soukka*, 5 *a*; *Sabbat*, 63 *b*) étaient gravés dans la plaque d'or sur deux lignes : le tétragramme en haut et les quatre autres lettres (קדש ל') en bas.

2. Cf. *Bellum*, V, § 212 sqq.

3. Cet essai d'une symbolique du Tabernacle, déjà esquissée plus haut (§ 123), est dans le goût des Alexandrins et rappelle en particulier Philon (**II, M.**, 148 à 153, 155). Josèphe lui-même en avait précédemment donné quelques traits (*Guerre*, V, 5) Il faut croire que ce genre d'explications allégoriques s'était répandu, car on trouve dans les Midraschim des exemples curieux d'interprétations analogues. Le *Livre des Jubilés*, inspiré de Philon, paraît avoir comparé également, — dans la version primitive, — le Sanctuaire à l'œuvre de la création (voir Epstein dans *Rev. Ét. juiv.*, t. XXI, p. 94). Un écrit qui a beaucoup de rapports avec le précédent, le *Midrasch Tadsché*, s'étend aussi (ch. II) sur les correspondances entre la création et le tabernacle (en y joignant le temple de

les sept lampes qu'il porte les planètes elles-mêmes[1]; car tel est
183. leur nombre. Les voiles tissés des quatre espèces symbolisent les éléments naturels : ainsi le byssus paraît désigner la terre, puisque c'est d'elle que naît le lin; la pourpre désigne la mer, parce qu'elle est rougie du sang des poissons; l'air doit être désigné par
184. l'hyacinthe, et l'écarlate serait le symbole du feu. Mais la tunique du grand-prêtre[2], faite de lin, désigne également la terre et l'hyacinthe le ciel; elle ressemble aux éclairs par ses grenades, et au tonnerre par le bruit de ses clochettes. Et l'éphaptis[3] représente la nature universelle, parce que Dieu a voulu qu'elle fût faite de quatre substances; elle est, de plus, tissée d'or, par allusion, j'imagine, à la
185. lumière du soleil qui s'ajoute à tous les objets. L'essèn a été disposé au milieu de l'éphaptis à la manière de la terre, laquelle, en effet, se trouve à l'endroit le plus central. La ceinture qui en fait le tour représente l'océan; car celui-ci environne tout étroitement. Le soleil et la lune sont figurés par les deux sardoines au moyen des-
186. quelles Moïse agrafe le vêtement du grand-prêtre. Quant aux douze pierres, qu'on veuille y voir les mois, ou bien les constellations qui sont en même nombre, — ce que les Grecs appellent le cercle du
187. zodiaque —, on ne se méprendra pas sur ses intentions. Enfin, le bonnet d'hyacinthe me paraît représenter le ciel, — autrement on n'aurait pas mis sur lui le nom de Dieu, — ce bonnet décoré d'une couronne, et même d'une couronne d'or à cause de sa couleur éclatante, qui plaît particulièrement à la divinité.

Salomon) : « le Saint des Saints répond aux cieux supérieurs, l'autre partie du sanctuaire à la terre, le parvis à la mer..., le candélabre aux astres, etc. ». La liturgie samaritaine connaît aussi la signification allégorique du tabernacle (v. Heidenheim, *Samarit. Liturgie*, p. 16). Dans *Tanhouma* sur *Ex.*, XXXVIII, 21, le tabernacle est comparé à l'œuvre de la création; l'enceinte faite de tentures correspond au ciel et à la terre; le voile qui sépare le Sanctuaire du Saint des Saints est assimilé au firmament, qui sépare les eaux supérieures des eaux inférieures, etc.

1. Dans le *Bellum*, VII, 5, Josèphe, parlant du candélabre du temple de Jérusalem, dit que les sept lampes symbolisaient la saintete de la semaine.

2. Cf. Philon, *Vita Mosis*, II, M., p. 148 fin et 149.

3. Autre nom attribué par Josèphe à l'éphod, qu'il a déjà appelé plus haut *epômis*.

Qu'il me suffise d'avoir donné ces indications, car mon sujet me fournira encore souvent l'occasion de m'étendre longuement sur les mérites du législateur.

CHAPITRE VIII

1. *Aaron est nommé grand-prêtre.* — 2. *Tentures protectrices du tabernacle ; contribution du demi-sicle.* — 3. *Les parfums de purification.* — 4. *Consécration du tabernacle.* — 5. *Apparition de la nuée divine.* — 6. *Cérémonies de l'inauguration.* — 7. *Mort des deux fils aînés d'Aaron.* — 8. *Rôle de Moïse.* — 9. *Les pierres précieuses du grand-prêtre.* — 10. *Sacrifices offerts par les douze phylarques ; entretiens de Moïse avec Dieu.*

188. 1[1]. Lorsque le tabernacle dont il vient d'être parlé fut achevé, avant que les offrandes fussent consacrées, Dieu, apparaissant à Moïse, lui prescrivit de conférer le sacerdoce à son frère Aaron, l'homme que ses vertus rendaient le plus digne de tous d'obtenir cette charge. Alors, réunissant le peuple en assemblée, il leur expose ses mérites et sa bonté ainsi que les dangers qu'il avait cou-
189. rus dans leur intérêt. Et comme eux témoignaient que tout cela était vrai et faisaient paraître leur vive sympathie pour lui : « Israélites, leur dit-il, voici que l'œuvre s'achève, telle qu'elle a plu à Dieu lui-même, et telle que nous avons pu l'accomplir. Mais comme il faut recevoir Dieu dans le tabernacle, quelqu'un nous est nécessaire au préalable pour faire fonctions de prêtre, pour s'acquitter des sacri-

1. *Lév.*, VIII, 1.

190. fices et des prières en notre faveur. Et pour moi, si le soin d'en décider me revenait, je croirais mériter moi-même cette charge[1], d'abord parce que chacun a naturellement de l'amour-propre, ensuite parce que j'ai conscience de m'être donné beaucoup de mal pour votre salut. Mais enfin, Dieu lui-même a jugé qu'Aaron méritait cette dignité et c'est lui qu'il a choisi pour prêtre, sachant qu'il
191. est le plus juste d'entre nous. Ainsi c'est lui qui revêtira la robe consacrée à Dieu, qui aura à s'occuper des autels et à veiller aux sacrifices, qui adressera des prières en votre faveur à Dieu qui les agréera, parce qu'il a souci de votre race et que, venant d'un homme qu'il a élu lui-même, il ne peut que les exaucer. »

192. Les Hébreux furent satisfaits de ces paroles et acquiescèrent au choix divin. Car Aaron, à cause de sa famille, du don prophétique et des vertus de son frère, était le plus qualifié de tous pour cette dignité. Il avait quatre fils[2] en ce temps-là : Nabad(os), Abious[3], Eléazar(os), Itamar(os).

193. 2[4]. Tout l'excédent[5] des matériaux affectés à la préparation du tabernacle, il ordonna de l'utiliser à faire des tentures protectrices pour le tabernacle lui-même, pour le candélabre, l'autel des parfums et les autres ustensiles, afin qu'en voyage ils ne subissent aucun dommage soit du fait de la pluie, soit par la poussière
194. qu'on remuerait. Et après avoir réuni à nouveau le peuple, il leur imposa une contribution[6] qui se monterait à un demi-sicle par tête :

1. Dans le Midrasch également, Moïse passe pour avoir désiré lui-même la charge du grand-prêtre (*Lévit. Rabba*, XI; *Tanhouma* sur *Lév.*, IX, 1). On y représente aussi Dieu invitant Moïse à consacrer Aaron devant les anciens et le peuple pour que sa nomination ait un caractère public.
2. *Ex.*, VI, 23.
3. Héb. : Nadab, Abihou.
4. *Ex.*, XXXI. 10; XXXV, 19; XXXIX, 1.
5. Il se pourrait qu'en employant l'expression περιττά, « le superflu, l'excédent », Josèphe ait entendu traduire l'hébreu שרד dans l'expression difficile *bigdè serad* et ait vu dans ce mot la même racine qui a formé שריד, « superstes » (*Nombr.*, XXI, 35; *Josué*, X, 20, etc.). Cette exégèse, d'ailleurs peu plausible, se retrouve dans le recueil *Bikkouré Haittim*, année 1825, p. 59.
6. *Ex.*, XXX, 11.

le sicle, monnaie des Hébreux, équivaut à quatre drachmes attiques[1].
196. Ceux-ci obéirent avec empressement aux ordres de Moïse, et le
nombre des contribuables fut de 605.550[2]. Apportaient l'argent
tous les hommes libres âgés de vingt ans et au-delà jusqu'à cinquante.
Et tout ce qu'on réunit était dépensé pour les besoins du tabernacle.
197. 3[3]. Il purifia le tabernacle et les prêtres, et voici comment il pro-
céda à leur purification. Il fit broyer et pétrir 500 sicles de myrrhe
choisie, autant d'iris et la moitié de ce poids de cinname et de
calame[4] (c'est aussi une espèce de parfum) et, après les avoir mélangés et amollis par la cuisson avec un *hêïn* d'huile d'olives, mesure
de notre pays qui contient deux conges attiques, fit préparer selon
198. l'art des parfums un onguent d'une suave odeur. Puis, l'ayant
pris, il en oignit les prêtres en personne et tout le tabernacle
et les mit en état de pureté ; et les parfums — il y en avait beaucoup et de toutes sortes — on les porta dans le tabernacle sur
l'encensoir d'or, car ils avaient une grande valeur. Je me dispense
d'exposer quelle était la nature de ces parfums, de crainte de fati-
199. guer mes lecteurs. Deux fois par jour, avant le lever du soleil et à
l'heure du coucher, on devait faire des fumigations et garder de
l'huile purifiée pour les lampes, en faire luire trois sur le candélabre
sacré devant Dieu durant tout le jour et n'allumer les autres que
vers le soir[5].
200. 4[6]. Tout dès lors étant achevé, les artisans qui parurent les plus
excellents furent Béséléèl et Eliab. Car aux inventions déjà con-

1. Ce n'est pas exact. La drachme attique pèse 4gr,37, le sicle hébraïque ou tyrien 14 grammes. C'est, en réalité, un tétradrachme phénicien [T. R.].

2. Chiffre erroné : la Bible et les LXX ont 603.550 (*Ex.*, XXXVIII, 26).

3. *Ex.*, XXX, 22.

4. Josèphe donne les mêmes noms de parfums qu'on trouve dans les LXX (*Ex.*, XXX, 22-24).

5. Les versets du Pentateuque où il est question de l'éclairage du candélabre ont donné lieu à des interprétations diverses de la part du Talmud et des commentateurs. Ces versets sont : *Ex.*, XXV, 37 ; XXVII, 20 ; XXX, 8 ; *Lévit.*, XXIV, 1-4 ; I *Samuel*, III, 3 ; II *Chron.*, XIII, 11. Ils sont discutés dans *Menaḥot*, 98 *b*. L'opinion de Josèphe est conforme à celle du *Sifré* (p. 16 *a*).

6. *Ex.*, XXXVIII, 22.

nues ils s'ingénièrent à en ajouter encore de meilleures et ils se montrèrent très capables d'imaginer ce qu'on ne savait pas fabriquer précédemment. Mais des deux, c'est Béséléèl qui fut estimé le
201. plus habile. On ne mit en tout à l'ouvrage que sept mois [1]; ce temps écoulé, la première année depuis leur départ d'Égypte se trouva achevée. Ce fut au début de la deuxième année [2], au mois de Xanthicos d'après les Macédoniens et de Nisan chez les Hébreux, et à la néoménie, que l'on consacra le tabernacle et tous ses ustensiles que j'ai décrits.

202. 5. Dieu fit voir qu'il était satisfait de l'œuvre des Hébreux et, loin de rendre leur travail vain en dédaignant d'en faire usage [3], il consentit à pénétrer dans ce sanctuaire et à y habiter. Il y annonça sa
203. présence comme il suit [4]. Tandis que le ciel était serein, au-dessus du tabernacle l'obscurité se fit, une nuée l'entoura qui n'était ni assez profonde ni assez dense pour qu'on se crût en hiver, ni cependant assez légère pour que la vue eût le pouvoir de rien percevoir au travers; une rosée délicieuse en dégouttait [5], attestant la présence de Dieu pour ceux qui le voulaient et y croyaient.

204. 6[6]. Moïse, après avoir gratifié de récompenses méritées les artisans qui avaient exécuté ces travaux, sacrifia dans le vestibule du tabernacle, selon les prescriptions de Dieu, un taureau, un bélier, et
205. un bouc pour les péchés. D'ailleurs, je me propose de dire, quand j'en serai aux sacrifices, les rites sacrés qui entourent leur accomplissement, j'y indiquerai ceux que la Loi ordonne de brûler en holocaustes et ceux dont elle permet de prélever des parties pour les consommer. Puis, avec le sang des victimes, il aspergea les vêtements d'Aaron et Aaron lui-même avec ses fils, en les purifiant avec

1. Dans *Tanhouma* (sur *Ex.*, XI, fin), R. Samuel bar Nahman (Amora palestinien du IIIe siècle) exprime l'opinion que le tabernacle a été érigé le septième mois après que les travaux avaient commencé. Cette opinion se rapproche de celle de Josèphe.

2. *Ex.*, XL, 17.

3. Nous traduisons d'après le sens général de la phrase, mais le texte est sûrement corrompu [T. R.].

4. *Ex.*, XL, 34.

5. La Bible ne parle pas de cette rosée.

6. *Lév.*, VIII, 14.

de l'eau de source et du parfum liquide afin de les donner à Dieu.
206. Pendant sept jours donc, il s'occupa d'eux et de leurs costumes ainsi que du tabernacle et de ses ustensiles, en faisant d'abord des fumigations d'huile comme je l'ai déjà dit, avec le sang des taureaux et des béliers dont on immolait chaque jour un de chaque espèce; le huitième jour, il annonça une fête pour le peuple et
207. prescrivit qu'on offrît des sacrifices, chacun selon ses moyens. Les Hébreux, luttant de zèle et jaloux de se surpasser mutuellement par le nombre de leurs sacrifices respectifs, obéirent à ces instructions. Et quand les victimes furent déposées sur l'autel, un feu soudain en sortit [1], brûlant spontanément, et, pareil par sa flamme à la lueur d'un éclair, il consuma tout ce qui se trouvait sur l'autel.
208. 7[2]. Mais ce fut cause aussi d'un malheur pour Aaron, pour l'homme et pour le père, malheur d'ailleurs vaillamment supporté par lui, car il avait l'âme affermie contre les accidents et il pensait que c'était
209. par la volonté de Dieu que ce désastre lui arrivait. Deux d'entre ses fils, qui étaient au nombre de quatre, comme j'ai déjà dit, les plus âgés, Nabad et Abious, ayant apporté sur l'autel non les parfums qu'avaient prescrits Moïse, mais ceux dont ils s'étaient servis antérieurement, furent complètement brûlés, le feu s'étant élancé sur eux et s'étant mis à consumer leur poitrine et leur visage, sans
210. que personne pût l'éteindre. C'est ainsi qu'ils moururent. Moïse ordonne à leur père et à leurs frères [3] de soulever leurs corps, de les emporter hors du campement et de les ensevelir en grande pompe. Le peuple les pleura, péniblement affecté par une mort sur-
211. venue d'une façon si étrange. Moïse estima que seuls les frères et le père devaient s'abstenir de songer au chagrin de cette perte, en se souciant plus de rendre hommage à Dieu que de prendre une attitude désolée à cause de ces morts. Déjà, en effet, Aaron était revêtu des vêtements sacerdotaux.
212. 8. Moïse, ayant décliné tous les honneurs qu'il voyait le peuple

1. *Lév.*, IX, 24.
2. *Lév.*, X, 1.
3. Dans l'Écriture, c'est Misaël et Elçaphan, fils d'Ouziel, oncle d'Aaron, qui sont chargés d'emporter hors du camp les corps de Nadab et d'Abihou.

disposé à lui conférer, ne se consacra plus qu'au service de Dieu. Il avait cessé maintenant ses ascensions au Sinaï, mais, pénétrant dans le tabernacle, il y recevait réponse de ce qu'il demandait à Dieu. Il semblait un homme ordinaire par sa mise, et dans tout le reste il se donnait l'air de quelqu'un du commun; il ne voulait pas que rien pût le distinguer de la foule, si ce n'est le seul souci de
213. leur apparaître comme une providence. Au surplus, il écrivit une constitution et des lois, selon lesquelles ils mèneraient une vie agréable à Dieu, sans avoir rien à se reprocher les uns aux autres. Il organisa tout cela sous l'inspiration de Dieu.

214. Je vais m'étendre maintenant sur la constitution et les lois.

9. Toutefois je veux rappeler d'abord un détail que j'avais laissé de côté touchant les vêtements du grand-prêtre. Moïse ne laissait aux coupables manœuvres des imposteurs aucune occasion de s'exercer, au cas où il y aurait eu des gens capables d'abuser de l'autorité divine, car il laissait Dieu absolument maître de présider aux sacrifices, quand il lui plaisait, ou de n'y pas assister. Et ce point, il a voulu qu'il apparût clairement non seulement aux Israélites, mais encore
215. à tous les étrangers qui pourraient se trouver parmi eux. De ces pierres, en effet, que j'ai dit précédemment que le grand-prêtre portait sur ses épaules, — c'étaient des sardoines, et je crois superflu d'en indiquer les propriétés, qui sont parvenues à la connaissance de tout le monde, — il arrivait, lorsque Dieu assistait aux cérémonies sacrées, que celle qui servait d'agrafe sur l'épaule droite se mettait à briller [1], car une lumière en jaillissait, visible aux plus
216. éloignés, et qui auparavant n'appartenait nullement à la pierre. Ce

1. Il est fait allusion, ici et dans les paragraphes suivants, aux Ourim et Toumim. Le Talmud (*Yoma*, 73 *b*) explique justement le mot Ourim par *lumière*. Sur le fonctionnement de ces oracles, qui, d'ailleurs, selon le Talmud (*Sota*, 48 *b*) et Josèphe lui-même (plus loin, § 218) n'existaient plus dès l'époque du second temple, les opinions les plus diverses avaient cours. En tout cas, contrairement à l'opinion de Josèphe, la tradition (cf. aussi Philon, *De vita Mos.*, II, M., p. 154) croit que ces Ourim et Toumim étaient distincts des pierres du pectoral. L'oracle était rendu, d'après une opinion talmudique, au moyen des lettres gravées sur les pierres, lesquelles lettres se réunissaient miraculeusement pour former des mots.

seul fait doit sembler merveilleux à ceux qui ne font pas les sages
en décriant les choses divines. Mais voici qui est plus merveilleux
encore : c'est qu'au moyen des douze pierres, que le grand-prêtre
portait sur la poitrine insérées dans la trame de l'essên, Dieu annon-
217. çait la victoire à ceux qui se disposaient à combattre. En effet, une
telle lumière s'en échappait, tant que l'armée ne s'était pas ébran-
lée, qu'il était constant pour tout le peuple que Dieu était là pour
les secourir. De là vient que ceux des Grecs qui vénèrent nos usages parce qu'ils n'ont rien à leur opposer appellent l'essên *logion*
218. (oracle). Mais essên et sardoine ont cessé de briller deux cents ans
avant que je composasse cet écrit [1], parce que Dieu s'est irrité de la
transgression des lois. Mais nous aurons meilleure occasion d'en
parler : pour l'instant je reviens à la suite de mon récit.
219. 10[2]. Lorsque le tabernacle fut enfin consacré et qu'on eut bien
préparé tout ce qui concernait les prêtres, le peuple se persuada
que Dieu habitait avec lui dans la tente et se disposa à offrir des
sacrifices et à se donner relâche, comme s'il avait écarté désormais
toute perspective de malheur, prenant bon courage à l'égard d'un
avenir qui s'annonçait favorable; et dans chaque tribu on offrit des
220. dons tant publics que privés à Dieu. Ainsi les phylarques s'en
viennent par deux offrir un char et deux bœufs, — ce qui faisait
en tout six chars, lesquels transportaient [3] le tabernacle dans les
marches. En outre, chacun apporte pour son compte un gobelet, un
plat et une cassolette [4], cette dernière d'une valeur de dix dariques [5]

1. Donc environ depuis la mort de Jean Hyrcan et l'abolition de la théocratie. D'après la tradition, l'oracle des Ourim et Toumim a cessé bien avant, « depuis la mort des premiers prophètes », dit la Mischna de *Sota*, IX, 14, c'est-à-dire, comme il résulte de la discussion du Talmud (*ibid.*, 48 *b*), depuis l'époque du second temple, Aggée, Zacharie et Malachie étant seuls considérés comme « derniers prophètes ».

2. *Nombr.*, VII, 1.

3. Le mot παρεκόμιζον du grec a pour sujet αὗται et non φύλαρχοι : c'est ainsi que comprend Niese. Naber met à tort ἐξ μὲν οὖν ἦσαν αὗται entre parenthèses. En effet, ce sont les Lévites et non les phylarques qui auront la garde de ces chars et la mission d'emporter les pièces du tabernacle (*Nombr.*, VII, 6, 7, 8).

4. Les LXX emploient les mêmes termes que Josèphe (*Nombr.*, VII, 13).

5. Dans la Bible, 10 pièces d'or.

221. et remplie de parfums. Quant au plat et à la coupe, qui était en argent, les deux réunis pesaient 200 sicles; mais pour la coupe on n'en avait employé que 70. Ils étaient pleins de farine de froment pétrie dans l'huile, de celle dont on se sert sur l'autel pour les sacrifices. Plus un veau et un bélier, avec un agneau âgé d'un an, destinés à être brûlés entièrement, et, en outre, un chevreau pour
222. demander pardon des péchés. Chacun des chefs offrait encore d'autres sacrifices dits de préservation[1], chaque jour deux bœufs et cinq béliers et autant[2] d'agneaux d'un an et de boucs.

C'est ainsi qu'ils sacrifient pendant douze jours, chacun son jour complet. Quant à Moïse, qui avait cessé de gravir le Sinaï et qui entrait dans le tabernacle[3], il s'y renseignait auprès de Dieu sur ce
223. qu'il fallait faire et sur la rédaction des lois. Ces lois, trop excellentes pour être l'œuvre de la sagesse humaine, ont été observées strictement à toute époque parce qu'on estimait qu'elles étaient un don de Dieu, si bien que, ni en temps de paix, par mollesse, ni en temps de guerre, par contrainte, les Hébreux n'ont transgressé une seule de ces lois. Mais je cesse de parler sur ce sujet, ayant résolu de composer un autre livre sur les lois.

1. Héb. : *schelamim* ; LXX, comme Josèphe : θυσία σωτηρίου. Les mêmes sont appelés plus loin χαριστήριος (§ 225) « sacrifices d'actions de grâce ».
2. Le mot πέντε se rapporte également dans la phrase à ἀρνάσιν et ἐρίφοις (cf. *Nombr.*, VII, 17).
3. *Nombr.*, VII, 89.

CHAPITRE IX

1. Différentes sortes de sacrifices; leur mode d'offrande. — 2. Sacrifices d'actions de grâce. — 3. Sacrifices d'expiation. — 4. Oblations et libations; prescriptions relatives aux sacrifices.

224. 1[1]. Pour le moment, je vais en mentionner quelques-unes relatives aux purifications et aux sacrifices[2]; puisque aussi bien c'est de sacrifices que j'ai été amené à parler. Il y a deux sortes de sacrifices : les uns se font par les particuliers, les autres par le peuple[3],
225. et ils ont lieu selon deux modes[4]. Dans les premiers, toute la bête offerte est brûlée en holocauste ; de là vient justement le nom qu'ils ont pris. Les autres sont des sacrifices d'actions de grâce ; ils sont destinés à fournir un festin à ceux qui les offrent. Je vais parler de la première catégorie. Un simple particulier qui offre un holocauste[5] immole un bœuf, un agneau et un bouc, ces derniers âgés d'un an ; les bœufs, on peut les immoler même plus âgés. Mais tous ces
227. holocaustes doivent être d'animaux mâles[6]. Dès qu'ils sont égor-

1. *Lévitique*, I, 1 ; cf. *C. Ap.*, II, 23.
2. Dans le *C. Apion* (II, § 195), Josèphe explique le but et la raison d'être de ces sacrifices qu'il ne fait ici qu'énumérer.
3. Philon (*De victimis*, § 3, II, M., p. 238) distingue comme Josèphe les sacrifices publics et les sacrifices privés.
4. D'après le *Lévitique* et la tradition (v. Maïmonide, *M. Tora*, *H. Maacé Hakorbanot*, I, 1), il y a quatre sortes de sacrifices : *ôla* (holocaustes), *ḥattat*, *ascham* (deux sortes de sacrifices expiatoires), *schelamîm* (sacrifices d'actions de grâce) sans compter les subdivisions. Josèphe, qui traite très brièvement des sacrifices, ne parle ici que de deux sortes, mais il mentionne également plus loin (§ 230) les sacrifices expiatoires.
5. *Lév.*, I, 3.
6. Pour ces détails qui ne sont pas formellement dans la Bible, Josèphe suit

gés[1], les prêtres aspergent de sang le pourtour de l'autel[2], puis, après les avoir nettoyés[3], ils les démembrent, y répandent du sel[4] et les déposent sur l'autel, qu'on a au préalable rempli de bois et allumé. Ils y mettent les pieds des victimes et les parties abdominales soigneusement nettoyées avec les autres parties pour y être consumés; les peaux sont prises par les prêtres[5]. Tel est le mode d'offrande des holocaustes.

228. 2[6]. Si l'on a des sacrifices d'actions de grâce à offrir, ce sont les mêmes bêtes qu'on immole, mais il faut qu'elles soient sans défaut, âgées de plus d'un an, mâles et femelles ensemble. Après qu'on les a immolées, on teint l'autel de leur sang; les reins, la membrane qui couvre les intestins et toutes les graisses avec le

la tradition, mais en simplifiant. Les holocaustes de quadrupèdes, selon les sources rabbiniques, sont seuls soumis à la règle qui exige qu'on n'emploie que des animaux mâles; pour les holocaustes d'oiseaux on se servait indifféremment de mâles ou de femelles. Quant à l'âge des victimes, d'après la tradition (*Para*, I, 3), non seulement les bœufs, mais aussi les agneaux et les boucs pouvaient être immolés quand ils étaient « grands », c'est-à-dire entre un an et deux ans; pour les bœufs, on pouvait même aller jusqu'à trois ans.

1. Par qui? Josèphe ne le dit pas expressément. Cependant il semble, d'après lui, que ce sont les prêtres qui s'acquittaient de ce soin. Primitivement, les simples particuliers pouvaient en être chargés (*I Chron.*, XXIX, 21). Plus tard, on le confia aux prêtres ordinaires (cf. *II Chron.*, XXIX, 21-24; XXXV, 1, 11). Pendant l'époque du second temple, les laïques eurent le droit d'immoler les victimes, comme on le voit par la 1re Mischna du ch. III de *Zebaḥim*.

2. Josèphe prend à la lettre les mots de *Lév.*, I, 5. Selon la Halacha (*Sifra* sur ce passage; *Zebaḥim*, 53 *b*), on ne faisait d'aspersions pour les holocaustes que sur les deux angles nord-est et sud-ouest de l'autel, de façon à mettre du sang sur les quatre côtés, mais sans en jeter tout autour.

3. Selon *Lév.*, I, 13, on ne lavait que les pieds et les intestins, mais, d'après *II Chron.*, IV, 6, le nettoyage des holocaustes paraît avoir été complet. Josèphe dit, d'ailleurs, plus loin que les pieds et les intestins étaient lavés avec un soin particulier (cf. *Sifra* sur *Lév.*, I, 6; *Tamid*, IV, 3).

4. La prescription qu'on lit dans *Lév.*, II, 13 : « Sur tous tes sacrifices tu offriras du sel » est donnée à propos des oblations; mais le principe est appliqué en effet, selon la Halacha, à toute espèce de sacrifices (*Tamid*, IV, 3; *Menaḥot*, 21 *b*).

5. D'après *Lév.*, I, 6, le dépouillement des peaux n'a lieu que pour les holocaustes de gros bétail; mais le *Sifra* (*ad loc.*) l'étend à tous les holocaustes. Cf. aussi *Lév.*, VII, 8; *Zebaḥim*, II, 4; Philon, M., II, p. 235.

6. *Lév.*, III, 1.

lobe du foie[1], ainsi que la queue de l'agneau, sont disposés sur l'au-
229. tel. Mais la poitrine et la jambe droite sont offertes aux prêtres et
on célèbre des festins pendant deux jours avec le reste des chairs;
et, s'il en subsiste après, on le brûle.
230. 3[2]. On sacrifie aussi pour les péchés[3], et le mode est le même que
pour les sacrifices d'actions de grâce. Ceux qui sont dans l'impossibilité d'offrir des victimes sans défaut donnent deux colombes ou
deux tourterelles, dont l'une est consacrée en holocauste à Dieu et
dont l'autre[4] est donnée en nourriture aux prêtres. Mais je traiterai
avec plus d'exactitude de l'immolation de ces animaux quand je
231. parlerai des sacrifices. Celui[5] qui est induit au péché par ignorance[6]
offre un agneau et une chèvre du même âge, et le prêtre arrose l'autel avec le sang, non pas comme précédemment, mais aux extrémités des angles[7]. Les reins, toute la graisse avec le lobe du foie,
on les dépose sur l'autel. Les prêtres prennent pour eux les peaux
et les viandes, qu'ils consommeront le jour même dans le sanctuaire;
232. car la loi ne permet pas d'en laisser jusqu'au lendemain. Celui qui

1. Les LXX traduisent de la même façon les mots *hayyôtéret al-hakkabed* (*Lév.*, III, 4).

2. *Lév.*, v, 1.

3. Dans la Bible, il y a deux noms pour cette sorte de sacrifices : *ḥattat* et *ascham*; mais la définition précise de chacun de ces termes est malaisée à fournir. Josèphe, dans sa brève notice, mélange beaucoup de textes du *Lévitique* qui traitent en détail des sacrifices publics ou privés et des divers péchés qui en nécessitent l'offrande (voir là-dessus, Maïmonide, *M. T.*, *H. Maucé Hakorbanot*). Le mot ἁμαρτία, employé par Josèphe, se trouve aussi dans les LXX, correspondant à l'hébreu : *ḥattat*. Le mot ἄγνοια, qu'on trouve plus loin, se rencontre également dans les LXX avec celui de πλημμέλεια pour désigner plutôt le sacrifice nommé *ascham*. Josèphe, qui se réserve de parler ailleurs plus amplement des sacrifices, est ici trop bref pour être exact. Il dit que le cérémonial des sacrifices d'expiation est le même que celui des sacrifices d'actions de grâce. Il devait en excepter les *ḥattaot* mentionnés dans *Lév.*, IV, 1-22, série de sacrifices où les victimes sont presque entièrement consumées.

4. D'après la Halacha (*Sifré* sur *Lév*, v, 8; *Pesaḥim*, 59 *a*), l'holocauste n'est offert qu'après le *ḥattat*.

5. *Lév.*, IV, 27; VII, 1.

6. Soit ignorance de l'acte commis, soit ignorance de la loi : telle est la Halacha (*Sabbat*, 67 *b* sqq.).

7. Ce que l'Écriture appelle les cornes de l'autel.

a commis une faute et qui en a conscience[1], sans qu'il y ait personne
pour l'accuser, immole un bélier; ainsi l'exige la loi. Les prêtres en
consomment également les chairs dans le sanctuaire le jour même.
Les chefs[2] qui sacrifient pour leurs péchés apportent les mêmes victimes que les particuliers, mais ils s'en distinguent en ce qu'ils
offrent en plus un taureau et un bouc mâles[3].
233. 4[4]. La loi veut que dans tous les sacrifices privés et publics on
offre de la farine de froment parfaitement pure[5], la mesure d'un
assarôn pour un agneau, de deux pour un bélier et de trois pour un
234. taureau. On brûle sur l'autel cette farine[6] pétrie dans l'huile. Car
ceux qui font un sacrifice apportent également de l'huile, pour un
bœuf un demi-héïn, pour un bélier, le tiers de cette mesure, et un
quart pour un agneau. Le héïn est une antique mesure des Hébreux,
de la capacité de deux conges attiques. On offrait la même mesure
d'huile et de vin; on versait ce vin en libations autour de l'autel.
235. Si quelqu'un, sans faire de sacrifice, offrait en vœu de la fleur de
farine[7], il en prélevait d'abord une poignée, qu'il répandait sur l'autel; le reste, c'étaient les prêtres qui le prenaient pour le consommer, soit bouilli, car on le pétrissait dans de l'huile, soit à l'état de
pains. Mais quand le prêtre l'offrait[8], quelle qu'en fût la quantité,
elle devait être entièrement brûlée.
236. La loi défend[9] d'immoler le même jour et au même endroit une

1. *Lév.*, v, 21.
2. *Lév.*, iv, 22.
3. Le *Lévitique* dit que le *naci* (prince) n'a qu'un bouc mâle à offrir. Le taureau n'est exigé, selon *Lév.*, iv, 3, que du grand pontife et (v. 14) de l'assemblée d'Israël. Mais Josèphe, en employant le mot ἄρχοντες, comme dans d'autres passages (*Bellum*, II, § 627), désigne les membres du sanhédrin, qui représentent la communauté, selon la tradition (cf. *Sifra* sur *Lév.*, iv, 13; *Horayot*, 4 *b*).
4. *Nombr.*, xv, 4.
5. L'obligation d'employer du froment est énoncée aussi dans *Sota*, ii, 1.
6. C'est là l'oblation que le Talmud appelle *minḥat neçachim*; elle était, en effet, brûlée tout entière sur l'autel (*Menaḥot*, vii). Parmi les Sadducéens régnait une doctrine différente (v. *Meguillat Taanit*, viii) : une seule poignée était offerte; le reste appartenait aux prêtres.
7. *Lév.*, ii, 1 ; vi, 13.
8. *Lév.*, vi, 16.
9. *Lév.*, xxii, 26; ii, 4.

bête avec celle qui l'a engendrée, ni, d'une façon générale, avant que huit jours se soient écoulés depuis la naissance. Il se fait encore d'autres sacrifices pour se préserver de maladies ou pour d'autres raisons. Dans ces sacrifices on offre des pâtisseries avec les victimes ; selon la loi, on n'en doit rien laisser jusqu'au lendemain, et les prêtres en prélèvent une part pour eux.

CHAPITRE X

1. *Sacrifices quotidiens et de la néoménie.* — 2. *Sacrifices du 7e mois (1er jour).* — 3. *Sacrifices du 10e jour.* — 4. *Construction des tentes (le 15) ; cérémonies et sacrifices.* — 5. *Fêtes et rites de Pâque.* — 6. *La Pentecôte.* — 7. *Pains de proposition ; oblations du prêtre.*

237. 1[1]. La loi veut qu'aux frais publics[2] on immole chaque jour des agneaux du même âge au commencement et à la fin du jour[3] ; mais le septième jour, qui s'appelle *sabbata*, on en égorge deux à cha-

1. *Nombr.*, XXVIII, 2.

2. C'est l'opinion des Pharisiens, fondée sur *Nombr.*, XXVIII, 2 : « *Vous* observerez pour me l'offrir, etc... ». Les Sadducéens croyaient que les sacrifices quotidiens pouvaient être offerts par un particulier à cause du verset 4, qui emploie le singulier : « Tu prépareras le premier agneau, etc... » Cf. *Menahot*, 65 *a*; *Meguillat Taanit*, I.

3. Dans *Ant.*, XIV, 4, 3, § 65, Josèphe précise l'heure du soir; il dit : περὶ ἐνάτην ὥραν, « vers la neuvième heure ». La même heure environ est indiquée dans la Mischna de *Pesahim*, V, 1 : « Le sacrifice perpétuel, dit ce texte, est immolé à la 8e heure et demie et offert à la 9e heure et demie. » Cf. aussi *C. Ap.*, II, § 105.

238. que sacrifice, le sacrifice se faisant, d'ailleurs, de la même façon. A la néoménie, outre les sacrifices quotidiens, on offre encore deux bœufs avec sept agneaux âgés d'un an et un bélier, plus un bouc pour le pardon des péchés, au cas où on aurait péché par oubli [1].

239. 2[2]. Le septième mois, que les Macédoniens appellent Hyperbérétée [3], outre ce qui vient d'être dit, on immole encore un taureau, un bélier et sept agneaux, plus un bouc pour les péchés.

240. 3[4]. Le dix du même mois lunaire, on jeûne jusqu'au soir et on [5] immole ce jour-là un taureau, deux béliers [6], sept agneaux et un
241. bouc pour les péchés. On offre, en outre, deux boucs, dont l'un est envoyé vivant hors du pays vers le désert et a pour but de détourner [7] et d'expier les péchés du peuple tout entier; l'autre, on l'amène devant la ville, dans un endroit parfaitement pur, et là on le brûle
242. avec la peau elle-même, sans rien nettoyer du tout. On brûle en même temps un taureau qui n'est pas offert par le peuple, mais qui est donné à ses frais [8] par le grand-prêtre. Une fois ce taureau égorgé,

1. D'après le Talmud (*Schebouot*, I, 1, et 9 *a*), le bouc offert aux néoménies (et aux trois fêtes) est destiné à expier les péchés dont on n'aurait eu jamais nulle connaissance et que Dieu seul connaît.

2. *Nombr.*, XXIX, 1.

3. Le premier du mois; les mots qui expriment cette date ont dû être sautés par les copistes. Josèphe ne donne pas non plus ici le nom hébreu du septième mois, à savoir Tisri; mais on le trouve ailleurs (*Ant.*, VIII, § 100).

4. *Nombr.*, XXIX, 7; *Lév.*, XVI, et XXIII, 26.

5. Ce que Josèphe rapporte — succinctement —, c'est le cérémonial tel qu'il a pu le voir encore au temple de Jérusalem. De son temps, le grand-prêtre n'offrait que les sacrifices propres à la solennité (§ 243); les prêtres ordinaires faisaient le reste. Mais d'après les sources rabbiniques, tout le service était effectué anciennement par les grands-prêtres (baraïta de *Yoma*, 32 *b*; *Houllin*, 29 *b*; *Horayot*, 22 *b*).

6. Celui dont il est parlé dans *Lév.*, XVI, 5, et celui qui est offert pour le peuple, selon *Nombr.*, XXIX, 8. Josèphe se trouve résoudre ainsi comme R. Éléazar bar R. Simon, contre Rabbi, la question de savoir si ces deux passages désignent le même sacrifice ou deux sacrifices différents (voir la baraïta citée dans *Yoma*, 3 *a* et 70 *b*). La tradition ultérieure a, au contraire, accepté plutôt l'opinion de Rabbi (v. Maïmonide, *Hil. Abodat Yom Hakkippourim*, I, 1).

7. Le mot ἀποτροπιασμός, comme celui d'ἀποπομπαῖος des LXX, qui équivaut à l'*averruncus* des Latins, prétend être une traduction du mot hébreu עזאזל, fondée sur le verset *Lév.*, XVI, 22.

8. Telle est aussi l'opinion du Talmud (*Schebouot*, 14 *a*) : « Le kohen l'offre à

après avoir introduit dans le sanctuaire de son sang ainsi que
du sang du bouc, il en asperge sept fois[1] de son doigt le plafond ainsi que le plancher, et autant de fois encore le sanctuaire
même et les alentours de l'autel d'or[2]; le reste, il l'apporte et le ré-
243. pand dans le vestibule[3]. En outre, on dépose sur l'autel les extrémités, les reins, la graisse avec le lobe du foie[4]. Et le grand-
prêtre offre encore pour son compte un bélier en holocauste à Dieu.
244. 4[5]. Le quinze du même mois, comme la saison s'acheminait désormais vers l'hiver, Moïse ordonne qu'on construise des tentes[6]
dans chaque famille afin de se mettre en garde et de se protéger
245. contre le froid de l'année. Et lorsqu'ils auront leur patrie, une fois
parvenus dans cette ville qu'ils tiendront pour métropole à cause
du temple, pendant huit jours ils célébreront une fête, et offriront
alors des holocaustes et des sacrifices de reconnaissance à Dieu,
en portant dans leurs mains un bouquet de myrte[7] et de saule
246. avec une branche de palmier et le fruit de la perséa[8]. Ils devront, le

ses frais, et non aux frais de la communauté »; cette règle est fondée sur la triple répétition des mots *ascher lô* (*Lév.*, XIII, 6 et 11), que les LXX traduisent chaque fois par : περὶ τῆς ἁμαρτίας αὐτοῦ, « pour ses fautes ».

1. La Halacha (*Yoma*, v, 4, 5) dit que l'aspersion se faisait une fois seulement en haut et sept fois en bas.

2. Le verset (*Lév.*, XVI, 18) dit : « l'autel qui est en face de l'Éternel ». La Mischna de *Yoma* (v, 5) explique aussi que ces mots désignent l'autel d'or.

3. Le texte est corrompu. Les mots περὶ τῷ μείζονι paraissent être une glose marginale des mots τῷ βωμῷ, deux lignes plus bas [T. R.].

4. Le verset (*Lév.*, XVI, 25) dit seulement que le grand-prêtre faisait fumer les graisses du *ḥattat* sur l'autel. L'énumération est empruntée à *Lév.*, IV, 8-10.

5. *Lév.*, XXIII, 34.

6. Josèphe paraît faire de l'obligation de construire des tentes une prescription momentanée et omettre ainsi le verset du *Lévitique* (XXIII, 42). D'après ce qu'il dit plus loin (§ 248 comm.) et ce qu'il dit ailleurs de la fête de la *scénopégie* ou construction des tentes (*Ant.*, VIII, § 100), l'on voit que la rédaction est ici inexacte. Selon le Midrasch (*Tanḥouma* sur le même verset), Moïse aurait aussi ordonné aux Israélites dans le désert de construire des tentes pour s'abriter contre le froid.

7. *Lév.*, XXIII, 40. Josèphe est conforme à la tradition (*Soukka*, 32 *b*), qui explique l'hébreu *unaf èç ubot* par *hadass* = myrte. Les LXX sont moins exacts.

8. La tradition appelle ce fruit, — désigné vaguement dans l'Écriture —, *etrog*, qu'on traduit par cédrat, sorte de citron. Josèphe lui-même (*Ant.*, XIII,

premier jour [1], sacrifier comme holocaustes treize bœufs, autant d'agneaux plus un, et deux béliers avec un bouc en sus pour le pardon des péchés. Pour les jours suivants, on sacrifie le même nombre d'agneaux et de béliers avec le bouc, en retranchant chaque
247. jour un bœuf de façon à arriver à sept. On s'abstient de tout travail [2] le huitième jour, et l'on sacrifie à Dieu, comme nous l'avons déjà dit, un veau, un bélier, sept agneaux et un bouc pour le pardon des péchés. Tels sont les usages, consacrés par les ancêtres, que les Hébreux observent pour la fête des tentes.

248. 5[3]. Au mois de Xanthicos, qui s'appelle chez nous Nisan et qui commence l'année, le quatorzième jour en comptant d'après la lune, quand le soleil est au Bélier, — car c'est en ce mois que nous avons été délivrés de l'esclavage des Égyptiens, — il a institué qu'on devait chaque année offrir le même sacrifice que j'ai dit que nous avions offert jadis au sortir de l'Égypte, sacrifice dit *Pascha*. Nous l'accomplissons par phratries [4]; rien des chairs sacrifiées n'est
249. gardé pour le lendemain [5]. Le quinze, la fête des azymes fait suite [6] à la Pâque [7], fête de sept jours pendant laquelle on se nourrit d'azymes, et chaque jour on égorge deux taureaux, un bélier et sept agneaux. Tout cela s'offre en holocauste et on y ajoute encore un

§ 372) appelle ce fruit κίτριον. Le bouquet formé des quatre espèces devait être porté dans la main, selon l'opinion des Pharisiens, qui est celle de Josèphe; selon les Sadducéens, il servait à orner la tente (v. Graetz, *Geschichte der Juden*, III, note 10).

1. *Nombr.*, XXIX, 13.
2. *Lév.*, XXIII, 36; *Nombr.*, XXIX, 35. Héb. : *açéret* = clôture ou arrêt.
3. *Lév.*, XXIII, 5.
4. C'est-à-dire par groupes d'au moins dix personnes, selon la tradition (*ḥabouru*). Voir *Pesaḥim*, 91 *a*. Josèphe donne lui-même des détails conformes à la tradition (*Pesaḥim*, V, 1) dans le *Bellum*, VI, 9, 3, § 423.
5. *Lév.*, XXIII, 5; *Nombr.*, XXVIII, 17.
6. Il ne faut pas conclure de ce passage que Josèphe ait cru que l'obligation de se nourrir d'azymes ne s'applique pas au 14 Nisan, car il a dit précédemment que la fête des azymes durait huit jours (cf. *Ant.*, II, § 317 et note). Ici, d'ailleurs, il insiste surtout sur la cérémonie de l'agneau pascal, qui a lieu le 14, déjà avant la nuit, tandis que la fête proprement dite des azymes ne commence que le soir, qui compte, au surplus, avec le jour suivant.
7. *Lév.*, XXIII, 9.

bouc pour les péchés, qui sert chaque jour au repas des prêtres.
250. Le deuxième jour [1] des azymes, c'est-à-dire le seize, on prend une partie des fruits qu'on a récoltés, auxquels on n'a pas encore touché [2], et estimant qu'il est juste d'en faire hommage d'abord à Dieu à qui l'on doit la production de ces fruits, on lui offre les pré-
251. mices de l'orge [3] de la façon suivante. Faisant griller une poignée d'épis qu'on broie, puis purifiant les grains d'orge pour les moudre, on en apporte pour Dieu un assarôn [4] sur l'autel, et après en avoir jeté une poignée unique sur l'autel, on abandonne le reste à l'usage des prêtres. Dès lors, il est loisible à tout le monde soit publiquement, soit individuellement de faire la récolte [5]. On offre aussi, outre les prémices des produits du sol, un agnelet en holocauste à Dieu.

252. 6°. Quand la septième semaine qui suit ce sacrifice est passée — toutes ces semaines font quarante-neuf jours —, le cinquantième jour, que les Hébreux appellent Asartha [7] — ce mot désigne la Pentecôte —, on offre à Dieu un pain composé de deux assarôns de farine de froment mélangés de levain et, comme sacrifice, deux agneaux.
253. Tout cela, offert selon la loi à Dieu, est destiné uniquement au repas des prêtres et il n'est pas permis d'en rien laisser pour le len-

1. Josèphe est d'accord avec la tradition pharisienne pour la date de l'offrande de l'*ómer* d'orge. Selon lui, les mots obscurs des versets du *Lévitique* (XXIII, 11, 15) : « le lendemain du sabbat » doivent s'entendre du lendemain du premier jour de fête. Les Sadducéens, au contraire (voir la discussion dans *Menaḥot*, 65 *a*, sqq.), estimaient qu'il fallait prendre ces mots à la lettre, de sorte que l'offrande de l'ômer avait lieu toujours un dimanche, de même que la fête de *Schabouot*, qui survient cinquante jours après; opinion adoptée ou conservée plus tard par les Juifs Caraïtes. Philon (II, M., p. 294) est d'accord avec Josèphe et la Halacha; il emploie également le mot δράγμα pour l'orge.

2. La Mischna de *Menaḥot* (VI, 8) compte seulement cinq espèces de céréales dont il n'est pas permis d'user avant Pâque.

3. Ce n'est pas l'Écriture, mais la tradition qui établit qu'on offrait de l'orge (voir *Menaḥot*, 84 *a*). La manière de préparer l'ômer est indiquée dans la mischna de *Menaḥot*, VI, 4.

4. = ômer.

5. Conforme à *Menaḥot*, VI, 8.

6. *Lév.*, XXIII, 15; *Nombr.*, XXVIII, 26.

7. Asartha est le mot araméen *açarta* = héb. *acéret*, par lequel on désigne dans la littérature post-biblique la fête de la Pentecôte.

demain[1]. On immole aussi comme holocaustes trois veaux, deux
254. béliers, quatorze agneaux et deux boucs pour les péchés[2]. Il n'est
pas de fête où l'on n'offre d'holocaustes et où l'on ne donne de
relâche aux fatigues du travail ; dans chacune la loi prescrit un
genre de sacrifice et un repos exempt de toute peine, et c'est en
vue de célébrer des festins qu'on fait ces sacrifices.
255. 7[3]. C'est le peuple qui fournit le pain cuit sans levain ; on y emploie vingt-quatre assarôns. On les cuit deux par deux en les sépa-
rant la veille du sabbat ; le sabbat, au matin, on les apporte et on
les pose sur la table sacrée en deux séries opposées de six pains.
256. Et, après qu'on a eu placé par-dessus deux planchettes chargées
d'encens, ils y demeurent jusqu'au sabbat suivant. Alors à leur
place on en apporte d'autres ; les premiers sont donnés aux prêtres
pour leur nourriture, tandis qu'on fait fumer l'encens sur le feu
sacré dont on se sert pour tous les holocaustes et l'on met à sa
257. place d'autre encens au-dessus des pains. Le prêtre offre à ses propres frais[4], et il le fait deux fois par jour, de la farine pétrie dans
de l'huile et durcie par une courte cuisson[5] ; il y entre un assarôn

1. D'après la Mischna de *Menaḥot* (XI, 9), les deux pains faits la veille de la fête ne pouvaient durer que ces deux jours, à moins que la fête ne survînt le lendemain d'un samedi : en ce cas, les pains duraient trois jours.

2. Josèphe paraît avoir additionné à peu près les données divergentes des deux passages du *Lévitique* et des *Nombres* relatifs aux sacrifices de la Pentecôte. Le *Lévitique* énumère sept agneaux, un bœuf, deux béliers, un bouc expiatoire, et deux agneaux d'actions de grâces. Les *Nombres* ont sept agneaux, deux bœufs, un bélier, un bouc expiatoire. Josèphe signale d'abord les deux agneaux qui finissent la première liste comme sacrifice spécial de la fête concurremment avec les pains ; puis il additionne les agneaux des deux listes, ainsi que les bœufs (ou les veaux : μόσχους) et les boucs expiatoires ; il ne garde que les deux béliers du *Lévitique*. C'est ainsi qu'il résout la difficulté qui naît de la comparaison de ces deux passages du Pentateuque. Le système de Josèphe est, d'ailleurs, parfaitement d'accord avec celui de R. Akiba (*Menaḥot*, 45 *b*), qui discute contradictoirement avec R. Tarfon (Tannaïm du commencement du IIe siècle) sur nos deux textes et qui admet que les sacrifices énumérés dans le *Lévitique* sont prescrits comme accompagnement aux deux pains, tandis que ceux des *Nombres* sont additionnels (*mousafim*) et, par conséquent, indépendants des premiers.

3. *Lév.*, XXIV, 5.

4. C'est ce que la Halacha (*Menaḥot*, IV, 6) nomme *ḥavité kohen gadôl*.

5. Le *Sifra* (sur *Lév.*, VI, 14) explique le mot תופיני du verset comme s'il y

de farine dont une moitié est mise sur le feu le matin et l'autre vers le soir. Mais nous avons encore à nous expliquer sur ce sujet avec plus de détails : je crois que, pour le moment, ce que j'en ai déjà dit peut suffire.

CHAPITRE XI

1. *Moïse intronise les Lévites.* — 2. *Lois alimentaires.* — 3. *Lois relatives aux lépreux.* — 4. *Absurdité des légendes concernant la lèpre de Moïse et des Hébreux en Égypte.* — 5. *Impureté des femmes en couches.* — 6. *La femme adultère.*

258. 1[1]. Moïse, après avoir séparé la tribu de Lévi de la communauté du peuple, pour en faire une tribu sacrée, la purifia avec de l'eau de source d'un cours intarissable et avec les sacrifices que la loi prescrit dans ces circonstances d'offrir à Dieu ; et il leur confia le tabernacle et les ustensiles sacrés et tout ce qu'on avait fabriqué pour couvrir le tabernacle, afin qu'ils fissent leur service sous le commandement des prêtres ; car ces objets avaient déjà été consacrés à Dieu.

259. 2[2]. Au sujet des animaux, il distingua en détail ceux dont on se

avait תאפה נא, « elle sera bouillie » : il semble résulter de là, contrairement à Josèphe, que le gâteau en question se cuisait longtemps et devait avoir plutôt une consistance molle.

1. *Nombr.*, III, 5.
2. *Lév.*, XI, 1 ; *Deut.*, XIV, 3.

nourrirait et ceux, au contraire, dont on ne cesserait de s'abstenir. A ce sujet, lorsque nous aurons l'occasion d'en traiter, nous nous expliquerons tout au long, en proposant les raisons qui l'ont déterminé à nous déclarer les uns comestibles, et à nous prescrire de
260. nous abstenir des autres[1]. Mais le sang[2], il nous l'a tout à fait interdit en tant qu'aliment, car il pense qu'il est l'âme même et le souffle vital. Il nous a défendu également[3] la consommation de la chair d'une bête morte d'elle-même, et nous a prescrit de nous abstenir de la membrane qui couvre les intestins, ainsi que du suif des chèvres, des brebis et des bœufs[4].

261. 3°. Il bannit de la ville ceux qui ont le corps affligé de lèpre et ceux qui ont un flux séminal surabondant. Les femmes aussi chez qui surviennent des sécrétions naturelles, il les éloigne jusqu'au septième jour; après quoi, considérées comme pures, elles peuvent
262. revenir dans leurs maisons. Il en est de même pour ceux qui ont enseveli un mort[6]; après le même nombre de jours, ils peuvent revenir au milieu des autres. Celui qui dépasse ce nombre de jours en état de souillure, la loi veut qu'il sacrifie deux agnelles, dont l'une
263. doit être brûlée et dont l'autre est prise par les prêtres. On fait les mêmes sacrifices en cas de flux séminal[7] : celui qui a eu un flux séminal pendant le sommeil, sera, après s'être plongé dans l'eau froide, dans la même situation que ceux qui ont cohabité légitime-
264. ment avec leurs femmes. Mais les lépreux, c'est d'une façon définitive qu'il les éloigne de la ville, sans qu'ils puissent avoir commerce

1. Cf. *Ant.*, I, § 25, note.
2. *Lév.*, XVII, 10.
3. *Lév.*, XI, 39.
4. *Lév.*, VII, 22.
5. *Lév.*, XIII-XV. Mais, dans le texte, il n'est nullement question de chasser de la ville ou de leur maison les femmes menstruelles.
6. *Nombr.*, XIX, 14; XXI, 19; cf. *C. Ap.*, II, 26. Cette prescription n'est pas dans le premier des passages bibliques indiqués, où on l'attendrait plutôt; elle est promulguée incidemment, quand les Israélites reviennent de leur campagne contre les Madianites. Moïse dit à ceux qui ont versé le sang et touché des cadavres : « Et vous, demeurez hors du camp pendant sept jours. » C'est de ces mots que la Halacha tire la règle générale (*Sifré* sur *Nombr.*, XIX, 14). Josèphe est conforme à la tradition.
7. *Lév.*, XV, 16.

avec personne; ils ne sont pas autre chose que des cadavres[1]. Mais
si quelqu'un par des prières adressées à Dieu est délivré de cette
maladie et recouvre l'épiderme de la santé, il en remercie Dieu par
divers sacrifices dont nous parlerons plus tard.
265. 4. Tout cela permet de rire des gens[2] qui prétendent que Moïse,
frappé de la lèpre, dut s'enfuir lui-même de l'Égypte et, s'étant mis
à la tête de tous ceux qu'on avait chassés pour le même motif, les
266. conduisit en Chananée. Car, si c'était vrai, Moïse n'aurait pas édicté,
pour sa propre humiliation, de pareilles lois, contre lesquelles il
est vraisemblable qu'il eût protesté, si d'autres les avaient promul-
guées, surtout quand chez beaucoup de nations les lépreux jouissent
des honneurs et non seulement échappent aux injures et à l'exil,
mais même occupent les fonctions militaires les plus en vue, admi-
nistrent les charges publiques et ont le droit de pénétrer dans les
267. lieux saints et dans les temples. De sorte que rien n'empêchait
Moïse, si ou lui ou le peuple qui l'accompagnait avait eu la peau
détériorée par un accident de ce genre, d'instituer au sujet des
lépreux une législation des plus favorables, sans les condamner à
268. la moindre peine. Mais il est clair que, s'ils s'expriment ainsi sur
notre compte, c'est l'esprit de dénigrement qui les y incite; pour
Moïse, c'est en homme indemne de ces choses-là, au milieu d'un
peuple indemne, qu'il a fait des lois à propos de ce genre de malades,
et c'est en l'honneur de Dieu qu'il en usait ainsi. D'ailleurs, sur ce
sujet chacun juge comme il l'entendra.
269. 5[3]. Aux femmes qui ont accouché il interdit d'entrer dans le sanctuaire et de toucher à quelque chose de saint jusqu'après quarante
jours, si c'est un enfant mâle; le nombre se trouvait doublé, si
c'était une fille. Mais elles y pénètrent, passé le terme précité, pour
offrir des sacrifices, que les prêtres consacrent à Dieu.

1. Cf. *Nombr.*, XII, 12 : dans ce passage, Aaron dit à Moïse que sa sœur, frappée de lèpre, est comme une morte. Sur la législation des lépreux, cf. *Kélim*, I, 7-8.

2. Allusion aux écrivains comme Manéthon, qui publiaient sur les origines des Juifs des relations injurieuses. Voir, d'ailleurs, le *C. Ap.*, I, § 287, où Josèphe prend Manéthon directement à parti sur cette même question.

3. *Lév.*, XII, 2.

0. 6[1]. Si quelqu'un soupçonne sa femme d'avoir commis un adultère, il apporte un assarôn d'orge moulue et, après en avoir répandu une poignée en offrande à Dieu, on en donne le reste à manger aux
1. prêtres[2]. Quant à la femme, un prêtre la place aux portes, qui sont tournées en face du temple et, lui enlevant son voile de la tête, il commence par écrire le nom de Dieu sur une peau[3] et il l'invite à déclarer par serment qu'elle n'a aucun tort envers son mari, mais que, si elle a violé les bienséances, sa main droite se désarticule, que son ventre se consume et qu'elle périsse ainsi; que si c'est par excès d'amour et conséquemment par jalousie que son mari s'est laissé entraîner témérairement à la soupçonner, qu'il
2. lui naisse au dixième mois un enfant mâle[4]. Ces serments achevés, après avoir effacé le nom de Dieu de la peau, il la délaye dans une coupe, puis, prenant un peu de terre du sanctuaire, ce qu'il
3. trouve sous la main, il l'y répand et le lui donne à boire. Alors, si elle a été injustement incriminée, elle devient enceinte et le fruit de ses entrailles parvient à terme; mais, si elle a trompé son mari dans son mariage et Dieu dans son serment, elle périt d'une mort ignominieuse, sa cuisse se déjetant et l'hydropisie gagnant ses entrailles. Voilà au sujet des sacrifices et de la purification qui s'y rapporte,

1. *Nombr.*, v, 12.
2. Selon la tradition (*Sota*, III, 1), cette offrande avait lieu après la cérémonie décrite plus loin; mais on sait qu'à l'époque de Josèphe, toute cette procédure était abolie (*Tosefta* de *Sota*, éd. Zuckermandel, p. 320). Sur la date de l'abolition, cf. M. Olitzki, *Fl. Josephus und die Halacha*, p. 22, note 27.
3. Le mot διφθέρα de Josèphe est cité, au contraire, dans la Mischna de *Sota* (II, 4) comme un des objets sur lesquels on ne doit point écrire. La confusion faite par Josèphe peut s'expliquer par cette circonstance que la procédure n'était plus usitée de son temps. Selon la Halacha, il fallait un rouleau de parchemin (*meguilla*); on n'y écrivait pas uniquement le nom de Dieu, comme le déclare Josèphe, mais bien les phrases même de l'imprécation; voir *Sota*, II, 3.
4. La Bible dit seulement (*Nombr.*, v, 28) que la femme justifiée aura une postérité. Le *Sifré* (*ad loc.*) rapporte une discussion entre R. Akiba et R. Ismaël (commencement du IIe siècle) : selon le premier, le verset signifierait que même la femme jusque-là stérile deviendra féconde ; le second explique que si elle avait eu jusque-là un enfantement laborieux, dorénavant elle enfantera aisément et que si elle n'avait eu précédemment que des filles, elle aura désormais de enfants mâles. »

ce que Moïse prescrivit à ceux de son peuple et voilà les lois qu'il leur a données.

CHAPITRE XII

1. Unions prohibées. — 2. Dispositions spéciales aux prêtres. — 3. Lois de la septième année et du jubilé. — 4. Dénombrement de l'armée. — 5. Disposition du camp. — 6. Les trompettes sacrées et les signaux.

274. 1[1]. L'adultère il l'interdit absolument, pensant qu'il serait heureux que les hommes eussent des idées saines touchant le mariage et qu'il y allait de l'intérêt des cités et des familles que les enfants fussent légitimes. La loi défend aussi comme un très grand crime de s'unir à sa mère. De même, avoir commerce avec une épouse de son père, avec une tante, avec une sœur, avec la femme de son fils
275. est un acte détesté comme une infamie abominable. Il interdit d'avoir commerce avec une femme à l'époque de ses souillures périodiques, de chercher à s'accoupler aux bêtes ou d'aspirer à s'unir avec un mâle, entraîné par leurs attraits à la poursuite d'une volupté immorale. Pour tous ceux qui oseraient violer ces lois il décrète la peine de mort.
276. 2[2]. Pour les prêtres, il exige une double pureté ; il leur défend

1. *Lév.*, xx, 10; *Deut.*, xxii, 22.
2. *Lév.*, xxi, 7; cf. *C. Ap.*, I, 7.

ce qui précède comme à tout le monde et, en outre, il leur interdit
d'épouser les prostituées, il leur interdit aussi d'épouser une esclave
ou une prisonnière de guerre [1] ainsi que les femmes qui gagnent
leur vie en tenant un petit commerce ou une hôtellerie [2], ou celles
qui se sont séparées de leurs premiers maris pour n'importe quel
277. motif [3]. Quant au grand-prêtre [4], même une femme dont le mari
est mort, il ne lui accorde pas de l'épouser, tandis qu'il le concède
aux autres prêtres ; il n'y a qu'une vierge qu'il l'autorise à épouser,
et il doit la garder [5]. Aussi le grand-prêtre ne s'approche pas non

1. Si le texte est exact, Josèphe ici ajoute quelque chose aux prescriptions de l'Écriture, qui défend aux prêtres d'épouser trois sortes de femmes : *zona* (prostituée), *ḥalala* (femme indigne, née d'une union illicite, comme l'explique la tradition, *Kiddouschin*, 77 *a*) et la *guerouscha* (femme répudiée); voir là-dessus les notes suivantes. Pour l'esclave (cf. *Ant.*, IV, § 244, où l'interdiction est appliquée même aux laïques), la tradition en parle dans *Yebamot*, 61 *a* : « Le prêtre ne peut épouser ni une esclave, ni une affranchie. » Quant à la prisonnière de guerre, la Mischna de *Ketoubot* (II, 9) dit que les femmes de prêtres qui se sont trouvées dans une ville conquise par l'ennemi ne peuvent plus reprendre la vie conjugale avec leurs maris, à moins de prouver qu'elles sont restées pures. Josèphe lui-même donne de plus amples détails sur ces interdictions dans le *C. Apion*, I, 7, § 30 et suivants; cf. aussi *Ant.*, XIII, 10, 5 *fin* (histoire de Jean Hyrcan).

2. On a beaucoup commenté ces mots singuliers et qui répondent malaisément à la *zona* ou à la *ḥalala* de l'Écriture. Il faut croire qu'à l'époque de Josèphe le métier d'hôtelière était mal famé. Chose remarquable, on trouve dans les Targoumim le mot *pandokita*, « hôtelière » (dérivé du mot πανδοκεύειν employé justement par Josèphe) comme traduction de l'hébreu *zona* (cf. Levy, *Chaldäisches Wörterbuch*, II, 272 : ex. *Jug.*, XI, 1 ; I *Rois*, III, 16; *Ezéchiel*, XXIII, 44). Cette traduction suppose sans doute dans le mot *zona* la racine *zoun*, qui signifie nourrir. Un passage de Josèphe viendrait à l'appui de cette observation : au livre V, § 7, les explorateurs envoyés par Josué s'en vont chez une femme, nommée Rachab, qui est représentée comme une aubergiste; or la Bible l'appelle précisément *zona* (*Josué*, II, 1 ; LXX : γυναικὸς πόρνης). — Le mot ἡταιρηκυῖα de Josèphe paraît correspondre à l'hébreu *ḥalala* ; LXX : βεβηλωμένη.

3. Voir plus loin, IV, § 244 et note.

4. *Lév.*, XXI, 10.

5. C'est-à-dire ne la point répudier, ou bien veiller sur ses mœurs, si la leçon καὶ ταύτην φυλάττειν est exacte; mais ces mots ont paru, non sans raison, un peu étranges, et Mangey (II, p. 222, n. *i*) a ingénieusement proposé de lire : καὶ ταύτην φυλέτην, « une femme de sa tribu », c'est-à-dire de souche sacerdotale, ce qui concorderait avec le passage du texte de Philon : μὴ μόνον παρθένον ἀλλὰ καὶ ἱέρειαν ἐξ ἱερέων, « non seulement une vierge, mais une prêtresse issue de

plus d'un mort [1], tandis qu'il n'est pas défendu aux autres prêtres
de se tenir auprès d'un frère, d'un père, d'une mère ou d'un fils
278. défunt. Ils doivent être exempts de tout défaut corporel [2]. Un prêtre
qui ne serait pas tout à fait sans défaut, il l'autorise à prendre sa
part des viandes sacrées [3] avec les autres prêtres; mais quant à
monter sur l'autel et à pénétrer dans le sanctuaire, il le lui défend.
Ce n'est pas seulement pendant l'accomplissement des sacrifices
qu'ils doivent être purs, ils doivent veiller aussi à leur vie privée,
279. tâcher qu'elle soit sans reproche. Et c'est pourquoi ceux qui portent la robe sacerdotale sont sans défaut, purs à tous égards et sobres, car le vin leur est défendu tant qu'ils portent la robe [4]. De plus ils n'immolent que des victimes entières et qui n'ont subi aucune mutilation.

280. 3 [5]. Telles sont les lois, déjà en usage à l'époque où il vivait, que Moïse nous a transmises; mais il en est d'autres que, tout en vivant dans le désert, il institua par avance, afin qu'on les appliquât après
281. la conquête de la Chananée. Pendant la septième année il fait repo-

prêtres. » Cette leçon parait cependant devoir être écartée, car la tradition (*Sifra* sur *Lév.*, xxi, 14; *Yebamot*, vi, 4; 77 *b*) admet que le grand-prêtre peut épouser une laïque; or Josèphe, issu d'une famille pontificale, devait être renseigné sur ce point. D'ailleurs, il dit lui-même, dans le *C. Ap.*, I, 7, § 31 : δεῖ .... ἐξ ὁμοεθνοῦς γυναικὸς παιδοποιεῖσθαι, « il doit prendre une femme de *sa nation* », ce qui ne veut pas dire de souche pontificale. En revanche, le mot φυλέτην, s'il voulait dire une simple Israélite, serait impropre. Voir, pour plus de détails, Grünebaum, *Die Priestergesetze bei Fl. Josephus*, Halle, 1887, p. 26 sqq.

1. *Lév.*, xxi, 2.
2. *Ibid.*, 17; cf. *Bellum*, V, 5, 7, et *C. Ap.*, I, 31.
3. Le *Sifra* sur *Lév.*, vi, 1, déduit de même des mots du verset : « tout mâle parmi les fils d'Aaron en consommera » que ce privilège s'étend même aux prêtres affligés de défauts corporels qui les rendraient, d'ailleurs, impropres au ministère sacré. Cela ressort, d'autre part, de *Lév.*, xxi, 22. *Cf.* Mischna de *Zebaḥim*, xii, 1; Philon, *De Monarchia*, II, 13.
4. *Lév.*, x, 9; xxii, 17-26. La tradition (*Keritot*, 13 *b*), interprétant le verset *Lév.*, x, 9, explique que le vin n'était pas défendu d'une façon absolue; elle fixe la quantité minima susceptible d'entraîner l'ébriété. Les mots de Josèphe ἕως οὗ τὴν στολὴν ἔχουσι ne doivent pas être pris sans doute tout à fait à la lettre; ils signifient vraisemblablement : « tant que le prêtre est de service »; car il avait le droit de porter les vêtements sacerdotaux même en dehors du tempe.
5. *Lév.*, xxv, 1.

ser la terre du travail de la charrue et de la plantation, de même qu'il a prescrit aux hommes de cesser leurs travaux le septième jour. Quant aux produits spontanés du sol, la jouissance en est publique et libre, non seulement pour ceux du peuple, mais aussi pour les étrangers, car on n'en conserve rien. On devait également en user ainsi après la septième semaine d'années, ce qui fait en tout cin-
282. quante années. Les Hébreux appellent la cinquantième année *Yôbêl(os)*; à cette époque les débiteurs sont tenus quittes de leurs dettes [1], les esclaves sont renvoyés affranchis, du moins ceux qui sont du peuple et que pour une transgression d'une loi il a châtiés en leur imposant la condition servile, sans les condamner à mort [2].
283. Il restitue les champs à leurs propriétaires primitifs de la façon suivante. Quand survient le *Yôbel*, — ce mot signifie *liberté*[3], — arrivent ensemble le vendeur du champ et l'acquéreur, et, après avoir supputé les revenus et les frais occasionnés par le champ [4], s'il se trouve que ce sont les revenus qui l'emportent, le vendeur recouvre le champ;
284. mais si les dépenses excèdent, le vendeur doit combler le déficit, sous peine de perdre son bien [5]. Mais si le chiffre est le même des revenus et des dépenses, le législateur rend la terre aux pre-
285. miers possesseurs. Pour les maisons, il a voulu que la même loi fût en vigueur, s'il s'agit de maisons de village qu'on a vendues. Mais

1. Josèphe commet là une inexactitude. Le Jubilé avait pour effet de rendre les propriétés aux possesseurs primitifs et d'émanciper les esclaves, mais nullement d'abolir les dettes; c'est l'année de la *Schemita* (7e année) qui a seule ce privilège, comme l'explique le *Sifré* (97 *b*). L'erreur de Josèphe s'explique peut-être par cette circonstance qu'à son époque l'annulation des dettes ne se pratiquait plus, grâce à l'institution du *prosbol*, inventé par Hillel pour tourner une loi qui favorisait des abus (voir *Schebiit*, x, 3).

2. Cf. plus loin, *Ant.*, IV, § 273.

3. Le mot *yobel* est assez obscur; on le traduit généralement par « cor » ou « trompette au son retentissant »; quelle que soit l'origine du mot, il ne peut signifier « liberté »; c'est le mot *deror* du même verset (*Lév.*, xxv, 10) qui a ce sens; c'est sans doute ce qui a suggéré à Josèphe de traduire ainsi *yobel*. Philon (*De Decalogo*, 30, II, M., p. 207) appelle le Jubilé : ἀποκατάστασις, « rétablissement », ce qui fait penser à la racine יבל, qui, au hiphil, signifie « ramener, rapporter ». Les LXX traduisent *yobel* par σημασία, « signal (donné par la trompette) ».

4. *Lév.*, xxv, 14.

5. Nous lisons avec Herwerden : <μὴ> καταβαλών.

pour la vente de maisons de ville, il a statué différemment : si, avant la fin de l'année, on restitue l'argent, il oblige l'acquéreur à rendre la maison ; mais si une année pleine se passe, il confirme
286. son acquisition à l'acheteur. Telle est la constitution légale que Moïse, pendant le temps qu'il faisait camper l'armée au pied du Sinaï, reçut de Dieu et transmit par écrit aux Hébreux.

287. 4[1]. Comme la législation lui paraissait bien réglée, il s'occupa ensuite du recensement de l'armée, songeant désormais à s'appliquer aux affaires relatives à la guerre. Il ordonne aux chefs de tribus, à l'exception de la tribu de Lévi, de faire le compte exact des hommes aptes au service militaire : les Lévites, eux, étaient consacrés
288. et exempts de toute charge. Le recensement ayant eu lieu, il se trouva 603.650 hommes aptes à porter les armes, âgés depuis 20 ans jusqu'à 50 [2]. A la place de Lévi, il choisit comme phylarque Manassé, fils de Joseph, et Ephraïm au lieu de Joseph, conformément à ce que Jacob avait sollicité de Joseph, à savoir de lui donner ses enfants en adoption, ainsi que je l'ai déjà rapporté.

289. 5[3]. Quand ils dressaient le camp, ils plaçaient le tabernacle au milieu d'eux ; trois tribus s'installaient le long de chaque côté et des chemins s'ouvraient entre elles. On aménageait une agora, et les marchandises étaient rangées chacune à sa place ; les artisans de tout genre avaient leurs ateliers, et cela ne ressemblait à rien moins qu'à une ville déménageant d'ici pour aller s'intaller là.
290. L'emplacement autour du tabernacle était occupé d'abord par les prêtres [4], puis par les Lévites qui étaient en tout, — car on les recensait aussi, tous les mâles depuis l'âge de trente jours, — au nombre de 23.880 [5]. Et pendant tout le temps [6] que la nuée se trouvait

1. *Nombres*, I, 1.
2. Comme plus haut (§ 196), Josèphe donne un chiffre un peu différent de celui des *Nombres*, qui est 503.550 (I, 46). Les LXX sont conformes à l'hébreu.
3. *Nombr.*, II, 1.
4. *Ibid.*, III, 39.
5. Le texte n'est pas sûr : certains mss. donnent 22.880. En tout cas, Josèphe s'écarte beaucoup de l'Écriture, qui donne le chiffre de 22.000. On ne voit pas d'où Josèphe peut tirer le chiffre de 23.880. Les LXX sont conformes à l'hébreu.
6. *Nombr.*, IX, 18.

au-dessus du tabernacle, ils pensaient qu'ils devaient demeurer, comme si Dieu résidait là, et lever le camp, au contraire, quand la nuée se déplaçait.

291. 6[1]. Moïse inventa une sorte de cor qu'il fit faire en argent. Voici en quoi il consiste. Sa longueur est d'un peu moins d'une coudée ; c'est un tube étroit, un peu plus épais qu'une flûte, avec une embouchure d'une largeur suffisante pour recevoir l'inspiration, et une extrémité en forme de clochette comme en ont les trompettes. Il
292. s'appelle *asôsra* en hébreu. Il s'en fit deux : l'un servit à convoquer et à réunir le peuple en assemblée. Quand l'un de ces cors donnait le signal, il fallait que les chefs se réunissent pour délibérer sur leurs affaires à eux ; avec les deux ensemble on rassemblait le peu-
293. ple. Quand le tabernacle se déplaçait, voici ce qui arrivait : au premier signal, ceux qui avaient leur campement à l'est se levaient, au second c'étaient ceux qui étaient installés au sud. Ensuite, le tabernacle démonté était porté entre les six tribus qui marchaient en avant et les six qui suivaient. Les Lévites étaient tous autour du
294. tabernacle. Au troisième signal, la partie du campement située à l'ouest s'ébranlait et, au quatrième, la partie nord. On se servait aussi de ces cors dans les cérémonies des sacrifices[2]; on en sonnait pour faire approcher les victimes, tant aux sabbats[3] qu'aux autres jours. Ce fut à ce moment pour la première fois[4] depuis le départ d'Égypte qu'il fit le sacrifice dit Pascha dans le désert.

1. *Nombr.*, x, 1.
2. *Ibid.*, 10.
3. L'Écriture ne parle pas en particulier du sabbat. Mais le *Sifré* (sur *Nombr.*, x, 10) explique que les mots : « En vos jours de réjouissance et vos époques fériées » désignent particulièrement le sabbat.
4. *Nombr.*, IX, 1.

CHAPITRE XIII

Nouvelles plaintes des Hébreux; pluie de cailles; les Tombeaux de la concupiscence.

295. 1[1]. Après avoir attendu quelque temps, il lève le camp pour s'é-
loigner du mont Sinaï, et, après quelques étapes dont nous parlerons, il parvient en un endroit nommé Esermôth [2]. Là, le peuple
recommence à se révolter et à reprocher à Moïse les épreuves subies
296. pendant leurs pérégrinations : après qu'il les avait persuadés de
quitter un pays fertile, non seulement ce pays était perdu pour eux,
mais, au lieu de la félicité qu'il s'était engagé à leur procurer, voilà
au milieu de quelles misères ils vagabondaient, manquant d'eau,
297. et, si la manne venait à faire défaut, destinés à périr tout net. Au
milieu de ce flux de paroles violentes contre cet homme, quelqu'un
les suppliait de ne pas méconnaître Moïse et ce qu'il avait souffert
pour le salut de tous et de ne pas désespérer du secours de Dieu.
Mais cela ne faisait qu'exciter le peuple davantage et il ne s'empor-
298. tait qu'avec plus de tapage encore contre Moïse. Celui-ci, pour leur
rendre courage dans ce grand désespoir, leur promet, bien qu'indi-
gnement outragé par eux, de leur procurer de la viande en quantité, non pour un jour seulement, mais pour plusieurs. Mais, comme
ils n'y croyaient pas et que quelqu'un demandait d'où il assurerait
à toutes ces myriades cette abondance annoncée [3] : « Dieu, dit-il,

1. *Nombr.*, XI, 1.

2. Ce nom, qui doit être la transcription de l'hébreu חצרות (LXX : Ἀσηρώθ), rappelle plutôt par les consonnes un autre nom propre hébreu, חֲצַר־מָוֶת, qui désigne dans la Bible un homme (*Gen.*, x, 26), mais a été appliqué ensuite à une localité en Arabie.

3. Dans la Bible, c'est Moïse qui tient ce langage sceptique et à Dieu lui-même (*Nombr.*, XI, 21, 22), et la littérature midraschique ne se fait pas faute de l'en

et moi-même, encore que mal jugés par vous, nous ne laisserons
pas de faire effort pour votre bien, et le moment n'en est pas éloi-
299. gné. » En même temps qu'il parlait, le camp tout entier se remplit
de cailles [1] ; on les entoure et on les ramasse. Cependant Dieu, peu
après, châtie les Hébreux de l'arrogance injurieuse qu'ils lui avaient
témoignée : il en périt, en effet, un assez bon nombre. Et, encore
aujourd'hui, cette localité porte le surnom de Kabrôthaba [2], c'est-à-
dire *Tombeaux de la concupiscence*.

CHAPITRE XIV

1. *Discours de Moïse au peuple.* — 2. *Voyage et rapport des douze explorateurs.* — 3. *Découragement et plaintes des Hébreux.* — 4. *Josué et Caleb essayent de les rassurer. Apparition de la nuée divine.*

300. 1 [3]. Après les avoir menés de là vers l'endroit appelé Pharanx [4], situé près des frontières des Chananéens et d'un séjour pénible, Moïse réunit le peuple en assemblée et se dressant parmi eux : « Des deux biens, dit-il, que Dieu a résolu de nous procurer, la liberté et la possession d'un pays fertile, le premier il vous l'a déjà donné ;

blâmer ; on voit encore ici un exemple de la manière dont Josèphe altère ce qui peut paraître défavorable à son personnage.

1. *Nombr.*, XI, 31.

2. Héb. : *kibrot hattaawa*. Les LXX ont, comme Josèphe, la traduction μνήματα τῆς ἐπιθυμίας.

3. *Nombr.*, XIII, 1.

4. Héb. : Pharan (*Nombr.*, XII, 16).

301. vous le tenez, et le second vous allez le recevoir bientôt : nous
sommes campés, en effet, sur les frontières des Chananéens et
désormais dans notre marche en avant, non seulement ni roi, ni
ville ne nous arrêteront, mais non pas même tout leur peuple réuni.
Préparons-nous donc à l'œuvre : car ce n'est pas sans coup férir
qu'ils nous céderont leur territoire, c'est après de grandes luttes
302. qu'ils en seront dépossédés. Envoyons donc des explorateurs qui
jugeront des qualités du pays et de quelles forces ils disposent.
Mais, avant tout, soyons d'accord et honorons Dieu, qui, en toutes
circonstances, nous secourt et combat avec nous. »
303. 2. Moïse ayant ainsi parlé, le peuple lui rend hommage et choisit
douze explorateurs des plus notables, un par chaque tribu. Ceux-ci,
partis de la frontière d'Égypte, après avoir parcouru la Chananée
tout entière, arrivent à la ville d'Amathé et aux monts Liban, et
ayant étudié à fond la nature du pays et des gens qui l'habitaient,
ils reviennent, n'ayant employé que quarante jours pour toute l'ex-
304. pédition, et apportant en outre avec eux des fruits du pays. La
beauté de ces fruits[1] et l'abondance des bonnes choses que le pays
renfermait, à les entendre, excitaient l'ardeur guerrière du peuple.
Mais ils les effrayaient, en revanche, par les difficultés de la conquête,
disant que les fleuves étaient infranchissables[2], tant ils étaient larges
et profonds tout ensemble, que les montagnes étaient inaccessibles
aux voyageurs, et que les villes étaient fortifiées par des remparts
305. et de solides enceintes. Dans Hébron, ils prétendaient avoir retrouvé
les descendants des géants. C'est ainsi que les explorateurs, ayant
remarqué que les choses en Chananée avaient un aspect plus formidable que tout ce qu'ils avaient rencontré depuis le départ de
l'Égypte, non seulement se montraient personnellement consternés,
mais essayaient de faire éprouver au peuple les mêmes impressions.
306. 3[3]. Ceux-ci, après ce qu'ils ont entendu, estiment impraticable la
conquête du pays et, rompant l'assemblée, ils s'en vont se lamen-
tant avec leurs femmes et leurs enfants, comme si Dieu ne leur

1. *Nombr.*, XIII, 27.
2. Ce détail ne se lit pas dans l'Écriture.
3. *Nombr.*, XIV, 1.

apportait en fait aucun secours, se bornant à des promesses en
307. paroles. Et, derechef, ils incriminaient Moïse et l'accablaient de reproches, lui et son frère Aaron, le grand-prêtre. Ce fut dans ces fâcheuses dispositions, en les chargeant tous deux d'injures, qu'ils passèrent la nuit. Le lendemain matin, ils courent tous se former en assemblée, avec le dessein, après avoir lapidé Moïse et Aaron, de s'en retourner en Égypte.

308. 4[1]. Mais deux des explorateurs, Josué, fils de Noun, de la tribu d'Éphraïm, et Chaleb(os) de la tribu de Juda, effrayés, s'avancent au milieu d'eux et contiennent le peuple, le suppliant de reprendre courage, de ne pas accuser Dieu de dires mensongers et de ne pas avoir foi en ceux qui les avaient terrifiés par de faux récits au sujet des Chananéens, mais dans ceux qui les exhortent à marcher vers
309. la prospérité et la conquête du bonheur. Car ni la hauteur des montagnes, ni la profondeur des fleuves, s'ils étaient hommes d'une valeur exercée, ne feraient obstacle à leur activité, surtout si Dieu joignait ses efforts aux leurs et combattait pour eux. « Marchons donc, disaient-ils, contre nos ennemis, sans aucune arrière-pensée, mettant notre confiance en Dieu, qui nous conduit et suivez-nous, nous
310. qui vous montrons le chemin. » Par ces paroles, ils essayaient d'atténuer le ressentiment du peuple; quant à Moïse et à Aaron, prosternés à terre, ils suppliaient Dieu, non pour leur propre salut, mais pour qu'il tirât le peuple de son ignorance, et rassît leurs esprits troublés par les difficultés et les souffrances actuelles. Alors apparut la nuée, qui, en se posant au-dessus du tabernacle, manifesta la présence de Dieu.

1. *Nombr.*, XIV, 6.

CHAPITRE XV

1. Punition des Hébreux, dont les enfants seulement occuperont Chanaan. — 2. Supplications du peuple; Moïse les dissuade de tenter la conquête. — 3. Autorité durable de la législation de Moïse.

311. 1[1]. Moïse, encouragé, s'approche du peuple et annonce que Dieu, ému de leurs injures, leur fera subir une punition, non pas sans doute proportionnée à leurs fautes, mais telle que les pères en
312. infligent à leurs enfants pour les remettre à la raison. Comme il était entré, en effet, dans le tabernacle et qu'il suppliait Dieu de détourner la destruction que le peuple allait attirer sur lui, Dieu lui avait rappelé d'abord comment, après tout ce qu'il avait fait pour eux, après tant de bienfaits reçus de lui, ils en étaient venus à ne lui témoigner que de l'ingratitude; comment, à présent, entraînés par la lâcheté des explorateurs, ils avaient jugé leurs rapports plus
313. véridiques que sa propre promesse; et voilà pourquoi, sans toutefois les perdre tous, sans anéantir entièrement leur race, dont il faisait plus de cas que du reste des humains, cependant il ne leur permettrait pas à eux de s'emparer du pays de Chanaan, et de jouir
314. de sa prospérité. Il les forcerait, sans foyer, sans patrie, de végéter pendant quarante ans dans le désert, en expiation de leurs péchés. « Cependant[2] à nos enfants, dit-il, il promet de donner ce pays et de les faire maîtres de tout ce dont vous vous êtes privés vous-mêmes, faute d'empire sur vous. »

315. 2. Quand Moïse leur eut ainsi parlé selon la pensée de Dieu, le peuple fut en proie au chagrin et à la douleur, et supplia Moïse de le réconcilier avec Dieu, et, les arrachant à cette vie vagabonde à

1. *Nombr.*, XIV, 11.
2. *Ibid.*, 33.

travers le désert, de leur donner des villes. Mais il déclara que
Dieu n'autoriserait pas pareille tentative : car ce n'était pas à la
légère, comme les hommes, que Dieu avait été porté à se courroucer
contre eux ; il avait pris une décision bien réfléchie à leur endroit.
316. On ne doit pas juger invraisemblable que Moïse, à lui seul, ait
calmé tant de myriades d'hommes en fureur et les ait amenées à
plus de mansuétude ; c'est que Dieu, qui l'assistait, prépara le peuple à se laisser convaincre par ses paroles et que souvent, après avoir
désobéi, ils se persuadaient de l'inutilité de leur rébellion [par les
aventures fâcheuses où ils étaient précipités].
317. 3. L'admiration que ce grand homme excitait par ses vertus et
la puissance persuasive de ses discours, il ne l'inspira pas seulement à l'époque où il vécut, il en est digne encore aujourd'hui. Certes, il n'est pas un Hébreu qui n'obéisse, comme s'il était encore là
et qu'il dût le châtier d'un manquement, aux lois que Moïse a promul-
318. guées, même s'il pouvait les violer en cachette. Et il est bien d'autres témoignages de sa puissance surhumaine : naguère quelques
habitants d'au-delà de l'Euphrate, après un voyage de quatre mois
entrepris par vénération pour notre temple, effectué au prix de
beaucoup de dangers et de dépenses, ayant offert des sacrifices, ne
purent pas prendre leur part des chairs sacrées, parce que Moïse
les a interdites à ceux qui n'ont pas nos lois ou qui ne sont pas en
319. rapport avec nous par les usages de leurs pères. Les uns alors, sans
avoir offert aucun sacrifice, les autres, laissant là leurs sacrifices à
moitié accomplis, la plupart ne pouvant même d'aucune façon pénétrer dans le temple, s'en retournèrent, aimant mieux se conformer
aux prescriptions de Moïse que d'agir selon leur propre désir, d'ailleurs, ne craignant pas que personne vînt leur rien reprocher à ce
320. sujet, mais redoutant seulement leur propre conscience. Ainsi cette
législation qui parut émaner de Dieu eut pour effet de faire paraître cet homme encore plus grand que nature. Mais, bien mieux
encore, un peu avant la guerre récente, quand Claude gouvernait
les Romains et quand Ismaël(os) [1] était grand-prêtre chez nous, la

1. Il s'agit ici d'Ismaël ben Phiabi, dont Josèphe reparlera plus loin (*Ant.*,

famine ayant sévi dans notre pays, au point qu'un assarôn se ven-
321. dait quatre drachmes, et qu'on avait apporté pour la fête des azymes 70 cors de farine, — ce qui fait 31 (?) médimnes siciliens, ou 41 attiques [1], — aucun des prêtres n'osa consommer un seul pain, alors qu'un tel dénuement pesait sur le pays, par crainte de la loi et du courroux que montre toujours la divinité même pour
322. des péchés qui échappent à tout contrôle. Ainsi il ne faut pas s'étonner de ce qui s'accomplit alors, quand jusqu'à notre époque les écrits laissés par Moïse ont une telle autorité que nos ennemis eux-mêmes conviennent que notre constitution a été établie par Dieu même par l'entremise de Moïse et de ses vertus.

Au reste sur ce sujet que chacun se fasse l'opinion qu'il lui plaira.

XVIII, 2, 2, § 34; XX, 8, 8, § 179) et qui fut grand-prêtre, en effet, peu avant la guerre, de 59 à 61 environ. C'est par erreur, sans doute, que Josèphe place ce pontificat sous Claude, mort en 54. Quelques auteurs, ne pouvant croire à cette méprise de Josèphe, supposent qu'il y eut un autre Ismaël, grand-prêtre au temps de Claude, après Elionaios (44) ou qu'Ismaël n'est autre qu'Elionaios. Mais, outre que Josèphe ne connaît rien de pareil, lui qui est si bien informé sur la succession des grands-prêtres, il dit nettement que cette famine se produisit τοῦδε τοῦ πολέμου μικρὸν ἔμπροσθεν, « peu de temps avant la guerre » : cet Ismaël est donc nécessairement Ismaël ben Phiabi. La Mischna et le Talmud représentent ce grand-prêtre comme un personnage très pieux (Mischna de *Sota*, IX, 15; *Para*, III, 5; *Pesahim*, 57 *a*, en bas).

1. Cette donnée ne concorde pas avec ce que dit Josèphe plus loin (*Ant.*, XV, 9, 2, § 314) : d'après ce passage, un *cor* valait dix médimnes attiques.

LIVRE IV

CHAPITRE PREMIER

1. Les Hébreux, révoltés contre Moïse, se préparent à lutter seuls avec les Chananéens. — 2. Échec des Hébreux. — 3. Moïse les ramène dans le désert.

1. 1[1]. La vie dans le désert fut si désagréable et si pénible aux
Hébreux qu'elle les poussa, malgré la défense de Dieu, à faire une
tentative contre les Chananéens. Car ils ne voulaient pas, dociles
aux paroles de Moïse, se tenir en repos, et, croyant que, même en
se passant de son initiative, ils pourraient vaincre leurs ennemis,
ils se prirent à l'accuser, à le suspecter de faire tous ses efforts
pour les laisser sans ressources, afin qu'ils eussent toujours besoin
2. de son assistance, et ils s'élancèrent au combat contre les Chananéens,
disant que ce n'était pas par faveur pour Moïse que Dieu les secou-
rait, mais parce qu'en général, il prenait soin de leur peuple, en considération de leurs ancêtres qu'il avait pris sous sa tutelle. C'était
pour leurs vertus que jadis il leur avait donné la liberté, et maintenant, s'ils voulaient faire effort, il serait toujours là pour combattre
3. avec eux. D'ailleurs, ils prétendaient être suffisamment forts par
eux-mêmes pour vaincre les nations, quand même Moïse voudrait

1. *Nombr.*, XIV, 40.

leur aliéner la faveur de Dieu; ils avaient tout intérêt à être leurs
propres maîtres et non pas, après s'être réjouis d'avoir échappé aux
violences des Égyptiens, à subir la tyrannie de Moïse et à vivre
4. selon sa volonté. Il nous trompe, disaient-ils, en se prétendant le
seul à qui la divinité, par bienveillance pour lui, dévoile notre sort
futur, comme si nous n'étions pas tous de la race d'Abram et que
Dieu lui eût donné à lui seul l'autorité nécessaire pour connaître
5. l'avenir dont il l'instruirait. Ce serait faire preuve d'intelligence
que de mépriser la jactance de Moïse et, en se confiant à Dieu,
d'aspirer à conquérir ce pays qu'il leur avait promis, sans se soucier
de l'homme qui, en alléguant ce prétexte, voudrait les en empêcher
6. au nom de Dieu. Songeant donc à leur misère et à cette terre déserte qui la leur fait paraître plus cruelle encore, ils s'élancent au
combat contre les Chananéens en se donnant Dieu pour chef et
sans attendre aucun concours de la part du législateur.

7. 2[1]. Ayant ainsi décidé que tel était le meilleur parti pour eux,
ils marchèrent contre leurs ennemis; ceux-ci, sans se laisser effrayer
par leur agression ni par leur nombre, reçurent vaillamment le choc;
parmi les Hébreux, beaucoup périssent, et le reste de l'armée, une
fois la phalange défaite, poursuivi par l'ennemi, s'enfuit en désordre
8. vers le campement; et, complètement découragés par cet échec
inattendu, ils ne comptent plus désormais sur rien de bon, réfléchissant qu'ils doivent encore ce désastre à la colère de Dieu, pour
être partis se battre à l'étourdie sans son assentiment.

9. 3. Moïse, voyant les siens accablés par cette défaite et craignant
qu'enhardis par la victoire, les ennemis, avides de plus grands
succès, ne marchassent sur eux, estima qu'il fallait emmener l'ar-
10. mée bien loin des Chananéens vers le désert[2]. Et, comme le peuple
s'en remettait de nouveau à lui, — car ils comprenaient que, sans
sa vigilance, ils ne pourraient mener leurs affaires à bien, — ayant

1. *Nombr.*, XIV, 44.
2. Dans la Bible (*Nombr.*, XIV, 25), c'est Dieu qui, à la fin du discours où il condamne la génération du désert, invite Moïse à changer de direction et à partir dans le désert, du côté de la mer des Joncs. La tentative infructueuse des Hébreux contre les Chananéens est racontée ensuite.

levé le camp, il s'enfonça dans le désert, pensant qu'ils y trouveraient la tranquillité et n'en viendraient pas aux mains avec les Chananéens avant que Dieu leur en fît trouver une occasion favorable.

CHAPITRE II

1. *Indiscipline des Hébreux.* — 2. *Jalousie de Coré ; ses récriminations contre Moïse et Aaron.* — 3. *Succès de ses calomnies parmi le peuple.* — 4. *Discours de Moïse à l'assemblée.*

11. 1. Ainsi qu'il arrive aux grandes armées, surtout après des revers,
de montrer de l'indiscipline et de l'indocilité, on vit ce fait se produire aussi chez les Juifs. Ces soixante myriades d'hommes qui, à
cause de leur nombre, peut-être même dans la prospérité ne se seraient
pas soumis aux meilleurs d'entre eux, à plus forte raison alors, sous
l'empire de la misère et du malheur, s'emportaient les uns contre
12. les autres et contre leur chef. C'est ainsi qu'une sédition, dont nous
ne savons pas d'exemple ni chez les Grecs ni chez les Barbares,
s'émut parmi eux ; elle leur fit courir à tous un danger mortel dont ils
furent préservés par Moïse, qui ne leur garda pas rancune d'avoir
13. été tout près de périr lapidé par eux. Dieu lui-même ne laissa pas
de leur épargner un désastre terrible et, bien qu'ils eussent outragé
leur législateur et les instructions que Dieu leur avait mandées lui-
même par Moïse, il les sauva des malheurs que cette sédition leur
eût attirés s'il n'y avait veillé. Cette sédition, ainsi que les mesures
que prit ensuite Moïse, je la raconterai après avoir préalablement
exposé le motif qui la fit naître.

14. 2[1]. Coré[2] (Korês), un des plus éminents d'entre les Hébreux par
la naissance et par les richesses[3], homme assez éloquent et fort capable de se faire écouter du peuple[4], voyant Moïse monté au faîte des honneurs, conçut contre lui une ardente jalousie, car il était de la même tribu, et même son parent[5]. Il était plein de dépit, parce qu'il croyait avoir plus de droits à jouir de pareils honneurs, comme étant plus riche que Moïse, sans lui être inférieur
15. par la naissance. Et il allait réclamant parmi les Lévites, qui
étaient de sa tribu, et principalement parmi ses parents, criant qu'il était honteux de laisser insouciamment Moïse travailler à se préparer une gloire personnelle, l'acquérir par de coupables manœuvres en se réclamant de Dieu, contrevenir aux lois en donnant le sacerdoce à son frère Aaron, sans l'avis général du peuple, mais sur sa propre décision, et, à la manière d'un tyran, distribuant les
16. honneurs à sa guise[6]. « La violence est chose bien moins grave
qu'un préjudice causé en cachette, parce qu'alors ce n'est pas seulement contre le gré des gens, c'est sans qu'ils soupçonnent même la
17. perfidie qu'on leur enlève le pouvoir. Quiconque, en effet, a conscience
de mériter de recevoir les honneurs, tâche de les obtenir par persua-

1. *Nombr.*, XVI, 1.
2. Héb. : Koraḥ ; LXX : Κορέ.
3. La tradition parle aussi des richesses de Coré (*Sanhédrin*, 110 *a* ; *Pesaḥim*, 119 *a*) : R. Siméon ben Lakisch (IIIe siècle) voit dans le mot de l'*Ecclésiaste* (V, 12) : « la richesse conservée pour le malheur de son détenteur » une allusion à la richesse de Coré. Un autre Amora, R. Lévi, raconte que Coré avait trois cents mules blanches pour porter les clefs de ses trésors, et R. Ḥama bar Ḥanina parle de trois trésors enfouis par Joseph en Égypte, dont l'un aurait été découvert par Coré.
4. Dans *Tanḥouma* sur *Nombr.*, XVI, 1, Coré est représenté de même comme un homme important, d'une grande science et qui tient des discours insidieux au peuple pour prouver que Moïse et Aaron occupent arbitrairement leurs charges; le Midrasch se fonde sur le mot ויקח (*Nombr.*, XVI, 1), qu'il rend par « il séduisit ».
5. Coré, d'après *Exode*, VI, 16 et *Nombres*, XVI, 1, était le cousin-germain de Moïse.
6. Dans le Midrasch (*Tanḥouma*, *ibid.*), Coré se plaint de la nomination d'Eliçaphan aux fonctions de phylarque, ce qui aurait constitué un passe-droit, car Ouziel, père de ce personnage, était, selon *Ex.*, VI, 16, le plus jeune des fils de Kehat.

sion, n'osant pas s'en emparer par force; mais ceux qui n'ont aucun moyen d'arriver par leur mérite aux honneurs, sans doute n'emploient pas la violence, parce qu'ils tiennent à avoir l'air d'honnêtes gens, mais ils s'efforcent de parvenir à la puissance par des artifices
18. pervers. Il est de l'intérêt du peuple de châtier de telles gens, pendant qu'ils croient encore nous échapper, et d'éviter qu'en les laissant arriver au pouvoir, on ne se fasse d'eux des ennemis déclarés. Car enfin, quelle raison pourrait donner Moïse d'avoir conféré le sa-
19. cerdoce à Aaron et à ses fils? Que si Dieu a décidé d'octroyer cette charge à quelqu'un de la tribu de Lévi, c'est moi qui y ai le plus de droits; ma naissance me fait l'égal de Moïse; ma fortune et mon âge me donnent l'avantage. Que si elle revient à la plus ancienne des tribus, il serait juste que ce fût celle de Roubel qui possédât la charge, entre les mains de Dathan(ès), d'Abiram(os)[1] et de Phalaès[2], qui sont les plus âgés d'entre ceux de la tribu et puissants par d'abondantes richesses. »

20. 3. Sans doute, Coré voulait par ces discours paraître veiller à l'intérêt général; en réalité, il ne travaillait qu'à se faire décerner à lui-même cette charge par le peuple; mais, s'il y avait de méchants desseins dans ce qu'il disait, c'était avec grâce qu'il parlait aux gens
21. de sa tribu. Ces propos se propageant peu à peu parmi la foule, et ceux qui les écoutaient enchérissant encore sur les calomnies dirigées contre Aaron, toute l'armée en est bientôt envahie. Le nombre de ceux qui se joignirent à Coré était de deux cent cinquante grands, très ardents à vouloir dépouiller du sacerdoce le frère de Moïse et à
22. déshonorer ce dernier lui-même. Mais le peuple était également excité et s'élançait pour jeter des pierres à Moïse[3]. Ils se réunirent tumultueusement en assemblée dans le trouble et le désordre. Debout devant le tabernacle de Dieu, ils criaient qu'on chassât le tyran et qu'on délivrât le peuple asservi à un homme qui se réclamait de
23. Dieu pour imposer ses commandements oppressifs. Dieu, en effet, si c'était lui qui avait choisi quelqu'un pour prêtre, aurait investi

1. Héb. : Dathan, Abiram : LXX : Δαθάν, Ἀβειρών.
2. *Ex.*, VI, 14. Héb. : Phallou ; LXX : Φαλλούς.
3. Ceci se trouve également dans *Tanḥouma* (*ibid.*).

de ces fonctions le plus digne et n'aurait pas consenti à les attribuer à des hommes bien inférieurs à beaucoup d'autres, et, s'il avait décidé de les octroyer à Aaron, il les lui aurait fait conférer par le peuple et n'en aurait pas laissé le soin à son frère.

24. 4[1]. Mais Moïse, qui avait prévu dès longtemps les calomnies de Coré, quoiqu'il vît le peuple très irrité, ne s'effraya pas; au contraire, assuré d'avoir bien administré les affaires, et sachant que son frère devait au choix de Dieu d'avoir obtenu le sacerdoce, et non à son bon
25. plaisir à lui, il vint à l'assemblée. Au peuple il ne tint aucun discours, mais, s'adressant à Coré et s'écriant de toutes ses forces, Moïse, qui, parmi tous ses talents, avait le don de se faire écouter du peuple : « A mon avis, dit-il, Coré, non seulement toi, mais chacun de ces hommes, — il désignait les deux cent cinquante, — vous méritez les honneurs; le peuple tout entier lui-même, je ne l'écarterais pas de ces mêmes honneurs[2], encore qu'il leur manque ce que
26. vous avez, vous, en fait de richesses et autres distinctions. Si aujourd'hui Aaron est investi du sacerdoce, ce n'est pas pour l'avantage de la richesse, — ne nous surpasses-tu pas l'un et l'autre par l'étendue de la fortune? — ni pour la noblesse de la naissance, — Dieu nous a faits égaux à cet égard en nous donnant le même ancêtre, — ni par amour fraternel que j'ai conféré à mon frère un honneur dont
27. un autre aurait été plus digne. Aussi bien, si j'avais négligé Dieu et les lois en disposant de ces fonctions, je ne me serais pas oublié moi-même pour les conférer à un autre, car je suis bien plus proche parent de moi-même que mon frère et je suis lié plus étroitement à ma personne qu'à la sienne. Il eût été insensé, en effet, d'aller m'exposer aux dangers d'une illégalité pour en donner à un autre
28. tout le bénéfice. Mais, d'abord, je suis au-dessus d'une vilenie, et Dieu n'eût pas permis qu'on l'outrageât ainsi, ni que vous ignorassiez ce qu'il vous fallait faire pour lui être agréable; mais, comme il a choisi lui-même celui qui doit être son prêtre, il m'a dégagé de

1. *Nombr.*, XVI, 8.
2. Cp. *Nombr.*, XI, 29, où Moïse, dans l'épisode d'Eldad et Médad (non rapporté par Josèphe), s'écrie : « Plût à Dieu que tout le peuple se composât de prophètes! »

29. toute responsabilité à cet égard. Cependant, bien qu'Aaron doive
ces fonctions, non à ma faveur, mais à une décision de Dieu, il
vous les soumet publiquement et permet à qui veut de les revendiquer; désormais, il entend qu'on ne les lui accorde que si on fait
choix de lui et, pour le moment, qu'on lui permette de concourir
30. pour les gagner : plutôt que de garder ce privilège, il préfère ne
pas voir de dissensions parmi vous, bien qu'il le tienne de vos
propres suffrages; car, ce que Dieu a donné, nous ne nous trom-
31. pons pas en croyant le recevoir aussi de vous. Et puis, récu-
ser une dignité que Dieu offrait lui-même eût été impie; en revanche, vouloir la garder pour toujours quand Dieu ne nous en
garantit pas la jouissance assurée, ce serait manquer complètement
de sens. Dieu désignera donc de nouveau lui-même celui qu'il veut
32. voir lui offrir les sacrifices pour vous et présider au culte. Il est
absurde, en effet, que Coré, qui convoite ces fonctions, enlève à
Dieu la faculté de décider à qui il les accordera. Ainsi, mettez fin à
cette querelle et aux troubles qu'elle entraîne, et demain, vous tous
qui briguez le sacerdoce, apportez, chacun de chez vous, un encen-
33. soir avec des parfums et du feu et venez ici. Et quant à toi, Coré,
laissant le jugement à Dieu, attends le suffrage qu'il portera sur
cette question et ne te fais pas supérieur à Dieu; tu viendras ici et
l'on discutera ainsi tes droits aux honneurs. On ne trouvera rien à
redire, j'imagine, à ce qu'Aaron soit reçu également à se mettre
sur les rangs, lui qui est de la même famille et à qui on ne peut rien
34. reprocher des actes de son pontificat. Vous brûlerez vos parfums,
une fois réunis, en présence de tout le peuple; et quand vous aurez
fait ces fumigations, celui dont l'offrande agréera le plus à Dieu,
celui-là sera déclaré votre prêtre; et je serai à l'abri ainsi de cette
calomnie selon laquelle j'aurais par faveur octroyé ces fonctions à
mon frère. »

CHAPITRE III

1. Réunion de l'assemblée; Moïse et la faction de Dathan. — 2. Moïse fait appel à l'intervention de Dieu. — 3. La terre engloutit les factieux. — 4. Coré et sa faction foudroyés par le feu céleste.

35. 1[1]. Après ces paroles de Moïse, la foule cesse de s'agiter et de le suspecter. Ils applaudirent à son discours, qui était excellent et qui parut tel au peuple. On mit fin alors au colloque, et, le lendemain, on vint se réunir en assemblée, pour assister au sacrifice et au jugement qui en résulterait au sujet de ceux qui se disputaient le
36. sacerdoce. Il arriva que l'assemblée fut tumultueuse, le peuple étant en suspens dans l'attente des événements : les uns auraient pris plaisir à voir Moïse convaincu d'un crime, les autres, les gens réfléchis, à être débarrassés de ces tracas et de ces troubles; car ils craignaient que, si la discorde gagnait du terrain, la belle harmo-
37. nie de leur constitution ne vînt à s'altérer davantage. Mais la masse du peuple, qui se plaît d'instinct à crier contre les gens en place et qui change d'opinion selon ce qu'elle entend dire, était en plein tumulte. Moïse, ayant envoyé des gens de service à Abiram et à Dathan[2], les pria de venir, ainsi qu'il était convenu,
38. et d'attendre l'accomplissement du sacrifice. Mais, comme ils déclarèrent aux envoyés qu'ils n'obéiraient pas et qu'ils ne laisseraient pas la puissance de Moïse grandir contre le peuple grâce à de coupables manœuvres, Moïse, ayant appris leur réponse, après

1. *Nombr.*, XVI, 20.
2. *Ibid.*, 16. Josèphe ne parle pas d'un autre personnage de la faction, On, fils de Pélet, mentionné dans la Bible (*Nombr.*, XVI, 1) : c'est qu'il n'est plus question de lui par la suite. La tradition, pour expliquer cette singularité, raconte que, sous l'influence de sa femme, il était revenu à de meilleurs sentiments (*Sanhédrin*, 109 *a*; *Nombr. Rabba*, XVIII).

avoir demandé aux principaux conseillers de le suivre, s'en vint auprès de la faction de Dathan[1], ne pensant pas qu'il y eût grand danger à s'avancer vers ces insolents. Les conseillers le suivirent sans pro-
39. tester. Mais Dathan et les siens, informés que Moïse venait chez eux, accompagné des plus notables d'entre le peuple, s'avancèrent avec leurs femmes et leurs enfants devant leurs tentes, pour voir ce que Moïse se préparait à faire. Leurs serviteurs étaient aussi autour d'eux pour les défendre au cas où Moïse se porterait à quelque acte de violence.

40. 2[2]. Mais lui, arrivé auprès d'eux, lève les mains au ciel et, d'une voix éclatante, de manière à se faire entendre de toute la foule: « Maître, dit-il, de tout ce qui est au ciel, sur terre et sur mer, puisqu'aussi bien pour toute ma conduite tu es le garant le plus digne de foi que j'ai tout fait selon ta volonté, et que dans notre détresse tu nous as procuré des ressources, toi qui as pris les Hébreux en pitié dans
41. tous leurs périls, viens ici prêter l'oreille à mes paroles. A toi, en effet, rien de ce qui se fait ou se conçoit n'échappe; aussi tu ne me refuseras pas de déclarer la vérité, en mettant en évidence l'ingratitude de ces hommes. Car les faits antérieurs à ma naissance, tu les sais par toi-même exactement, non pour les avoir appris par ouï-dire, mais pour les avoir vus se passer en ta présence; et pour les faits ultérieurs, qu'ils connaissent parfaitement, mais qu'ils suspectent néanmoins sans raison, prête-moi là-dessus ton témoignage.
42. Moi qui m'étais constitué une fortune sans souci, grâce à ma vaillance et à ta volonté ainsi qu'à la bienveillance de mon beau-père Ragouël, abandonnant la jouissance de tout ce bonheur, je me suis voué aux tribulations pour ce peuple. D'abord ç'a été pour leur liberté, maintenant c'est pour leur salut que je me suis soumis à de dures épreuves, opposant à tous les dangers tout mon courage.
43. Et maintenant que je suis soupçonné d'agir criminellement par des hommes qui doivent à mes efforts d'être encore en vie, c'est à bon droit que je t'invoque, toi, qui m'as fait voir ce feu sur le mont Sinaï et qui m'as permis alors d'entendre ta propre voix, toi qui m'as fait

1. *Nombr.*, XVI, 25.
2. *Ibid.*, 15.

spectateur de tous ces prodiges que ce lieu m'a permis de contempler,
toi qui m'ordonnas de faire route vers l'Égypte et de manifester ta
44. volonté à ce peuple, toi qui as ébranlé la fortune des Égyptiens et
nous as donné le moyen d'échapper à leur servitude, en diminuant la
puissance de Pharaon devant moi, toi qui as changé pour nous, quand
nous ne savions plus où marcher, la mer en terre ferme, et après
l'avoir refoulée en arrière, as fait déborder ses flots des cadavres des
Égyptiens, toi qui as donné à ceux qui en étaient dépourvus des
45. armes pour leur sécurité, toi qui as fait jaillir pour nous des eaux
potables de sources corrompues et, au fort de notre détresse, as trouvé
moyen de nous tirer un breuvage des rochers, toi qui, dans
notre pénurie d'aliments terrestres, nous as sauvés en nous nourrissant
de substances marines, toi qui as fait tomber aussi du ciel
pour nous une nourriture inconnue auparavant, toi qui as institué
46. pour nous un plan de lois et une constitution politique : viens,
maître de l'univers, juger ma cause et attester, témoin incorruptible,
que je n'ai pas reçu de présent d'aucun Hébreu pour fausser
la justice, que je n'ai pas condamné au profit de la richesse la
pauvreté qui devait triompher, et qu'après avoir gouverné sans faire
tort au bien public, je suis sous le coup d'insinuations qui n'ont pas
le moindre fondement dans ma conduite, comme si, sans ton ordre,
47. j'avais donné le sacerdoce à Aaron, au gré de mon caprice. Établis
donc à l'instant que tout est gouverné par ta providence et que rien
ne se fait de soi-même, que c'est ta volonté qui décide et fait aboutir.
Établis que tu prends souci de ceux qui peuvent rendre service aux
Hébreux, en poursuivant de ta vengeance Abiram et Dathan, qui
t'accusent de manquer de sens au point d'avoir cédé à mes artifices.
48. Tu marqueras clairement ton jugement contre eux, ces insensés
qui s'attaquent à ta gloire, en leur ôtant la vie, mais non à la
manière vulgaire ; qu'ils ne paraissent pas, en périssant, s'en aller
selon l'humaine loi, mais fais s'entr'ouvrir, pour les engloutir, eux
49. avec leur famille et leurs biens, la terre qu'ils foulent. Voilà qui
sera pour tout le monde une manifestation de ta puissance, et une
leçon de modestie qui évitera un châtiment pareil à ceux qui ont à
ton égard des sentiments irrespectueux. C'est ainsi qu'on pourra

50. constater que je suis un fidèle ministre de tes prescriptions. Mais
s'ils ont dit vrai en m'accusant, garde ces gens à l'abri de tout mal,
et la destruction dont mes imprécations les menacent, fais-la moi
subir. Puis, après avoir fait justice de celui qui voulait maltraiter ton
peuple, établissant à l'avenir la concorde et la paix, fais le salut
du peuple qui suit tes commandements, en le gardant de tout malheur
et en ne l'impliquant pas dans le châtiment des criminels. Car
tu sais bien qu'il n'est pas juste qu'à cause de la faute de ceux-là
tous les Israélites ensemble subissent une punition. »
51. 3[1]. Après ces paroles mêlées de larmes, soudain la terre s'ébranle ;
il s'y produit un tremblement pareil à l'agitation des flots sous la
poussée du vent, et tout le peuple s'effraye ; un bruit sec et éclatant
s'étant fait entendre, le sol s'affaissa à l'endroit des tentes de ces
52. hommes, et tout ce qui leur était précieux s'y engloutit. Quand ils
eurent ainsi disparu avant qu'on eût pu s'y reconnaître, le sol, qui
s'était ouvert autour d'eux, se referma et reprit sa consistance, au point
que de la perturbation qu'on vient de raconter rien n'apparaissait
plus visible. C'est ainsi qu'ils périrent, fournissant une preuve de la
53. puissance de Dieu. Il y aurait lieu de les plaindre, non seulement
d'une catastrophe par elle-même déjà digne d'émouvoir la pitié,
mais encore parce que leurs parents se réjouirent de ce qu'ils eussent
subi une pareille peine. Oublieux, en effet, du complot qui les unissaient
ensemble, au spectacle de l'accident survenu, ils approuvèrent
la sentence, et, jugeant que c'étaient en criminels qu'avaient péri
Dathan et ses partisans, ils ne s'en affligèrent même point[2].
54. 4[3]. Moïse appela ceux qui contestaient au sujet du sacerdoce pour
procéder au concours des prêtres, afin que celui dont le sacrifice
serait accueilli avec le plus de faveur par Dieu fût déclaré élu. Et quand
se furent réunis deux cent cinquante hommes, en honneur auprès
du peuple tant pour les mérites de leurs ancêtres que pour leurs
propres mérites, qui les mettaient encore plus haut que ces derniers,

1. *Nombr.*, XVI, 31.
2. La Bible ne dit rien de tel.
3. *Ibid.*, XVI, 4-7 ; 16-19.

Aaron et Coré[1] s'avancèrent également et, se tenant devant le tabernacle, ils brûlèrent tous dans leurs encensoirs des parfums qu'ils
55. y avaient apportés. Mais il jaillit soudain un feu[2] tel qu'on n'en avait
jamais vu de semblable, qu'il fût l'œuvre des mains de l'homme,
qu'il sortît de terre, d'une source profonde de chaleur, ou qu'il s'é-
chappât spontanément de la matière agitée contre elle-même par la
violence des vents, mais un feu comme il pouvait s'en allumer au
commandement de Dieu, très brillant et d'une flamme très ardente.
56. Sous ce feu qui s'élançait contre eux, tous les deux cent cinquante et
Coré furent détruits, au point qu'on ne vit même plus leurs corps. Aaron seul survécut, sans avoir subi aucune atteinte de ce feu, parce que
c'était Dieu qui l'avait envoyé pour consumer ceux qui méritaient
57. le châtiment. Moïse[3], après la mort de ces hommes, voulant que leur
punition restât dans la mémoire et que les générations futures en
fussent instruites, ordonna à Éléazar, fils d'Aaron, de déposer leurs
58. encensoirs auprès de l'autel d'airain, en souvenir, pour la postérité,
du châtiment qu'ils avaient subi pour avoir cru qu'ils pouvaient se
jouer de la puissance de Dieu. Et Aaron, qui ne paraissait plus
maintenant devoir la dignité de grand-prêtre à la faveur de Moïse,
mais à la décision de Dieu clairement manifestée, eut désormais
avec ses fils la jouissance assurée de sa charge.

1. D'après la Bible (*Nombr.*, xvi, 24-fin et surtout xxvi, 10), Coré paraît avoir été victime de la même catastrophe que Dathan et Abiran. Le feu, ensuite, foudroie les deux cent cinquante hommes. L'opinion de Josèphe, qui réunit Coré aux deux cent cinquante, reflète peut-être une tradition rabbinique. Car le passage de l'Écriture précité prête à la controverse. Dans le Talmud (*Sanh.*, 110 *a*), on examine précisément la question de savoir comment Coré a péri. Les textes en main, R. Yohanan prétend qu'il n'était ni parmi les engloutis, ni parmi les foudroyés; un autre estime, au contraire, qu'il a dû subir les deux châtiments à la fois.

2. *Nombr.*, xvi, 35.

3. *Ibid.*, xvii, 1.

CHAPITRE IV

1. *Prolongation de la sédition.* — 2. *Miracle du bâton d'Aaron; apaisement des esprits.* — 3. *Villes et dîme lévitiques.* — 4. *Revenus des prêtres.* — 5. *Le roi des Iduméens refuse de laisser passer Moïse par ses États.* — 6. *Mort de Miriam; purification par les cendres de la vache rousse.* — 7. *Mort d'Aaron.*

59. 1[1]. Cependant la sédition, même par ce moyen, n'arriva pas à s'apaiser; elle ne fit que s'accroître bien davantage et devenir plus aiguë. Elle trouva même pour aller en empirant un motif tel qu'on pouvait croire que le mal ne cesserait jamais, mais se prolongerait
60. indéfiniment. En effet, comme les hommes étaient convaincus désormais que rien ne se produisait sans la providence de Dieu, ils ne concevaient pas qu'il eût fait tout ce qui s'était passé sans vouloir favoriser Moïse, et ils accusaient ce dernier en prétendant que, si le courroux divin avait pris ces proportions, c'était moins à cause de l'iniquité de ceux qui avaient été châtiés qu'à la suite des machina-
61. tions de Moïse. Les premiers avaient péri sans autre crime que d'avoir témoigné de leur zèle pour le culte de Dieu; Moïse, lui, avait puni le peuple par la mort de ces personnages, tous de la plus grande distinction, afin de n'être plus exposé à aucune accusation et
62. pour assurer à son frère la jouissance incontestée du sacerdoce. Nul autre, en effet, n'y ferait plus d'opposition, en voyant que les premiers eux-mêmes avaient péri misérablement. De plus, les parents des victimes sollicitaient souvent le peuple de réduire un peu les prétentions de Moïse; il y allait, disaient-ils, de leur sécurité.

1. *Nombr.*, XVII, 6.
2. *Ibid.*, 16.

63. 2[1]. Mais Moïse, — depuis longtemps informé des troubles qui se fomentaient, — craignant quelque nouvelle révolution et qu'il ne se produisît de graves et fâcheux incidents, convoqua le peuple en assemblée; les griefs qu'il a entendu articuler, il n'essaye pas de s'en disculper, afin de ne pas exaspérer le peuple; il se borne à prescrire aux phylarques d'apporter les noms de leurs tribus gravés
64. sur des bâtons : celui-là devait obtenir le sacerdoce, au bâton duquel Dieu ferait un signe. On approuve, et tous les apportent, y compris Aaron, qui avait inscrit *Lévite* sur son bâton[2]. Moïse les place tous dans le tabernacle de Dieu. Le jour suivant, il fit sortir les bâtons; ils étaient reconnaissables, grâce à des signes qu'y avaient faits les hommes qui les avaient apportés, ainsi que le
65. peuple. Or, tous ces bâtons, tels ils paraissaient quand Moïse les avaient reçus, tels on s'aperçut qu'ils étaient demeurés; mais sur celui d'Aaron on vit que des bourgeons et des rameaux s'étaient développés, ainsi que des fruits mûrs, à savoir des amandes, car
66. c'était de bois d'amandier qu'était fait ce bâton. Stupéfaits de l'étrangeté de ce spectacle, si quelques-uns avaient de la haine pour Moïse et Aaron, ils y renoncèrent pour commencer d'admirer la sentence que Dieu avait portée à leur sujet, et, dorénavant, applaudissant aux décrets divins, ils permirent à Aaron de jouir heureusement du sacerdoce suprême. C'est ainsi que ce dernier, trois fois investi par Dieu, occupa en sécurité ses fonctions, et que la discorde des Hébreux, après avoir régné longtemps, finit par se calmer.
67. 3[3]. Comme la tribu des Lévites était dispensée de la guerre et du service dans l'armée pour se consacrer au service de Dieu, de peur que, par indigence et par souci de se procurer les choses nécessaires à la vie, ils ne négligeassent le ministre sacré, Moïse ordonna qu'après la conquête de la Chananée, accomplie selon la volonté de Dieu, les Hébreux assigneraient aux Lévites quarante-huit villes

1. Josèphe passe sous silence l'épisode, rapporté dans *Nombr.*, XVII, 6-15, des 14.700 hommes victimes d'une peste occasionnée par de nouvelles récriminations.
2. D'après *Nombr.*, XVII, 18, c'était le nom d'Aaron, non celui de Lévi qui était gravé sur le bâton.
3. *Nombr.*, XVIII, 1 ; XXXV, 1.

riches et belles, en leur laissant tout autour de ces villes un terrain
68. de deux mille coudées à partir des remparts[1]. En outre[2], il établit
que le peuple payerait la dîme des fruits de chaque année aux Lévites eux-mêmes et aux prêtres[3]. Voilà ce que cette tribu reçoit du
peuple. Mais je crois nécessaire d'indiquer ce que les prêtres reçoivent en particulier de tous les fidèles.
69. 4. D'abord des quarante-huit villes, il établit que les Lévites
en céderaient aux prêtres treize[4], et que de la dîme qu'ils reçoivent
du peuple tous les ans ils prélèveraient une dîme pour les prêtres[5].
70. En outre, il était établi par la loi que le peuple offrît à Dieu les prémices de tous les produits qui croissent du sol[6], et que des quadrupèdes[7] que la loi permet d'offrir en sacrifices, ils présentassent les
premiers-nés, si c'étaient des mâles, aux prêtres pour les sacrifier,
71. afin de les manger en famille dans la ville sainte. Quant à ceux
qu'il leur est interdit de manger d'après les lois de leurs ancêtres[8],
les propriétaires de premiers-nés de ces espèces devaient payer aux
prêtres un sicle et demi[9]; pour le premier-né de l'homme il fallait

1. Josèphe paraît lire ici comme les LXX : אלפים au lieu de אלף (*Nombr.*, xxxv, 4), ce qui supprime la contradiction que présentent le verset 4 et les suivants. Philon a la même leçon (*De praem. sacerd.*, II, M., p. 236).

2. *Nombr.*, xvii, 21.

3. Voir plus loin, §§ 205, 240 et suiv.

4. Cette disposition ne se trouve nulle part dans le Pentateuque ; il n'en est question que dans *Josué* (xxi, 4-20), qui énumère ces villes.

5. *Nombr.*, xviii, 26.

6. *Ibid.*, 13.

7. *Ibid.*, 15.

8. *Ex.*, xxxiv, 20; *Lév.*, xxvii, 5, 11, 25.

9. La prescription édictée, *Nombr.*, xviii, 15 : « Tu rachèteras le premier-né de la bête impure », paraît, en effet, comme le croit Josèphe, s'appliquer à toutes les espèces impures, sans distinction. Mais la Halacha (*Sifré*, p. 38 *b*; *Bechorot*, 5 *b*) explique, en se fondant sur *Ex.*, xxxiv, 20, que, seul, le premier-né de l'âne doit être racheté. Cependant la question a été controversée et le Talmud rapporte des discussions à propos de cette loi ; Josèphe est peut-être l'écho d'une opinion qui prévalait de son temps. D'ailleurs, Philon (II, M., p. 233) étend également la loi du rachat aux chevaux, chameaux, etc. Quant à la somme à payer, Josèphe paraît avoir confondu ce qui est dit dans les *Nombres* (xviii, 16), à savoir qu'on doit payer cinq sicles tant pour le premier-né de l'homme que pour celui de la bête impure, avec les règles du *Lévitique* (xxvii) relatives aux estimations en général. D'après les versets 11-13 de ce dernier chapitre,

cinq sicles. A eux devaient revenir encore les prémices de la tonte des brebis[1]; et quand on faisait cuire de la farine et qu'on fabriquait
72. du pain, il fallait leur offrir quelques-uns des gâteaux cuits[2]. Ceux qui se consacrent eux-mêmes après avoir fait un vœu, — on les appelle des Naziréens[3], ils laissent pousser leur chevelure et s'abstiennent de vin, — ces gens, lorsqu'ils consacrent leur chevelure et se présentent pour offrir un sacrifice, donnent leurs boucles de cheveux
73. aux prêtres[4]. Ceux qui se déclarent eux-mêmes *korbân* à Dieu[5], — cela signifie *dôron* (don) en grec, — quand ils veulent se libérer de cette obligation, doivent payer de l'argent aux prêtres : pour une femme, c'est trente sicles, pour un homme, cinquante[6]. Quant à ceux dont les ressources sont inférieures aux dites sommes, les
74. prêtres ont le droit de décider à leur égard comme ils veulent. On est aussi obligé[7], quand on immole chez soi en vue d'un repas et non pour le culte, d'apporter aux prêtres la caillette, la poitrine et le bras droit[8] de la victime. Tels sont les revenus abondants que Moïse destine aux prêtres, sans compter ce que dans les sacrifices expiatoires le peuple leur donnait comme nous l'avons indiqué dans le

c'était au prêtre à estimer la valeur de la bête impure qu'on voulait offrir: cependant dans le Talmud (*Bechorot*, 10 *b*, 11 *a*) on n'applique pas la règle édictée dans *Nombr.*, XVIII, 16, au premier-né de l'âne et l'on rapporte que Rabbi Yehouda Nesia envoya demander à R. Tarfon ce qu'il devait donner au prêtre pour racheter le premier-né de son âne; Rabbi Tarfon lui cita en réponse le mot suivant : « la bonne mesure, c'est un séla; la mauvaise, c'est un sékel (sicle); la moyenne, c'est un ragia; » or le ragia valait 3 zouz, ce qui concorde avec le sicle et demi dont parle Josèphe (v. Zuckermann, *Ueber talmudische Münzen*, p. 27); et le Talmud ajoute que tel était bien l'usage, dans le cas où on allait consulter le prêtre.

1. *Deut.*, XVIII, 4.
2. *Nombr.*, XV, 15.
3. *Ibid.*, VI, 2.
4. L'Écriture dit seulement que, l'époque venue, le naziréen se rasait et jetait sa chevelure sur le feu (*Nombr.*, VI, 19).
5. *Lév.*, XXVII, 1.
6. Josèphe laisse de côté les règles complémentaires énumérées dans le même chapitre (V, 5-8).
7. *Lév.*, VI, 22; *Nombr.*, XVIII, 10.
8. *Lév.*, VII, 34; X, 14.

75. livre précédent[1]. A tous ces prélèvements attribués aux prêtres, il
établit qu'auraient part aussi[2] leurs serviteurs, leurs filles et leurs
femmes, à l'exception des sacrifices offerts pour les péchés; ceux-là,
en effet[3], seuls les prêtres mâles les consommaient dans le sanctuaire et le jour même.
76. 5[4]. Quand Moïse eut fait ces règlements après la sédition, ayant
levé le camp avec toute l'armée, il arriva aux confins de l'Idumée,
et, ayant envoyé des ambassadeurs au roi des Iduméens, il lui demanda de lui laisser libre passage, lui offrant toutes les garanties
qu'il voudrait pour s'assurer qu'il ne recevrait aucun dommage
et le priant d'ouvrir un marché à son armée, et de marquer le prix
77. qu'elle aurait à lui payer pour l'eau. Mais ce roi n'agréa pas le
message de Moïse, lui refusa le passage et mena ses troupes en armes
à la rencontre de Moïse pour les arrêter s'ils tentaient de forcer le
passage. Et Moïse, comme Dieu, pressenti, ne lui avait pas conseillé d'engager la lutte, ramena ses forces pour continuer son
chemin à travers le désert en faisant un détour.
78. 6[5]. Dans le même temps, la mort surprend sa sœur Mariamme,
quarante années pleines après qu'elle avait quitté l'Égypte, à la
néoménie, selon la lune, du mois de Xanthicos. On l'ensevelit aux
frais publics en grande pompe sur une montagne qu'on appelle Sin[6].
Et quand le peuple l'eut pleurée trente jours, Moïse le purifia comme
79. il suit[7]. Le grand-prêtre, après avoir conduit à une petite distance
du camp, dans un endroit parfaitement pur, une génisse encore igno-
rante de la charrue et du labour, sans défaut, entièrement rousse,

1. *Ant.*, III, 9, 3, § 230.
2. *Nombr.*, XX, 14.
3. L'Écriture dit seulement l'épaule, ou plutôt le bras : mais la tradition explique qu'il s'agit de l'épaule droite (baraïta dans *Houllin*, 134 *b*).
4. *Deutéron.*, XVIII, 3.
5. *Nombr.*, XX, 1.
6. La Bible ne parle pas d'une montagne, mais d'un désert de Sin, et elle donne pour lieu de sépulture à Miriam la ville de Kadès.
7. *Nombr.*, XIX, 1. Dans l'Écriture, la loi de la vache rousse se lit avant le récit de la mort de Miriam et n'y est nullement rattachée. Le Midrasch pourtant recherche pourquoi ces deux passages se trouvent voisins (*Moed Katan*, 28 *a*), mais il n'en donne pas la même raison que Josèphe.

la sacrifia et, de son sang, fit sept aspersions avec son doigt en face
80. du tabernacle de Dieu. Ensuite, pendant qu'on brûle la génisse telle
quelle, en entier, y compris la peau et les entrailles, on jette du bois
de cèdre au milieu du feu, ainsi que de l'hysope et de la laine écarlate. Puis, ayant recueilli toutes les cendres, un homme pur les
81. dépose dans un endroit parfaitement propre. Ceux donc qui avaient
été rendus impurs par un cadavre [1], après avoir jeté un peu de cette
cendre dans un courant d'eau et y avoir trempé de l'hysope, on les
en aspergeait le troisième et le septième jours, et, dès lors, ils étaient
purs. C'est ce que Moïse leur prescrivit de faire aussi, une fois arrivés sur les terres que le sort leur assignerait.
82. 7 [2]. Après cette purification effectuée à cause du deuil de la sœur
du chef, il emmena ses troupes à travers le désert et l'Arabie. Arrivé à l'endroit que les Arabes tiennent pour leur métropole, ville
83. primitivement appelée Arcé [3], et qu'on nomme aujourd'hui Pétra,
là, comme une haute montagne environnait ce lieu, Aaron la gravit,
Moïse l'ayant prévenu qu'il y devait mourir, et, sous les yeux de
toute l'armée, — car le sol était en pente, — il ôte ses vêtements de
grand-prêtre et, les ayant remis à Éléazar son fils, à qui revenait du
droit de l'âge le grand-pontificat, il meurt à la vue du peuple, s'éteignant la même année où il avait perdu sa sœur, après avoir vécu en
84. tout cent vingt-trois ans. Il meurt à la néoménie, selon la lune, du
mois que les Athéniens appellent Hécatombéon, les Macédoniens
Lôos, et les Hébreux Abba [4].

1. *Nombr.*, XIX, 11, 18.
2. *Ibid.*, XX, 22.
3. La Bible ne fait pas mention de cette ville; en revanche, la montagne dont parle Josèphe est nommée dans l'Écriture ; c'est le mont Hor (LXX : Ὦρ). Cette ville d'Arcé, Josèphe l'appelle plus loin (§ 161) Rékémé ; et, comme il dérive ce nom de celui du roi Rékem, le nom d'Arcé donné ici parait suspect, d'autant plus que le même nom est donné par Josèphe à deux autres localités (*Ant.*, I, 6, 2, § 138 et V, 1, 22, § 85 [voir la note]). Josèphe ajoute que cette Arcé est la même ville qui s'est appelée plus tard Pétra. Il y avait sans doute une tradition à ce sujet. Saint Jérôme dit aussi que le mont Hor avoisinait Pétra (*Onomast.*, s. v. *Beeroth*).
4. Forme araméenne de l'hébreu *ab*. C'est le 5e mois de l'année. L'Écriture dit (*Nombr.*, XXXIII, 38) qu'Aaron est mort la quarantième année, le premier jour du cinquième mois.

CHAPITRE V

1. Sichon, roi des Amorrhéens, refuse le passage. — 2. Défaite des Amorrhéens; conquête de leur pays. — 3. Lutte avec Og; conquête de son royaume.

85. 1[1]. Le peuple prit le deuil pour lui pendant trente jours, et ce deuil terminé, Moïse, emmenant de là son armée, arriva au fleuve Arnôn, qui, s'élançant des monts de l'Arabie et coulant à travers le désert, se jette dans le lac Asphaltite en formant la limite entre la Moabitide et l'Amôritide. Ce pays est fertile et
86. peut nourrir de ses richesses une multitude d'hommes. Aussi Moïse envoya vers Sichôn[2], souverain de ce pays, un message pour demander le passage pour son armée sous les garanties qu'il lui plairait d'imposer, promettant de ne causer aucun préjudice ni à la terre, ni aux habitants que Sichôn gouvernait, consentant à s'approvisionner sur leurs marchés au profit des Amorrhéens et même, s'ils le voulaient, à leur acheter l'eau. Mais Sichôn refuse, arme ses troupes, et se montre tout prêt à empêcher les Hébreux de traverser l'Arnôn.
87. 2[3]. Moïse, voyant les dispositions hostiles de l'Amorrhéen, ne crut pas devoir supporter cet affront, et, songeant à arracher les Hébreux à l'oisiveté et, avec elle, à cette misère qui, auparavant déjà, les avait fait tomber dans les dissensions et, aujourd'hui encore, les mettait de fâcheuse humeur, il demande à Dieu s'il l'autorise à
88. combattre. Comme Dieu lui promet même la victoire, il se sent lui-même encouragé à la lutte, et il donne de l'élan à ses soldats, leur

1. *Nombr.*, XXI, 13; *Deut.*, II, 26.
2. LXX : Σήων.
3. *Nombr.*, XXI, 24; *Deut.*, II, 31.

accordant maintenant de savourer le plaisir de la guerre, puisque
la divinité leur permet de s'y livrer. En possession de cette
faculté ardemment souhaitée, ils revêtirent leurs armures et mar-
89. chèrent aussitôt au combat. L'Amorrhéen, devant leur attaque,
n'est plus le même; le roi est frappé de terreur en présence
des Hébreux, et son armée, qui se donnait auparavant comme
très valeureuse, parut positivement épouvantée. Ainsi, à ce premier
choc, n'ayant pu résister et recevoir les Hébreux, ils tournent le
dos, estimant que la fuite leur procurera le salut mieux que le
90. combat. Ce qui les rassurait, c'étaient leurs villes, qui étaient fortes,
mais qui ne devaient leur servir de rien quand on les y aurait pour-
chassés. Car les Hébreux, les voyant fléchir, fondent aussitôt sur eux
et, jetant le désordre dans leurs rangs, les mettent en déroute.
91. Tout défaits, ils se réfugient dans les villes, tandis que les autres
ne se lassent pas de les poursuivre, mais se donnent à tâche d'ajouter
à ces premiers revers encore d'autres désastres; comme ils étaient
d'excellents frondeurs et savaient fort bien se servir de tous les
traits à longue portée, que leur armure bien proportionnée leur
laissait la légèreté nécessaire pour poursuivre leurs ennemis, ils
couraient sur les talons de ceux-ci, et tous ceux qui se trouvaient
trop loin pour être pris, ils les frappaient de leurs frondes et de leurs
92. flèches. Il se fait ainsi un grand carnage et les fuyards souffraient de
graves blessures. Mais ils étaient accablés plus encore par la soif
que par les engins de guerre; on était, en effet, en plein été, et
toute la foule que l'envie de boire jetait pêle-mêle vers le fleuve,
toute la masse compacte des fuyards, on les entourait, on les frap-
93. pait et on les tuait à coups de javelots et de flèches. Leur roi Sichôn
périt aussi. Les Hébreux dépouillèrent les cadavres et s'emparèrent
du butin; ils recueillirent aussi en abondance les produits du sol, qui
94. se trouvait encore chargé de fruits. Puis les troupes allaient partout sans crainte en quête de fourrage, puisqu'on s'était emparé aussi
des villes : car ils ne rencontraient plus aucun obstacle de la part des
Amorrhéens, tout ce qui pouvait lutter ayant péri. Telle est la catastrophe qui frappa les Amorrhéens, lesquels manquèrent de force dans
le jugement et de valeur dans l'action. Les Hébreux mirent la main

95. sur leur pays. C'est une contrée située entre trois fleuves; elle présente le caractère d'une île, l'Arnôn la bornant au midi, le Jobacchos bordant son flanc nord (il se jette dans le fleuve Jourdain et y perd son nom[1]); enfin la partie occidentale de ce pays est environnée par le Jourdain.

96. 3[2]. Les choses en étaient là, lorsque vient s'attaquer aux Israélites Og(ès), roi de la Galadène et de la Gaulanitide[3], à la tête d'une armée, avec la hâte d'un allié cherchant à secourir son ami Sichôn, et, quoiqu'il trouvât ce dernier déjà anéanti, il n'en résolut pas moins d'entrer en lutte avec les Hébreux, croyant qu'il triompherait et vou-
97. lant faire l'expérience de leur valeur. Mais, trompé dans son espoir, il mourut lui-même dans la bataille et son armée tout entière périt. Moïse, ayant traversé le fleuve Jobacchos, parcourut le royaume d'Og, détruisant les villes et mettant à mort tous les habitants, qui dépassaient en richesses toutes les populations de l'intérieur grâce à
98. l'excellence du sol et à l'abondance de ses produits. Cet Og avait une stature et une beauté bien peu communes; c'était aussi un homme au bras valeureux, de sorte qu'il tirait autant d'avantages de ses exploits que de sa haute taille et de sa belle prestance. Cette vigueur et cette taille, ils s'en firent une idée en s'emparant de son lit dans Rabàtha, la capitale de l'Ammonitide. Ce lit était en fer,
99. de quatre coudées de large, et du double plus une de long. Cet homme abattu, ce ne fut pas seulement pour le présent que les affaires des Hébreux prospérèrent, mais dans l'avenir encore sa mort leur fut une source de bienfaits : en effet, ils prirent soixante villes magnifiquement fortifiées qui lui étaient soumises et ils recueillirent un grand butin, individuellement et tous ensemble.

1. Τοῦ ὀνόματος μεταδίδωσι. Naber lit τοῦ νάματος. Nous ne comprenons ni l'un ni l'autre [T. R.].
2. *Nombr.*, XXI, 33; *Deut.*, III, 1.
3. La Bible donne Og pour roi de Basan.

CHAPITRE VI

1. Séjour des Israélites dans la plaine vis-à-vis de Jéricho. — 2. Craintes de Balac, roi de Moab; il mande le devin Balaam pour venir maudire les Hébreux; Balaam congédie les envoyés. — 3. Nouveau message; départ de Balaam; épisode de l'ânesse. — 4. Balaam prédit la grandeur future des Hébreux. — 5. Explications de Balaam à Balac; nouvelles bénédictions. — 6. Fureur de Balac; conseil de Balaam. — 7. Séduction des jeunes gens hébreux par les femmes madianites. — 8. Conditions imposées par elles. — 9. Dérèglement des Hébreux. — 10. Apostasie de Zambrias; remontrances de Moïse. — 11. Réplique de Zambrias. — 12. Phinéès le met à mort; châtiment des coupables. — 13. Conservation par Moïse des prophéties de Balaam.

100. 1[1]. Moïse s'en va installer son camp, après être descendu avec son armée vers le Jourdain, dans la grande plaine en face de Jéricho (Jérichous)[2]. C'est une ville prospère, très fertile en palmiers et riche en baume. Les Israélites commençaient à avoir une haute opinion d'eux-mêmes et leur ardeur guerrière se développait.
101. Moïse, après avoir offert durant plusieurs jours des sacrifices d'actions de grâce à Dieu et donné des festins au peuple, envoie une partie de ses hommes ravager le pays des Madianites et s'emparer de leurs villes en les assiégeant. Mais, s'il leur fit la guerre, ce fut pour la raison suivante.

102. 2[3]. Balac(os), le roi des Moabites, qu'une amitié et une alliance remontant à leurs aïeux unissaient aux Madianites, voyant à quel

1. *Nombr.*, XXI, 1; XXXI, 1.
2. Héb. : Yereḥô; LXX : Ἱεριχώ.
3. *Nombr.*, XXII, 2.

développement les Israélites étaient parvenus, conçut de vives in-
quiétudes pour ses intérêts personnels, — il ne savait pas, en effet,
que les Hébreux n'ambitionneraient pas d'autres pays, Dieu le leur
ayant interdit, après avoir conquis celui des Chananéens, — et, avec
plus de célérité que de discernement, il résolut de s'opposer à eux
103. ....[1]. Combattre contre des hommes que leur fortune, succédant à leur misère, rendait plus hardis, il ne le jugea pas opportun;
il songeait seulement à les empêcher, s'il pouvait, de s'agrandir et
104. à envoyer un message aux Madianites à leur sujet. Ceux-ci, comme
il existait un certain Balam(os)[2], venu des pays de l'Euphrate, le
meilleur devin de l'époque, qui était en relations d'amitié avec eux,
envoient avec les messagers de Balac des hommes notables de chez
eux pour inviter le devin à venir prononcer des malédictions pour
105. la perte des Israélites. Quand les envoyés arrivent, Balam les reçoit
avec hospitalité et bienveillance, et, après le repas, il demande à
Dieu ce qu'il pense de l'objet pour lequel les Madianites l'appellent.
Comme Dieu marque de l'opposition, il revient vers les envoyés, leur
manifeste son désir et son empressement personnels[3] à consentir à
leur requête, mais leur révèle que Dieu contrecarre son dessein,
ce Dieu qui l'a conduit à sa haute renommée en lui inspirant la
106. vérité et en la lui faisant prédire. C'est qu'en effet, l'armée contre
laquelle ils l'invitent à venir prononcer des imprécations est en possession de la faveur de Dieu. Et il leur conseille pour cette raison
de s'en retourner chez eux en renonçant à leur haine contre les Israélites. Après ces paroles, il congédie donc les envoyés.
107. 3[4]. Mais les Madianites, sur les vives instances de Balac et les
incessantes sollicitations qu'il leur adressaient, envoient de nouveau
vers Balam. Ce dernier, voulant faire quelque plaisir à ces gens,
consulte Dieu. Dieu, à qui cette tentative même déplaisait, lui ordonne de ne contredire en rien les envoyés. Et Balam, sans com-

1. Nous ne comprenons pas les mots τοῖς λόγοις (Herwerden τοῖς ὅλοις).
2. Héb. : Bile'am ; LXX : Βαλαάμ.
3. Le Midrasch indique aussi que Balaam ne demandait pas mieux que de maudire les Israélites (*Nombr. Rabba*, xx ; *Tanḥouma* sur *Nombr.*, xxii, 20).
4. *Nombr.*, xxii, 15.

prendre que c'était par artifice que Dieu lui avait donné cet ordre,
108. s'en va en compagnie des envoyés. Mais, en route, un ange divin se
présentant à lui dans un endroit resserré, environné d'une double
haie de ronces, l'ânesse qui portait Balam, sentant en face d'elle
le souffle divin, entraîne Balam vers l'une des clôtures, insensible
aux coups dont la frappait le devin gêné d'être ainsi pressé contre
109. la haie. Mais comme, l'ange étant tout près d'elle, l'ânesse s'était
accroupie sous les coups, la volonté divine lui fit prendre une voix
humaine et elle reprocha à Balam l'injustice avec laquelle, sans
avoir à se plaindre de ses services passés, il l'accablait de coups,
faute de comprendre qu'aujourd'hui, c'était le dessein de Dieu qui
l'éloignait de ceux auxquels il avait hâte d'aller prêter son minis-
110. tère. Tandis qu'il est tout troublé d'entendre l'ânesse proférer une
voix humaine, l'ange, lui apparaissant soudain en personne, lui reproche ses coups, car la bête n'était pas en faute ; c'était lui-même
111. qui entravait un voyage entrepris contre la volonté divine. Tout
tremblant, Balam se montrait disposé à rebrousser chemin, mais
Dieu le poussa à marcher droit en avant, lui prescrivant de révéler
ce que Dieu lui mettrait dans l'esprit.

112. 4[1]. Après ces recommandations de Dieu, il arrive chez Balac, et,
le roi l'ayant reçu magnifiquement, il demande qu'on le mène sur
quelque hauteur afin de voir la disposition du camp des Hébreux.
Balac s'en va lui-même conduire le devin, au milieu de tous les
honneurs, avec l'escorte royale sur une colline qui se trouvait au-
113. dessus d'eux et à soixante stades de distance du camp. Quand il vit
les Hébreux, il invita le roi à construire sept autels et à faire amener
autant de taureaux ainsi que de béliers. Le roi s'en étant acquitté sur-
le-champ, il brûle en holocauste les victimes égorgées. Comme il y
114. vit le signe d'une fuite : « Ce peuple, dit-il, est bien heureux, lui
que Dieu va mettre en possession de biens innombrables et à qui il
accorde pour toujours comme alliée et comme guide sa providence.
Certes, il n'est pas de race humaine sur laquelle votre vertu et votre
passion pour les occupations les plus nobles et les plus pures de

1. *Nombr.*, XXII, 35.

crime ne vous donnent la précellence, et c'est à des enfants supérieurs encore que vous laisserez cet héritage, Dieu n'ayant de regards que pour vous parmi les hommes et vous donnant largement
115. de quoi devenir le peuple le plus fortuné sous le soleil. Ainsi ce
pays vers lequel il vous envoie lui-même, vous l'occuperez; il sera toujours soumis à vos enfants et de leur renommée se rempliront toute la terre et la mer. Vous suffirez au monde en fournissant à
116. chaque pays des habitants issus de votre race. Admirez donc[1],
armée bienheureuse, d'être cette grande progéniture d'un unique ancêtre. Mais c'est la petite partie d'entre vous que contiendra maintenant la terre chananéenne; le monde entier, sachez-le, s'étend devant vous comme une habitation éternelle. La plupart, vous irez vivre dans les îles comme sur le continent, plus nombreux même que les astres au ciel. Mais, si nombreux que vous soyez, la divinité ne se lassera pas de vous donner en abondance les biens les plus variés pendant la paix, la victoire et le triomphe dans la guerre. Que les enfants de vos ennemis soient saisis[2] du désir de vous faire la guerre, qu'ils s'enhardissent à prendre les armes et à en venir
117. aux mains avec vous. Car nul ne s'en retournera vainqueur ou en
mesure de réjouir ses enfants et ses femmes. Tel est le degré de valeur où vous élèvera la providence divine, qui a le pouvoir d'amoindrir ce qui est de trop et de suppléer à ce qui manque. »
118. 5[3]. Voilà ce qu'il prédit dans une inspiration divine; il n'était
plus maître de lui, c'était le souffle divin qui lui dictait ses paroles. Mais comme Balac s'indignait et l'accusait de transgresser les conventions en vertu desquelles il l'avait fait venir de chez ses alliés en échange de grands présents, — venu, en effet, pour maudire ses ennemis, voilà qu'il les célébrait et les désignait comme les
119. plus heureux des hommes — : « Balac, dit-il, as-tu réfléchi sur
toutes choses et crois-tu qu'il nous appartienne de taire ou de dire quoi que ce soit sur de tels sujets, quand nous sommes envahis par l'esprit de Dieu? Mais cet esprit fait entendre les mots et les pa-

1. *Nombr.*, XXIII, 10.
2. On s'attendrait plutôt à la négative.
3. *Nombr.*, XXIII, 13.

120. roles qu'il lui plaît et nous n'en savons rien. Pour moi, je me souviens bien sous l'empire de quel besoin vous m'avez fait venir ici, toi et les Madianites avec tant d'empressement, et pourquoi aussi je vous ai fait cette visite, et mon vœu était de ne mécontenter en
121. rien ton désir. Mais Dieu est plus fort que ma résolution de t'être agréable. Ceux-là, en effet, sont tout à fait impuissants qui prétendent prédire les affaires humaines en ne prenant conseil que d'eux-mêmes, au point de ne pas exprimer ce que la divinité leur suggère, et de violer son dessein. Car rien en nous, une fois qu'elle com-
122. mence à nous inspirer, ne nous appartient plus. Ainsi moi, je n'avais pas l'intention de faire l'éloge de cette armée ou de raconter quels bienfaits Dieu ménage à leur race ; c'est parce qu'il leur est propice et s'empresse de leur procurer une vie de félicité et une
123. gloire éternelle qu'il m'a inspiré et m'a fait prononcer ces paroles. Mais à présent, comme j'ai à cœur d'être agréable à toi et aux Madianites, dont il ne convient pas de repousser la requête, allons édifier encore d'autres autels et offrons des sacrifices pareils aux précédents ; peut-être pourrai-je persuader Dieu de me laisser vouer ces
124. hommes aux malédictions. » Comme Balac y consent, il sacrifie pour la seconde fois[1], mais sans que la divinité lui accorde de proférer des malédictions contre les Israélites ; et il eut beau sacrifier une troisième fois[2], après avoir fait dresser encore d'autres autels, même alors, il ne prononça pas d'imprécations contre les Israélites ;
125. mais, étant tombé sur sa face, il prédit[3] les malheurs qu'éprouveraient les rois et les villes les plus célèbres, dont quelques-unes n'avaient pas seulement commencé encore d'être habitées, et tout ce qui devait arriver aux hommes dans la suite des temps sur terre et sur mer jusqu'à l'époque où je vis ; et, parce que tout s'est effectué comme il l'annonçait, on pourrait conjecturer qu'il en sera de même à l'avenir.

126. 6. Balac, furieux que les Israélites n'eussent pas été maudits, congédia Balam sans lui témoigner aucun honneur. Celui-ci s'en allait

1. *Nombr.*, XXIII, 14.
2. *Ibid.*, 30.
3. *Ibid.*, XXIV, 14.

déjà et il était sur le point de franchir l'Euphrate, quand faisant
127. venir Balac et les chefs des Madianites : « Balac, dit-il, et vous, Madianites ici présents, — car il faut qu'en dépit de la volonté divine je vous donne satisfaction, — sans doute, la race des Hébreux ne périra jamais complètement, ni par la guerre, ni par la peste, ni par la disette des fruits de la terre, et aucune autre cause imprévue ne
128. l'anéantira. Dieu, en effet, prend soin d'eux pour les préserver de tout mal et ne jamais laisser s'abattre sur eux une catastrophe qui les fasse tous périr. Il pourra bien leur arriver quelques désastres de moindre importance et de moindre durée, mais ils ne paraîtront abaissés ainsi que pour refleurir ensuite à la terreur de ceux
129. qui leur auront causé ces dommages. Quant à vous, si vous désirez gagner pendant quelque temps un peu d'avantage sur eux, voici, pour y arriver, ce qu'il vous faudra faire[1]. Celles de vos filles qui ont le plus d'attraits extérieurs et sont le plus capables par leur beauté de contraindre et de vaincre la chasteté de ceux qui les regardent, après avoir paré leurs charmes pour leur ajouter le plus d'agrément possible, envoyez-les à proximité du campement des Hébreux, et donnez-leur l'ordre de s'offrir aux jeunes gens qui les désireront.
130. Lorsqu'elles les verront sous l'empire de leurs passions, qu'elles les quittent et, s'ils les supplient de rester, qu'elles ne consentent pas avant de les avoir persuadés de renoncer aux lois de leurs pères et au Dieu qui les leur a imposées, et d'aller servir les dieux des Madianites et des Moabites. C'est ainsi que Dieu s'enflammera de courroux contre eux[2]. »
131. 7. Après leur avoir suggéré ce plan, il s'en va. Les Madianites

1. *Nombr.*, xxv, 1.
2. Cet épisode est étranger à l'Écriture, mais il rappelle certains traits du Midrasch (*Sanhédr.*, 106 *a*; *Tanḥouma* sur *Nombr.*, xxiv, 25, *Nombres Rabba*, xx). C'est ainsi que le Midrasch s'appuie sur *Nombr.*, xxiv, 14, pour faire de Balaam l'instigateur de la séduction tentée par les femmes moabites sur les Hébreux. Balaam dit, en effet, dans ce verset : « Voici que je vais retourner chez mon peuple ; viens, *que je t'indique* ce que ce peuple fera à ton peuple dans l'avenir » : les mots soulignés ne traduisent pas exactement l'hébreu איעצך qui, proprement, signifie : « je veux te donner un conseil ». Le Midrasch a voulu justifier l'emploi de ce terme, inattendu dans la phrase. Quant au plan de la séduction, le Talmud a des détails assez analogues à ceux de Josèphe. Les femmes sont char-

ayant envoyé leurs filles selon ses conseils, les jeunes Hébreux se laissent prendre aux charmes de leurs traits et, liant conversation avec elles, les prient de ne pas leur refuser de jouir de leur beauté et d'avoir commerce avec elles. Celles-ci, ayant accueilli avec joie
132. leurs paroles, se prêtent à leur désir. Mais, après les avoir enchaînés par l'amour qu'elles leur inspirent, au moment où leur désir atteignait toute sa force, elles se disposent à se séparer d'eux. Une profonde tristesse les envahit à cause du départ de ces femmes ; ils les supplient instamment de ne pas les abandonner, mais de demeurer là pour devenir leurs épouses et être désignées comme
133. les maîtresses de tout ce qu'ils possédaient. Et cela, ils le déclarent avec serments, prenant Dieu pour arbitre de leurs promesses, et s'efforçant par leurs larmes et de toutes les manières d'exciter la pitié de ces femmes. Celles-ci, quand elles les jugèrent bien subjugués et complètement liés par cette intimité, commencèrent à leur parler ainsi :

134. 8. « Nous avons, ô les plus nobles des jeunes gens, des maisons paternelles, des biens en abondance, la bienveillance et l'affection de nos parents et des nôtres. Et ce n'est faute de rien de tout cela que nous sommes venues ici nous mettre en relations avec vous, ce n'est pas pour trafiquer du printemps de notre corps que nous nous sommes laissé adresser vos vœux ; c'est parce que nous vous croyons honnêtes et justes que nous avons consenti à honorer vos prières de
135. cet accueil hospitalier. Et maintenant, puisque vous dites avoir des sentiments d'amitié pour nous et être chagrinés de notre prochain départ, nous ne repoussons pas, quant à nous, votre requête. Mais c'est après avoir reçu de vous le seul gage d'affection qui nous paraisse avoir de la valeur, que nous consentirons à achever notre vie
136. avec vous en qualité d'épouses. Car il est à craindre qu'ayant pris le dégoût de notre commerce, vous ne nous fassiez ensuite outrage et ne nous renvoyiez déshonorées chez nos parents. » Ils croient devoir acquiescer à ces réserves. Et, comme ils consentent à leur donner ce gage qu'elles exigent, sans élever aucune objection, tant

gées d'attirer les Israélites au marché, de les faire boire du vin et s'enivrer, de les engager à adorer leurs idoles et à renoncer à la loi de Moïse.

137. ils ont de passion pour elles : « Puisque, disent-elles, ces conditions vous agréent, mais que vous avez des coutumes et un genre de vie absolument étrangers à tout le monde, au point de vous nourrir d'une façon spéciale et de ne pas boire comme les autres, il est nécessaire, si vous voulez demeurer avec nous, de révérer aussi nos dieux[1] ; il ne saurait y avoir d'autre preuve de cette affection que vous dites avoir actuellement pour nous et que vous aurez par la
138. suite, sinon d'adorer les mêmes dieux que nous. Nul ne saurait vous faire un grief d'adopter les dieux particuliers au pays où vous venez, surtout quand nos dieux sont communs à tous les hommes, tandis que le vôtre est étranger à tous. » Il leur fallait donc, disaient-elles, ou avoir les mêmes opinions que tous les hommes ou chercher un autre monde, où ils pussent vivre seuls, selon leurs propres lois.

139. 9. Ceux-ci, sous l'empire de leur amour pour elles, tenant ces discours pour excellents et s'étant soumis à leurs avis, transgressèrent les lois paternelles, acceptant la croyance qu'il est plusieurs dieux, et, s'étant décidés à leur sacrifier selon le rite des gens du pays, ils prirent plaisir aux mets étrangers et ne cessèrent, pour être agréables à ces femmes, de faire le contraire de ce que la loi leur ordon-
140. nait ; bientôt dans toute l'armée se propage[2] cette désobéissance des jeunes gens et une sédition bien plus grave que la précédente s'abat sur eux, avec le danger d'une ruine complète de leurs institutions propres. Car la jeunesse, une fois qu'elle avait goûté aux mœurs étrangères, s'en grisait avec une ardeur insatiable. Et même ceux des grands, que les vertus de leurs ancêtres mettaient en vue, succombaient à la contagion.

141. 10[3]. Zambrias[4], le chef de la tribu de Siméon, qui eut commerce avec Chosbie[5] la Madianite, fille de Sour(os), un des princes de ce pays, invité par cette femme à préférer aux décrets de Moïse son

1. *Nombr.*, xxv, 2.
2. *Ibid.*, 4.
3. *Ibid.*, 6, 14.
4. Héb. : Zimri ; LXX : Ζαμβρί.
5. Héb. : Khosbi ; LXX : Χασβί.

bon plaisir à elle, se mit à sa dévotion, en cessant de sacrifier selon
142. les lois paternelles et en contractant un mariage étranger. Les
choses en étaient là, quand Moïse, de crainte de pires événements,
réunit le peuple en assemblée ; il s'abstint d'accuser personne nommément pour ne pas réduire au désespoir ceux qui, à la faveur
143. du mystère, pouvaient revenir à d'autres sentiments, mais il leur
dit[1] qu'ils avaient agi d'une manière indigne d'eux et de leurs parents en préférant la volupté à Dieu et à une vie conforme à sa loi, qu'il convenait, pour que tout allât de nouveau bien, qu'ils se repentissent, en se persuadant que le courage ne consiste pas à vio-
144. ler les lois, mais à résister à ses passions. En outre, il déclara
qu'il n'était pas raisonnable, après avoir montré de la retenue pendant qu'ils étaient dans le désert, de se livrer maintenant, dans la prospérité, au dérèglement, et ainsi de perdre par l'abondance ce qu'ils avaient acquis par la misère. Moïse, en leur tenant ce langage, tentait de redresser les jeunes gens et de les amener à se repentir de leur conduite.

145. 11. Mais Zambrias s'étant levé après lui : « Moïse, dit-il, pour ta
part, observe ces lois auxquelles tu as donné tes soins, et dont tu as assuré la stabilité en les fondant sur la naïveté de ces hommes[2], car, s'ils n'avaient pas ce caractère, tu aurais déjà éprouvé par maints
146. châtiments qu'il n'est pas facile d'en imposer aux Hébreux. Mais,
quant à moi, tu ne me feras pas suivre tes ordonnances tyranniques ; car tu n'as fait autre chose jusque maintenant, sous prétexte de lois et de culte divin, que de nous asservir et de te donner le pouvoir par tes méchants artifices, en nous privant des agréments et des franchises de la vie qui appartiennent aux hommes libres et sans
147. maître. Ce serait, de ta part, montrer plus de dureté pour les Hé-
breux que les Égyptiens, que de prétendre châtier au nom des lois ce que chacun entend faire pour son agrément personnel. C'est bien

1. Tout ce discours, ainsi que celui de Zimri est imaginé par Josèphe. On trouve cependant quelques propos du même genre dans les passages midraschiques cités plus haut.

2. Il faut lire εὐηθείας avec les mss. S. et P. et non pas comme les autres συνηθείας.

plutôt toi qui mériterais une punition, pour avoir projeté d'annuler
ce que, d'un commun accord, tout le monde a trouvé excellent et
pour avoir essayé de faire prévaloir contre l'avis général tes propres
148. extravagances. Pour moi, on m'arracherait à bon droit à ma condition actuelle, si, après avoir jugé ma conduite honnête, j'hésitais
néanmoins, ensuite, à dire publiquement mon sentiment à ce sujet.
Oui, c'est une femme étrangère, comme tu dis, que j'ai épousée,
— c'est de moi que tu apprends mes actes, c'est d'un homme libre;
149. aussi bien ne pensé-je point m'en cacher, — et je sacrifie aux dieux
à qui je crois devoir sacrifier, croyant bien faire en empruntant au
grand nombre les éléments de la vérité et en ne vivant pas comme
dans une tyrannie, en faisant dépendre d'un seul tout l'espoir de
ma vie entière. Et nul ne pourra se vanter de se montrer plus maître
de mes actions que ma propre volonté. »

150. 121. Quand Zambrias eut ainsi parlé au sujet de sa faute et de
celle de quelques autres, le peuple garda le silence, anxieux de ce
qui allait se passer et voyant que le législateur ne voulait pas
exciter outre mesure la folle témérité de cet homme par une dis-
151. cussion violente. Il craignait, en effet, que l'insolence de son langage ne trouvât beaucoup d'imitateurs qui jetteraient le trouble
parmi le peuple. Là-dessus l'assemblée prit fin. Et peut-être que
ces coupables tentatives se fussent propagées davantage, si Zambrias n'eût péri promptement dans les circonstances suivantes[1].
152. Phinéès(ès)[2], un homme qui, par toutes sortes de mérites, surpas-
sait les autres jeunes gens et qui, grâce au rang de son père, l'emportait de beaucoup sur ceux de son âge, — car il était fils du grand-
prêtre Éléazar et avait Moïse pour grand-oncle paternel, — dans la
douleur que lui causaient les forfaits de Zambrias et avant que son
insolence ne se fortifiât grâce à l'impunité, décidé à lui faire subir
de ses mains le châtiment et à empêcher que la rébellion ne gagnât
153. plus de gens encore si les premiers n'étaient frappés, doué d'ailleurs
d'une hardiesse d'âme et d'une valeur corporelles si éminentes qu'aux

1. *Nombr.*, xxv, 7, 5.
2. Héb. : Pinehase.

prises avec quelque danger, il ne s'en allait pas avant d'avoir gagné l'avantage et remporté la victoire, Phinéès se rendit dans la tente de
154. Zambrias, et le tua d'un coup de lance ainsi que Chosbie. Et tous les jeunes gens qui voulaient faire preuve de vertu et d'amour du bien, imitant l'acte hardi de Phinéès, mirent à mort tous ceux qui
155. s'étaient rendus coupables des mêmes crimes que Zambrias. Il périt ainsi, grâce à leur virile énergie, beaucoup de ceux qui avaient enfreint les lois, le reste fut détruit par la peste, car Dieu leur envoya cette maladie. Et tous ceux de leurs parents, qui, au lieu de les retenir, les avaient poussés à ces actes, considérés par Dieu comme leurs complices, périrent. Ainsi les hommes qui moururent dans leurs rangs ne furent pas moins de vingt-quatre mille[1].

156. 13. Irrité par cet événement, Moïse envoya l'armée pour exterminer les Madianites; nous reviendrons bientôt à cette expédition quand nous aurons raconté, au préalable, un fait que nous avions omis. Car il convient en cette circonstance de ne pas laisser sans
157. éloges l'attitude du législateur. Ce Balam, en effet, qui avait été invité par les Madianites à prononcer des malédictions contre les Hébreux et qui en avait été empêché par la providence divine, mais qui suggéra un avis tel que, les ennemis s'y étant conformés, peu s'en fallut que le peuple des Hébreux ne fût corrompu dans ses mœurs et qu'un fléau se répandit parmi quelques-uns, Moïse lui fit
158. le grand honneur de consigner par écrit ses prophéties[2]. Et, alors qu'il lui était loisible de s'en attribuer la gloire et de la revendiquer pour lui, aucun témoin ne pouvant se produire pour l'en reprendre, c'est à Balam qu'il a laissé ce témoignage et il a daigné perpétuer son souvenir.

On peut d'ailleurs considérer tout cela comme on voudra.

1. *Nombr.*, xxv, 9.

2. Cf. la baraïta de *Baba Batra*, 14 *b* : « Moïse a écrit son livre et la Parascha de Bileam ». Il paraît en résulter que les prophéties de Balam formaient primitivement un opuscule séparé.

CHAPITRE VII

1. Expédition contre les Madianites; victoire des Hebreux; partage du butin. — 2. Moïse désigne Josué pour son successeur. — 3. Attribution de l'Amôritide aux tribus de Ruben et de Gad et à la demi-tribu de Manassé. — 4. Les villes de refuge. — 5. Règlement sur les héritages.

159. 1[1]. Moïse, pour les motifs que j'ai dits précédemment, envoya vers le pays des Madianites une armée de douze mille hommes en tout, choisis à nombre égal dans chaque tribu. Pour chef, il leur désigna ce Phinéès dont nous venons justement d'indiquer comment il conserva aux Hébreux leurs lois et châtia Zambrias de les avoir trans-
160. gressées. Les Madianites, prévenus que l'armée marche sur eux et que sous peu elle sera là, rassemblent leurs troupes, et, après avoir fortifié les passages par où ils allaient recevoir les ennemis, ils les
161. attendent. Ceux-ci arrivés et le combat engagé, il tombe dans les rangs des Madianites une multitude inimaginable et défiant le calcul, et avec eux tous leurs rois[2]. Ils étaient cinq, Oéos et Sourès, puis Robéès et Ourès, et, en cinquième lieu, Rékem(os)[3] : la ville qui porte son nom est la plus renommée du pays des Arabes et, aujourd'hui encore, tous les Arabes l'appellent, du nom du roi qui
162. l'a fondée, Rékémé[4]; c'est la Pétra des Grecs. Une fois les ennemis en déroute, les Hébreux pillèrent leur pays, et, après avoir pris force butin et fait périr les habitants avec leurs femmes, ils ne laissent que les jeunes filles, comme Moïse l'avait recommandé à
163. Phinéès. Celui-ci revient avec l'armée intacte et un butin abon-

1. *Nombr.*, XXV, 16; XXXI, 1.
2. *Ibid.*, XXXI, 8; *Josué*, XIII, 21.
3. Héb. : Évi, Rékem, Çour, Ḥour, Réba; LXX : Εὐίν, Ῥοκόν, Σούρ, Οὔρ, Ῥοβόκ.
4. Josèphe l'appelle plus haut Arcé (§ 82).

dant ; des bœufs au nombre de 52.000[1], 675.000 brebis, 60.000 ânes[2],
et une quantité infinie d'ustensiles d'or et d'argent qu'on employait
à l'usage domestique ; car la prospérité les avait rendus fort luxueux.
Il emmenait aussi les vierges, au nombre de 32.000 environ.
164. Moïse, ayant partagé le butin, donne un cinquantième de la première
moitié[3] à Éléazar et aux prêtres, un cinquantième de l'autre aux
Lévites, et le reste, il le partage entre le peuple. Ils vécurent par la
suite dans la prospérité, car cette abondance de biens, ils la devaient à leur courage, et rien de fâcheux ne vint les empêcher d'en
jouir.
165. 2[4]. Moïse, déjà avancé en âge, désigne Josué pour lui succéder
dans ses fonctions de prophète et pour conduire l'armée quand il le
faudrait : Dieu lui-même avait ordonné de lui confier le gouvernement des affaires. Josué s'était instruit d'une façon complète dans
les lois et les choses divines sous l'enseignement de Moïse.
166. 3[5]. En ce même temps, les deux tribus de Gad et de Roubel et la
demi-tribu de Manassé, qui possédaient de grandes quantités de bétail et toutes sortes d'autres richesses, après s'être entendues, prièrent
Moïse de leur donner, à titre de prélèvement, l'Amôritide, qu'on
avait conquise à la guerre ; car elle était excellente pour l'élève des
167. troupeaux. Mais lui, croyant que c'était la crainte d'aller se battre
contre les Chananéens qui leur avait fait trouver ce beau prétexte du
soin des troupeaux, les traite de lâches, les accusant d'avoir imaginé
une habile excuse à leur pusillanimité, parce qu'ils désiraient couler
mollement une vie exempte de fatigues, quand tout le monde s'était
168. donné de la peine pour conquérir ce pays qu'ils réclamaient : ils ne
voulaient pas, prenant leur part des luttes qui restaient à soutenir,
occuper le pays que Dieu avait promis de livrer à ceux qui auraient
franchi le Jourdain, « après avoir triomphé, dit-il, de ceux qu'il nous
169. a désignés comme ennemis ». Ceux-ci, voyant sa colère, et jugeant

1. Héb. et LXX : 72.000.
2. Héb. et LXX : 61.000.
3. D'après *Nombr.*, XXXI, 28, c'est 1/500, non 1/50, qui revenait aux prêtres.
4. *Nombr.*, XXVII, 18.
5. *Ibid.*, XXXII, 1.

qu'il avait raison de s'irriter de leur requête, se disculpent en disant
que ce n'était ni par crainte des périls ni par paresse au travail
170. qu'ils avaient fait leur demande; c'était pour que, en laissant leur
butin en un endroit convenable, ils pussent marcher bien alertes aux
luttes et aux combats. Ils se disaient prêts, une fois qu'ils auraient
fondé des villes pour y mettre en sûreté leurs femmes, leurs enfants et leurs biens avec son consentement, à partir avec l'armée.
171. Moïse [1], satisfait de ce langage, après avoir appelé Eléazar le grand-
prêtre et Josué et tous les magistrats, accorde à ces tribus l'Amôritide, à la condition de combattre avec leurs frères jusqu'à ce que la
conquête soit complète. Ayant ainsi reçu à ces conditions ce territoire et ayant fondé des villes fortes, ils y laissèrent enfants, femmes
et, enfin, tout ce qui, s'ils avaient dû l'emmener avec eux, eût été
une entrave à leur activité.
172. 4 [2]. Moïse bâtit aussi les dix villes qui devaient entrer dans le
compte des quarante-huit; il en attribua trois à ceux qui fuiraient
pour un meurtre involontaire et il établit que l'exil durerait le temps
de la vie du grand-prêtre à l'époque duquel le meurtrier aurait fui;
après la mort du grand-prêtre, il lui permettait le retour, les parents
de la victime ayant, d'ailleurs, le droit de le tuer, s'ils surprenaient
le meurtrier hors des limites de la ville où il s'était réfugié; mais
173. il ne donnait ce droit à aucun autre. Les villes, désignées pour
servir de refuges, étaient les suivantes : Bosora [3] sur les confins de
l'Arabie, Arimanon [4] du pays des Galadéniens et Gaulanâ [5] dans la
Batanée. Mais, après qu'ils auraient conquis le pays des Chananéens,
trois autres villes des Lévites devaient être réservées aux fugitifs
comme résidence, selon les recommandations de Moïse.
174. 5 [6]. Moïse, comme les premiers de la tribu de Manassé s'appro-

1. *Nombr.*, xxxii, 28.
2. *Ibid.*, xxxv, 9-34; *Deut.*, iv, 41; xix, 1; *Josué*, xx, 8.
3. Héb. : Bêçer.
4. Héb. : Ramot; LXX : 'Αρημώθ. Josèphe l'appelle lui-même ailleurs : Aramatha ou Ramatha (*Ant.*, VIII, 15, 3, § 398; IX, 6, 1, § 105).
5. LXX : Γαυλών.
6. *Nombr.*, xxvi, 33; xxvii, 1; xxxvi, 1; *Josué*, xvii, 3-6.

chaient de lui et l'informaient qu'il était mort un personnage de marque de leur tribu du nom d'Holophantès[1], lequel n'avait pas laissé d'enfants mâles, mais des filles, et comme ils demandaient
175. si l'héritage reviendrait à celles-ci, leur répond que, si elles veulent s'unir à des gens de leur tribu, elles iraient à eux avec leur lot d'héritage, mais si elles contractaient mariage dans une autre tribu, elles devraient laisser leur lot dans la tribu de leur père. Et alors il établit que le lot de chacun demeurerait dans sa tribu[2].

CHAPITRE VIII

1. *Convocation d'une assemblée.* — 2. *Moïse, avant de mourir, exhorte son peuple et lui donne une constitution.* — 3. *Regrets des Hébreux* — 4. *Considérations sur la rédaction des lois.* — 5. *La ville sainte et le Temple.* — 6. *Lois sur le blasphème.* — 7. *Pèlerinage triennal au Temple.* — 8. *Dime des fruits.* — 9. *Argent inutilisable pour l'offrande de sacrifices.* — 10. *Défenses relatives aux cultes étrangers.* — 11. *Défense relative au mélange de la laine et du lin.* — 12. *Lecture septennale de la législation.* — 13. *Prières quotidiennes.* — 14. *Administration de la justice.* — 15. *Les témoignages.* — 16. *Meurtres dont l'auteur reste inconnu.* — 17. *Devoirs des rois.* — 18. *Respect des limites.* — 19. *Plants de la quatrième année.* — 20. *Défenses relatives aux plantes et aux animaux hétérogènes.* — 21. *Droits des pauvres, des bêtes et des passants sur les produits du sol; peine de la flagellation.* — 22. *Dime triennale des veuves et des orphelins; déclaration après l'acquittement*

1. Héb. : Celophḥad ; LXX : Σαλπαάδ.
2. D'après le Talmud, cette loi ne valait que pour l'époque où elle était promulguée (*Baba Batra*, 120 *a* ; *Taanit*, 30 *b*).

des redevances. — 23. *Lois matrimoniales.* — 24. *Lois sur la rébellion des enfants.* — 25. *Le prêt à intérêt.* — 26. *La restitution des gages.* — 27. *Lois sur le vol.* — 28. *Lois sur l'esclavage.* — 29. *La restitution des objets trouvés.* — 30. *Assistance aux bêtes en détresse.* — 31. *Obligation de renseigner les personnes égarées.* — 32. *Défense de médire des sourds et des muets.* — 33. *Lois sur les rixes.* — 34. *Lois sur les poisons.* — 35. *Lois sur l'estropiement.* — 36. *Le bœuf heurteur.* — 37. *Prescriptions concernant les puits et les terrasses.* — 38. *Les dépôts; défense de retenir les salaires.* — 39. *Responsabilité individuelle.* — 40. *Éloignement des eunuques et des castrats.* — 41. *Vœux de Moïse; manière d'engager les guerres.* — 42. *Sièges et représailles.* — 43. *Décence dans le costume.* — 44. *Remise par Moïse des lois et des écrits saints; bénédictions et malédictions.* — 45. *Exhortation au peuple.* — 46. *Prédictions de Moïse; sa fin.* — 47. *Ses dernières paroles.* — 48. *Émotion du peuple.* — 49. *Éloge de Moïse.*

176. 1[1]. Quand les quarante années furent accomplies, à trente jours près, Moïse, ayant convoqué une assemblée près du Jourdain, là où se trouve aujourd'hui la ville d'Abilé[2], — c'est une localité où abondent les palmiers, — le peuple tout entier réuni, leur adressa ces paroles :

177. 2[3]. « O mes compagnons d'armes, vous qui avez partagé avec moi ces longues misères, puisque, Dieu l'ayant décidé désormais et ma vieillesse ayant atteint l'âge de cent vingt ans, il faut que je quitte la vie, et que dans vos campagnes au-delà du Jourdain je ne serai pas là pour vous secourir et combattre avec vous, car Dieu m'en empêche,

1. *Deut.*, I, 1.
2. C'est sans doute l'Abel haschittim de *Nombr.*, XXXIII, 49, qui est donnée comme la dernière étape où arrivent les Israélites avant de franchir le Jourdain. D'après ce que Josèphe dit plus loin (V, 1, 1, § 4), Abilé était à 60 stades de distance du Jourdain. La même ville est appelée Abila dans le *Bellum* (IV, 7-6, § 438). Abilé est mentionnée par Stéphane de Byzance, qui dit d'elle : πόλις ἐπὶ τῷ Ἰορδάνῃ ποταμῷ.
3. *Deut.*, XXXI, 2.

178. j'ai cru bien faire de ne pas renoncer cependant encore à mon zèle pour votre bonheur, mais de procurer à vous la jouissance perpétuelle de vos biens et à moi un monument impérissable comme à
179. l'auteur de votre prospérité. Eh bien donc, c'est après vous avoir indiqué le moyen d'arriver au bonheur et de laisser vos enfants en possession d'une abondance perpétuelle que je quitterai la vie. Je suis digne de confiance, en raison même des luttes que j'ai soutenues précédemment dans votre intérêt et parce que les âmes arrivées au terme de l'existence s'expriment avec une vertu parfaite.
180. « O fils d'Israël[1], il n'est pour tous les hommes qu'une seule source de prospérité, c'est un Dieu propice : lui seul a le pouvoir de donner le bonheur à ceux qui en sont dignes et de l'enlever à ceux qui ont péché contre lui ; si vous vous montrez à ce Dieu tels qu'il le désire, lui, et tels que moi, qui connais sa pensée clairement, je vous y exhorte, vous ne cesserez d'être heureux et d'exciter l'envie de tous, et ces biens que vous avez déjà actuellement, la possession vous en demeurera assurée, et ceux qui vous manquent, vous les aurez
181. bientôt entre vos mains. Pourvu seulement que vous obéissiez à ces lois que Dieu veut que vous suiviez, que vous ne préfériez pas à votre législation présente une autre constitution et qu'au mépris des sentiments de piété que vous témoignez aujourd'hui à Dieu, vous ne vous laissiez aller à d'autres mœurs. Mais, en agissant comme vous le devez, vous serez les plus forts de tous dans les
182. combats, et vous ne vous ferez prendre par aucun ennemi. Car, si Dieu est à vos côtés pour vous secourir, vous pourrez raisonnablement les mépriser tous. A votre vertu sont proposées de grandes récompenses, si vous la conservez pendant toute votre vie ; elle est elle-même d'abord le plus précieux des biens, et puis elle vous procure
183. les autres en abondance, en sorte que, si vous la pratiquez entre vous, elle vous assurera une vie de félicité, vous rendra plus illustres que les peuples étrangers et vous préparera une renommée incontestée auprès des générations futures. Or ces biens, vous y pourrez atteindre, si vous écoutez et observez les lois que j'ai composées sous la dictée
184. de Dieu et si vous vous exercez à les comprendre. Je me sépare de

1. *Deut.*, passim.

vous, heureux moi-même de votre bonheur, après vous avoir confiés
à la sagesse des lois, au bon ordre de la constitution et aux vertus
185. des chefs qui auront soin de vos intérêts. Et Dieu, qui jusque maintenant vous a gouvernés, et par la volonté duquel j'ai pu moi-même vous être utile, ne bornera pas ici l'action de sa providence, mais tout le temps que vous désirerez avoir sa protection, en restant attachés à des occupations vertueuses, vous pourrez compter sur
186. sa sollicitude. En outre, les doctrines les meilleures, à l'obéissance desquelles vous devrez la félicité, vous seront exposées par Éléazar le grand-prêtre et Josué, ainsi que par le Conseil des Anciens et les magistrats des tribus : écoutez-les sans mauvaise grâce, en comprenant que ceux qui savent bien obéir sauront aussi gouverner eux-mêmes, s'ils arrivent à en avoir le pouvoir, et croyez que la liberté ne consiste pas à vous indigner contre ce que
187. vos chefs prétendent que vous accomplissiez. Maintenant, en effet, c'est dans la faculté d'injurier vos bienfaiteurs que vous mettez votre franc-parler : si à l'avenir vous vous en gardez, les
188. choses en iront mieux pour vous. N'ayez jamais contre ces chefs de colère pareille à celle que vous avez osé si souvent manifester contre moi : car vous savez que j'ai plus souvent risqué de périr
189. par vous que par les ennemis. Si je vous présente ces observations, ce n'est pas pour vous accabler de reproches, — au sortir de la vie, je n'ai pas l'intention de vous laisser affligés en remuant ces souvenirs, moi qui, même au moment où j'ai subi tout cela, n'ai point ressenti de colère, — c'est pour que cette pensée même serve à l'avenir à vous modérer et que vous ne vous livriez contre ceux qui seront à votre tête à aucune violence, cédant à l'entraînement de la richesse qui vous viendra quand vous aurez passé le Jourdain
190. et conquis la Chananée ; car si vous vous laissez entraîner par elle à du mépris et à de l'indifférence pour la vertu[1], vous perdrez même la faveur que Dieu vous témoigne. Or, si vous vous attirez son hostilité, d'abord, le pays que vous posséderez, vaincus par les armes de vos ennemis, vous le perdrez à votre tour de la façon la plus

1. *Deut.*, IV, 26.

déshonorante, et, dispersés par toute la terre habitée, vous rem-
191. plirez le monde entier et la mer de votre servitude. Mais quand
vous subirez cette épreuve, inutile sera le repentir et le souvenir
des lois que vous n'aurez point observées. Par conséquent, si
vous voulez que vos lois vous restent, ne laissez subsister aucun
de vos ennemis quand vous les aurez vaincus et croyez qu'il importe pour vous que tous périssent, de peur que, s'ils vivaient, ayant
pris goût à leurs mœurs, vous ne viciiez les institutions paternelles.
192. En outre, je vous exhorte à abattre les autels, les bois sacrés et
tous les temples qu'ils pourront avoir[1], et à abolir par le feu leur
race et leur souvenir; c'est ainsi seulement que vous aurez en
193. toute sécurité la jouissance de vos biens à vous. Mais, de peur que,
par ignorance du mieux, votre naturel ne vous entraîne au pire, je
vous ai composé des lois que Dieu m'a dictées et une constitution
telle que, si vous en respectez l'harmonie, vous serez considérés
comme les plus heureux du monde. »
194. 3. Ayant ainsi parlé, il leur donne, consignées dans un livre, ces
lois et cette constitution. Ceux-ci fondent en larmes et témoignent
d'ardents regrets à l'égard de leur général, se souvenant des périls
qu'il avait courus et de l'énergie qu'il avait déployée pour les sauver, et augurant mal de l'avenir en songeant qu'ils n'auront plus
jamais un pareil chef et que Dieu veillera moins sur eux, puisque
195. Moïse ne sera plus là pour intercéder en leur faveur. Et tous les
sentiments, inspirés par la colère, qu'ils lui avaient témoignés pendant le séjour du désert, ils s'en repentaient maintenant en s'affli-
geant, si bien que tout le peuple, s'abandonnant à ses larmes, res-
sentait à cause de lui une émotion trop forte pour que des paroles
pussent la calmer. Moïse cependant les consolait, et, les détour-
nant de croire qu'il méritait ces larmes, les invitait à mettre en pratique leur constitution. C'est ainsi qu'ils se séparèrent alors.
196. 4. Mais je veux d'abord décrire cette constitution conforme à la
réputation de vertu de Moïse et faire connaître par elle à ceux qui
me liront quelles furent nos institutions originaires, après quoi je

1. *Ex.*, XXIII, 24; XXXIV, 13; *Deut.*, VII, 5; XII, 2-3.

poursuivrai le reste de mon récit. J'ai tout écrit tel que lui nous l'a consigné, je n'y ai ajouté aucun ornement ni rien que n'ait laissé
197. Moïse[1]. Ce qui est nouveau chez nous, c'est le classement des matières, sujet par sujet; car il les a laissées écrites à bâtons rompus, au fur et à mesure des instructions partielles qu'il recevait de Dieu[2]. Voilà pourquoi j'ai estimé nécessaire de commencer par ces explications, de crainte que ceux de notre race qui liront cet ouvrage,
198. puissent nous reprocher de nous être trompé. Voici l'ordre de nos lois touchant notre constitution politique. Quant à celles qu'il nous a laissées et qui nous concernent tous dans nos rapports mutuels, je les réserve pour un commentaire qui traitera des coutumes et de leurs raisons d'être et que nous nous sommes proposé, si Dieu seconde notre entreprise, de composer après le présent ouvrage[3].
199. 5[4]. Quand, une fois que vous aurez conquis le pays des Chananéens et que vous aurez le loisir de jouir de vos biens, vous déciderez dès lors de fonder des villes, voici ce que vous devrez faire pour agir d'une manière agréable à Dieu et posséder une
200. félicité assurée. Vous aurez une ville sainte sur la terre des Chananéens dans l'endroit le plus beau et le plus remarquable pour ses qualités, une ville que Dieu se choisira pour lui-même par une prophétie. Vous aurez un temple unique bâti dans cette ville avec un seul autel de pierres non travaillées[5], mais accumulées avec choix,

1. On a déjà vu par les livres précédents et on verra plus loin quelle valeur on peut attacher à ces affirmations. Josèphe omet de parler de certaines lois qui rentraient cependant dans son plan, par exemple la législation touchant les esclaves (*Ex.*, XXI, 20-21 ; 26-27; voir sur cette lacune Ritter, *Philo und die Halacha*, p. 55), les successions (*Nombr.*, XXVII, 6-11), etc. En revanche, il introduit assez souvent des dispositions inconnues à la loi mosaïque : voir plus loin aux §§ 207, 219, 279, etc.

2. Ceci ressemble à l'opinion curieuse de Rabbi Banaa (fin du IIe siècle), rapportée par R. Yohanan (*Guittin*, 60 *a*), à savoir que la loi a été donnée à Moïse *rouleau par rouleau*, c'est-à-dire qu'il inscrivait au fur et à mesure les instructions divines (Cp. le Coran). L'opinion adverse (de R. Simon ben Lakisch) est que la Tora a été donnée *scellée*, c'est-à-dire en bloc, au complet.

3. Voir *suprà*, *Ant.*, III, 8, 10, § 223, et note.

4. *Deut.*, XII, 4; cf. *C. Ap.*, II, § 193.

5. *Ex.*, XX, 25.

et qui, enduites de chaux, aient belle apparence et présentent un as-
201. pect bien net. La montée vers l'autel se fera non par des degrés,
mais par un remblai qu'on y adossera en pente douce. Dans aucune
autre ville vous n'aurez ni autel, ni temple; car Dieu est un et la
race des Hébreux est une.
202. 6[1]. Quiconque aura osé blasphémer Dieu sera lapidé, puis pendu
durant toute la journée[2], et on l'ensevelira sans honneur et obscu-
rément[3].
203. 7[4]. On devra venir ensemble dans la ville où l'on aura établi le
temple, trois fois par an, des extrémités du pays dont les Hébreux se
seront emparés, afin de rendre grâce à Dieu de ses bienfaits et de le
prier de les continuer à l'avenir, et afin d'entretenir par ces réunions et des festins célébrés en commun des sentiments d'amitié
204. mutuelle. Car il est bon qu'ils ne s'ignorent pas les uns les autres,
étant de la même race et ayant des institutions communes. Et c'est
à quoi serviront des relations de ce genre[5]; en se voyant et en se fréquentant, ils se souviendront d'eux-mêmes, car s'ils demeuraient
sans commerce réciproque, on les jugerait absolument étrangers
entre eux[6].
205. 8[7]. Vous aurez aussi à prélever la dîme des fruits, indépendamment de celle que j'ai établi qu'on donnerait aux prêtres et aux Lévites[8]; cette dîme sera vendue dans vos villes respectives et elle sera

1. *Lév.*, XXIX, 15.
2. *Deut.*, XXI, 22.
3. Josèphe paraît d'accord avec la tradition (*Sifré*, p. 114 *b*, *Sanhéd.*, VI, 6), qui restreint au blasphémateur le supplice de la lapidation suivie de pendaison; mais, selon la Mischna, le corps n'était pendu qu'aux approches de la nuit; on l'attachait sur une poutre, et on le détachait immédiatement après. On ne l'y laissait donc pas, comme le prétend Josèphe, durant toute la journée. Il y avait aussi, selon la Mischna, des sépultures spéciales pour les suppliciés (*Sanh.*, VI, 7).
4. *Deut.*, XII, 11, 17; XVI, 16.
5. Il faut lire sans doute ἐκ μὲν τῆς τοιαύτης [T. R.].
6. Ces motifs ne sont pas donnés dans l'Écriture.
7. *Deut.*, XIV, 22.
8. Plus haut, § 68. Au § 240, Josèphe attribuera cette dîme (*maaser rischon* dans la Mischna) aux Lévites seuls. Le manque de précision est le défaut habituel de Josèphe; dans ce passage, l'incertitude s'explique peut-être, comme on

affectée à des repas[1] et à des sacrifices qui se feront dans la ville sainte : il est juste, en effet, que ces produits de la terre dont Dieu nous a procuré la propriété, vous en jouissiez en l'honneur de celui qui vous en a fait don.

206. 9[2]. Le salaire d'une femme prostituée ne doit pas servir à accomplir un sacrifice; car rien de ce qui provient du déshonneur ne plaît à la divinité; or, il ne peut rien y avoir de pire que la honte résultant de la prostitution. De même, si pour la saillie d'un chien[3], soit d'un chien de chasse, soit d'un gardien de troupeaux, on a reçu un salaire, il ne faut pas l'employer en sacrifice à Dieu.

207. 10[4]. Que nul ne blasphème les dieux que d'autres cités révèrent[5].

l'a remarqué, parce que, depuis longtemps déjà, à l'époque de Josèphe, la déclaration du propriétaire, relativement à la dîme, n'existait plus (*Maaser Schèni*, v, 15) et l'on ne discutait plus que théoriquement sur les règles à observer, selon qu'il s'agissait des classes sacerdotales ou des Lévites (v. *Sota*, 47 *a* : 48 *a*, Mischna).

1. Josèphe généralise les mots du *Deutér.*, xiv, 24-26 : « si le chemin est trop long... ». De même, le *Sifré* (p. 96 *a*), s'appuyant sur les mots : « si tu ne peux les porter (les fruits) », admet qu'à toute distance de Jérusalem on pouvait les échanger contre de l'argent, qu'on dépensait ensuite dans la ville sainte.

2. *Deut.*, xxiii, 18, 19.

3. L'Écriture dit : *mehir kéleb*, « rançon d'un chien » (LXX : ἄλλαγμα κυνός); l'interprétation que la Mischna donne de ces mots énigmatiques est toute différente de celle de Josèphe. D'après *Temoura*, 30 *a*, il s'agirait d'une bête pure, un agneau, par exemple, qu'on voudrait consacrer en échange d'un chien. Rappelons que les commentateurs modernes s'accordent à voir plutôt, dans le *kéleb* de l'Écriture, le prostitué sacré; cette interprétation est justifiée par le contexte; et les prostitués sacrés sont désignés sous ce nom de chiens dans l'inscription de Larnaca (*C. I. Sem.*, 86) : voir *Revue des Études juives*, t. III, p. 200.

4. Cf. *C. Ap.*, II, § 237; *Deut.*, vii, 25.

5. Cette explication du verset de l'*Exode* est tout à fait différente de celle de la tradition, qui entend par *Elohim* les juges, acception que ce mot a dans d'autres passages et qui semble ici confirmée par le contexte. Mais il est à remarquer que Josèphe est d'accord avec les LXX (θεούς) et peut-être aussi avec Philon qui déclare (II, p. 166 et 219), à propos du passage du *Deutér.*, vii, 25, qu'il ne faut pas prononcer le nom des divinités étrangères pour ne pas s'habituer à blasphémer (cf. Freudenthal, *Hellen. Stud.*, p. 218). Le véritable sens paraît être qu'il est défendu aux Hébreux, sous peine de blasphème, d'invoquer les noms des divinités étrangères; il est curieux de constater que, d'après Théophraste (*ap.* Josèphe, *C. Ap.*, I, 22), une défense exactement analogue existait dans les lois tyriennes, et que parmi les serments prohibés figurait précisément celui qui

Il ne faut pas piller les temples étrangers, ni s'emparer de trésors consacrés à quelque divinité [1].

208. 11 [2]. Que personne de vous ne porte de vêtement tissé de laine et de lin; car cela est réservé aux prêtres seuls [3].

209. 12 [4]. Quand le peuple se sera réuni dans la ville sainte pour les sacrifices septennaux, à l'époque de la fête de la construction des tabernacles, le grand-prêtre [5], debout sur une estrade élevée d'où il

était en usage chez les Juifs. Voir *Textes relatifs aux Juifs*, n° 6 [T. R.].

1. Josèphe s'inspire ici du verset : *Deut.*, VII, 25, qui recommande de ne pas convoiter et prendre l'or et l'argent des idoles ; mais il semble donner à cette prescription plus de portée que ne fait la Bible, qui insiste surtout à maintes reprises (voir *supra*, § 192, note) sur l'obligation d'anéantir les lieux de culte païens. On sent dans Josèphe le souci de ménager les Romains. En effet, la loi était sévère pour les « sacrilèges ». D'après un texte de Philon (II, M., p. 640, *ex* Eus., *Præp. ev.*, VIII, 14), la loi condamnait le ἱερόσυλος à être précipité, noyé, ou brûlé : καταχρημνίζεσθαι, ἢ καταποντοῦσθαι, ἢ καταπίμπρασθαι.

2. *Lév.*, XIX, 19, et *Deut.*, XXII, 11.

3. La Mischna (*Kilaïm*, IX, 1) ne fait que le constater, sans dire que ce soit là la raison de l'interdiction pour les laïques de porter des étoffes de laine et de lin.

4. *Deut.*, XXXI, 10.

5. La Bible n'indique pas expressément qui doit faire la lecture septennale. Le verset dit (*Deut.*, XXXI, 10-11) : « Moïse *leur* prescrivit ceci (aux prêtres et aux anciens mentionnés dans le verset précédent) : A la fin de chaque septième année... tu feras lecture de cette Tora en présence de tout Israël. » La tradition (*Sota*, VII, 8) admet qu'il s'agit de la lecture du *Deutéronome*, et en particulier du passage relatif à la royauté (*Deut.*, XVII, 14-20), lecture faite, en conséquence, par le roi; elle rapporte à l'appui l'histoire d'une lecture de ce genre effectuée par Agrippa. Le rapprochement de cette tradition avec notre texte de Josèphe a beaucoup exercé les commentateurs. S'agit-il dans la Mischna d'Agrippa II, contemporain de Josèphe, comment ce dernier ignorait-il les usages au point d'attribuer au grand-prêtre une prérogative du roi? Aussi l'opinion de beaucoup d'auteurs est que la Mischna veut parler du pieux Agrippa Ier, qui régna de 42 à 45. Le grand-prêtre aurait repris ultérieurement un rôle qui était plutôt dans ses attributions. Récemment, M. A. Büchler (*Die Priester und der Cultus im letzten Jahrzehnte des jerusalemischen Tempels*, Vienne, 1895, p. 11 et suiv.) est revenu, avec des arguments ingénieux, à l'opinion, également ancienne, de ceux qui persistent à reconnaître Agrippa II dans le texte de la Mischna. Le témoignage divergent de Josèphe s'expliquerait par ce fait qu'il ne connaît les usages de Jérusalem que jusqu'en l'année 62. Avant cette époque, c'était bien le grand-prêtre qui faisait la lecture septennale. Mais en 62-63 une révolution importante eut lieu. Avec la déposition du grand-prêtre Anan ben Anan, le parti saducéen dut céder la place au parti pharisien, qui, une fois au pouvoir, di-

puisse se faire entendre, devra lire les lois[1] pour tout le monde : ni femmes, ni enfants ne seront exclus de cette audition et non pas
210. même les esclaves. Car il est bon que ces lois, une fois gravées dans les cœurs, soient ainsi conservées par la mémoire, de façon à ne pouvoir jamais s'effacer. De la sorte, ils ne feront aucun péché, ne pouvant alléguer leur ignorance des prescriptions édictées par les lois. Et ces lois auront pleine autorité contre les délinquants, en ce qu'elles les préviendront de ce qu'ils auront à subir et graveront dans les âmes, grâce à cette audition, tout ce qu'elles prescrivent,
211. de façon que pour toujours ils portent la doctrine de leur peuple en eux[2] : s'ils la dédaignent, ils seront coupables et deviendront les propres auteurs de leur châtiment. Que les enfants aussi commencent par apprendre les lois; c'est l'étude la plus belle et la source de la félicité.

212. 13. Deux fois par jour, au commencement de la journée et quand vient l'heure de se livrer au sommeil, ils devront rendre témoignage à Dieu des bienfaits qu'il leur a accordés au sortir du pays des Égyptiens : la reconnaissance se justifie par la nature et, en la témoignant, ils remercieront à la fois Dieu de ses bienfaits passés et se concilie-
213. ront sa bienveillance future. Ils inscriront aussi sur leurs portes les plus grands bienfaits qu'ils ont reçus de Dieu, et chacun devra les porter visiblement sur les bras; et tout ce qui peut attester la puissance de Dieu ainsi que sa bonté à leur égard, ils en porteront la

minua beaucoup les prérogatives des prêtres et fit prévaloir certains usages, comme d'attribuer au roi la présidence de la cérémonie septennale. Josèphe n'en aurait rien su. Ni l'une, ni l'autre de ces opinions n'a pour elle d'arguments bien décisifs. D'ailleurs, le dire de Josèphe n'a peut-être pas ici la valeur d'un témoignage qu'on puisse confronter avec celui de la Mischna. Malgré l'habitude qu'a Josèphe de regarder le passé à travers le présent, il semble qu'il n'ait fait ici que suivre d'une façon plus ou moins libre le texte même du *Deutéronome*.

1. Quelles lois? La Mischna de *Sota* en donne la liste suivante : *Deut.*, I, 1-VI, 9; XI, 13-19; XIV, 22; XXVI, 12-19; XVII, 14-20; XXVIII. Josèphe semble, bien qu'il s'exprime en termes assez vagues, indiquer une lecture plus étendue et renfermant plus de lois proprement dites, ce qui se rapprocherait de l'opinion de Maïmonide, qui croyait savoir qu'on lisait sans interruption de XIV, 22, à XXVIII, 69.

2. *Deut.*, VI, 6; XI, 18.

mention écrite sur la tête et sur le bras [1], afin qu'on puisse voir de toutes parts la vive sollicitude dont Dieu les entoure.

214. 14 [2]. Qu'il y ait à la tête de chaque ville sept hommes [3] habitués à pratiquer la vertu et à rechercher la justice ; qu'à chacune de ces magistratures soient adjoints à titre de serviteurs deux hommes de
215. la tribu des Lévites [4]. Que ceux qui seront appelés à rendre la justice dans les villes soient tenus en grand honneur, de façon que nul ne se permette en leur présence d'injurier ou de tenir des propos insolents; le respect envers ceux qui sont revêtus d'une di-
216. gnité inspirera tant de modestie qu'on ne méprisera pas Dieu. Les juges seront maîtres de prononcer selon leur sentiment, à moins qu'on ne vienne les dénoncer comme ayant reçu de l'argent pour fausser la justice, ou qu'on allègue une autre raison pour les accuser de n'avoir pas bien prononcé. Car il ne faut pas, par amour du lucre ou des puissances, faire mauvaise justice ; on doit placer le bon
217. droit au-dessus de toutes choses. Dieu, sans cela, paraîtrait méprisé et plus faible que ceux à qui, par peur de la force, on déciderait d'accorder son suffrage. En effet, c'est de la puissance de Dieu que procède la justice. Si donc on favorise ceux qui occupent un
218. haut rang, on les met au-dessus de Dieu. Que si les juges ne savent

1. Josèphe admet, comme la tradition pharisienne, l'origine mosaïque de l'obligation de la prière quotidienne, en particulier de la récitation du *Schema* (*Deut.*, VI, 4-9 ; XI, 13-19 ; *Nombr.*, XV, 37-41 ; cf. *Berachot*, 11 *a*) et du port des phylactères (*Menaḥot*, 34 *b*).

2. *Deut.*, XVI, 18.

3. L'Écriture ne précise pas et dit seulement : « Tu institueras des juges et des magistrats. » Cette magistrature composée de sept personnes, assistées de deux Lévites, Josèphe l'a vue fonctionner. Il a lui-même institué en Galilée, dans chaque ville, des magistratures de sept membres (*Bellum*, II, 20, 5). Cependant le Talmud paraît à peine connaître cette institution et n'en parle qu'une fois, dans *Meguilla*, 26 *a*, fin ; il est question dans ce passage, mais en termes vagues, des sept notabilités de la ville ; cf. aussi Maïmonide (*M. Tora*, *H. Sanh.*, I, 9 ; II, 3), qui a consigné une tradition analogue. Schürer (*Geschichte des jüdischen Volkes*, 3e édit., t. II, p. 178) croit que Josèphe, tout en rapportant faussement à Moïse une institution plus récente, n'en est pas l'inventeur et n'a fait en Galilée que régulariser la coutume.

4. La Bible attribue aussi généralement des fonctions juridiques aux Lévites. Voir, entre autres, *Deut.*, XXI, 5.

pas prononcer sur les faits qui leur sont soumis, — pareil cas se présente souvent parmi les hommes, — qu'ils adressent la cause intégralement à la ville sainte, et que, réunis ensemble, le grand-prêtre et le prophète et le conseil des Anciens fassent connaître leur décision[1].

219. 15[2]. On ne se fiera pas à un témoin unique ; il en faut trois ou au moins deux dont le témoignage sera garanti par leur vie passée. Les femmes ne rendront pas de témoignage[3], à cause de la légèreté et de la témérité de leur sexe. Les esclaves non plus ne doivent pas témoigner[4], à cause de la bassesse de leur âme ; car il est naturel que soit la cupidité, soit la crainte les empêche de témoigner selon la vérité. Si quelqu'un est accusé d'avoir fait un faux témoignage[5], il subira, s'il en est convaincu, la même peine[6] que devait subir celui contre lequel il aura témoigné.

220. 16[7]. Si, lorsqu'un meurtre aura été commis dans un endroit, on n'en trouve pas l'auteur, et que nul ne soit soupçonné d'avoir tué par haine, il faudra chercher ce meurtrier avec beaucoup de soin, en proposant une récompense au dénonciateur[8] ; mais si personne ne fait de dénonciation, les magistrats des villes à proximité de l'endroit où le meurtre a été commis et le conseil des Anciens, se réu-
221. nissant[9], mesureront le terrain depuis la place où gît le cadavre. Et

1. *Deut.*, XVII, 8. La Bible parle seulement des prêtres lévites et du juge (v. 9).
2. *Deut.*, XVII, 6 ; XIX, 15.
3. L'Écriture ne le dit pas ; mais Josèphe est d'accord avec la tradition : le Talmud (*Schebouot*, 30 *a*) enseigne que les femmes ne peuvent témoigner, règle qu'on déduit de *Deut.*, XIX, 17, en alléguant de plus la coutume fondée sur un verset des *Psaumes* (XLV, 14).
4. Le Talmud le déduit *a fortiori* de la règle précédente dans *Baba Kamma*, 88 *a*. Les raisons morales sont imaginées par Josèphe.
5. *Deut.*, XIX, 18.
6. Josèphe donne à cette loi un caractère général ; le Talmud (*Makkot*, 5 *b*) la restreint au cas où les témoins seraient convaincus par d'autres témoins de n'avoir pas été présents au moment où le crime a été commis ; quant au crime lui-même, il s'agit d'un meurtre.
7. *Deut.*, XXI, 1.
8. Ce détail est étranger au texte de l'Écriture.
9. D'après la Mischna de *Sota*, IX, 1, les anciens sortaient au nombre de trois,

les autorités de la ville qui en sera la plus rapprochée achèteront une génisse et, après l'avoir conduite dans un ravin[1] et dans un endroit impropre au labour et aux plantations, devront trancher les
222. muscles du cou de la génisse, puis, après avoir fait une libation d'eau sur la tête de l'animal, les prêtres, les lévites et les Anciens de cette ville proclameront qu'ils ont les mains pures de ce meurtre, qu'ils ne l'ont ni commis, ni vu commettre, et ils prieront pour se rendre Dieu propice et pour qu'un terrible malheur de ce genre n'arrive plus au pays.

223. 17[2]. Le gouvernement des meilleurs est ce qu'il y a de mieux, ainsi que la vie qu'on mène sous ce régime ; ne vous prenez pas à soupirer après une autre forme de gouvernement, mais soyez satisfaits de celle-là, ayant vos lois pour maîtres et faisant tout d'après elles. Car Dieu suffit à vous guider. Mais si vous venez à désirer un roi, qu'il soit de votre race et qu'il ait toujours souci de la justice
224. ainsi que des autres vertus. Qu'il confie aux lois et à Dieu les desseins les plus importants[3], et qu'il ne fasse rien sans le grand-prêtre et sans l'avis des Anciens[4]; qu'il ne prenne pas beaucoup de femmes, qu'il ne cherche pas quantité de richesses et de chevaux, car si tout cela vient à lui, il en arrivera à regarder de haut les lois. Qu'on l'empêche donc, s'il montrait trop de goût pour ces choses, de devenir plus puissant que votre intérêt ne le comporte.

225. 18[5]. Ne vous permettez pas de déplacer les bornes ni de votre terre, ni de la terre de ceux avec lesquels vous êtes en paix ; qu'on se garde de les supprimer, qu'on les considère comme une pierre solide posée par Dieu pour l'éternité. Car des guerres et des que-

on de cinq, suivant l'opinion de Rabbi Yehouda. D'ailleurs la même Mischna dit plus loin (47 *a*) que depuis une certaine époque où les meurtres étaient devenus nombreux, cette procédure était abolie.

1. La tradition voit plutôt dans le *nahal éthan* de la Bible un cours d'eau impétueux qu'un ravin (*Sota*, IX, 3).
2. *Deut.*, XVII, 14.
3. Texte altéré.
4. D'après le Talmud (*Sanh.*, 20 *b*), le roi doit prendre conseil du tribunal de 71 membres pour engager une guerre « facultative » (c'est-à-dire avec tout autre peuple que les Amalécites ou les sept peuplades chananéennes).
5. *Deut.*, XIX, 14 ; XXVII, 17.

celles naissent de ce que les gens cupides veulent aller au-delà de
leurs limites. Ils ne sont pas loin, en effet, de transgresser les lois
ceux qui déplacent les limites.
226. 19[1]. Quand on plante une terre, si ces plants produisent des fruits
avant quatre ans, on n'en prélèvera pas de prémices pour Dieu et
on n'en jouira pas soi-même ; car à ce moment, ils n'ont pu venir
tout seuls et, comme la nature a été forcée prématurément[2], ils ne
227. peuvent convenir à Dieu, ni servir au propriétaire lui-même. Mais
la quatrième année, il doit récolter tout ce qui a poussé, le moment
est alors opportun, et, après l'avoir réuni, il l'apportera dans la ville
sainte[3] et en y joignant la dîme des autres fruits, il l'emploiera à
faire des festins avec ses amis, ainsi qu'avec les orphelins et les
veuves. La cinquième année, il sera maître de faire pour lui la récolte de ses plantations.
228. 20[4]. Un terrain planté de vignes, on ne doit pas l'ensemencer ;
car il a assez à nourrir ce genre de plants et doit être exempt des
travaux de labour. On labourera la terre avec des bœufs, sans leur
adjoindre sous le joug aucune des autres espèces animales ; celles-
ci aussi, on doit les employer séparément pour le labour. Les semences doivent être pures et sans mélanges et il ne faut pas ensemencer deux espèces ou trois en même temps. Car la nature[5] ne se
229. plaît pas à la réunion des choses dissemblables. Il ne faut pas accoupler des bestiaux d'espèces différentes : car il est à craindre qu'en
commençant par là, on ne finisse, même quand il s'agit d'hommes,
par manquer d'égard à ceux de sa race ; c'est à cela que peuvent
230. mener des fautes commises sur des sujets insignifiants. Il ne faut

1. *Lév.*, XIX, 23.
2. La Bible ne donne aucun motif de ce genre.
3. Cf. *Sifra* (*ad loc.*) ; Mischna de *Péa*, VII, 6 ; *Maaser Schêni*, V, 1-5 ; *Edouyot*, IV, 5 ; *Baba Kamma*, 69 *b* : la tradition assimile également les plantes de la quatrième année à la dîme seconde, au point de vue de la faculté de rachat, tandis que la Bible dit seulement que ces produits de la quatrième année sont consacrés à Dieu.
4. *Lév.*, XIX, 19 ; *Deut.*, XXII, 9.
5. Ici, comme plus haut, Josèphe s'ingénie à trouver des raisons aux lois données sans commentaire dans l'Écriture.

rien concéder de ce qui pourrait par imitation engendrer quelque perturbation dans l'État ; il faut que même les choses les plus ordinaires n'échappent pas à la vigilance des lois, qui doivent savoir se prémunir elles-mêmes contre tout reproche.

231. 21[1]. En moissonnant et en enlevant les récoltes on ne glanera pas, mais on abandonnera même un peu de gerbes à ceux qui n'ont rien à manger, comme une aubaine qui servira à leur subsistance. Pareillement, dans la vendange, il faut laisser les grappillons aux pauvres; il faut aussi oublier un peu des fruits de l'olivier pour les
232. laisser ramasser par ceux qui n'en ont pas à cueillir chez eux. Car une cueillette minutieuse ne donnera pas autant de richesse aux propriétaires que cet abandon ne leur vaudra de reconnaissance de la part des indigents; d'ailleurs, la divinité rendra la terre plus ardente à faire croître les fruits, si l'on ne songe pas seulement à son intérêt
233. personnel, mais qu'on se soucie aussi de nourrir autrui. Les bœufs même[2], quand ils fouleront les épis, on ne les musèlera pas dans l'aire; car il n'est pas juste de priver du fruit nos collaborateurs qui
234. ont peiné pour le produire. Quand les fruits des arbres sont mûrs, il ne faut pas empêcher les passants d'y toucher en chemin[3], mais, comme s'ils leur appartenaient, leur permettre de s'en rassasier, qu'ils soient indigènes ou étrangers, en se réjouissant de leur fournir le moyen d'avoir leur part de ces fruits mûrs. Mais il ne leur sera
235. pas permis d'en rien emporter. Et les vendangeurs n'empêcheront pas ceux qu'ils rencontreront de goûter de ce qu'ils apportent aux pressoirs; il n'est pas juste, en effet, que ces bonnes choses qui nous arrivent de par la volonté de Dieu pour notre subsistance, on les refuse à ceux qui en souhaitent une part, alors que l'époque de leur
236. maturité est venue et va bientôt passer; il est même agréable à Dieu qu'on invite à en prendre tous ceux qui, par réserve, hésiteraient à y toucher, les Israélites d'abord, qui ont comme un droit de participation et de propriété en vertu de leur commune origine, et aussi les gens venus d'ailleurs, à qui on permettra de profiter, en qualité d'hô-

1. *Lév.*, XIX, 9; *Deut.*, XXIV, 19.
2. *Deut.*, XXV, 4.
3. *Ibid.*, XXIII, 25.

237. tes, de ces fruits que Dieu a fait venir à maturité. Il ne faut pas envisager comme des dépenses ce que par libéralité on laisse prendre aux hommes : si Dieu nous procure cette abondance de biens, ce n'est pas pour nous en réserver la récolte, c'est pour en céder aussi généreusement à autrui, et il veut de cette façon que la bonté qu'il témoigne spécialement au peuple israélite et le soin qu'il prend de sa prospérité soient manifestés encore aux autres, grâce à tout le su-
238. perflu dont ils font profiter ces derniers eux-mêmes[1]. Celui qui agira à l'encontre de ces règles[2] recevra trente-neuf coups du cuir public[3], peine très infamante qu'il subira, lui, un homme libre, parce que,
239. esclave de l'intérêt, il a outragé sa dignité. Il vous sied[4], en effet, après les souffrances que vous avez éprouvées en Égypte et dans le désert, de montrer de la sollicitude pour ceux qui sont dans une situation analogue et, après avoir reçu tant de biens de la pitié et de la providence de Dieu, d'en distribuer une partie aux nécessiteux par un sentiment semblable.

240. 22[5]. En outre des deux dîmes que j'ai déjà dit de consacrer chaque année, l'une aux Lévites et l'autre aux festins, il faut en pré-

1. On remarquera combien Josèphe insiste sur ces dispositions qui sont de nature à rehausser la charité de la loi juive aux yeux des lecteurs païens. C'est dans le même esprit qu'il rattache à ces lois charitables le § 238 (*Deut.*, xxv, 3), qui, en réalité, a une portée beaucoup plus générale [T. R.].

2. *Deut.*, xxv, 2-3.

3. Selon la Bible, le nombre de coups est de 40. Mais la tradition le réduisait à 39; en effet, le Talmud (sur *Makkot*, III, 6) rapproche le mot במספר, qui finit le verset 2 du ch. xxv, du mot ארבעים, qui commence le verset 3, et il explique qu'il s'agit du nombre proche de 40, c'est-à-dire 39. La véritable raison était peut-être au fond, comme on l'a dit quelquefois, qu'on avait peur d'enfreindre la défense de dépasser le nombre de 40 et qu'on estimait, en conséquence, plus prudent de ne pas l'atteindre. Quoi qu'il en soit, la tradition est confirmée par Josèphe et aussi par l'apôtre Paul (II *Cor.*, XI, 24). Mais, d'après la tradition, on appliquait, en général, la flagellation à quiconque violait un précepte négatif, lorsque la violation de ce précepte n'entraînait pas une pénalité plus grave. Josèphe restreint l'application de la peine de la flagellation à la transgression des lois énumérées immédiatement avant et après dans le *Deutéronome* (XXIV, 19-22; XXV, 4); voir aussi la note 1.

4. *Deut.*, X, 19; XXIV, 18, 22.

5. *Ibid.*, XIV, 28; XXVI, 12.

lever une troisième tous les trois ans [1], afin de distribuer ce qui leur
241. manque aux femmes veuves et aux enfants orphelins. Les premiers fruits mûrs que chacun aura recueillis [2], il les apportera dans le temple et, après avoir remercié Dieu pour la terre qui les a portés et qu'il leur a donnée en propriété, après avoir accompli les sacrifices que la loi ordonne d'offrir, on donnera les prémices de ces fruits
242. aux prêtres. Et lorsqu'une personne [3], après avoir fait tout cela, après avoir offert les dîmes de tout, pour les Lévites et pour les festins avec les prémices, sera sur le point de s'en retourner chez elle, debout en face de l'enceinte du temple, elle remerciera d'abord Dieu de leur avoir donné, après les avoir soustraits aux violences des
243. Égyptiens, un pays fertile et étendu pour jouir de ses fruits; puis, attestant qu'elle a payé les dîmes et le reste, conformément aux lois de Moïse, elle priera Dieu de lui être toujours bienveillant et propice et de demeurer tel en général pour tous les Hébreux, en leur conservant ce qu'il leur a donné de biens, et en y ajoutant tous ceux dont il peut les gratifier.

244. 23 [4]. On devra épouser, une fois en âge de se marier, une vierge libre et née de parents honnêtes. Celui qui n'épouse point de vierge ne devra point s'unir à une femme qui vit avec un autre homme, en la corrompant, ou en l'enlevant à son premier mari [5]. Des femmes esclaves ne pourront être épousées par des hommes li-

1. C'est le *maaser ani* de la Mischna. D'après Josèphe, il semblerait que la troisième année il fallût payer trois dîmes : celle des Lévites (*maaser rischon*), celle des festins (*m. schèni*) et celle des pauvres. Si telle était son opinion, elle serait contredite formellement par la tradition, qui établit (*Rosch Haschana*, 12 *b*, baraïta confirmée par la Mischna de *Maaser Schèni*, v, 9) qu'on ne donnait chaque année que deux dîmes; la troisième année, on avait à payer la dîme des pauvres et celle des Lévites, qu'on payait toujours (aux Lévites et aux prêtres); mais les termes de Josèphe ne sont pas assez précis pour qu'on y voie une doctrine différente. Cf. Olitzki (*op. cit.*), p. 16 sqq. Schürer a essayé de démontrer que Josèphe et la Mischna étaient d'accord (*Theologische Litteraturzeitung*, 1886, p. 122 sqq.).

2. *Deut.*, xxvi, 2.

3. *Ibid.*, xxvi, 13.

4. Cf. *C. Ap.*, II, § 200 et suiv.; *Deut.*, xxii, 22.

5. Nous lisons avec la deuxième main du ms. O (Bodleianus) : λιποῦσαν [T. R.].

bres[1], même si on y est vivement poussé par amour; mais les bien-
245. séances et le souci de la dignité doivent triompher de la passion. En outre[2], il ne peut se faire de mariage avec une prostituée[3], car, comme elle a déshonoré son corps, Dieu n'agréerait pas les sacrifices offerts à l'occasion de ce mariage. La condition pour que les enfants aient des sentiments d'homme libre et dirigés vers la vertu, c'est qu'ils ne soient pas le fruit d'une union honteuse[4] ou d'une pas-
246. sion illégitime. Si quelqu'un[5], après avoir épousé une femme qu'il croyait vierge, s'aperçoit par la suite qu'elle n'est point telle, il intentera un procès, en appuyant l'accusation sur tels indices qu'il aura, et la défense sera présentée par le père de la jeune fille ou son frère ou celui qui après eux paraîtra son plus proche parent[6]. Si
247. la jeune fille est déclarée innocente, elle cohabitera avec son accusateur, sans qu'il ait le moindre droit de la congédier, à moins qu'elle ne lui en fournisse de graves raisons et telles qu'elle n'y
248. puisse rien contredire. Et pour avoir témérairement et inconsidérément porté contre elle une accusation calomnieuse[7], il aura à subir une double peine, en recevant trente-neuf coups et en payant cinquante sicles au père[8]. Mais au cas où il prouverait le déshonneur de la jeune fille, si c'est une femme du peuple, pour n'avoir pas veillé honnêtement sur sa virginité jusqu'à son mariage légitime, elle sera lapidée; si elle est de race pontificale, elle sera brûlée vive[9].

1. Cette disposition, pas plus que la suivante, n'est tirée de l'Écriture; Josèphe parle simplement en moraliste, et d'après l'usage de son temps.
2. *Lév.*, XXI, 7.
3. Cette défense ne s'applique, d'après la loi, qu'aux prêtres et Josèphe, chose singulière, en a déjà parlé auparavant (*Ant.*, III, 12, 2, § 276).
4. Le Talmud (*Kiddouschin*, 70 *a*) exprime une pensée analogue : « Quiconque épouse une femme par intérêt en aura des enfants indignes »; cf. aussi *Yebamot*, 63 *b*.
5. *Deut.*, XXII, 13.
6. L'Écriture dit « son père et sa mère ».
7. *Deut.*, XXV, 3.
8. Cent pièces d'argent selon l'Écriture; mais la Halacha (*Ketoubot*, 45 *b*) précise et parle de 100 sélas; or le séla est un demi-sicle (cf. Zuckermann, *op. cit.*, p. 24).
9. Josèphe est ici contraire à la Halacha (*Sanh.*, 50 *b*), qui établit qu'une fille

249. Si quelqu'un a deux femmes [1], dont l'une est tenue particulièrement en estime et en affection, soit par amour, soit pour sa beauté, soit pour quelque autre motif, et dont l'autre est moins bien traitée, si le fils de la femme aimée, plus jeune que celui de l'autre, prétend, en vertu de l'affection que son père porte à sa mère, s'attribuer le droit d'aînesse de façon à recevoir une double part de la fortune paternelle, — car c'est là ce que j'ai établi dans les lois [2], — on ne le
250. lui accordera pas. Il est injuste, en effet, que le plus ancien des deux par la naissance, parce que sa mère tient moins de place dans l'affec-
251. tion de son père, soit privé de ce qui lui est dû. Celui qui aura déshonoré une jeune fille promise à un autre [3], s'il l'a persuadée et rendue consentante à la faute, mourra avec elle, car ils sont également coupables tous les deux, lui pour avoir persuadé la jeune fille de subir volontairement la pire des hontes et de la préférer à un mariage honnête, elle, pour avoir consenti à s'offrir par plaisir ou par
252. cupidité à cet outrage. Mais s'il l'a rencontrée seule [4] et a abusé d'elle, sans qu'il y eût personne pour la secourir, il mourra seul. Celui qui déshonore une vierge qui n'est pas encore promise [5] devra l'épouser lui-même; mais s'il ne plaît pas au père de la jeune fille qu'elle vive avec lui, il aura à lui payer cinquante sicles en réparation de
253. l'outrage [6]. Celui qui veut se séparer [7] de la femme qui habite avec

de prêtre n'est condamnée à être brûlée que si elle manque à ses devoirs une fois mariée; avant le mariage, elle subit la loi commune. Quant au supplice même, selon la Mischna de *Sanh.*, VII, 2, la coupable n'était pas « brûlée vive »; on lui versait du plomb fondu dans la bouche. R. Eliézer ben Zadok (Ier siècle de l'ère chrétienne) rapporte à la fin de ce texte qu'un jour on érigea un bûcher pour brûler une fille de prêtre; mais le tribunal n'aurait agi alors que par méconnaissance de la loi.

1. *Deut.*, XXI, 15.
2. Ce principe n'apparaît dans le Pentateuque qu'à ce propos.
3. *Deut.*, XXII, 23; cf. *C. Ap.*, II, § 215.
4. *Ibid.*, 25.
5. *Ibid.*, 28.
6. La Halacha (*Sifré*, 118 *b*; *Ketoubot*, 39 *b*) décide également que l'amende est payée au cas seulement où le mariage ne s'effectue pas. Cf. Philon, II, 312; Ritter, *op. cit.*, p. 85 sqq.
7. *Deut.*, XXIV, 1.

lui pour un motif quelconque [1], — les hommes en ont souvent de ce genre — devra certifier par écrit qu'il n'aura plus de relations avec elle. C'est ainsi que la femme acquerra la faculté d'aller vivre avec un autre ; car auparavant, on ne doit pas le lui permettre. Que si elle est maltraitée aussi chez cet autre ou qu'à sa mort le premier désire l'épouser, on ne lui permettra pas de retourner chez lui.
254. Quand [2] une femme n'a pas d'enfants [3] à la mort de son mari, le frère de ce dernier doit l'épouser, et le fils qui naîtra, il l'appellera du nom du défunt, et l'élèvera comme héritier de son patrimoine ; un tel acte, en effet, sera avantageux même à la chose publique, les familles ne s'éteignant pas et la fortune restant aux parents ; et pour les femmes, ce sera un soulagement à leur infortune de vivre avec
255. l'homme le plus proche de leur premier mari. Mais si le frère ne veut pas l'épouser, la femme viendra devant les Anciens et attestera que, tandis qu'elle désirait demeurer dans cette maison et avoir de lui des enfants, il a refusé de l'accueillir, faisant ainsi injure à la mémoire de son frère défunt. Et quand les Anciens lui demanderont pour quelle raison il se montre hostile à ce mariage, qu'il en allè-
256. gue une futile ou une sérieuse, le résultat sera le même [4] : la femme de son frère, après lui avoir défait ses sandales et lui avoir craché au visage, s'écriera qu'il mérite de subir ce traitement de sa part pour avoir outragé la mémoire du défunt. Et lui s'en ira alors du conseil des Anciens avec cet affront, qu'il gardera toute sa vie, tandis qu'elle pourra se remarier au prétendant qui lui plaira.

1. C'est l'opinion de Hillel (Ier siècle av. J.-C.) dans la fameuse discussion qu'il soutient avec Schammaï à propos du divorce (*Guittin*, 90 *a*), discussion provoquée par les mots du verset ערות דבר. Schammaï en déduit qu'il faut l'inconduite de la femme pour que le mari puisse la répudier ; Hillel l'y autorise même pour un motif insignifiant. Il semble que cette dernière opinion ait prévalu d'après *Ant.*, XVI, § 198 ; *Vita*, § 426 ; cf. *Marc*, x, 2 ; *Luc*, xviii, 29 ; *Matthieu*, xix, 4.

2. *Deut.*, xxv, 5.

3. L'Écriture dit seulement : « pas de fils » ; Josèphe est conforme à la tradition (*Baba Batra*, 109 *a*) ; on a remarqué que Philon ne parlait pas de la loi du lévirat.

4. Écrire ταὐτά (non ταῦτα) [T. R.].

257. Quand quelqu'un aura fait prisonnière[1] une vierge ou même une femme qui aurait déjà été mariée[2], s'il veut cohabiter avec elle, il ne pourra approcher sa couche et s'unir à elle avant que, les cheveux coupés, et vêtue d'habits de deuil, elle n'ait pleuré ses
258. parents et ses amis morts dans le combat, afin qu'elle satisfasse au chagrin que lui cause leur perte, avant de se livrer aux festins et à la joie du mariage. Il est noble, en effet, et légitime que celui qui prend une femme pour en avoir des enfants défère à ses désirs, et il ne faut pas qu'en ne recherchant que son propre plaisir,
259. il néglige ce qui peut être agréable à elle-même. Mais après trente jours passés dans le deuil — ce temps suffit aux gens raisonnables pour pleurer ceux qui leur sont le plus chers — elle peut alors accomplir le mariage. Que si, sa passion satisfaite, il dédaigne de la garder pour épouse, il n'aura plus la faculté d'en faire une esclave; elle s'en ira où elle voudra, elle en a la liberté.

260. 24[3]. Les jeunes gens qui mépriseront leurs parents et ne leur témoigneront pas d'égards, qu'ils leur aient fait outrage soit par impudence (?), soit par irréflexion[4], d'abord leurs parents les réprimanderont par de simples paroles[5], car ils ont autorité de juges
261. sur leurs enfants[6], en leur disant que le but de l'union conjugale n'est pas le plaisir, ni l'accroissement de la fortune, par la mise en commun de ce qu'ont les époux de part et d'autre, mais c'est d'avoir des enfants qui prennent soin des parents dans leur vieillesse et qui reçoivent d'eux tout ce dont ils ont besoin. « Quand tu es né, diront-

1. *Deut.*, XXI, 10.
2. Le texte de l'Écriture n'a pas cette précision; mais la tradition (*Sifré*, 112 *b*, 113 *a*; *Kiddouschin*, 22 *b*) permet également au vainqueur d'épouser une captive antérieurement mariée (à un païen, s'entend) sous les conditions prescrites, préférant réglementer ainsi des licences qu'une loi restrictive ne ferait que favoriser. Philon (II, p. 393) ne parle que d'une union avec une vierge.
3. *Deut.*, XXI, 18; cf. *c. Ap.*, II, § 217.
4. Texte altéré. — D'après la Halacha, il faut que l'enfant se soit adonné à des excès de nourriture et de boisson pour être déclaré *ben sorer oumoré*, c'est-à-dire rebelle (*Sanhédrin*, VIII, 2).
5. Le texte hébreu dit : « ils le châtieront ». D'après la tradition, l'enfant insoumis subit d'abord une flagellation devant un tribunal de trois personnes (*ibid.*, 5).
6. Cf. Philon (*De par. col.*, éd. Richter, p. 53).

ils, nous t'avons pris, remplis de joie et de reconnaissance envers Dieu, et nous avons mis nos soins à t'élever, sans rien épargner de ce qui paraissait utile à ta santé et à ta parfaite éducation. Maintenant
262. — puisqu'il faut accorder de l'indulgence aux fautes des jeunes gens — cesse-là tes manques d'égard envers nous et reviens à une plus sage conduite, en réfléchissant que Dieu lui-même s'irrite des témérités commises contre un père, car il est lui-même le père de toute la race des hommes et paraît partager le sentiment de l'injure avec ceux qui ont le même titre que lui, quand ils n'obtiennent pas de leurs enfants la déférence qui leur est due. Et la loi réprime ces fautes inexorablement; n'aie pas à en faire l'expérience. » Si
263. par ce moyen se corrige la présomption des jeunes gens, on leur épargnera tout autre reproche pour leur péché d'ignorance; car ainsi le législateur fera preuve de bonté et les parents seront heureux de ne point livrer un fils ou une fille [1] au châtiment. Mais celui
264. à qui ces paroles, avec la leçon de bienséance qu'elles renferment, paraîtront ne point produire d'effet et qui se fera d'implacables ennemies des lois par ses incessantes audaces à l'égard de ses parents, conduit par eux-mêmes hors de la ville avec la foule derrière eux,
265. il sera lapidé [2], et, après être demeuré toute la journée exposé à tous regards, il sera enseveli pendant la nuit [3]. Il en sera ainsi de tous ceux, en général, que les lois auront condamnés à mort [4]. On ensevelira aussi les ennemis; et pas un cadavre ne restera sans sépulture, car il subirait plus que sa juste peine.

25 [5]. On n'aura le droit de prêter à intérêt à aucun Hébreu, ni
266. aliment, ni boisson ; car il n'est pas juste de tirer un revenu de l'infortune d'un compatriote; mais il faut, en secourant sa détresse, considérer comme un profit la reconnaissance de cet homme et la rémunération que Dieu réserve à cet acte de générosité.

1. D'après la tradition, la loi ne s'applique qu'aux fils (*Sifré*, 114 *a*).
2. La Mischna (*Sanh.*, VIII, 5) exige un jugement du tribunal de 23 membres, dont doivent faire partie les trois personnes qui ont infligé la première punition (flagellation).
3. V. § 202 (note).
4. *Deut.*, XXI, 22.
5. *Ex.*, XXII, 24; *Lév.*, XXV, 36; *Deut.*, XXIII, 20.

267. 26[1]. Ceux qui auront emprunté soit de l'argent, soit des fruits, liquides ou solides, si leurs affaires, grâce à Dieu, marchent à souhait, ils viendront les rendre avec joie à leurs prêteurs, comme s'ils les avaient reçus en dépôt pour mettre avec leur propre bien à
268. charge de les rapporter le jour où l'on en aurait besoin. Mais s'ils négligent impudemment cette restitution, on ne pourra pénétrer dans leur maison[2] pour y saisir un gage avant qu'un jugement n'intervienne à ce sujet, et l'on réclamera le gage du dehors; et le débiteur l'apportera de lui-même sans rien opposer à celui qui
269. vient contre lui avec le secours de la loi. Si celui à qui on a pris le gage est riche, le prêteur en restera nanti jusqu'à la restitution; mais s'il est pauvre[3], le prêteur devra le rendre avant le coucher du soleil, surtout si le gage consiste en un manteau, afin qu'il l'ait pour dormir, Dieu accordant naturellement sa pitié aux
270. pauvres. Mais une meule[4] et tous les ustensiles qu'elle comporte, on n'aura pas le droit de les saisir pour gage, afin que les pauvres ne soient pas privés même de leur gagne-pain[5] et que leur indigence ne leur fasse pas souffrir les pires misères.

271. 27[6]. Celui qui volera un homme sera puni de mort[7]. Quiconque aura dérobé de l'or ou de l'argent en payera le double. Celui qui aura tué un voleur avec effraction ne sera pas puni, même
272. s'il l'a trouvé encore occupé à percer son mur[8]. Celui qui aura

1. *Ex.*, XXII, 25.
2. *Deut.*, XXIV, 10.
3. *Ibid.*, 12.
4. *Ibid.*, 6.
5. La Bible dit : « car c'est la vie qu'il prend en gage ». En parlant de gagne-pain, Josèphe étend la loi implicitement à tout ce qui fait vivre; cf. *Sifré*, 123 *a*; *Baba Mecia*, 115 *a* (Mischna). Philon, II, 333, dit τὰ τοῦ ζῆν ὄργανα, « les instruments de la vie ».
6. *Ex.*, XXI, 16; XXII, 1.
7. Josèphe ne dit pas qu'il y ait de différence entre le vol d'un Israélite ordinaire (crime puni de mort) et le vol d'un enfant ou d'un esclave, distinction qu'on trouve dans la Mischna de *Sanhédrin* (X, 3) et dans Philon, II, M., p. 338.
8. Josèphe ne parle pas du cas prévu par *Ex.*, XXII, 3, « si le soleil luit sur le voleur, etc... », expression que la Halacha (*Sanhédrin*, 72 *a*, fin) prend au figuré comme le *Pseudo-Jonathan* en l'expliquant ainsi : « S'il est clair comme la lumière du jour que cet homme n'avait point d'intentions criminelles contre toi, épargne sa vie », et que Philon explique à la lettre (II, p. 336).

volé[1] une tête de bétail[2] en payera quatre fois le prix comme amende[3], sauf s'il s'agit d'un bœuf; en ce cas, il en payera cinq fois la valeur. Celui qui n'aura pas le moyen de payer l'amende infligée deviendra l'esclave de ceux qui l'ont fait condamner[4].

273. 28[5]. Un Hébreu vendu à un autre Hébreu le servira pendant six ans; la septième année on le laissera libre. Mais si, ayant eu des enfants d'une esclave chez celui qui l'a acheté, il désire continuer à le servir à cause de la bonté et de l'affection qu'il porte aux siens, vienne l'année du jubilé — qui revient tous les cinquante ans — il sera mis en liberté et emmènera ses enfants et sa femme également libres.

29[6]. Si l'on trouve de l'or ou de l'argent en chemin, après avoir
274. cherché celui qui l'a perdu et fait proclamer l'endroit où on l'a trouvé[7], on devra le restituer en estimant que le profit tiré de la perte d'autrui n'est pas honnête. Il en est de même des bêtes qu'on rencontrera errant dans un endroit solitaire; si le maître n'en est pas trouvé sur-le-champ, on devra les garder chez soi, en prenant Dieu à témoin qu'on ne détourne pas le bien d'autrui.

30[8]. Il n'est pas permis de passer outre quand des bêtes de somme,
275. maltraitées par la tempête, sont tombées dans la boue; il faut aider le maître à les secourir et lui prêter son appui comme si on travaillait pour soi.

1. *Ex.*, XXII, 1.
2. Un agneau ou un chevreau (*sé*) selon l'Ecriture. Les LXX sont plus précis que Josèphe; ils traduisent par πρόβατον.
3. Josèphe oublie de dire que cette amende quadruple ou quintuple n'est exigible que si le voleur a immolé ou vendu la bête en question.
4. Cf. *Ant.*, XVI, 1, 1. Philon dit la même chose, II, M., p. 336, ainsi que la Halacha (*Mechilta* sur *Ex.*, XXI, 1). La Bible ne parle de vendre le voleur insolvable qu'à propos du cas d'effraction (*Ex.*, XXII, 3).
5. *Ex.*, XXI, 2; *Deut.*, XV, 12. Josèphe omet de parler de la pratique du poinçon avec lequel on marquait à l'oreille l'esclave qui ne voulait pas quitter son maître au bout des six années (*Ex.*, XXI, 6; *Deut.*, XV, 17).
6. *Deut.*, XXII, 1.
7. Cet usage n'est pas indiqué dans l'Écriture, mais on voit par le Talmud qu'il était pratiqué (*Baba Meçia*, 28 *b*; *Taanit*, 19 *a*). Il y avait même une pierre à Jérusalem où se rendaient celui qui avait trouvé un objet et celui qui l'avait perdu; l'un faisait sa déclaration, l'autre décrivait l'objet.
8. *Deut.*, XXII, 4.

276. 31[1]. Il faut indiquer le chemin à qui l'ignore et éviter, pour le plaisir de rire soi-même, de léser les intérêts d'autrui[2] en l'induisant en erreur.

32. Pareillement il ne faut pas se moquer d'un muet ou d'un idiot.

277. 33[3]. Dans une rixe où l'on n'a pas employé de fer, si quelqu'un est frappé, meurt-il sur-le-champ, il sera vengé par la mise à mort de son meurtrier. Mais si, transporté chez lui, il reste malade pendant quelques jours avant de mourir, l'homme qui l'a frappé ne sera pas puni[4]. S'il recouvre la santé et qu'il ait beaucoup dépensé pour sa guérison, l'autre devra payer tous les frais qu'il aura eus durant le temps où il est resté alité et tout ce qu'il aura donné
278. aux médecins[5]. Celui qui aura donné un coup de pied à une femme enceinte[6], si la femme avorte, sera condamné par les juges à une amende, pour avoir, en détruisant le fruit de ses entrailles, diminué la population, et il payera aussi une amende[7] au mari de cette femme. Si elle meurt du coup[8], lui aussi mourra, car la loi trouve juste de réclamer vie pour vie.

279. 34. Les poisons mortels, ou ceux qu'on fabrique pour d'autres espèces de maléfice, aucun Israélite n'en possédera. Si l'on prend

1. *Lév.*, XIX, 14; *Deut.*, XXVII, 18.

2. Ce précepte est une interprétation très large des deux versets de la Bible cités : on dirait que Josèphe a voulu réfuter d'avance ceux qui, avec Juvénal, accusaient la loi mosaïque d'interdire aux Juifs de montrer le chemin à d'autres qu'à leurs coreligionnaires (Juv., XIV, 103) : *Non monstrare vias eadem nisi sacra colenti*. [T. R.]

3. *Ex.*, XXI, 18.

4. Josèphe a confondu les dispositions des versets 18-19 d'une part et 20-21 de l'autre. La loi n'exempte de peine que le maître qui a frappé un esclave si celui-ci survit quelques jours aux coups. Elle ne dit rien de pareil pour le cas d'un homme libre. [T. R.]

5. Ces développements sont conformes à la Halacha (*Mechilta*, 89 *b*, 90 *a*). Philon (II, p. 317) s'en écarte.

6. *Ex.*, XXI, 22.

7. D'après la Halacha (*Mechilta*, 90 *a*, et *Ps.-Jon.* sur *Ex.*, XXI, 22), le coupable n'a d'amende à payer qu'au mari ; c'est par erreur que Josèphe semble ici supposer deux amendes.

8. Cette explication des mots du texte ואם אסון יהיה est celle de la Halacha et de presque tous les commentateurs. Philon, II, p. 317, entend par le mot *ason* le fœtus déjà tout formé, ἤδη μεμορφωμένον ; de même les LXX : Ἐὰν δὲ ἐξεικονισμένον ᾖ.

quelqu'un à en avoir, il mourra, subissant ainsi le sort qui menaçait ceux à qui le poison était destiné [1].

280. 35 [2]. Quiconque aura estropié quelqu'un subira le même sort : on le privera de ce dont il a privé l'autre, à moins que l'estropié ne veuille accepter de l'argent [3]; c'est à la victime que la loi laisse le droit d'évaluer le dommage qui lui est arrivé; elle fait cette concession, au cas où il ne veut pas se montrer trop sévère.

281. 36 [4]. Quand un bœuf heurte avec ses cornes, son maître doit l'immoler [5]. Si dans une aire il tue quelqu'un en le heurtant, il sera tué lui-même par lapidation, et sa chair ne pourra même servir à la con-

1. Cette loi ne se trouve nulle part dans le Pentateuque. Le seul passage qui ait quelque rapport avec elle est celui d'*Ex.*, XXII, 18 : « une sorcière, tu ne la laisseras pas vivre » (cf. *Deut.*, XVIII, 10, 13). Mais il n'est jamais question de poison. La tradition elle-même ne connaît que les meurtres commis directement (*Sanh.*, 76 *b*, 77 *a*). Une seule baraïta (*Baba Kamma*, 47 *b*, 56 *a*) envisage le cas où l'on aurait donné du poison, mais à une bête. Il est probable que Josèphe a emprunté cette loi à Philon (II, M., p. 315-317), mais en l'aggravant, car Philon ne dit pas que le simple recel de poison entraîne la peine capitale (cf. Ritter, *op. cit.*, p. 28).

2. *Ex.*, XXI, 24; *Lév.*, XXIV, 19.

3. C'est à peu près l'interprétation pharisienne de la loi dite du *talion*, qu'on trouve formulée dans l'Écriture : « œil pour œil, dent pour dent, etc. » La différence entre Josèphe et la tradition (*Baba Kamma*, 83 *b*), c'est que, selon celle-ci, il n'y a même pas d'alternative : la réparation ne saurait consister qu'en une amende et cette amende est fixée, non par l'individu lésé, mais par le tribunal compétent. Philon (voir Ritter, p. 20) semble prendre à la lettre la loi du *talion* : il adopterait donc la doctrine des Sadducéens, dont le code pénal était très rigoureux et conforme, sans doute, à la lettre même de la loi écrite. On sait que ce code fut abrogé sous le règne de la reine Salomé Alexandra (78-69 av. J.-C.) et qu'on fêta l'anniversaire de cette abrogation, le 14 Tamouz (v. *Schol. Meguillat Taanit*, IV).

4. *Ex.*, XXI, 28.

5. L'Écriture ne dit pas cela. D'après le verset 28 du ch. XXI, reproduit, d'ailleurs, par Josèphe, un bœuf heurteur n'est mis à mort qu'au cas où, insuffisamment surveillé, il aurait causé un malheur. Cependant, il y a une opinion talmudique qui ressemble à l'assertion de Josèphe. Dans la Mechilta (93 *a*) et dans *Baba Kamma* (45 *b*), R. Eliézer dit אין לו שמירה אלא סכין « la meilleure surveillance, c'est un couteau »; en d'autres termes, il vaut mieux immoler l'animal dangereux (cf. Josèphe : ἀποσφαττέτω). Les LXX paraissent avoir eu une tradition analogue, car ils traduisent les mots : « s'il ne le surveille pas » (v. 29) par καὶ μὴ ἀφανίσῃ αὐτόν, « et qu'il ne l'ait pas fait disparaître ».

sommation; mais quand le maître même sera convaincu d'avoir connu antérieurement ses instincts et de ne pas l'avoir surveillé, il mourra lui aussi [1], parce qu'il est dès lors responsable de la mort causée
282. par le bœuf. Si c'est un esclave [2] ou une servante que le bœuf a tué, il sera lapidé et le propriétaire du bœuf payera trente sicles au maître de la victime. Si c'est un bœuf [3] qui est tué d'un heurt de ce genre, on vendra et la bête morte et la bête qui a heurté, et les propriétaires se partageront la valeur des deux bêtes [4].

283. 37 [5]. Quand on aura creusé un puits ou une citerne, on prendra soin, en posant des planches par dessus, de les tenir bien clos, non pas pour empêcher qu'on n'y puise de l'eau, mais pour éviter tout
284. danger d'y choir. Si quelqu'un a une fosse de ce genre non close, et qu'une bête y tombe et y périsse, il en payera la valeur au propriétaire. On devra mettre autour des toits [6] une enceinte en forme de mur, pour empêcher qu'on ne fasse une chute mortelle [7].

285. 38 [8]. Quand on aura reçu un dépôt, on devra y veiller comme sur un objet sacré et divin, et nul n'aura l'audace d'en frustrer celui qui le lui aura commis, ni homme, ni femme, même s'il devait en retirer une grande quantité d'or avec l'assurance que nul ne vien-

1. Josèphe ne tient pas compte du verset 30 (ch. XXI) et paraît en contradiction avec la Halacha (*Mechilta*, 93 *a*), qui déclare que le propriétaire du bœuf heurteur encourt seulement le châtiment céleste (*Mita bidè schamaïm*), les mots : « et son propriétaire mourra » ne devant pas être pris à la lettre. Selon Philon (II, M., p. 323), c'est aux juges à déterminer s'il mourra ou devra payer une amende.

2. *Ex.*, XXI, 32.

3. *Ibid.*, 35.

4. D'après le texte de la Bible, il semble qu'on ne partage que le prix du bœuf vivant et que le bœuf mort se partage en nature. Josèphe n'a pas tenu compte non plus du verset 36, qui dispose que, si le maître du bœuf heurteur est en faute, il livrera son animal au maître lésé en gardant pour lui le bœuf mort. [T. R.]

5. *Ex.*, XXI, 33.

6. *Deut.*, XXII, 8.

7. Josèphe s'est peut-être inspiré ici de Philon (II, p. 324) en réunissant comme lui ces deux lois sur les puits et les terrasses des maisons, lesquelles ne se trouvent jointes ensemble ni dans l'Écriture ni dans la tradition (v. Ritter, p. 52).

8. *Ex.*, XXII, 6; cf. *C. Ap.*, II, § 162.

dra le confondre. Car le devoir absolu de chacun, c'est de bien faire, avec le sentiment de sa propre conscience, et, en se contentant de son propre témoignage, d'accomplir tout ce qui peut lui attirer les louanges d'autrui et de songer surtout à Dieu, à qui nul criminel n'échappe. Mais si, sans aucun acte frauduleux, le dépositaire perd le dépôt, il viendra devant les sept juges[1] attester Dieu qu'il n'a rien perdu de son propre gré et criminellement, qu'il n'en a pas pris la moindre parcelle pour son usage, et, ainsi disculpé, il se retirera. Mais s'il a usé de la moindre part de ce qu'on lui a confié et qu'il se trouve ensuite l'avoir perdu, il sera condamné à payer tout le reste de ce qu'il a reçu[2]. De même qu'en cas de dépôt[3], si quelqu'un prive de son salaire ceux qui travaillent de leurs corps, qu'il soit exécré, car il ne faut pas priver de son salaire un homme pauvre, quand on sait qu'au lieu d'un champ ou d'autres possessions, c'est là tout ce que Dieu lui a dispensé. Bien plus, il n'en faut pas différer le payement, mais s'en acquitter le jour même, car Dieu ne veut pas qu'on prive le travailleur de jouir du fruit de son labeur.

39[4]. On ne punira pas les enfants pour la faute des parents, mais eu égard à leur mérite propre, ... on doit plutôt leur témoigner de la pitié de ce qu'ils soient nés de parents pervers que de la haine pour l'indignité de leur extraction[5]. Mais il ne faut pas non plus compter aux pères le péché des fils, parce que les jeunes gens se permettent

1. Voir plus haut, § 214. La Halacha (*Mechilta*, 98 *a*) tire de cette loi sur les dépôts la règle que les affaires d'argent se traitent devant un tribunal de trois juges, ou de cinq, selon l'opinion dissidente de R. Méir. Nulle part il n'est question de sept juges.

2. Cette disposition ressort du verset 10 (ch. XXII). Quant à la loi dans son ensemble, Josèphe la résume sans précision. Il ne semble guère envisager que le cas du dépositaire bénévole (*Schomer hinnam*); la tradition tire des mêmes textes une foule de circonstances et de cas divers (dépositaire salarié, locataire, emprunteur; v. *Mechilta*, p. 97 *a*-100). On trouve chez Philon (II, M., p. 340 sqq.) des développements analogues à ceux de Josèphe sur le caractère sacré du dépôt.

3. *Deut.*, XXIV, 14.

4. *Ibid.*, 16.

5. Le texte paraît profondément altéré. Les mots δὴ ... ἀρετὴν sont peu compréhensibles, et les mots φύντας ἐκ φαύλων sont absolument inutiles. [T. R.]

beaucoup d'infractions à notre discipline, dans leur dédain de se laisser instruire.

290. 40[1]. Il faut éviter les eunuques et fuir tout commerce avec ceux qui se sont privés de leur virilité et du fruit de la génération que Dieu a donné aux hommes afin de multiplier notre espèce. Il faut les chasser comme des meurtriers d'enfants[2], et qui ont de plus
291. anéanti en eux la faculté de les procréer. Il est clair, en effet, que c'est parce que leur âme s'est efféminée, que leur corps a comme changé de sexe. On traitera de même tout ce qui apparaîtra aux regards comme monstrueux. On ne fera point de castrats ni parmi les hommes, ni parmi les autres animaux[3].

292. 41. Telle sera pour vous en temps de paix la constitution légale de votre État, et Dieu dans sa bonté fera que l'harmonie n'en sera pas troublée. Qu'aucune époque n'y vienne rien changer en établis-
293. sant le contraire à sa place. Mais comme nécessairement le genre humain est précipité dans des troubles et des périls soit involontaires, soit prémédités, il faut bien que sur ce sujet j'établisse encore quelques brèves ordonnances, pour que, prévenus de la conduite à observer, vous ayez, quand il le faudra, tous les moyens de vous sauver, et pour éviter, qu'à ces moments, en cherchant quelle conduite suivre, vous ne tombiez désarmés à la merci des circonstances.

294. Cette contrée que vous avez reçue de Dieu, insoucieux des fatigues et l'âme formée au courage, puisse-t-il en rendre l'occupation paisible à ses conquérants, sans que des étrangers marchent contre elle pour la dévaster, et sans que vous soyez aux prises avec les
295. discordes intestines, qui vous entraîneraient à une conduite opposée

1. *Deut.*, XXIII, 2.

2. Cette idée est exprimée également dans le Talmud, mais à propos du célibat des hommes. R. Eliézer dit (*Yebamot*, 63 *a*) : « Tout Juif qui ne se conforme pas au précepte : « Croissez et multipliez-vous » ressemble à un meurtrier. » Cf. aussi *Nidda*, 13 *a*.

3. Il est singulier que Strabon dans plusieurs textes (XIV, 2, 37 ; XVI, 4, 9 ; XVII, 2, 5) attribue, au contraire, aux Juifs la pratique de l'ἐκτομή, appliquée, il est vrai, selon lui, aux femmes (cp. *Textes relatifs au judaïsme*, p. 102). Il est, d'ailleurs, peu croyable que la castration n'ait pas été permise à l'égard des espèces ovine et bovine. [T. R.]

à celle de vos pères et à détruire les institutions qu'ils ont établies. Puissiez-vous observer sans cesse les lois que Dieu vous transmet après en avoir éprouvé la bonté. Mais s'il advient que vous ayez une guerre à entreprendre, soit vous actuellement, soit plus tard vos
6. enfants, puisse cette guerre se faire hors de vos frontières. Quand vous serez sur le point de guerroyer[1], envoyez une ambassade et des hérauts aux ennemis qui prennent l'offensive; car, avant de prendre les armes, il est bon d'entrer en pourparlers avec eux, de leur représenter que, bien que munis d'une grande armée, de cavaliers et d'armes, et avant tout forts de la bienveillance de Dieu et de son appui, vous aimez mieux cependant ne pas être contraints
7. de leur faire la guerre et, en leur enlevant leurs biens, tirer d'eux encore un profit involontaire. S'ils se laissent convaincre, il convient que vous respectiez la paix; mais si, confiants en leur supériorité, ils prétendent vous nuire, conduisez une armée contre eux en prenant Dieu pour chef suprême, et en élisant pour commander sous lui l'homme que ses mérites auront distingué; car la pluralité des chefs, outre qu'elle est un obstacle à ceux qui ont à agir
8. avec promptitude, est de nature à nuire même à ceux qui la pratiquent. Il faut conduire une armée choisie[2], faite de tous ceux qui se distinguent par leur vigueur corporelle et la hardiesse de leur âme, en rejeter l'élément lâche, de peur qu'en pleine affaire il ne se mette à fuir à l'avantage des ennemis. Et tous ceux qui viennent d'inaugurer[3] une maison, et qui n'ont pu en jouir encore pendant la durée d'un an, ceux qui ont planté sans avoir encore recueilli de fruits, il faut les laisser au pays, ainsi que les fiancés et les jeunes mariés[4], de peur que le regret de tout cela, en leur faisant ménager leur vie et se garder eux-mêmes pour en
9. jouir encore, ne les amène à se laisser battre volontairement.

12[5]. Quand vous établirez votre camp, veillez à ne rien commet-

1. *Deut.*, xx, 10.
2. *Ibid.*, 3.
3. *Ibid.*, 5.
4. *Ibid.*, xxiv, 5.
5. *Ibid.*, xx, 19.

tre de trop odieux. Pendant le siège d'une ville, si vous êtes en peine de bois pour la fabrication de vos machines, ne tondez pas le sol en coupant les arbres domestiques; épargnez-les, au contraire, en songeant que c'est pour rendre service aux hommes qu'ils sont créés et que, s'ils étaient doués de la voix, ils plaideraient leur cause auprès de vous, et diraient qu'ils ne sont point responsables de la guerre, qu'on les maltraite indûment et que, s'ils en avaient le pouvoir, ils émigreraient et passeraient dans un autre pays. Après avoir
300. gagné la bataille, tuez ceux qui vous ont résisté[1]; les autres, laissez-les en vie pour qu'ils vous payent tribut, excepté le peuple des Chananéens; ceux-là, il faut les anéantir entièrement[2].

301. 43[3]. Prenez garde, surtout pendant la guerre[4], qu'aucune femme ne prenne de vêtement d'homme, et qu'aucun homme ne s'habille en femme.

302. 44. Telle est la constitution que Moïse laissa; il transmit aussi les lois qu'il avait écrites quarante ans auparavant et dont nous parlerons dans un autre livre[5]. Les jours suivants[6], — car on tenait continuellement assemblée, — il leur adresse des bénédictions et prononce des malédictions contre ceux qui ne vivraient pas selon les lois, mais transgresseraient les prescriptions qu'elles renferment.
303. Ensuite il leur lut un poème en vers hexamètres[7] qu'il a laissé dans le livre saint, et qui contient une prédiction des événements futurs selon laquelle tout s'est réalisé et se réalise encore, car il n'a

1. Josèphe laisse de côté les prescriptions relatives aux Ammonites, Moabites, Iduméens ou Égyptiens (*Deut.*, XXIII, 4-10).

2. *Deut.*, XX, 13.

3. *Ibid.*, XXII, 5.

4. Ces mots ne sont pas dans l'Écriture; mais ils rappellent une opinion rabbinique (*Mechilta*, p. 115 *b*; *Nazir*, 59 *a*) : R. Eliézer ben Yakob (Ier siècle de l'ère chr.) se demande d'où vient qu'une femme ne doit pas porter d'armes, ni aller à la guerre; il trouve le fondement de cet usage dans les mots : « une femme ne portera point d'attirail viril », le mot *keli* pouvant signifier des armes aussi bien que des vêtements.

5. Voir supra *Ant.*, III, 8, 10, § 223, et note.

6. *Deut.*, XXVIII, (1-68).

7. *Ibid.*, XXXI, 30-XXXII, 1-42. Cf. *Ant.*, II, § 346. Il serait téméraire de conclure de cet anachronisme que Josèphe connaissait des traductions en hexamètres grecs de ces passages poétiques.

304. rien dit qui ne soit conforme à la vérité. Tous ces livres, il les remet aux prêtres[1] ainsi que l'arche où il avait placé aussi les dix paroles gravées sur deux tables, et le tabernacle. Et il recommande au peuple[2], une fois qu'il se sera emparé du pays et qu'il s'y sera installé, de ne pas oublier l'injure des Amalécites et de diriger une expédition contre eux pour tirer vengeance du mal qu'ils leur avaient
305. fait quand ils se trouvaient dans le désert. Après avoir conquis de vive force le pays des Chananéens[3] et détruit toute sa population comme il convenait, ils érigeront l'autel en le tournant du côté du soleil levant non loin de la ville des Sichémites (Sikimites) entre deux monts[4], le Garizéen[5] à droite et celui qu'on appelle Gibalon[6] à gauche, et l'armée, divisée en deux portions de six tribus chaque, se portera sur ces deux monts et avec eux les Lévites
306. et les prêtres. Et tout d'abord, ceux qui seront sur le mont Garizin feront les souhaits les plus heureux pour ceux qui marqueront du zèle dans le culte de Dieu et l'observation des lois et qui ne rejetteront pas les prescriptions de Moïse; puis les autres tribus leur répondront par des murmures favorables, et quand celles-là feront des
307. vœux à leur tour, les premières approuveront. Ensuite, dans le même ordre, elles lanceront des malédictions contre ceux qui transgresseront les lois, en s'acclamant mutuellement pour sanctionner leurs
308. paroles. Il mit lui-même par écrit les bénédictions et les malédictions, de manière que jamais le temps n'en abolît l'enseignement, et il finit par les inscrire sur l'autel de chaque côté, et ordonna que le peuple (à cette occasion) s'en approchât pour y offrir des sacrifices et des holocaustes, mais après ce jour-là de ne plus y apporter aucune victime, car ce n'était pas conforme à la loi[7]. Voilà

1. *Deut.*, XXXI, 9.
2. *Ibid.*, XXV, 17.
3. *Ibid.*, XXVII, 1, 4; *Josué*, VIII, 30.
4. *Deut.*, XXVII, 12.
5. Héb. : Gerizim; LXX : Γαριζίν.
6. Héb. : Ebal; LXX : Γαιβάλ.
7. D'après Josèphe, Moïse inscrit lui-même les bénédictions et malédictions sur l'autel. D'après l'Écriture (*Deut.*, XXVII, 3), c'est le peuple qui doit graver, non ses paroles, mais les lois sur l'autel de l'Ebal. On peut soupçonner que le texte est altéré. Quant aux sacrifices et holocaustes, ils sont bien mentionnés

ce que Moïse institua et la nation des Hébreux continue d'agir conformément à ces préceptes.

309. 45[1]. Le lendemain, après avoir convoqué le peuple, y compris
les femmes et les enfants, à une assemblée où il voulut même que
les esclaves fussent présents, il leur fit jurer d'avoir toujours le respect des lois, et, en se rendant compte exactement de la pensée divine, de ne jamais les transgresser, ni en faisant des concessions il-
licites en faveur de la parenté, ni en cédant à la crainte, ni en s'i-
maginant qu'une autre raison quelconque pût être plus impérieuse
310. que le respect des lois; que si quelqu'un[2] de leur sang ou même une
ville tentait de bouleverser et de dissoudre les institutions de leur
État, il faudrait les combattre d'un commun accord et chacun pour
son compte, et, une fois vainqueurs, les exterminer complètement et
ne pas laisser même de vestige de leur égarement, s'il était possible ; mais s'ils n'étaient pas assez forts pour leur infliger une punition, ils témoigneraient par leur résistance même que tout s'était
passé sans leur aveu[3].

311. 46[4]. Le peuple prêta serment et il leur enseigna comment leurs
sacrifices seraient le plus agréables à Dieu et comment les troupes
se mettraient en campagne en consultant les pierres, comme je l'ai
indiqué précédemment[5]. Et Josué prophétisa aussi en présence de
312. Moïse. Puis énumérant[6] tous les efforts qu'il avait faits pour le salut du peuple dans la guerre et dans la paix, en composant des lois
et en donnant une constitution bien ordonnée, Moïse prédit, selon
313. ce que lui inspirait la divinité, que, s'ils violaient son culte, ils
éprouveraient des malheurs, comme l'envahissement de leur pays

(*Josué*, VIII, 31 et *Deut.*, XXVII, 7), mais il n'est nullement question d'une interdiction de sacrifices futurs : cette interdiction n'aurait pas eu de raison d'être, puisque le temple n'était pas encore bâti. Josèphe est ici plus loyaliste que la loi. [T. R.]

1. *Deut.*, XXIX, 1.
2. *Ibid.*, XIII, 7, 13.
3. Ces derniers mots, qui ne correspondent à rien dans la Bible, paraissent incompréhensibles. Il faudrait, en tous cas, écrire αὐτὸ τοῦτο τὸ... [T. R.]
4. *Nomb.*, XXVIII, 1.
5. *Ant.*, III, 8, 9, § 216.
6. *Deut.*, XXVIII, *passim* ; XXX, 17.

par les armes ennemies et la destruction de leurs villes et l'embrasement du temple; qu'ils seraient vendus comme esclaves à des gens qui n'auraient nulle pitié de leurs infortunes, et que leur
314. repentir ne leur servirait à rien dans ces souffrances. « Dieu, cependant, dit-il, qui a fondé votre empire, rendra les villes à leurs habitants ainsi que le temple[1]. Mais il arrivera qu'ils les perdront non pas une fois, mais bien souvent. »

315. 47[2]. Après avoir exhorté Josué à conduire une expédition contre les Chananéens, Dieu devant l'assister dans ses entreprises, et après avoir adressé de bonnes paroles à tout le peuple : « Comme, dit-il, je m'en vais retrouver nos ancêtres et que c'est aujourd'hui que
316. Dieu a décidé que je les rejoindrai, encore vivant et à vos côtés je déclare[3] que je lui sais gré de la vigilance qu'il vous a témoignée non seulement en vous délivrant de vos maux, mais en vous comblant des plus grands bienfaits, et puis de ce que, dans mes efforts et dans toutes les préoccupations où me jetait le souci d'améliorer votre condition, il m'a prêté assistance, et s'est montré propice à vous
317. tous. Que dis-je? c'était plutôt lui qui vous prenait sous sa direction et vous donnait le succès ; je ne lui servais que de subalterne et de
318. ministre des bienfaits dont il voulait favoriser notre nation. En retour, j'ai pensé qu'il convenait, en m'en allant, d'exalter là puissance de Dieu qui prendra encore soin de vous dans l'avenir, en lui témoignant moi-même cette reconnaissance qui lui est due, et en laissant dans votre souvenir la pensée qu'il vous appartient de le vénérer et de l'honorer et d'observer les lois, ce don le plus précieux de tout ce qu'il vous a accordé et de ce que, dans sa perma-
319. nente bonté, il vous accordera encore ; car si c'est déjà un terrible ennemi qu'un législateur humain quand ses lois sont violées et demeurent sans effet, lorsqu'il s'agit de Dieu, prenez garde d'éprouver son indignation pour ses lois négligées, ces lois qu'il a créées et vous a données lui-même. »

1. Josèphe a ajouté la conclusion renfermée dans ce dernier paragraphe, et qui échappait nécessairement au rédacteur du *Deutéronome*. [T. R.]
2. *Deut.*, XXXI, 7.
3. *Ibid.*, XXXII, *passim*.

320. 48[1]. Quand Moïse eut ainsi parlé au terme de sa vie et, au milieu de bénédictions, prophétisé l'avenir de chacune des tribus, la foule fondit en larmes, si bien que les femmes même, se frappant la poitrine, manifestaient la douleur que leur causait sa mort prochaine. Et les enfants, plus éplorés encore, car ils étaient trop faibles pour surmonter leur chagrin, témoignaient qu'ils avaient conscience, plus qu'on ne fait à leur âge, de ses vertus et de la grandeur de son
321. œuvre. Quant aux jeunes gens et aux hommes d'un âge avancé, qui réfléchissaient, c'était à qui s'affligerait davantage. Les uns, sachant de quel guide ils étaient privés, se lamentaient, en songeant à l'avenir; pour les autres, outre ce motif-là, ce qui les affligeait, c'est que, avant d'avoir pu apprécier convenablement ses mérites, ils
322. allaient être abandonnés par lui. Cette extraordinaire explosion de pleurs et de gémissements parmi le peuple, on en trouverait un témoignage dans ce qui advint au législateur. Lui qui, de tout temps, avait eu la conviction qu'il ne fallait pas s'attrister quand approchait la fin, parce qu'on subissait ce sort selon la volonté de Dieu et la loi de la nature, cependant la conduite du peuple lui arracha des larmes. Tandis qu'il s'avançait vers l'endroit d'où il allait dispa-
323. raître[2], tout le monde le suivait en larmes. Moïse, d'un signe de la main, ordonnait à ceux qui étaient loin de demeurer en repos, et
324. exhortait ceux qui étaient plus près de lui, leur disant de ne pas lui faire un départ plein de larmes en suivant ses pas. Ceux-ci, se décidant à lui céder encore sur ce point, à lui permettre de quitter la vie à sa guise, s'arrêtent en pleurant ensemble. Seuls les Anciens l'accompagnèrent ainsi qu'Éléazar, le grand-prêtre, et Josué, le
325. chef de l'armée. Mais lorsqu'il arriva sur la montagne qu'on appelle Abaris[3], — c'est une hauteur située en face de Jéricho, qui permet d'apercevoir, quand on l'a gravie, la plus belle contrée des Chana-
326. néens sur une large étendue, — il congédia les Anciens. Et pendant qu'il embrasse Éléazar et Josué et qu'il s'entretient encore avec eux[4],

1. *Deut.*, XXXIII, 1.
2. *Ibid.*, XXXIV, 1.
3. Héb. : Abarim. Josèphe ne mentionne pas le mont Nebo, qui est donné (*Deut.*, XXXIV, 1) comme l'endroit précis où Moïse mourut.
4. *Deut.*, XXXIV, 5.

une nuée soudain s'étant posée sur lui, il disparaît dans un ravin[1].
Mais il a écrit lui-même dans les Livres saints qu'il était mort[2], de
crainte que, par excès d'affection pour lui, on n'osât prétendre qu'il
était allé rejoindre la divinité.
327. 49[3]. Il vécut en tout cent vingt ans; il fut au pouvoir pendant tout
le dernier tiers de sa vie, à un mois près. Il mourut dans le dernier mois de l'année, celui que les Macédoniens appellent Dystros,
328. et nous Adar[4], à la néoménie, après avoir surpassé par son intelligence
tout ce qu'il y a jamais eu d'hommes, et fait un usage excellent du
fruit de ses méditations. Il sut plaire au peuple dans ses discours et
329. ses entretiens avec lui par bien des qualités, et notamment parce
qu'il était si maître de ses passions, qu'il semblait qu'il n'y avait
place pour aucune d'elles en son âme, et qu'il n'en connût le nom
que parce qu'il les apercevait chez les autres plutôt que chez lui. Ce
fut un chef d'armée comme il y en eut peu, et un prophète comme il
n'y en eut pas d'autre, et tel que dans tout ce qu'il disait on croyait
entendre parler Dieu lui-même. Le peuple le pleura pendant trente
jours et aucun deuil n'accabla les Hébreux aussi fortement que ce-

1. Le verset dit : « Et il l'enterra dans la vallée ». Le mot *Gaï* est considéré par les LXX comme un nom propre. Josèphe semble l'avoir traduit par le mot φάραγξ.

2. La tradition discute la question de savoir si Moïse a écrit ou non le récit de sa mort, alors que tout le reste du Pentateuque est de sa main. Dans le *Sifré* sur *Deut.*, XXXIV, 5, l'un des opinants (anonyme) dit que les huit derniers versets du *Deutéronome* ont été écrits par Josué; R. Méir (Tanna du IIe siècle) pense, au contraire, en se fondant sur *Deut.*, XXXI, 24, que Moïse écrivit toute la Tora sous la dictée de Dieu, y compris le récit de sa mort, comme Baruch écrivit sous la dictée de Jérémie (*Jérémie*, XXXVI, 4). Dans la célèbre baraïta de *Baba Batra*, 15 *a* (*Menahot*, 30 *a*), R. Juda ou, selon une autre version, R. Néhémia (fin du IIe siècle) déclare que les huit derniers versets du *Deutéronome* sont de Josué; mais R. Siméon (ben Yohaï) réplique : « Est-il possible qu'il manquât une lettre à la Tora? Moïse a tout écrit sous la dictée de Dieu, même le récit de sa mort, qu'il a écrit en pleurant. » L'opinion de Josèphe, abstraction faite de son caractère rationaliste, rappelle, comme on voit, cette tradition, retenue par R. Méir et plus tard par R. Siméon ben Yohaï, à savoir que le Pentateuque était intégralement l'œuvre de Moïse. Philon dit aussi que Moïse a écrit prophétiquement le récit de sa mort (*De vita Mos.*, III, 39).

3. *Deut.*, XXXIV, 7.

4. La tradition date également la mort de Moïse du mois d'Adar, mais du 7 de ce mois (*Kiddouschin*, 38 *a*; *Meguilla*, 13 *b*).

330. lui qui suivit la mort de Moïse. Il ne fut pas seulement regretté de ceux qui l'avait connu à l'épreuve, mais tous ceux qui prenaient connaissance de ses lois ont ressenti de vifs regrets de lui, parce qu'elles leur faisaient concevoir toute l'excellence de ses vertus.

Voilà ce que nous avons cru devoir relater touchant la fin de Moïse.

LIVRE V

CHAPITRE PREMIER

1. *Josué envoie des espions à Jéricho et se prépare à franchir le Jourdain.* — 2. *Aventure des explorateurs chez Rahab.* — 3. *Passage du Jourdain à gué.* — 4. *Érection d'un autel et célébration de la Pâque.* — 5. *Préparatifs de la conquête de Jéricho.* — 6. *Écroulement des murs de Jéricho.* — 7. *Massacre des habitants, à l'exception de Rahab.* — 8. *Destruction de Jéricho et imprécations de Josué.* — 9. *Consécration à Dieu du butin.* — 10. *Objets détournés par Achan.* — 11. *Josué à Guilgal.* — 12. *Échec devant Aï; découragement de l'armée.* — 13. *Prière de Josué.* — 14. *Découverte du sacrilège commis par Achan; mort de ce dernier.* — 15. *Conquête d'Aï.* — 16. *Ruse des Gabaonites, qui obtiennent l'alliance de Josué.* — 17. *Josué les défend contre les rois chananéens.* — 18. *Victoires de Josué sur les Chananéens et les Philistins.* — 19. *Érection du tabernacle à Silo et cérémonie des imprécations à Sichem.* — 20. *Josué convoque une assemblée à Silo et fait un discours au peuple.* — 21. *Il envoie dix hommes pour mesurer les dimensions du pays.* — 22. *Partage du pays entre les neuf tribus et demie.* — 23. *Attribution antérieure de l'Amoritide.* — 24. *Villes lévitiques et de refuge; partage du butin.* — 25. *Josué congédie amicalement les deux tribus et demie.* — 26. *Érection par elles d'un autel sur l'autre rive du Jourdain; émoi des Israélites; discours de Phinéès.* — 27. *Les tribus transjordaniques pro-*

testent de leur fidélité aux lois communes. — 28 *Discours de Josué avant sa mort.* — 29. *Mort de Josué et d'Éléazar.*

1. 1 [1]. Moïse ayant été enlevé du milieu des hommes de la façon qu'on vient de dire, Josué, dès que tous les rites légaux furent accomplis à son égard et que le deuil eut pris fin, avertit le peuple de
2. se tenir prêt à entrer en campagne. Il envoie [2] des espions à Jéricho, chargés de reconnaître les forces des habitants et leurs dispositions. De son côté, il passa en revue son armée pour traverser en temps
3. opportun le Jourdain. Ayant convoqué les chefs de la tribu de Roubel et ceux qui étaient à la tête des tribus de Gad et de Manassé [3], — car on avait permis aussi à la moitié de cette tribu d'habiter l'Amorée, qui forme la septième partie [4] du pays des Chananéens, —
4. il leur rappela ce qu'ils avaient promis à Moïse, et les exhorta, par reconnaissance pour la providence dont il n'avait cessé, même au moment de mourir, de les entourer, ainsi qu'au nom de l'intérêt commun, de se montrer empressés à exécuter ses ordres. Ceux-ci le suivent, et avec cinquante mille hoplites [5], partant d'Abila [6], il s'avança de soixante stades vers le Jourdain.
5. 2 [7]. Il venait d'établir son camp, lorsque reparurent les espions, à qui rien n'avait échappé de la situation des Chananéens. Inconnus, en effet, au commencement, ils avaient examiné la ville entière [8] en sécurité, observé où les remparts étaient solides et où ils offraient un abri moins sûr aux habitants, et quelles étaient les portes qui pourraient, grâce à leur peu de solidité, faciliter l'entrée

1. *Josué*, I, 11.
2. *Ibid.*, II, 1.
3. *Ibid.*, I, 12.
4. Josèphe le déduit apparemment de la mention des « sept peuplades » qui habitaient Chanaan et qui sont énumérées dans *Deut.*, VII, 1 et *Jos.*, III, 10. Comme l'Amorrhéen fait partie des sept, Josèphe en conclut que l'Amoritide forme la septième partie du pays entier. Voir aussi *infra*, § 88-89.
5. Héb. et LXX : 40.000 (*Jos.*, IV, 13).
6. Cf. *Ant.*, IV, § 176 et note.
7. *Jos.*, II, 1.
8. Jéricho.

6. à leur armée. Les gens qu'ils rencontraient ne se souciaient pas de
leur inspection, attribuant à la curiosité habituelle aux étrangers
cette application à étudier par le menu tout ce qu'il y avait dans
7. la ville, et nullement à une pensée hostile. Mais quand, le soir venu,
ils se furent retirés dans une auberge[1] à proximité des remparts,
où ils avaient déjà été conduits pour y manger, et qu'ils ne son-
8. geaient plus désormais qu'au départ, on dénonça au roi, pendant
qu'il dînait, la présence d'individus venus du camp des Hébreux
pour explorer la ville et qui se trouvaient dans l'auberge de Rahab
(Rachabé)[2], extrêmement préoccupés de passer inaperçus. Celui-ci
envoya immédiatement des hommes vers eux avec l'ordre de les
surprendre et de les amener, afin qu'on leur appliquât la torture,
9. et qu'il sût ainsi dans quelle intention ils étaient venus. Quand
Rahab apprend leur arrivée, — elle était en train de faire sécher
des brassées de lin sur le toit, — elle y cache les espions et
dit aux envoyés du roi que quelques étrangers inconnus, un peu
avant le coucher du soleil, s'étaient restaurés chez elle et puis
l'avaient quittée ; que, s'ils paraissaient à redouter pour la ville ou
s'ils étaient venus mettre le roi en danger, on n'aurait pas de peine
10. à s'emparer d'eux en se mettant à leur poursuite. Ces hommes,
ainsi trompés par la femme, s'en retournèrent sans soupçonner
aucune ruse, sans même fouiller l'auberge. Mais comme, après
s'être jetés sur les chemins par où il paraissait le plus vraisemblable
que les autres avaient fui, en particulier sur ceux qui conduisaient
au fleuve, ils ne trouvèrent aucune trace, ils cessèrent de se donner
11. tout ce mal. Le tumulte apaisé, Rahab, ayant fait descendre les espions et leur ayant dit le danger qu'elle avait affronté pour leur salut, — car, si on l'avait prise à les cacher, elle n'eût pas échappé à la
vengeance du roi, elle et toute sa maison auraient péri misérable-

1. L'Écriture emploie pour désigner Rahab le mot *zona*, c'est-à-dire courtisane (racine זנה); les LXX comprennent de même, puisqu'ils traduisent par πόρνη. Josèphe suit l'exégèse palestinienne et comprend le mot de *zona* comme le Targoum (sur *Josué*, II, 1), qui emploie l'expression de *poundekita*, « aubergiste », simple transcription araméenne du grec πανδόκισσα. Sur l'origine de cette interprétation, voir *Ant.*, III, § 276 et note.

2. Héb. : Raḥab ; LXX : Ῥαάβ.

12. ment — elle les conjure d'en garder le souvenir, une fois que, devenus maîtres du pays des Chananéens, ils pourraient la récompenser
de leur avoir à l'instant sauvé la vie, et elle les invita à rentrer
chez eux après avoir fait le serment de la préserver, elle et tous
ses biens, lorsque, la ville prise, ils détruiraient tous ses habitants
comme leurs compatriotes l'avaient décrété ; cela, elle le savait
13. par certains signes [1] que lui avait envoyés Dieu. Eux se déclarent
reconnaissants pour le présent et ils lui jurent que dans l'avenir ils
lui rendront réellement bienfait pour bienfait ; quand elle verrait
la ville sur le point d'être prise, ils lui conseillent de retirer
ses biens et tous ses proches dans l'auberge et de les y enfermer, et
14. de tendre devant ses portes [2] des étoffes écarlates [3], afin que, reconnaissant la maison, leur général prît garde de lui porter préjudice.
« Car nous la lui indiquerons, dirent-ils, en faveur de ton empressement à nous sauver. Que si quelqu'un des tiens tombe dans le
combat, ne nous en rends pas responsables, et ce Dieu, par qui nous
avons juré, nous le supplions de ne point s'irriter contre nous
15. comme si nous avions violé nos serments. » Ces conventions établies, ils partirent en se faisant descendre par la muraille au moyen
d'une corde et, revenus sains et saufs chez leurs frères, ils leur
racontèrent ce qu'ils avaient été faire dans la ville. Alors Josué
informe le grand-prêtre Éléazar et les Anciens de ce que les espions
avaient juré à Rahab, et ceux-ci ratifièrent le serment.
16. 3. Comme l'armée appréhendait de passer le fleuve, qui avait un
fort courant et qu'on ne pouvait franchir sur des ponts, — car on
n'en avait point encore construit et, voulût-on en jeter, les ennemis, croyaient-ils, ne leur en laisseraient pas le loisir, — comme,
de plus, il n'y avait point de barques, Dieu leur promit de leur ren-
17. dre le fleuve guéable, en diminuant l'abondance de son cours [4]. Et
Josué, après deux jours d'attente, fit passer l'armée ainsi que tout

1. Dans la Bible, il n'est pas question de ces signes.
2. A la fenêtre, d'après la Bible (*Jos.*, II, 18).
3. Josèphe paraît avoir vu un pluriel dans le mot תקות (v. 21).
4. Josèphe, comme d'habitude dans le récit des faits miraculeux de l'Écriture, en atténue l'aspect surnaturel. Le fleuve ne se divise pas complètement comme dans *Josué* ; le débit des eaux seulement devient assez faible pour qu'on puisse traverser sans danger.

le peuple de la façon suivante[1] : venaient en tête les prêtres portant
l'arche, puis, derrière eux, les Lévites avec le tabernacle et les
ustensiles destinés au service des sacrifices; enfin, derrière les Lévites, suivait tout le peuple, tribu par tribu, les enfants et les femmes
au milieu, de crainte qu'ils ne fussent entraînés par la violence du
18. courant. Quand les prêtres, entrés les premiers, s'aperçurent que le
fleuve était guéable, — la profondeur avait diminué et les cailloux,
que le courant n'était pas assez abondant ni assez rapide pour
entraîner avec force, restaient en place comme un plancher solide, —
tous alors traversèrent hardiment le fleuve, qu'ils trouvaient tel que
19. Dieu le leur avait prédit. Mais les prêtres s'arrêtèrent au milieu[2] jusqu'à ce que le peuple eût passé et fût parvenu en lieu sûr. Quand tout
le monde eut traversé, les prêtres sortirent à leur tour, laissant
les eaux reprendre librement leur cours accoutumé. Et le fleuve,
sitôt que les Hébreux l'eurent quitté, s'enfla et reprit ses proportions
naturelles.
20. 4[3]. Ceux-ci, après s'être avancés de cinquante stades, installent
leur camp à dix stades de Jéricho. Et Josué, avec les pierres que
chaque phylarque avait prises dans le lit du fleuve sur l'ordre du
prophète, érigea un autel, pour témoigner à l'avenir du refoulement
des eaux, et y sacrifia à Dieu, puis ils célébrèrent la Pâque[4] (Phasca)
dans cet endroit, tout ce dont ils avaient manqué précédemment
21. leur étant fourni maintenant en abondance. En effet, comme les moissons des Chananéens étaient déjà mûres, on les récolta et on fit un
grand butin de tout le reste; ce fut alors aussi qu'ils perdirent la
nourriture de la manne dont ils avaient joui pendant quarante ans.
22. 5[5]. Comme, pendant ces opérations des Israélites, les Chananéens ne faisaient point de sortie, mais demeuraient en repos à
l'abri de leurs murs, Josué résolut de les assiéger. Et, le premier jour
de la fête[6], les prêtres portant l'arche, — qu'entouraient en cercle

1. *Jos.*, III, 2.
2. *Ibid.*, III, 17; IV, 17.
3. *Ibid.*, IV, 1.
4. *Ibid.*, V, 10.
5. *Ibid.*, VI, 1.
6. De Pâque dont il vient d'être question. Mais ni l'Écriture ni la tradition

23. une partie des hoplites afin de la protéger, tandis que d'autres (prêtres[1])
marchaient en avant en sonnant de leurs sept cornes, — les prêtres
exhortent l'armée à la vaillance et font le tour des murailles, escortés
aussi des Anciens. Après ces seules sonneries des prêtres, — car
24. on ne fit rien de plus, — on rentra au camp. Et quand on eut recommencé pendant six jours, le septième, Josué, ayant rassemblé les
hommes d'armes et tout le peuple, leur annonça l'heureuse nouvelle
que la ville serait prise; ce même jour Dieu la leur livrerait, les murs
25. devant s'écrouler d'eux-mêmes, et sans leur coûter aucun effort. Cependant il leur recommanda de tuer tous ceux qu'ils prendraient,
sans s'arrêter par fatigue de massacrer leurs ennemis, sans céder à
la pitié pour les épargner et sans leur permettre de s'enfuir tandis
26. qu'ils seraient occupés au pillage; mais ils devaient anéantir tous
les êtres animés sans en rien distraire pour leur usage personnel.
En revanche, tout ce qu'il y aurait en fait d'or et d'argent[2], il leur
ordonna de l'emporter et de le conserver pour Dieu comme prémices
choisies de leurs succès, prises à la première ville conquise; on ne
devait laisser la vie qu'à Rahab et à sa famille, en vertu des serments
qui lui avaient été faits par les espions.

27. 6[3]. Cela dit, il rangea son armée et la conduisit vers la ville. On
fit derechef le tour de la ville, sous la conduite de l'arche et des
prêtres, qui, au son des cornes, excitaient les troupes à l'action. Et
quand ils en eurent fait sept fois le tour et se furent arrêtés quelque temps, la muraille s'écroula, sans que les Hébreux y eussent
appliqué aucune machine, ni aucun effort.

28. 7. Ceux-ci, ayant pénétré dans Jéricho, massacrèrent tous les
habitants, que le miraculeux effondrement de la muraille avait
frappés de stupeur et mis hors d'état de songer à se défendre. Ils
périrent donc, égorgés dans les rues ou surpris dans les maisons.

ne placent la prise de Jéricho pendant la Pâque. Josèphe a imaginé un rapport ingénieux entre les 7 jours de sonnerie mentionnés par la Bible et la durée de la fête de Pâque.

1. Le texte est profondément altéré. Nous traduisons d'après l'Écriture.

2. Josèphe oublie de mentionner ici l'airain et le fer (*Jos.*, VII, 19), quoique plus loin (§ 32) il fasse au moins mention de l'airain.

3. *Jos.*, VI, 15.

Rien ne put les préserver : tous succombèrent jusqu'aux femmes et aux enfants. La ville était pleine de cadavres et rien n'échappa. La ville elle-même, on l'incendia tout entière ainsi que la contrée.
30. Quant à Rahab avec ses parents qui s'étaient réfugiés ensemble dans l'auberge, les espions les sauvèrent, et Josué, devant qui l'on amena Rahab, déclara lui avoir de la reconnaissance du salut des espions et lui dit qu'en la récompensant il ne se montrerait pas au-dessous d'un tel bienfait. Il lui fait don aussitôt de champs et lui témoigne toute considération.

31. 8. Quant à la ville, tout ce que le feu avait épargné, il le démolit, et, contre ceux qui l'habiteraient, si un jour il se trouvait quelqu'un qui voulût la relever de ses ruines, il prononça des malédictions[1] : celui qui jetterait les fondements de ses murs serait privé de l'aîné de ses enfants et, quand il les aurait achevés, il perdrait le plus jeune. Cette malédiction, la divinité ne la négligea point; plus tard nous dirons[2] quel malheur elle amena.

32. 9. Grâce à la prise de la ville, on amasse une immense quantité d'argent et d'or et aussi de cuivre : personne ne viola les décrets et ne déroba rien pour son avantage personnel; on s'en abstint comme d'objets d'avance consacrés à Dieu. Et Josué les remit aux prêtres pour les déposer dans les trésors.

33. 10[3]. C'est ainsi que Jéricho périt. Mais un certain Achar(os), fils de Zébédée[4], de la tribu de Juda, ayant trouvé un manteau royal tout tissé d'or et un gâteau d'or du poids de deux cents sicles[5], et estimant qu'il était dur de s'interdire à soi-même la jouissance d'un profit gagné au prix d'un danger et de le porter à Dieu, qui n'en avait pas besoin, creuse un trou profond dans sa tente et y enfouit son

1. *Jos.*, VI, 26; cf. I *Rois*, XVI, 34.
2. Josèphe oubliera cependant d'en parler dans l'histoire d'Achab (*Ant.*, VIII, 13 et suiv.), à moins qu'il n'y ait à cet endroit une lacune.
3. *Jos.*, VII, 1.
4. Héb. : Achan, fils de Kharmi, fils de Zabdi (cf. I, *Chron.*, II, 7 : Achar); LXX : Ἀχὰρ υἱὸς Χαρμὶ υἱοῦ Ζαμβρί. Josèphe n'a pas le nom intermédiaire. A. Mez (*Die Bibel des Josephus*, Bâle, 1895, p. 5 et suiv.) croit que le texte que suivait Josèphe ne portait pas ce nom de Kharmi, qui, d'ailleurs, est absent aussi au v. 18 de nos éditions des LXX.
5. Dans l'Écriture (*Jos.*, VII, 21), il est question de 200 sicles d'argent et d'un lingot d'or du poids de 50 sicles.

trésor, pensant qu'il échappera aussi bien à Dieu qu'à ses compagnons d'armes.

34. 11[1]. L'endroit où Josué avait établi son camp fut appelé Galgala[2]. Ce nom signifie *libérant*[3] : car, ayant passé le fleuve, ils se sentaient désormais affranchis des maux éprouvés en Égypte et dans le désert.

35. 12[4]. Peu de jours après la ruine de Jéricho, Josué envoie trois
mille hoplites contre la ville d'Anna[5] (Aï), située au-dessus de
Jéricho, pour s'en emparer. Ceux-ci, attaqués par les Annites,
36. prirent la fuite et perdirent trente-six hommes. Cette nouvelle annoncée aux Israélites leur causa une grande affliction et un profond
découragement; c'était plus qu'un regret causé par la perte
d'hommes auxquels les unissait la parenté, bien que ce fussent
tous des vaillants bien dignes d'estime[6] qui avaient péri; c'était
37. presque du désespoir. Eux qui comptaient déjà, en effet, devenir maîtres du pays et conserver indemne dans les combats
leur armée, selon les promesses antérieures de Dieu, ils voyaient
s'enhardir singulièrement leurs ennemis. Aussi, revêtus de cilices
par-dessus leurs vêtements, ils passèrent toute la journée dans les
larmes et le deuil, sans se soucier du tout de se nourrir, et ils se
montrèrent extrêmement affligés de ce malheur.

1. *Jos.*, v, 9.
2. Héb. : Guilgal.
3. Josèphe traduit selon le sens général, mais le mot *guilgal* ne signifie pas « libérant »; selon l'étymologie qu'en donne l'Écriture elle-même, il faut voir dans ce mot la racine גלל, « faire rouler » : « *J'ai fait rouler*, dit le verset, l'opprobre de l'Égypte de dessus vous ». Théodoret (I, p. 199) traduit par ἐλευθερία.
4. *Jos.*, VII, 2.
5. Cette leçon diffère beaucoup de l'hébreu Aï (LXX : Γαί), mais elle est confirmée par Stéphane de Byzance, v. Ἄννα.
6. Le Talmud insiste également sur la valeur de ces combattants dont l'Écriture ne fait que donner le nombre. Dans *Sanhédrin*, 44 *a*, et *B. Batra*, 121 *b*, R. Yehouda et R. Néhémia (fin du IIe siècle) discutent sur le sens de l'expression : « comme 36 hommes » (*Josué*, VII, 5). R. Nehémia estime qu'il faut laisser à la préposition *comme* sa valeur comparative et qu'il s'agit dans ce passage de la mort de Yaïr ben Menasché, qui valait à lui seul la majorité du Sanhédrin, c'est-à-dire 36 hommes (ce tribunal se composant de 71 membres).

38. 13[1]. Josué, voyant l'armée ainsi consternée et en proie dès lors à
un absolu découragement, s'adresse en toute franchise à Dieu.
39. « Ce n'est pas, dit-il, notre confiance en nous-mêmes qui nous a
conduits à conquérir ce pays par les armes, c'est Moïse, ton serviteur, qui nous y a excités, lui à qui tu as promis par tant de signes de
nous procurer la possession de ce pays et d'assurer toujours à
40. notre armée l'avantage sur nos ennemis. Sans doute, quelques
événements se sont produits conformément à tes promesses;
mais aujourd'hui, défaits contre toute attente, ayant perdu quelques hommes de nos troupes, ces désastres nous affligent, car
ils semblent indiquer que tes promesses ne sont pas sûres, non
plus que ces prédictions de Moïse, et l'avenir nous apparaît sous un
aspect encore pire, maintenant que nous avons subi cette première
41. épreuve. Mais toi, Seigneur, — car tu as le pouvoir de trouver un
remède à ces maux, — dissipe notre affliction présente, en nous
procurant la victoire, et ôte-nous de l'esprit ces pensées de découragement quant à l'avenir. »
42. 14[2]. C'est ainsi que Josué, prosterné sur sa face, suppliait Dieu.
Et Dieu lui ayant répondu de se relever et de purifier l'armée de la
souillure qui s'y était produite et du vol qu'on avait osé commettre
d'objets à lui consacrés, — c'était, en effet, la raison de leur récente
défaite, mais si l'on recherchait le coupable et si on le punissait, il
leur assurerait toujours la victoire sur leurs ennemis —, Josué ré-
43. pète tout cela au peuple, et, après avoir convoqué Éléazar le grand-
prêtre et les magistrats, il tira au sort entre les tribus. Et comme le
sort indiquait que le sacrilège venait de la tribu de Juda, il tire de
nouveau au sort entre les phratries de cette tribu, et le véritable au-
44. teur du crime se trouva appartenir à la famille d'Achar. Enfin, après
une enquête individuelle, on prend Achar lui-même. Celui-ci, ne
pouvant nier, circonvenu si étroitement par Dieu, avoue son vol et
produit au jour les objets dérobés. Aussitôt mis à mort, il reçoit de
nuit une sépulture ignominieuse, celle des condamnés[3].

1. *Jos.*, VII, 7.
2. *Ibid.*, VII, 10.
3. Par ce détail, étranger au récit de la Bible, Josèphe veut montrer qu'on a

45. 15[1]. Josué, ayant purifié son armée, la conduisit en personne
contre Anna, et après avoir dressé pendant la nuit des embuscades
tout autour de la ville, au matin il engagea le combat avec les ennemis. Comme ceux-ci marchent contre eux avec assurance à cause
de leur première victoire, Josué, simulant une retraite, les attire à
distance de la ville; les Annites croient poursuivre leurs ennemis et
46. les méprisent comme s'ils étaient déjà vainqueurs; puis, faisant faire
volte-face à ses troupes, Josué leur tient tête et, donnant les signaux
convenus à ceux qui étaient dans les embuscades, il les excite, eux
aussi, au combat. Ceux-ci se jettent dans la ville, tandis que les habitants se trouvaient autour des remparts, quelques-uns même tout
47. occupés à regarder ce qui se passait dehors. Ils s'emparèrent donc
de la ville et tuèrent tous ceux qu'ils rencontraient, et Josué, rompant les rangs des adversaires, les força à prendre la fuite. Repoussés dans la ville, qu'ils croyaient intacte, lorsqu'ils virent qu'elle
était prise elle-même et s'aperçurent qu'elle brûlait avec les
femmes et les enfants, ils se répandirent en désordre dans la campagne, incapables de se défendre eux-mêmes à cause de leur isole-
48. ment. Après ce désastre qui écrasa les Annites, une foule d'enfants,
de femmes et d'esclaves fut prise ainsi qu'un immense matériel.
Les Hébreux s'emparèrent, en outre, de troupeaux de bestiaux et de
beaucoup de butin, — car cette région était riche, — et tout cela,
Josué le distribua à ses soldats, tandis qu'il était à Galgala.
49. 16[2]. Les Gabaonites, qui habitaient tout près de Jérusalem,
voyant les désastres arrivés aux habitants de Jéricho et à ceux
d'Anna et soupçonnant que le danger fondrait aussi sur eux, ne se
déterminèrent pas à aller implorer Josué ; car ils ne croyaient pas
qu'ils obtiendraient quelque traitement modéré d'un homme qui lut-
50. tait pour l'anéantissement du peuple chananéen tout entier ; mais ils
invitèrent les Képhérites et les Kariathiarimites[3], leurs voisins, à s'al-

appliqué exactement la loi mosaïque sur la lapidation qu'il a rapportée au livre IV, § 202.

1. *Jos*, VIII, 3.
2. *Ibid.*, IX, 3.
3. Héb. : Kiriat-Yearim. Les LXX traduisent le mot Kiriat et rendent le tout

lier avec eux, en leur disant qu'ils n'échapperaient pas non plus au
danger, lorsqu'eux-mêmes auraient commencé à être pris par les
Israélites; en unissant leurs armes, ils avaient le dessein d'échapper
31. à la violence de ceux-ci. Comme les voisins adhérèrent à ces proposi-
tions, les Gabaonites envoyèrent des ambassadeurs à Josué pour
faire amitié, choisissant ceux des citoyens qu'on jugeait le plus ca-
32. pables d'agir selon les intérêts du peuple. Ceux-ci, estimant que de
s'avouer Chananéens était peu sûr, et croyant pouvoir échapper à
ce danger en disant qu'ils n'avaient rien de commun avec les
Chananéens, mais qu'ils habitaient très loin d'eux, déclarent que
c'est pour avoir entendu parler de ses vertus qu'ils ont accompli
un grand voyage, et, pour attester leurs dires, ils montrent leur
33. leur accoutrement : leurs vêtements, disaient-ils, tout neufs quand
ils étaient partis, s'étaient usés à cause de la longueur du voyage;
34. or, pour le faire croire, ils s'étaient vêtus à dessein de haillons. Ainsi,
s'étant donc levés, ils racontèrent qu'ils avaient été envoyés par les
Gabaonites et les villes voisines, très éloignées de ce pays, pour
faire alliance avec eux aux conditions que comportaient les coutumes de leurs pères; ayant appris, en effet, que grâce à la faveur
et à la libéralité de Dieu, le pays des Chananéens leur avait été
donné en propriété, ils s'en disaient fort heureux et ambitionnaient
35. de devenir leurs concitoyens. Tout en parlant ainsi et en montrant
les indices de leurs pérégrinations, ils invitent les Hébreux à
conclure avec eux alliance et amitié. Josué, croyant, comme ils le
prétendaient, qu'ils n'appartenaient pas à la nation chananéenne,
fait amitié avec eux, et Éléazar, le grand-prêtre, avec les Anciens,
jure de les traiter comme amis et alliés, de ne machiner aucune injus-
36. tice contre eux et le peuple ratifia ces serments. Les Gabaonites,
ayant obtenu par fraude ce qu'ils désiraient, s'en retournèrent chez
eux; mais Josué, ayant marché contre la région montagneuse de la
Chananée et appris que les Gabaonites habitaient près de Jérusalem et étaient de la race des Chananéens [1], manda leurs magistrats et

par πόλεις Ἰαρίν [*Josué*, IX, 24 (18)]. L'Écriture mentionne encore une autre ville alliée à Gabaon, celle de Beérot.

1. *Jos.*, IX, 16.

57. leur reprocha cette fourberie. Comme ceux-ci alléguaient qu'ils n'a-
vaient pas d'autre moyen de salut que celui-là, et qu'en conséquence,
ils y avaient eu recours par nécessité, il convoque le grand-prêtre
Éléazar et les Anciens; ceux-ci estiment qu'il faut les réduire à l'état
d'esclaves publics[1] pour ne point enfreindre le serment, et il les
désigne pour ces fonctions. C'est ainsi qu'ils trouvèrent moyen de
se protéger et de s'assurer contre le malheur qui les menaçait.
58. 17[2]. Le roi des Hiérosolymites[3], indigné que les Gabaonites
eussent passé du côté de Josué, avait invité les rois des peuples
voisins à se joindre à lui pour leur faire la guerre; les Gabaonites
les ayant vus venir avec lui, au nombre de quatre, et camper près
d'une source voisine de la ville d'où ils en préparaient le siège, ap-
59. pelèrent Josué à l'aide. Les choses en étaient à ce point, que de
leurs compatriotes ils attendaient leur perte et qu'au contraire, de
ceux qui faisaient campagne pour l'anéantissement de la race chananéenne, ils espéraient leur salut, grâce à l'alliance conclue avec
60. eux. Josué, avec toute son armée, se porte en hâte à leur secours, et,
après avoir marché tout le jour et la nuit, à l'aube il tombe à l'improviste sur les ennemis, les met en fuite, et les poursuit avec
acharnement à travers un canton accidenté qui s'appelle Bèthôra[4].
Là, Dieu lui fit connaître son assistance par des bruits de tonnerre,
des coups de foudre et une grêle qui s'abattit plus violente que de
61. coutume. En outre, il advint que le jour se prolongea, afin que
l'arrivée de la nuit n'arrêtât pas l'ardeur des Hébreux; de sorte
que Josué put se saisir des rois, cachés dans une caverne à Mak-
kéda, et les châtier tous. Que la durée du jour se soit accrue et
ait dépassé alors la mesure habituelle, c'est ce qu'attestent les
Écritures déposées dans le sanctuaire.
62. 18. Après cette défaite des rois qui étaient partis en guerre contre
les Gabaonites, Josué remonta de nouveau dans la partie montagneuse de la Chananée; après y avoir fait un grand carnage des

1. Des porteurs d'eau et des fendeurs de bois, selon l'Écriture.
2. *Jos.*, x, 1.
3. L'Écriture donne son nom : c'est Adoni-Çédek (LXX : 'Αδωνὶ Βεζέκ).
4. Héb. : Bet-Horon ; LXX : 'Ωρωνίν.

habitants et pris du butin, il revint au campement de Galgala[1]. Le renom de la valeur des Hébreux se répandant[2] beaucoup chez les peuples environnants, on fut frappé de terreur quand on apprit que tant de monde avait péri, et une expédition fut dirigée contre eux par les rois de la région du mont Liban, qui étaient des Chananéens. Les Chananéens de la plaine, s'étant adjoint les Palestiniens (Philistins), établissent leur camp près de la ville de Bèrôthé[3], de la Galilée supérieure, non loin de Kédèse (Kadès); ce lieu appartient aussi aux Galiléens. Toute leur armée se composait de 300.000 hoplites, de 10.000 cavaliers et de 20.000 chars[4]. Cette masse d'ennemis effraye Josué lui-même et les Israélites, et dans l'excès de leur crainte ils étaient trop inquiets pour espérer un succès. Mais Dieu leur reproche vivement leur terreur et leur demande ce qu'ils désiraient de plus que son appui, puis leur promet qu'ils vaincront leurs ennemis et leur recommande de mettre les chevaux hors de combat et de brûler les chars. Encouragé par les promesses de Dieu, Josué marcha contre les ennemis, et, le cinquième jour, arrivant sur eux, il en vint aux mains; un combat acharné s'engage et il se fait un carnage tel que le récit en paraîtrait incroyable. Josué dans sa poursuite poussa très loin, et toute l'armée ennemie, à quelques hommes près, fut anéantie. Tous les rois même tombèrent, de sorte que, quand il n'y eut plus personne à tuer, Josué fit périr les chevaux et brûla les chars, puis il parcourut en sécurité le pays, personne n'osant sortir lui livrer bataille ; il s'emparait par siège des villes et massacrait tout ce qu'il prenait.

19[5]. La cinquième année[6] était déjà écoulée, et il n'y avait

1. *Jos.*, x, 43.
2. *Ibid.*, xi, 1.
3. L'Écriture indique ici, non la ville de Beèrot (qui semble désignée par la Βηρώθη de Josèphe), mais le lac Mérous.
4. Tous ces chiffres sont de fantaisie. L'Écriture se borne à dire que l'armée ennemie était nombreuse comme le sable des plages et qu'il y avait beaucoup de cavalerie et de chars.
5. *Jos.*, xviii, 1.
6. D'après la tradition, qui s'appuie sur *Josué*, xiv, 10, la conquête aurait duré sept ans.

plus un Chananéen de survivant, sauf ceux qui avaient pu échapper, grâce à la solidité de leurs murailles. Josué alors, levant son camp de Galgala, établit le saint tabernacle dans les montagnes à Silo (Silous)[1] : cette localité lui paraissait désignée pour sa beauté, jusqu'à ce que les circonstances leur permissent d'édifier
69. un temple. Puis, parti de là vers Sichem[2] (Sicima), avec tout le peuple, il érige un autel[3] là où l'avait prescrit Moïse, et, ayant divisé l'armée, il en place la moitié sur le mont Garizin et l'autre moitié sur le Gibalon (Ébal), où se trouvait aussi l'autel, ainsi
70. que les Lévites et les prêtres. Après avoir sacrifié et prononcé des imprécations qu'on laissa gravées sur l'autel, ils retournèrent à Silo.
71. 20[4]. Josué, déjà vieux et voyant que les villes des Chananéens n'étaient pas faciles à prendre, à cause de la force de leurs emplacements et de la solidité des remparts qu'ils avaient ajoutés aux avantages naturels de leurs villes, comptant ainsi que leurs ennemis s'abstiendraient de les assiéger par désespoir de
72. s'en emparer, — en effet, les Chananéens, informés que c'était pour leur perte que les Israélites avaient effectué leur sortie d'Égypte, s'étaient occupés tout ce temps à fortifier leurs villes, — Josué donc, ayant réuni tout son peuple à Silo, convoque une
73. assemblée[5]. On accourt avec empressement et il leur dit combien les succès déjà obtenus et les exploits accomplis sont heureux et dignes de Dieu à qui ils les doivent et de l'excellence des lois qu'ils suivent ; il leur fait connaître, en outre, que trente et un rois[6] qui avaient osé en venir aux mains avec eux étaient vaincus et qu'une armée qui, trop confiante dans ses forces, leur avait livré bataille, avait péri tout entière, au point qu'il ne leur restait plus
74. une famille debout. Et comme parmi les villes les unes étaient prises,

1. Héb. : Schilô ; LXX : Σηλώ.
2. L'Écriture place cet épisode après le récit de la conquête d'Aï.
3. *Jos.*, VIII, 30.
4. *Ibid.*, XIII, 1.
5. *Ibid.*, XVIII, 1.
6. *Ibid.*, XII, 1.

mais que pour avoir les autres il fallait du temps et de grands travaux de siège, vu la solidité des remparts et la confiance qu'ils inspiraient aux habitants, il estimait que, pour ceux qui étaient venus de
l'autre côté du Jourdain[1] prendre part à leur expédition et partager
leurs dangers en qualité de parents, on devait désormais les laisser
rentrer chez eux en leur témoignant de la reconnaissance pour le
75. concours qu'ils leur avaient prêté. « De plus, dit-il, il faudra envoyer, un par tribu[2], des hommes d'une vertu éprouvée pour
mesurer le pays exactement et nous rapporter, sans commettre
aucune fraude, quelles en sont les dimensions. »

76. 21. Josué, ayant ainsi parlé, eut l'assentiment du peuple et il
envoya des hommes pour mesurer le pays, en leur adjoignant
quelques géomètres qui ne manqueraient point d'être exactement renseignés grâce à leur science ; il leur donna pour instructions d'évaluer séparément l'étendue des terres riches et celle des
77. terres moins fertiles. Car telle est la nature du pays des Chananéens,
qu'on peut y voir de grandes plaines très propres à porter du blé, qui,
comparées à d'autres sols, passeraient pour très fortunées, mais qui
néanmoins, par rapport aux terres des gens de Jéricho et de Jérusa-
78. lem, paraîtraient sans valeur. Quoique l'étendue du pays de ces
derniers se trouve être fort exiguë et en majeure partie
montagneuse, par son extraordinaire fécondité en grain et sa
beauté elle ne le cède à aucune autre. Et c'est pourquoi Josué
pensait qu'il fallait pour les lots se régler plutôt sur l'estimation
que sur l'arpentage, souvent un seul arpent pouvant en valoir
79. jusqu'à mille. Les hommes qu'on avait envoyés — au nombre
de dix —, après avoir parcouru et estimé le pays, revinrent le septième mois vers lui dans la ville de Silo, où l'on avait dressé le tabernacle.

80. 22. Josué, ayant pris avec lui Éléazar et les Anciens, ainsi que les
phylarques, fait le partage entre les neuf tribus, plus la demi-tribu
de Manassé, en établissant ses mesures proportionnellement à

1. *Jos.*, XXII, 1.
2. Trois hommes par tribu, selon la Bible (*Jos.*, XVIII, 4).

81. l'importance de chaque tribu. Quand il eut tiré au sort[1], celle de
Juda reçut pour lot toute l'Idumée supérieure[2], en longueur
jusqu'à Jérusalem et en largeur jusqu'au lac de Sodome ; dans
82. ce lot entraient les villes d'Ascalon et de Gaza. Celle de Siméon[3] — la seconde — obtint cette partie de l'Idumée qui confine
à l'Égypte et à l'Arabie. Les Benjamites[4] obtinrent le pays qui
s'étend en longueur depuis le fleuve du Jourdain jusqu'à la mer et
qui est borné dans la largeur par Jérusalem et Béthèl(a). Ce lot
était le plus restreint de tous, vu l'excellence de la terre ; ils obte-
83. naient, en effet, Jéricho et la ville des Hiérosolymites. La tribu
d'Ephraïm[5] eut le pays qui s'étend en longueur jusqu'à Gazara[6] à
partir du fleuve du Jourdain et en largeur depuis Béthel jusqu'à la
grande plaine. La demi-tribu de Manassé[7] eut depuis le Jourdain
jusqu'à la ville de Dôra[8], et en largeur jusqu'à la ville de Bèthè-
84. sana[9], qui s'appelle aujourd'hui Scythopolis. Après eux, la tribu
d'Isachar[10] eut le mont Carmel et le fleuve pour limites dans la longueur, et le mont Itabyrion (Thabor)[11] pour la largeur. Les Zabulônites[12] obtinrent le pays qui s'étend jusqu'au lac de Génésaret et qui
85. aboutit aux environs du Carmel et de la mer. La région située derrière le Carmel et appelée la Cœlade (vallée) à cause de cette situation, échut tout entière aux Asérites[13]; elle faisait face à Sidon. La

1. *Jos.*, xv, 1.
2. Josèphe dans son énumération va du sud au nord, sauf pour la tribu de Dan, mentionnée à part, et abrège considérablement les énumérations de villes du livre de *Josué*. Il appelle longueur la dimension la plus longue de chaque lot, quelle que soit d'ailleurs son orientation.
3. *Jos.*, xix, 1-9.
4. *Ibid.*, xviii, 11.
5. *Ibid.*, xvi, 5.
6. LXX : *id.*; Héb. : Ghézer.
7. *Jos.*, xvii, 11.
8. Héb. et LXX : Dor.
9. Héb. : Bet-Schean : LXX : Βαιθσάν.
10. *Jos.*, xix, 17.
11. Héb. : Tabor ; LXX : Γαιθθώρ.
12. *Jos.*, xix, 10.
13. *Ibid.*, xix, 24.

ville d'Arcé entrait dans leur part; elle s'appelle aussi Ecdipous [1].
86. Les territoires du côté de l'orient jusqu'à la ville de Damas et la
Haute-Galilée furent occupés par les Nephthalites [2] jusqu'au mont
Liban et aux sources du Jourdain qui s'élancent de cette montagne,
87. du côté qui confine au nord à la ville d'Arcé [3]. Les Danites [4]
obtiennent la partie de la vallée qui s'étend vers le coucher du
soleil avec Azôtos [5] et Dôra pour limites; ils eurent tout Jamnia [6] et
Geta [7], depuis Acaron [8] jusqu'à la montagne où commençait le lot
de la tribu de Juda.

88. 23 [9]. C'est ainsi que Josué divisa les six nations portant les noms
des fils de Chanaan, et donna leur pays en partage aux neuf tribus
89. et demie, car l'Amoritide, — appelée, elle aussi, d'après le nom d'un
des fils de Chanaan, — Moïse, qui s'en était déjà emparé précédemment, l'avait partagée entre les deux tribus et demie; c'est ce que
nous avons rapporté antérieurement. Mais les terres des environs
de Sidon, des Arucéens, des Amathéens et des Aradéens ne furent
point distribuées [10].

90. 24 [11]. Josué, empêché dès lors par l'âge d'exécuter lui-même ses

1. Héb.: Akhzib; LXX : 'Εχοζόβ ou 'Αχζείφ.
2. *Jos.*, XIX, 32.
3. Le texte paraît altéré en ce passage : on ne voit pas ce que vient faire ici la mention d'Arcé. On attendrait plutôt Panias ou Kadès. [T. R.]
4. *Jos.*, XIX, 40.
5. Comme les LXX; Héb. : Asdod.
6. Héb. : Yabné; LXX : 'Ιαβνήρ. Cette ville n'est pas nommée dans le livre de *Josué*; on la trouve mentionnée pour la première fois dans II *Chron.*, XXVI, 6. Josèphe s'inspire de la situation géographique de son temps et commet ainsi des anachronismes. C'en est un que de parler de Jamnia à l'époque de Josué.
7. Héb. : Gath; LXX : Γέθ.
8. Héb. : Ekron.
9. *Jos.*, XIII, 12.
10. Josèphe se réfère à la liste des fils de Kenaan (*Gen.*, X, 15-17; cf. *Ant.*, I, 6, 2, § 138-139). Ces fils sont au nombre de 11. Les Israélites occupent les pays de sept d'entre eux (Ḥet, Yebousi, Emori, Ghirgasi, Ḥivi, Sini, Çemari) : les pays des quatre autres (Sidon, Arki, Hamathi, Arvadi) doivent correspondre à peu près aux territoires énumérés dans *Josué* (XIII, 4-6); mais la Bible parle aussi des territoires philistins parmi « ce qui restait à prendre » (v. 2 et 3) : Josèphe ne les mentionne pas.
11. *Jos.*, XXIII, 1.

projets, comme de plus ceux qui avaient pris le pouvoir après lui se montraient peu soucieux de l'intérêt général, recommanda à chaque tribu de ne rien laisser subsister de la race des Chananéens à l'intérieur du lot qui leur était dévolu, car c'est cela seulement qui pouvait menacer leur sécurité et l'observance des lois nationales ; Moïse le leur avait déjà dit et il en était lui-même persuadé.
91. Ils devaient aussi céder aux Lévites[1] les trente-huit villes; car ceux-ci en avaient déjà pris dix en Amorée. De ces villes, il en assigne trois[2] aux fugitifs pour y habiter, — car il avait le vif souci de ne rien omettre des prescriptions de Moïse, — savoir dans la tribu de Juda, Hébron, Sichem en Ephraïm et Kadès de Nephthali ; cette
92. localité fait partie de la Galilée supérieure. Il distribua aussi ce qui restait du butin, qui était considérable, et ils se trouvèrent pourvus de grandes richesses collectivement et individuellement, or, argent, vêtements et toutes sortes de meubles, sans compter une multitude de quadrupèdes dont on ne pouvait même évaluer le nombre.
93. 25[3]. Ensuite, ayant réuni en assemblée son armée, il parla en ces termes à ceux qui étaient établis au-delà du Jourdain en Amorée (ils avaient pris part à la campagne au nombre de 50.000 hoplites) : « Puisque Dieu, père et maître de la race des Hébreux, nous a donné la possession de ce pays et promet de nous conserver cette posses-
94. sion pour toujours, et puisque à ceux qui vous demandaient votre coopération, conformément aux instructions de Dieu, vous avez montré en tout votre zèle, il est juste, aujourd'hui qu'il ne subsiste plus aucune difficulté, que vous obteniez enfin du répit pour ménager votre dévouement, afin que, si de nouveau nous en avions besoin, nous le trouvions plein d'énergie contre toute éventualité et que l'excès de fatigue d'aujourd'hui ne le ralentisse pas pour plus
95. tard. Grâces vous soient donc rendues pour les périls que vous avez partagés, et ce n'est pas seulement pour aujourd'hui, c'est pour toujours que nous vous en saurons gré, car nous sommes capables de nous souvenir de nos amis et de garder la mémoire des services

1. *Jos.*, XXI, 1.
2. *Ibid.*, XX, 1.
3. *Ibid.*, XXII, 1.

qu'ils nous ont rendus : vous avez, en effet, à cause de nous, différé de jouir des biens que vous possédez, et ce n'est qu'après avoir travaillé avec nous à nous mener au point où nous en sommes actuellement par la bienveillance de Dieu que vous avez songé à en pro-
96. fiter pour votre part. D'ailleurs, outre les biens qui vous appartiennent, vos efforts associés aux nôtres vous ont acquis une richesse immense et vous emporterez un butin considérable, de l'or, de l'argent et, qui plus est, notre amitié et notre concours reconnaissant pour tout ce que vous désirerez en échange. Car de ce que Moïse a prescrit vous n'avez rien négligé, rien dédaigné depuis qu'il a quitté les hommes, et il n'est rien dont nous n'ayons à vous savoir
97. gré. Nous vous laissons donc partir allègrement vers vos héritages et nous vous prions de ne pas voir de frontière qui divise notre parenté et de ne pas croire, parce que ce fleuve coule entre nous, que nous soyons autre chose que des Hébreux. Nous sommes tous, en effet, issus d'Abram, que nous habitions ici ou là ; c'est le même Dieu qui
98. a appelé nos ancêtres et les vôtres à la vie. Ce Dieu, ayez soin de le servir, et la constitution qu'il a établie par l'intermédiaire de Moïse, observez-la tout entière en songeant que, si vous y demeurez fidèles, Dieu aussi se montrera bienveillant et combattra pour vous, tandis que si vous vous laissez aller à imiter d'autres nations, il anéantira
99. votre race. » Ayant ainsi parlé [1] et ayant salué en particulier les magistrats et en général toute la foule des partants, lui-même demeura, mais le peuple les accompagna non sans larmes et ils eurent de la peine à se séparer les uns des autres.

100. 26 [2]. Le fleuve franchi, la tribu de Roubel, celle de Gad et tous ceux de Manassé qui les suivaient érigent un autel sur la berge du Jourdain, comme souvenir pour les générations futures et comme
101. symbole de leur parenté avec les habitants de l'autre rive. Mais ceux-ci, ayant ouï dire que les partants avaient érigé un autel, non pas dans la pensée qui les avait réellement inspirés, mais pour innover et introduire des dieux étrangers, ne voulurent pas révoquer en doute ce bruit, et, estimant digne de foi cette calomnie touchant leur

1. *Jos.*, XXII, 6.
2. *Ibid.*, XXII, 10.

religion, se mettent en armes, prêts à passer le fleuve pour châtier ceux qui avaient érigé l'autel et les punir de cette infraction aux
102. lois de leurs pères. Ils ne croyaient pas, en effet, avoir à tenir compte de la parenté et du rang de ceux qui avaient pris une telle initiative, mais de la volonté de Dieu et de la façon dont il aime à être honoré.
103. Ils se mirent donc en campagne sous l'empire de la colère. Mais Josué, le grand-prêtre Éléazar et les Anciens les retinrent, leur conseillant d'aller s'enquérir d'abord du dessein de leurs voisins ; alors, s'ils apprenaient que leurs intentions étaient criminelles,
104. ils marcheraient en armes contre eux. Ils envoient donc des ambassadeurs auprès d'eux, Phinéès, le fils d'Éléazar, et avec lui dix hommes considérés d'entre les Hébreux, pour se renseigner sur les intentions qu'ils avaient eues en érigeant un autel sur la berge
105. du fleuve après l'avoir franchi. Quand ceux-ci furent parvenus chez les gens d'au delà du fleuve, une assemblée fut réunie, et Phinéès, s'étant levé, leur dit que leur péché était trop grave pour qu'une remontrance verbale pût les rendres sages à l'avenir ; cependant, on n'avait pas voulu considérer l'énormité de leur transgression pour courir sur-le-champ aux armes et à une répression brutale, mais, eu égard à leur parenté et à la possibilitité que de simples paroles les amèneraient à résipiscence, on leur avait envoyé cette ambas-
106. sade, « afin que, dit-il, informés du motif qui vous a déterminés à bâtir l'autel, nous n'ayons pas l'air d'être venus étourdiment porter nos armes contre vous, si c'est dans de pieuses intentions que vous avez élevé l'autel, et que, si elles sont impies, nous soyons fondés à
107. vous punir, l'inculpation étant démontrée exacte. Car nous ne concevions pas qu'après avoir pénétré par expérience la pensée de Dieu, après avoir entendu les lois qu'il nous a données lui-même, une fois séparés de nous et établis dans la part d'héritage qui vous est échue par la faveur de Dieu et sa bonté pour vous, vous ayez pu l'oublier, et, abandonnant le tabernacle et l'arche et l'autel de vos pères, vous ayez introduit des dieux étrangers en vous adon-
108. nant aux dépravations des Chananéens. Mais vous apparaîtrez purs de toute faute si vous vous repentez, si votre aberration ne va pas plus loin, si vous revenez au respect et au souvenir des lois de vos

pères. Que si vous persistez dans vos erreurs, nous n'épargnerons aucun effort pour défendre les lois, mais, ayant franchi le Jourdain, nous irons à leur secours et nous lutterons pour Dieu lui-même, ne mettant aucune différence de vous aux Chananéens, et
109. nous vous détruirons comme eux. Car n'imaginez pas qu'en ayant passé le fleuve vous vous soyez mis aussi en dehors de la puissance de Dieu : partout vous êtes dans son domaine et il vous est impossible d'échapper à son pouvoir et à sa vengeance. Que si vous croyez que votre présence en ce lieu vous empêche d'être raisonnables, rien ne s'oppose à ce que nous procédions à un nouveau partage du pays en abandonnant celui-ci en pâturage aux bestiaux.
110. Mais vous ferez bien de redevenir sages et de changer de sentiments, tandis que votre faute est encore récente. Et nous vous supplions au nom de vos enfants et de vos femmes de ne pas nous mettre dans la nécessité de vous punir. Que la pensée que votre salut à vous et celui des êtres qui vous sont le plus chers dépend de cette assemblée inspire votre résolution, et songez qu'il vaut mieux se laisser convaincre par des paroles que d'attendre la leçon des faits et de la guerre. »

111. 27 [1]. Après ce discours de Phinéès, les présidents de l'assemblée et tout le peuple lui-même commencèrent à se disculper des fautes qu'on leur imputait et à dire qu'ils n'avaient pas [2] renié la parenté qui les unissait à leurs frères et qu'ils n'avaient pas eu d'intention
112. révolutionnaire en érigeant l'autel; ils reconnaissaient un Dieu unique, le même pour tous les Hébreux, ainsi que l'autel d'airain devant le tabernacle où l'on accomplirait les sacrifices. Quant à celui qu'ils avaient érigé maintenant et qui les avait rendus suspects, il n'était pas édifié en vue du culte : « Il sera, disent-ils, un symbole et un témoignage pour l'éternité de notre parenté avec vous, nous obligera à être pieux et à demeurer fidèles aux lois de nos pères ; ce n'est pas du tout le début d'une transgression, comme vous le
113. supposez. Dieu soit pour nous un sûr témoin que c'est bien là le

1. *Jos.*, XXII, 21.
2. Nous lisons ἀποστήσασθαι.

motif qui nous a fait édifier cet autel. Ainsi, concevant meilleure opinion de nous, ne nous accusez plus d'aucun de ces crimes qui vaudraient à juste titre la mort à tous ceux qui, issus de la race d'Abram, s'adonneraient à de nouvelles mœurs en rompant avec les coutumes reçues. »

114. 28[1]. Phinées, ayant approuvé ce langage, revint auprès de Josué et rapporta au peuple ce qui s'était passé là-bas. Celui-ci, joyeux de voir qu'il n'y avait plus de nécessité de lever des troupes et de porter les armes et la guerre contre des parents, offre à cette occasion des sacrifices d'actions de grâces à Dieu. Puis, après avoir congédié le peuple dans leurs lots respectifs, Josué, lui, demeura à
115. Sichem. Vingt ans plus tard, parvenu à l'extrême vieillesse[2], ayant mandé les hommes les plus notables des villes, les magistrats et les Anciens, et fait réunir aussi tous ceux qu'on put amener du peuple, quand ils furent là, il leur rappela tous les bienfaits de Dieu — si considérables pour un peuple élevé d'une condition
116. inférieure à un tel degré de gloire et de richesse, — et les exhorta à respecter la volonté de Dieu si bienveillante à leur égard en lui vouant tous les honneurs et une piété qui seule leur conserverait l'amitié de la divinité. Il lui convenait à lui-même, au moment de quitter la vie, de leur laisser de tels avertissements, et il les pria de garder dans leur mémoire ses recommandations.

117. 29. Ayant ainsi parlé aux assistants, il meurt[3]; il avait vécu cent dix ans, dont il avait passé quarante en compagnie de Moïse à apprendre de lui les connaissances utiles : il eut le commandement de
118. l'armée après la mort de ce dernier pendant vingt-cinq ans[4]; ce fut un homme qui ne manqua ni d'intelligence, ni d'habileté pour

1. *Jos.*, XXII, 30.
2. *Ibid.*, XXIV, 1.
3. *Ibid.*, XXIV, 29.
4. L'Écriture ne donne pas la durée du gouvernement de Josué. Mais le même renseignement se retrouve dans la *Chronique samaritaine*. Quant à la tradition rabbinique (*Séder Olam Rabba*, XII), elle attribue au gouvernement de Josué une durée de 28 ans. Comme la conquête, selon la même tradition, avait duré 7 ans, l'intervalle entre l'issue de la guerre et la mort de Josué est à peu près le même que celui que Josèphe donne plus haut (20 ans).

expliquer clairement à la multitude ce qu'il avait conçu ; il eut même ces deux facultés à un degré éminent ; de plus, vaillant et magnanime dans l'action et les dangers, sachant à merveille prendre des délibérations pendant la paix et montrant des qualités à la hauteur de toutes les circonstances. On l'ensevelit dans la ville de Thamna[1] de la tribu d'Éphraïm. Dans le même temps meurt aussi Éléazar, le grand-prêtre, qui laissa le grand pontificat à Phinéès, son fils ; son monument commémoratif et son tombeau sont dans la ville de Gabatha[2].

CHAPITRE II

1. *Mission donnée aux tribus de Juda et de Siméon.* — 2. *Victoire de ces tribus sur Adônibézek ; siège de Jérusalem.* — 3. *Prise de Hébron ; répartition des territoires conquis.* — 4. *Dernières conquêtes des deux tribus.* — 5. *Paix avec les Chananéens.* — 6. *Prise de Béthel par la tribu d'Éphraïm.* — 7. *Relâchement général des Israélites.* — 8. *Le Lévite d'Éphraïm et sa femme ; celle-ci meurt, victime des violences des Gabaéniens.* — 9. *Les Israélites réclament en vain les coupables.* — 10. *Guerre civile avec les Benjamites.* — 11. *Défaite finale des Benjamites ; représailles exercées sur eux.* — 12. *Réconciliation avec les Benjamites survivants ; moyen employé pour assurer la permanence de leur tribu.*

1[3]. Après la mort de ces derniers, Phinéès annonce prophétiquement selon la volonté de Dieu que, pour détruire la race des Chananéens, c'est la tribu de Juda qui reçoit le commandement ; le peu-

1. Héb. : Timnath-Séraḥ ; LXX : Θαμναθσαράχ.
2. Josèphe, comme les LXX, prend le mot *Gibeath*, « colline », pour un nom propre (LXX : Γαβαάθ ou Γαβαάρ).
3. *Juges*, I, 1.

ple avait, en effet, à cœur de savoir ce que Dieu décidait. Elle s'adjoindrait la tribu de Siméon, afin que, une fois exterminés les Chananéens attribués à Juda, ils en fissent autant de ceux qui se trouvaient dans le lot de Siméon.

121. 2[1]. Mais les Chananéens, dont la situation était florissante à cette époque-là, les attendaient avec une grande armée à Bézék(a)[2], après avoir confié le commandement au roi des Bézékéniens, Adônibézek(os), — ce nom signifie seigneur des Bézékéniens, car seigneur se dit *adôni*[3] dans la langue des Hébreux, — et ils espéraient triom-
122. pher des Hébreux, parce que Josué était mort. Ayant engagé le combat avec eux, les Israélites des deux tribus dont je viens de parler luttèrent avec éclat; ils tuent plus de dix mille ennemis et, ayant mis le reste en déroute, ils les poursuivent et s'emparent d'Adônibézek
123. qui, mutilé des extrémités par eux, s'écrie : « Je ne pouvais indéfiniment échapper à Dieu et je subis le même traitement que je n'ai pas
124. hésité à infliger naguère à soixante-douze rois[4]. » On l'emmène encore vivant à Jérusalem ; mort, on lui donna la sépulture. Puis ils parcoururent le pays, en s'emparant des villes; quand ils en eurent pris beaucoup, ils assiégèrent Jérusalem. Maîtres avec le temps de la ville basse, ils tuèrent les habitants ; mais la ville haute[5] était malaisée à emporter à cause de la solidité des remparts et de la conformation du terrain.

125. 3[6]. Aussi décampèrent-ils pour aller à Hébron ; cette ville prise, ils massacrent tout. Il s'y était conservé encore la race des géants, qui, par les dimensions de leurs corps et leurs formes sans analogue parmi le reste des hommes, étaient extraordinaires à voir et ter-

1. *Jug.*, I, 4.
2. Beaucoup de manuscrits et Stéphane de Byzance donnent la forme Ζεβέκη, qui est probablement celle qu'a employée Josèphe. [T. R.]
3. Littéralement « mon seigneur » ; Josèphe ne tient pas compte du suffixe.
4. Soixante-dix, selon l'Écriture.
5. Cette restriction n'est pas dans la Bible. Josèphe, en l'établissant, a voulu sans doute concilier *Juges*, I, 8, où il est dit que les enfants de Juda prirent Jérusalem et l'incendièrent, avec le verset 21 du même chapitre, qui porte que les Jébuséens demeurèrent dans Jérusalem, passage confirmé par *Juges*, XIX, 10-12, et II *Samuel*, V, 6.
6. *Jug.*, I, 10.

ribles à entendre. On montre encore leurs ossements, qui ne ressem-
126. blent à rien de connu. Cette ville, ils la donnèrent aux Lévites comme
un présent de choix avec les deux mille coudées de banlieue ; le
reste de la région, ils en firent don, selon les instructions de Moïse,
à Chaleb ; c'était un des explorateurs que Moïse avait envoyés en
127. Chananée. On donna aussi aux descendants de Jéthro (Jothor) [1]
— parce que c'était le beau-père de Moïse — un territoire pour
y demeurer. Car, ayant quitté leur patrie, ils avaient suivi les
Hébreux et vécu avec eux dans le désert.

128. 4[2]. La tribu de Juda et celle de Siméon prirent donc les villes de
la région montagneuse de la Chananée, et parmi celles de la plaine
et des bords de la mer, Ascalon et Azôtos. Gaza et Accaron leur
échappèrent ; car comme elles étaient en terrain plat et possédaient
beaucoup de chars, ils étaient très malmenés quand ils allaient les
assaillir[3]. Ces deux tribus, fort enrichies à la guerre, se retirèrent
dans leur villes et déposèrent les armes.

129. 5[4]. Les Benjamites, qui avaient dans leur lot Jérusalem, accordèrent à ses habitants de leur payer tribut et se reposant ainsi, les
uns de leurs massacres, les autres de leurs dangers, ils eurent le
loisir de cultiver la terre. Les autres tribus [5], imitant celle de Benja-
jamin, firent de même et se contentant des tributs qu'on leur payait,
elles permirent aux Chananéens de vivre en état de paix.

130. 6[6]. La tribu d'Ephraïm, qui assiégeait Béthel, n'obtint pas un
résultat proportionné à la durée et aux fatigues du siège. Mais, bien
131. qu'ennuyés, ils persévérèrent dans le blocus. Par la suite, ayant surpris un des habitants de la ville qui allait chercher des provisions,
ils lui donnèrent leur parole que, s'il livrait la ville, ils lui laisse-

1. La Bible l'appelle ici Kéni (*Jug.*, I, 16).
2. *Jug.*, I, 17.
3. Josèphe est en désaccord avec la Bible, d'après laquelle (*Juges*, I, 18) Juda s'empara de Gaza, d'Ascalon et d'Ekron, Azôt n'étant pas nommé. Selon les LXX, Juda ne put prendre ni Gaza, ni Ascalon, ni Accaron, ni Azôtos.
4. *Jug.*, I, 21.
5. *Ibid.*, I, 27-34.
6. *Ibid.*, I, 22.

raient la vie sauve à lui et à ses parents; cet homme jura qu'à ces conditions il mettrait la ville en leur pouvoir. C'est ainsi que, grâce à une trahison, il put se sauver avec les siens, et eux, de leur côté, ayant massacré tous les habitants, occupèrent la ville.

132. 7[1]. Après ces événements, les Israélites se relâchèrent à l'égard de la guerre et s'occupèrent de la terre et des travaux d'agriculture. Comme ils voyaient croître ainsi leurs richesses, sous l'empire du luxe et de la volupté, ils montrèrent peu de zèle pour leur discipline et cessèrent d'être des observateurs scrupuleux des lois de leur cons-
133. titution. Très irritée de cette conduite, la divinité déclare d'abord par un oracle qu'ils avaient été à l'encontre de sa volonté en épargnant les Chananéens et ensuite que ceux-ci seraient contre eux
134. d'une terrible cruauté quand ils en saisiraient l'occasion. Les Israélites, à ces avertissements de Dieu, éprouvèrent du découragement et se sentaient mal disposés à faire la guerre, car ils recevaient beaucoup des Chananéens et, la volupté les avait déjà mis hors d'état de
135. supporter les fatigues. De plus, leur gouvernement aristocratique commençait déjà à se corrompre : on ne nommait plus d'Anciens ni aucune des magistratures imposées naguère par la loi, ils vivaient dans leurs champs, asservis aux plaisirs du lucre[2]. Aussi, en raison de cette parfaite insouciance, des discordes graves les assaillirent à nouveau et ils en arrivèrent même à une guerre civile par la raison suivante.

136. 8[3]. Un Lévite de la plèbe, du territoire [4]d'Éphraïm et habitant ce territoire, épousa une femme de Bethléem : cette localité appartient à la tribu de Juda. Très épris de cette femme et subjugué par sa beauté, il souffrait de n'être pas payé de retour. Comme elle lui

1. *Jug.*, II, 11.

2. Il n'y a rien de pareil dans la Bible. Josèphe, s'adressant à des lecteurs païens et, de plus, aristocrates, substitue des motifs politiques aux motifs exclusivement religieux de l'Écriture. [T. R.]

3. *Jug.*, XIX, 1.

4. Josèphe a déplacé considérablement cet épisode, qui, dans la Bible, est relégué tout à la fin du livre des *Juges*. Son motif, comme l'explique Whiston, était peut-être de laisser à la tribu de Benjamin un temps suffisant pour se reconstituer, et prendre l'importance que nous lui voyons sous la royauté.

137. témoignait de l'éloignement et que lui-même n'en brûlait que d'une plus vive ardeur, des querelles continuelles naissaient entre eux; et finalement la femme, fatiguée de ces querelles, quitta son mari et arriva chez ses parents le quatrième mois[1]. Mais son mari, très affligé à cause de son amour, s'en vint chez ses beaux-parents et, ayant
138. dissipé ses griefs, se réconcilia avec elle. Il demeura là pendant quatre jours, traité avec bonté par les parents, mais le cinquième, ayant résolu de s'en retourner chez lui, il part vers le soir; car les parents ne se séparèrent qu'avec peine de leur fille et les retinrent fort avant dans la journée. Un seul serviteur les suivait;
139. ils avaient aussi une ânesse sur laquelle voyageait la femme. Quand ils furent arrivés à Jérusalem, — ils avaient déjà fait trente stades, — le serviteur leur conseilla de descendre en quelque endroit, pour ne pas s'exposer, en voyageant de nuit, à quelque désagrément, surtout à une aussi faible distance des ennemis, l'occasion rendant
140. souvent dangereux et suspects même les amis. Mais le Lévite n'approuva pas la pensée d'aller demander l'hospitalité à des étrangers, — car la ville était aux Chananéens[2]. — il voulut aller vingt stades plus loin pour s'arrêter dans une ville israélite. Et, ayant fait prévaloir son avis, il parvint à Gabaa[3] de la tribu
141. de Benjamin. Comme il était déjà tard et que personne sur la place publique ne lui offrait l'hospitalité, un vieillard, revenant des champs, qui, bien qu'appartenant à la tribu d'Éphraïm, vivait à Gabaa, le rencontra, lui demanda qui il était et pour quelle raison,
142. la nuit déjà venue, il faisait les préparatifs de son repas. Il répondit qu'il était Lévite et qu'il revenait chez lui, ramenant sa femme de chez ses parents, et lui déclara qu'il avait sa demeure dans le lot d'Éphraïm. Le vieillard, à cause de cette communauté d'origine et de cette circonstance qu'il habitait dans la même tribu, et qu'ils étaient dans la même situation, l'emmena chez lui pour lui donner

1. Josèphe fait ici une confusion. Dans la Bible (*Juges*, XIX, 2), il est question d'un séjour de quatre mois fait par la femme du Lévite chez son père, auprès duquel elle est revenue.
2. Cf. *suprà*, § 124, et note.
3. Héb. : Ghibea; LXX : Γαβαά.

143. l'hospitalité. Mais quelques jeunes Gabaéniens, qui avaient vu la femme sur la place et admiré sa beauté, quand ils surent qu'elle était retirée chez le vieillard, au mépris de leur faiblesse et de leur infériorité, vinrent devant les portes. Comme le vieillard les conjurait de s'éloigner et de ne pas employer la violence et l'outrage, ils l'engagèrent à leur livrer l'étrangère pour s'éviter à lui-même des
144. désagréments. Mais le vieillard eut beau dire qu'elle était une parente à lui et une Lévite et qu'ils allaient commettre un grand crime en péchant contre les lois sous l'empire de la volupté, ils se soucièrent peu de la justice, s'en moquèrent, et même menacèrent de tuer le
145. vieillard s'il s'opposait à leurs désirs. Acculé à la nécessité et ne voulant pas laisser faire violence à ses hôtes, il offrit à ces hommes de leur livrer sa propre fille, déclarant qu'il serait encore plus légitime d'assouvir de la sorte leur passion que de violer l'hospitalité et estimant qu'ainsi il ne ferait aucun tort à ceux qu'il avait recueillis.
146. Comme ils ne renonçaient nullement à leurs prétentions sur l'étrangère, et demandaient avec insistance à se saisir d'elle, le vieillard les supplia de ne rien tenter contre les lois; mais eux enlevèrent la femme et, de plus en plus dominés par la force de la volupté, l'emmenèrent chez eux, puis, après avoir passé toute la nuit à rassa-
147. sier leur frénésie, ils la congédièrent au point du jour. Consternée de son malheur, elle revient à la maison de son hôte, et moitié douleur de ce qu'elle avait souffert, moitié honte de se présenter devant son mari, — car elle pensait que lui surtout éprouverait de son mal-
148. heur une peine irrémédiable, — elle tombe et rend l'âme. Le mari, croyant simplement sa femme ensevelie dans un profond sommeil, et ne soupçonnant rien de grave, tentait de l'éveiller, avec le dessein de la consoler en lui représentant qu'elle ne s'était pas offerte bénévolement à ces violateurs, mais qu'ils étaient venus l'arracher de la
149. maison de leur hôte. Mais lorsqu'il sut qu'elle était morte, affolé[1] devant l'étendue de son malheur, il charge le cadavre de sa femme sur sa monture, l'emporte chez lui, puis, l'ayant divisé membre par membre en douze parties, il en envoya une dans chaque tribu, en

1. On peut lire avec Naber δυσφορῶν (manuscrits σωφρόνως).

enjoignant aux porteurs de raconter aux tribus les causes de la mort de sa femme et le libertinage de la tribu de Benjamin.

150. 9[1]. Les Israélites, péniblement émus au spectacle et au récit de ces violences, eux qui jamais n'avaient rien éprouvé de semblable, animés d'une violente et juste colère, se réunirent à Silo[2] et, rassemblés devant le tabernacle, ils brûlaient de courir aussitôt aux armes
151. et de traiter les Gabaéniens en ennemis. Mais les Anciens les en dissuadèrent, leur persuadant qu'il ne fallait pas si vite porter la guerre chez leurs frères, avant qu'on eût discuté les griefs, la loi ne permettant pas de mener une armée même contre des étrangers sans avoir envoyé une ambassade et fait d'autres tentatives de ce genre afin de faire revenir à d'autres sentiments ceux qui passent pour
152. avoir commis quelque iniquité[3]. Il convenait donc que, fidèles à la loi, on envoyât des députés aux Gabaéniens pour réclamer les coupables et, s'ils les livraient, qu'on se contentât de châtier ces derniers; que s'ils méprisaient cette demande, alors on irait les punir les
153. armes à la main. On envoie donc des députés aux Gabaéniens pour accuser les jeunes gens du crime commis contre la femme et demander qu'on livre en vue du châtiment ceux qui avaient commis
154. des actes iniques et mérité à cause de ces actes de périr. Mais les Gabaéniens ne livrèrent pas les jeunes gens et trouvèrent odieux d'obéir par peur de la guerre aux injonctions d'étrangers; ils prétendaient n'être inférieurs militairement à personne, ni quant au nombre, ni quant à la valeur. Ils se mirent donc à faire de grands préparatifs avec tous ceux de leur tribu qui s'étaient entendus avec eux pour une résistance désespérée afin de repousser les agresseurs.

155. 10[4]. Lorsqu'on annonça aux Israélites ces intentions des Gabaéniens, ils firent serment que nul d'entre eux ne donnerait sa fille en mariage à un homme de Benjamin et qu'ils marcheraient contre

1. *Jug.*, xx, 1.
2. La Bible les fait s'assembler à Miçpa (*Jug.*, xxi, 1).
3. Cette intervention des Anciens est imaginée par Josèphe, qui veut montrer qu'on s'est conformé à la loi mosaïque (*Deut.*, xx, 10). La Bible parle seulement d'envoyés chargés de réclamer la tête des coupables avant d'engager une guerre (*Jug.*, xx, 12-14).
4. *Jug.*, xxi, 1.

eux ; ils éprouvaient plus de colère à leur égard que nos ancêtres
156. n'en avaient eu, que nous sachions, à l'égard des Chananéens. Et
tout de suite ils menèrent contre eux une armée de 400.000 hoplites[1] ; les forces des Benjamites étaient de 25.600 hommes[2] parmi
lesquels 500 étaient fort experts à manier la fronde de la main gau-
157. che ; de sorte que, un combat s'étant livré près de Gabaa, les Benjamites mirent en fuite les Israélites, et ceux-ci perdirent 22.000
hommes. Il en aurait peut-être même péri davantage si la nuit ne
158. les avait arrêtés et séparé les combattants. Les Benjamites, joyeux,
se retirèrent dans la ville, et les Israélites, consternés par leur
défaite, dans leur camp. Le lendemain, l'engagement ayant recommencé, les Benjamites sont vainqueurs et il périt 18.000 Israé-
159. lites. Épouvantés par ce carnage, les Israélites quittèrent leur
campement. Parvenus dans la ville de Béthel, située tout près
de là, et ayant jeûné le lendemain, ils supplièrent Dieu par l'entremise de Phinéès, le grand-prêtre, d'apaiser sa colère contre eux et,
se contentant de leurs deux défaites, de leur donner la victoire et
des forces contre leurs ennemis. Dieu leur fait ces promesses et
Phinéès les leur annonce.
160. 11[3]. Après avoir divisé l'armée en deux parties, ils en embusquent la moitié, la nuit, autour de la ville, les autres en viennent
aux mains avec les Benjamites et se replient quand ceux-ci les
serrent de près. Puis les Benjamites les poursuivent et, comme les
Hébreux reculaient peu à peu et à une grande distance, désirant
les faire sortir complètement de la ville, ils suivent leur mouve-
161. ment de retraite, au point que même les vieillards et les jeunes
gens, qu'on avait laissés dans la ville à cause de leur débilité, accouraient avec eux au dehors, voulant de toutes leurs forces réunies
écraser les ennemis. Lorsqu'ils furent à une grande distance de la
ville, les Hébreux cessèrent de fuir ; faisant volte-face, ils se disposent à combattre et, pour avertir ceux qui étaient dans les embus-

1. *Jug.*, xx, 2.
2. Héb. : 26.000 hommes, plus 700 frondeurs; LXX : 23.000 (ou 25.000) plus 700 (*Jug.*, xx, 15).
3. *Jug.*, xx, 29.

162. cades, ils lèvent le signal convenu. Ceux-ci, se dressant en poussant des cris, tombèrent sur leurs ennemis. Ces derniers se virent
tombés dans un piège et se trouvèrent dans une situation inex-
tricable; refoulés dans une vallée encaissée, ils furent cernés par
les Hébreux, qui les accablèrent de traits, de sorte qu'ils périrent
163. tous, sauf 600. Ceux-ci, se ralliant et serrant les rangs, se firent
jour à travers les ennemis, s'enfuirent sur les montagnes voisines,
et, les ayant occupées, s'y installèrent. Tous les autres, au nombre
164. d'environ 25.000, périrent. Les Israélites brûlèrent Gabaa et
firent périr les femmes et les mâles non encore adultes ; ils en font
autant pour les autres villes des Benjamites. Ils étaient si enflammés
de colère que, la ville de Jabisos[1] (Jabès) de la Galaditide ne les
ayant pas aidés à combattre les Benjamites[2], ils envoyèrent contre
165. elle 12.000 hommes choisis, avec ordre de la détruire. Cette troupe
massacre dans la ville tout ce qui était en état de combattre, avec
les enfants et les femmes, sauf 400 jeunes filles. Tels furent les
excès où la colère les entraîna parce que, outre le crime commis
contre la femme du Lévite, ils étaient encore affectés de la perte
de tant de soldats.

166. 12[3]. Mais ils furent pris de repentir devant le désastre des Benjamites et ils s'imposèrent un jeûne à cause d'eux, bien qu'ils esti-
massent qu'ils avaient mérité leur châtiment pour avoir péché
contre les lois. Et ils appelèrent[4] par des ambassadeurs les 600 réfugiés qui s'étaient établis sur un rocher nommé Rhoa[5] dans le
167. désert. Les envoyés, déplorant un malheur qui ne frappait pas seulement les Benjamites, mais eux-mêmes, puisqu'ils étaient de la même
race que ceux qui avaient péri, les exhortèrent à le supporter avec
patience, à venir se joindre à eux et à ne pas décréter pour leur
part la ruine totale de la tribu de Benjamin : « Nous vous accor-
dons, dirent-ils, le sol de toute cette tribu et autant de butin que

1. Héb. : Yabès-Ghilead; LXX : Ιαβεὶς Γαλαάδ.
2. *Jug.*, XXI, 8.
3. *Ibid.*, XXI, 6.
4. *Ibid.*, XXI, 13.
5. Grenadier; Ῥοά traduit l'hébreu Rimmôn (le rocher de Rimmon, que les LXX rendent par ἡ πέτρα τοῦ Ῥεμμών).

168. vous pourrez en emporter. » Ceux-ci, reconnaissant que leurs malheurs étaient dus à un décret de Dieu et à leur propre iniquité, redescendirent dans la tribu de leurs pères, dociles à ces invitations. Les Israélites leur donnèrent pour femmes les 400 vierges de Jabès. Quant aux 200 non pourvus, ils virent à leur procurer aussi des fem-
169. mes, afin qu'ils en eussent des enfants. Comme ils avaient fait serment avant la guerre que leurs filles n'épouseraient point de Benjamites, quelques-uns étaient d'avis qu'on devait attacher peu d'importance à ces engagements inspirés par la colère, sans réflexion ni jugement, et qu'on ne ferait rien qui contrariât Dieu, si on pouvait conserver une tribu en danger de périr tout entière ; que les parjures n'étaient point graves ni dangereux quand ils étaient imposés par la nécessité, mais seulement quand on les commettait avec des intentions crimi-
170. nelles. Mais, comme les Anciens s'indignaient au mot de parjure, quelqu'un dit qu'il pouvait indiquer le moyen de leur procurer des femmes tout en tenant les serments. On lui demande quel est cet expédient. « Quand, dit-il, nous nous rendons trois fois l'an à Sélo,
171. nos femmes et nos filles nous accompagnent à la fête. Qu'on permette aux Benjamites d'enlever pour les épouser celles qu'ils pourront prendre, sans que nous les encouragions ni ne les empêchions. Et si les parents se fâchent et demandent à les punir, nous leur dirons qu'ils n'ont qu'à s'en prendre à eux-mêmes, parce qu'ils ne se sont pas souciés de veiller sur leurs filles, et qu'ils doivent abandonner tout ressentiment à l'égard des Benjamites, à qui on en
172. a déjà témoigné d'une manière précipitée et excessive. » Se rangeant à cet avis, ils décident de permettre aux Benjamites ce mariage par enlèvement, et, la fête arrivée, les 200, par groupes de deux ou trois, s'embusquèrent devant la ville à épier la venue des vierges parmi les vignes et tous les endroits où ils pourraient
173. demeurer inaperçus ; elles, tout en jouant, sans soupçonner ce qui allait se passer, cheminaient sans surveillance, et, tandis qu'elles allaient dispersées, les Benjamites, se dressant subitement, se saisirent d'elles. Ayant ainsi pris femmes, ils s'appliquèrent aux travaux des champs et firent tous leurs efforts pour revenir à leur pros-
174. périté antérieure. Voilà de quelle façon la tribu des Benjamites, en

danger de périr totalement, fut sauvée par la sagesse des Israélites; elle fut aussitôt florissante et fit de rapides progrès tant en nombre qu'en tout le reste.

CHAPITRE III

1. Établissement de la tribu de Dan. — 2. Les Israélites sous la domination des Assyriens. — 3. Keniaz les délivre.

75. 1[1]. C'est ainsi que se termina cette guerre; mais il advint que
la tribu de Dan eut à souffrir d'épreuves analogues; voici ce qui
76. la mit dans cette situation. Comme les Israélites avaient déjà abandonné l'exercice de la guerre et s'étaient adonnés aux travaux agri-
coles, les Chananéens, les considérant avec mépris, rassemblèrent
leurs forces, non qu'ils redoutassent aucun mal pour eux-mêmes,
mais, ayant acquis le ferme espoir de causer du dommage aux
Hébreux, ils comptaient désormais habiter leurs villes en sécurité.
77. Aussi se mirent-ils à équiper des chars et à enrôler des troupes;
leurs villes s'accordèrent ensemble; ils arrachèrent à la tribu de
Juda Ascalon et Accaron et beaucoup d'autres villes de la plaine;
ils forcèrent les Danites à se réfugier dans la montagne et ne leur
laissèrent pas dans la plaine la moindre place où poser le pied.
78. Ceux-ci[2], incapables de faire la guerre et n'ayant pas de territoire
suffisant, envoyent cinq hommes d'entre eux dans l'intérieur des
terres à la découverte d'une région qu'ils puissent coloniser[3]. Les

1. *Jug.*, I, 34; *Jos.*, XIX, 40.
2. *Ibid.*, XVIII, 1, 2, 7, 8-10, 29.
3. Josèphe laisse tout à fait de côté l'histoire de Micha, qui est contée au ch. XVII des *Juges* et se mêle, dans le ch. XVIII, au récit de l'expédition des Danites.

envoyés, parvenus non loin du mont Liban et de la plus petite des sources du Jourdain, dans la grande plaine, à une journée de marche de la ville de Sidon, et ayant reconnu une terre excellente et très fertile, en informent leurs frères. Ceux-ci, s'empressant d'y aller avec une armée, y fondent une ville Dan(a), ainsi appelée du nom du fils de Jacob, qui était aussi le nom de leur tribu.

179. 2[1]. Mais la situation des Israélites allait de mal en pis, parce qu'ils avaient perdu l'habitude de l'effort et négligeaient le culte de la divinité; en effet, une fois éloignés de la discipline de leur constitution, ils se laissaient entraîner à vivre selon leur plaisir et leur fantaisie individuelle; de sorte qu'ils s'abandonnèrent entièrement
180. aux vices qui avaient cours chez les Chananéens. Aussi Dieu se courrouce-t-il contre eux, et toute la prospérité qu'ils s'étaient acquise au prix de mille labeurs, ils la perdirent par la volupté. En effet, Chousarsathos[2], roi des Assyriens[3], ayant fait une expédition contre eux, beaucoup périrent dans des batailles, et des
181. sièges énergiques eurent raison de leurs villes[4]. Il y en eut qui, par crainte, se rendirent à lui spontanément; ils furent obligés de payer des tributs au-dessus de leurs moyens et ils subirent toutes sortes d'injures durant huit ans. Mais ensuite ils furent délivrés de leurs maux de la façon suivante.

182. 3. Un homme de la tribu de Juda, du nom de Keniaz(os)[5], plein d'activité et de noblesse d'âme, averti par un oracle de ne pas regarder avec indifférence la détresse des Israélites, mais d'essayer de relever leur liberté, après avoir exhorté à s'associer à ses dangers quelques hommes — il ne s'en trouva qu'un petit nombre qui avaient honte de l'état de choses présent et aspiraient à en
183. changer —, commence par massacrer la garnison de Chousarsathos qui était chez eux; puis, comme un plus grand nombre de combat-

1. *Jug.*, III, 5.
2. Héb. : Kouschan-Rischathaïm; LXX : Χουσαρσαθαίμ.
3. Roi d'Aram, selon la Bible.
4. *Jug.*, III, 9.
5. Héb. : Othniel; LXX : Γοθονιήλ. Othniel, d'après la Bible, est fils de Kenaz; Josèphe a nommé le père au lieu du fils. Dans l'argument du livre V on lit même Kenez, fils d'Athniel. Naber corrige hardiment le texte : Ὀθνίηλος, Κενίζου υἱός.

tants se joignait à eux, parce que les débuts de l'entreprise n'avaient pas mal réussi, ils engagent le combat avec les Assyriens et, les ayant complètement repoussés, les obligent à repasser l'Euphrate.
184. Keniaz, qui avait ainsi donné une preuve effective de sa vaillance, reçoit pour récompense le pouvoir de la part du peuple, afin de juger la nation. Et après un gouvernement de quarante ans, il meurt.

CHAPITRE IV

1. Les Israélites tributaires d'Eglon, roi de Moab. — 2. Eoud tue Eglon. — 3. Les Hébreux taillent en pièces les Moabites; gouvernements d'Eoud, de Samgar.

185. 1[1]. Après sa mort, les affaires des Israélites furent de nouveau en mauvais état, faute de gouvernement, et leur négligence à rendre
186. hommage à Dieu et à obéir aux lois l'aggrava encore. Aussi, plein de mépris pour le désordre qui régnait dans leur État, Eglon[2], le roi des Moabites, porta la guerre contre eux, et, après avoir eu la victoire dans beaucoup de combats et soumis ceux qui montraient
187. plus de fierté que les autres, humilia tout à fait leur puissance et leur imposa tribut. Puis, s'étant établi une résidence royale à Jéricho[3], il ne négligea rien pour molester le peuple et les ré-

1. *Jug.*, III, 12.
2. LXX : Ἐγλώμ.
3. Dans l'Écriture. Jéricho n'est pas nommée. On trouve l'expression « ville des palmiers ». Le Targoum traduit aussi par Jéricho. Cette interprétation est remarquable, puisqu'elle semble ignorer la destruction de Jéricho par Josué. Il est vrai que Jéricho est encore mentionnée nommément sous David (II *Samuel*, x, 5).

duisit à la pauvreté pendant dix-huit ans. Mais Dieu, ayant pris pitié des souffrances des Israélites et exaucé leurs supplications, les arracha aux violences des Moabites. Ils furent délivrés de la façon suivante.

188. 2[1]. Un jeune homme de la tribu de Benjamin, nommé Éoud(ès)[2], fils de Géra, rempli d'une hardiesse virile et doué pour l'action de grandes aptitudes corporelles, avec une adresse particulière dans la main gauche, où résidait toute sa force, habitait également à
189. Jéricho; il devint le familier d'Eglon, le flattant par des présents et cherchant à capter sa confiance, et arriva ainsi à être très aimé
190. aussi des gens de l'entourage du roi. Un jour qu'avec deux serviteurs il apportait des présents au roi, s'étant ceint en secret d'un poignard autour de sa cuisse droite, il pénétra auprès de lui; on était en été et, comme midi était venu, les gardes étaient relâchées, à cause de la chaleur et parce qu'on était occupé à dîner.
191. Le jeune homme, ayant donc donné les présents à Eglon, qui se tenait dans une salle bien aménagée contre la chaleur, entra en conversation avec lui. Ils étaient seuls, le roi ayant ordonné aux serviteurs qui entraient de se retirer parce qu'il avait à
192. causer avec Eoud. Il était assis sur un trône, et Eoud fut pris de peur de manquer son coup et de ne pas lui faire une blessure mortelle. Il le fait donc lever en lui disant qu'il a un songe à lui raconter
193. sur l'ordre de Dieu. Le roi, dans la joie d'entendre un songe, se lève en sautant de son trône, mais Eoud, l'ayant frappé au cœur et laissé le poignard dans la blessure, sort en poussant les portes. Les serviteurs demeurèrent en repos, pensant que le roi s'était abandonné au sommeil.

194. 3[3]. Quant à Eoud, mettant les gens de Jéricho au courant secrètement, il les exhorta à ressaisir leur liberté. Ceux-ci l'écoutèrent avec plaisir, coururent eux-mêmes aux armes et envoyèrent

1. *Jug.*, III, 15.
2. Héb. : Ehoud ; LXX : Ἀώδ. Josèphe traduit exactement les mots *benhayyemini* de l'Écriture par « de Benjamin. » Les LXX font de *yemini*, non un adjectif, mais le nom du grand-père d'Ehoud.
3. *Jug.*, III, 26.

des messagers par le pays pour donner le signal à son de cornes
de bélier; car c'était ainsi qu'on avait coutume de convoquer le
195. peuple. Les gens d'Eglon ignorèrent longtemps le sort du roi;
mais quand vint le soir, craignant qu'il ne lui fût arrivé quelque
chose d'insolite, ils pénétrèrent dans la salle, et trouvant son cadavre,
se virent dans un grand désarroi. Avant que la garnison pût
196. se réunir, la foule des Israélites marchait sur eux. Les uns sont
aussitôt massacrés; les autres prennent la fuite, pensant se sauver
en Moabitide; ils étaient plus de dix mille. Mais les Israélites,
qui avaient occupé d'avance les gués du Jourdain, les pourchassèrent
et les tuèrent; pendant le passage ils en massacrent une
197. quantité et pas un n'échappa de leurs mains. C'est ainsi que les
Hébreux furent délivrés de la servitude des Moabites. Eoud, qui
fut pour cette raison honoré du gouvernement de tout le peuple,
mourut après avoir occupé sa charge pendant quatre vingts-ans[1],
homme digne d'éloges, même indépendamment de l'exploit précité.
Après lui[2], Sanagar(os)[3], fils d'Anath(os), élu pour gouverner,
mourut la première année de son gouvernement[4].

1. La Bible dit simplement (*Juges*, III, 30) : Et le pays fut en repos pendant 80 ans. Il n'est pas question d'une judicature d'Aod.
2. *Jug.*, III, 31.
3. Héb. : Samgar; LXX : Σαμεγὰρ, υἱὸς Ἀινὰχ ou Ἀνὰθ dans *Juges*, V, 6).
4. L'Écriture ne donne pas de durée pour Samgar; elle ne dit pas non plus qu'il ait été juge.

CHAPITRE V

1. Asservissement des Israélites par Yabin, roi des Chananéens, et son général Sisarès. — 2. La prophétesse Débora et Barac. — 3. Débora part avec Barac pour la guerre. — 4. Victoire des Israélites ; mort de Sisarès et de Yabin.

198. 1[1]. De nouveau les Israélites, qui n'avaient pris aucune leçon de sagesse dans leurs premiers malheurs dus à leur négligence à honorer Dieu et à obéir aux lois, avant d'avoir pu respirer un peu depuis que les Moabites les avaient asservis, tombent sous le joug
199. de Yabin(os), roi des Chananéens[2]. Ce dernier, parti de la ville d'Asôr(os), située sur le lac Séméchônitis[3], entretenait une armée de 300.000 hoplites, de 10.000 cavaliers, et il possédait 3.000 chars[4]. Le général de ces troupes, Sisarès[5], qui était au premier rang dans la faveur du roi, fit beaucoup de mal aux Israélites qui se mesurèrent avec lui, si bien qu'il les força à leur payer tribut.
200. 2[6]. Ils passèrent vingt ans dans cette pénible situation, incapables, quant à eux, de s'assagir dans l'adversité et Dieu voulant longuement dompter leur insolence à cause de leur ingratitude à son égard, afin qu'à l'avenir, changeant de conduite, ils vinssent à résipiscence, sachant que ces calamités leur arrivaient pour avoir

1. *Jug.*, IV, 1.
2. Le *Laurentianus* seul a ici la leçon Iabimos, les autres mss. de Josèphe appellent le roi Abitès ou Abitos.
3. Ou lac Mérom.
4. Ces chiffres sont à peu près les mêmes et aussi fantaisistes que plus haut (§ 64). L'Écriture dit que l'ennemi possédait 900 chars de guerre.
5. Héb. : Sisera ; LXX : Σισάρα.
6. *Jug.*, IV, 3.

201. méprisé les lois. Ils supplièrent alors une certaine prophétesse appelée Débora[1] — ce nom signifie *abeille* dans la langue des Hébreux — de prier Dieu de les prendre en pitié et de ne pas les laisser anéantir par les Chananéens. Dieu leur promit le salut et choisit pour général Barac(os) de la tribu de Nephthali. Barac veut dire *éclair* dans la langue des Hébreux.

202. 3[2]. Débora, ayant mandé Barac, lui ordonna de choisir une troupe de 10.000 jeunes gens, puis de marcher contre les ennemis; ce chiffre
203. suffisait, Dieu l'avait prescrit et il avait prédit la victoire. Mais comme Barac déclarait qu'il ne conduirait pas ses troupes sans qu'elle les conduisît avec lui, elle s'indigne : « Quoi ! dit-elle, tu fais abandon à une femme de la dignité que Dieu t'accorde : eh bien ! je ne la récuserai pas ! » Alors, ayant rassemblé les 10.000 hommes, ils allèrent camper près du mont Itabyrion (Thabor).

204. 4[3]. Sisarès alla à leur rencontre, sur l'ordre du roi, et ils campent non loin de leurs ennemis. Comme les Israélites et Barac, terrifiés de la multitude des ennemis, songeaient à rentrer chez eux, Débora les retint en leur ordonnant de livrer bataille le jour même; car ils vaincraient et Dieu leur prêterait assistance.
205. Ils en vinrent donc aux mains et pendant la mêlée survient un grand orage[4] avec force pluie et grêle; le vent chassait la pluie sur le visage des Chananéens, leur obscurcissant la vue, de sorte que leurs arcs et leurs frondes leur devinrent inutiles; et les hoplites, glacés par le froid, ne pouvaient se servir de leurs
206. épées. Quant aux Israélites, ils étaient moins incommodés par l'orage, qui les frappait dans le dos et ils prenaient confiance à la pensée du secours de Dieu; aussi, se poussant au milieu de leurs ennemis, ils en massacrèrent beaucoup. Les uns pressés par les

1. Dans l'Ecriture, Débora est plus qu' « une certaine prophétesse », elle gouverne Israël (*Juges*, IV, 4) et lui rend la justice.
2. *Jug.*, IV, 6.
3. *Ibid.*, IV, 13.
4. La Bible n'en parle pas; peut-être que cette partie du récit de Josèphe lui est inspirée par un verset du Cantique de Débora (*Juges*, V, 20) : « Les cieux ont pris part au combat; les étoiles dans leurs orbites ont combattu avec Sisera. »

Israélites, les autres mis en désordre par leur propre cavalerie, tombèrent, de sorte que beaucoup périrent écrasés sous les chars.
207. Mais Sisarès, ayant sauté à bas de son char dès qu'il vit la déroute commencée, prend la fuite et arrive chez une femme des Kénites nommée Yalé [1]: celle-ci accepte de le cacher comme il le désire et Sisarès ayant demandé à boire, elle lui donne du lait déjà cor-
208. rompu [2]. Ayant bu trop abondamment, il tombe dans le sommeil. Et Yalé, tandis qu'il dort, lui enfonce avec un marteau un clou de fer à travers la bouche et la gorge et transperce le plancher; puis aux gens de Barac venus peu après, elle le montre cloué à terre [3].
209. C'est ainsi que la victoire resta, selon la prédiction de Débora [4], aux mains d'une femme; Barac, ayant marché contre Asôr, tua Yabin [5] dans une rencontre, et, une fois le général abattu, après avoir ruiné la ville de fond en comble, il resta général des Israélites pendant quarante ans [6].

1. Héb. et LXX : Yaël.
2. L'Écriture ne dit pas que le lait fût corrompu.
3. Dans la Bible, c'est à Barac seul qu'elle le montre (*Jug.*, IV, 22).
4. *Jug.*, IV, 9.
5. Ici les mss. de Josèphe portent Ioabinos ou Iabinos (*Laurentianus* : Iabimos); il semble que Josèphe n'ait pas reconnu l'identité de ce nom avec l'Abitos du § 198. C'est pourquoi il fait ici de Iabinos le général (στρατηγός) et non le roi des Chananéens [T. R.].
6. *Jug.*, V, 31. La Bible dit seulement que le pays fut en repos pendant quarante ans.

CHAPITRE VI

1. *Déprédations des Madianites.* — 2. *Mission donnée à Gédéon.* — 3. *Constitution de l'armée de Gédéon.* — 4. *Songe d'un soldat madianite.* — 5. *Défaite des Madianites ; mort de leur chefs.* — 6. *Mécontentement de la tribu d'Éphraïm ; Gédéon l'apaise.* — 7. *Gouvernement et mort de Gédéon.*

210. 1[1]. Barac et Débora étant morts dans le même temps, les Madianites, ayant convié les Amalécites et les Arabes, marchent contre
les Israélites, les vainquent dans un engagement et, ayant
211. ravagé les moissons, emportent du butin. Comme ils en usèrent
ainsi pendant sept ans, la plupart des Israélites partirent pour les
montagnes et désertèrent les plaines; ils se firent des souterrains et
des cavernes où ils mirent en sûreté tout ce qui avait échappé aux
212. ennemis. Car les Madianites, qui faisaient la guerre au printemps,
permettaient pendant l'hiver aux Israélites de se livrer à l'agriculture, afin qu'à la suite de leurs travaux ils eussent quelque chose à
ravager. De là, famine et disette de vivres, et l'on se met à invoquer
Dieu, lui demandant le salut.
213. 2[2]. Or Gédéon[3], fils de Yôas, un des notables de la tribu de
Manassé, emportait des gerbes d'épis et les battait en cachette dans
le pressoir ; car, à cause des ennemis, il appréhendait de le faire
ouvertement dans l'aire. Un fantôme lui étant apparu sous l'aspect
d'un jeune homme et l'ayant nommé bienheureux et cher à Dieu,
aussitôt pour réponse : « En vérité, dit-il, c'est une marque consi-

1. *Jug.*, vi, 1.
2. *Ibid.*, vi, 11.
3. Héb. : Ghideôn.

dérable de sa bonté que je me serve d'un pressoir au lieu d'aire! »
214. Mais l'apparition l'ayant exhorté à prendre courage et à essayer de recouvrer la liberté, il lui dit que cela lui était impossible : en effet, la tribu dont il faisait partie n'avait pas assez d'hommes; lui-même était trop jeune et trop faible pour méditer de si grands desseins. Cependant Dieu lui-même promit de suppléer à ce qui lui manquait et de procurer la victoire aux Israélites, s'il se mettait à leur tête.
215. 3[1]. Gédéon raconta cette apparition à quelques jeunes gens et trouva créance[2]; sur-le-champ une armée de 10.000 hommes[3] fut prête à la lutte. Mais Dieu, étant apparu à Gédéon pendant son sommeil, lui représente que la nature humaine est égoïste et qu'elle hait les mérites éclatants, de sorte que, loin de laisser paraître la victoire comme l'œuvre de Dieu, on se l'attribue à soi-même, sous prétexte qu'on est une grande armée, capable de se mesurer avec les
216. ennemis. Aussi pour qu'ils apprissent que c'était là le fait de l'assistance divine, il lui conseillait de mener l'armée au milieu du jour, au plus fort de la chaleur, vers le fleuve; alors ceux qui se mettraient à genoux pour boire, il les tiendrait pour des vaillants, mais pour ceux qui boiraient hâtivement et en désordre, il devrait recon-
217. naître en eux des lâches, saisis de peur devant les ennemis. Gédéon ayant agi conformément aux ordres de Dieu, il se trouva 300 hommes qui, par peur, se servirent de leurs mains pour porter l'eau à leur bouche dans un grand trouble; et Dieu lui dit d'emmener ceux-là[4] pour attaquer les ennemis. Ils allèrent donc camper au-dessus du Jourdain, prêts à le franchir le lendemain.

1. *Jug.*, VII, 3.

2. Josèphe ne dit rien des miracles accomplis par l'ange pour donner confiance à Gédéon, ni de l'épisode où l'on voit Gédéon renverser pendant la nuit l'autel de Baal dans la maison de son père, ce qui lui attire les colères des gens de la ville et lui vaut le surnom de Jérubbaal (*Jug.*, VI, 17-40). Ces lacunes ont, sans doute, un caractère tendancieux : Josèphe évite volontiers de rapporter les faits trop surnaturels et, d'autre part, il prend des précautions avec le paganisme. Voir à ce sujet *Ant.*, IV, § 207, note.

3. Dans l'Écriture, cette armée de 10.000 hommes constitue déjà un effectif réduit, après le départ des 22.000 hommes qui eurent peur d'affronter la lutte.

4. L'interprétation que donne Josèphe du passage des *Juges* (VII, 4-8) est extraordinaire. Le sens naturel paraît être que ceux qui se penchaient (ou plutôt

218. 4[1]. Comme Gédéon était en proie à la crainte, — car Dieu lui avait prescrit d'attaquer de nuit, — voulant le tirer d'inquiétude, Dieu lui ordonne en s'accompagnant d'un de ses soldats de s'approcher des tentes des Madianites; c'était chez eux-mêmes qu'il puiserait
219. du courage et de l'assurance. Il obéit et s'en va, prenant avec lui Phouran[2], son serviteur, et, s'étant approché d'une tente, il surprend ceux qui y logeaient tout éveillés, l'un racontant à son compagnon un songe, de manière que Gédéon put l'entendre. Voici quel était ce songe. Il lui semblait qu'une galette d'orge, trop grossière pour être mangée par des hommes, roulant à travers tout le campement,
220. avait jeté bas la tente du roi et celles de tous les soldats. L'autre estimait que la vision présageait la ruine de l'armée et dit ce qui le lui faisait croire; de toutes les semences l'orge était réputée par tout le monde la plus grossière[3], « et de toutes les races asiatiques, celle des Israélites est ce qu'on peut voir à pré-
221. sent de plus vil, comme la semence d'orge. Et ce qui chez les Israélites avait maintenant de hautes visées, c'était Gédéon et la troupe qui l'accompagnait. Or, puisque tu me dis que tu as vu le pain d'orge abattre nos tentes, je crains que Dieu n'ait accordé à Gédéon la victoire sur nous. »

222. 5[4]. Quand Gédéon eut entendu ce songe, il conçut bon espoir et prit confiance, et il ordonna aux siens de se tenir en armes, après leur avoir raconté aussi la vision des ennemis. Ceux-ci se mon-

s'agenouillaient pour boire) étaient des adorateurs de Baal, indignes, en conséquence, d'aller combattre avec Gédéon, tandis que ceux qui puisaient l'eau dans leurs mains hâtivement étaient les plus pressés d'aller se battre, les plus vaillants. Josèphe explique ces deux actes à l'inverse et veut sans doute donner à entendre que Dieu fait choix des plus timorés pour faire paraître la victoire plus extraordinaire. Josèphe est certainement dans le faux, puisque la première sélection des troupes de Gédéon s'est faite précisément pour éliminer ceux qui manquaient de courage : c'est même pour cette raison sans doute que Josèphe néglige d'en parler (v. note précédente).

1. *Jug.*, VII, 9.
2. Héb. : Phoura.
3. Le Talmud aussi considère l'orge comme une chose vile. Le sacrifice de la femme adultère était une offrande d'orge. Le Talmud (*Sota*, 9 *a*, 15 *b*) l'appelle « aliment de bêtes ».
4. *Jug.*, VII, 16.

trèrent tout prêts à suivre ses instructions, exaltés par ce qui leur
223. avait été révélé, et, à peu près vers la quatrième veille[1], Gédéon
conduisit en avant son armée, qu'il avait divisée en trois fractions, chacune de cent hommes. Tous portaient des amphores vides avec des torches allumées à l'intérieur, de peur que leur arrivée ne se dénonçât aux ennemis, et ils tenaient dans la main droite une corne
224. de bélier, dont ils se servaient en guise de trompettes. Le campement des ennemis occupait une vaste étendue — car ils se trouvaient avoir une grande quantité de chameaux, — et, répartis par peuples,
225. ils campaient tous dans une même enceinte. Les Hébreux avaient été prévenus, lorsqu'ils se trouveraient à proximité des ennemis, d'avoir, au signal convenu, à sonner de leurs trompettes, à fracasser leurs amphores, puis à s'élancer avec leurs torches sur leurs ennemis en poussant de grands cris et à vaincre, Dieu devant assister Gédéon :
226. ils exécutèrent ce plan. Un grand trouble et une vive terreur saisit les hommes encore endormis, car c'était la nuit et Dieu l'avait ainsi décidé. Peu furent tués par leurs ennemis, la plupart furent victimes de leurs alliés par suite de la diversité des langages. Une fois plongés dans le désarroi, ils tuaient tous ceux qu'ils rencon-
227. traient, les croyant ennemis. Il se fit un grand carnage, et, le bruit étant venu aux Israélites de la victoire de Gédéon, ceux-ci prennent les armes et, se mettant à la poursuite des ennemis, les joignent dans une vallée entourée de ravins qu'ils ne pouvaient franchir : les ayant cernés, il les tuent tous avec deux de leurs
228. rois, Orèb(os) et Zèb(os). Les autres chefs emmenant les soldats survivants — il y en avait environ 18.000[2] — établissent leur camp très loin des Israélites. Gédéon ne renonce pas à la lutte, mais, s'étant mis à leur poursuite avec toute son armée, il livre bataille, taille en pièces tous les ennemis et emmène prisonniers les chefs
229. restants, Zebès[3] et Salmana[4]. Il périt dans ce combat environ

1. Au commencement de la seconde, d'après l'Écriture.
2. 15.000, d'après l'Écriture.
3. Héb. : Zébaḥ ; LXX : Ζεβεέ.
4. Héb. : Çalmouna.

120.000[1] hommes des Madianites et des Arabes qui s'étaient joints à eux. Un butin abondant, de l'or, de l'argent, des tissus, des chameaux et des bêtes de somme, fut saisi par les Hébreux. Gédéon, revenu à Ephron[2], sa patrie, mit à mort les rois des Madianites.

230. 6[3]. Mais la tribu d'Ephraïm, mécontente des succès de Gédéon, résolut de marcher contre lui; elle lui reprochait de ne point les avoir prévenus de l'entreprise dirigée contre les ennemis. Gédéon, qui était modéré et possédait toutes les vertus à un degré éminent, leur dit que ce n'était pas de lui-même, méditant un dessein personnel, qu'il s'était attaqué aux ennemis sans s'adresser à eux, c'était Dieu qui le lui avait ordonné; quant à la victoire, elle ne leur ap-
231. partenait pas moins qu'à ceux qui avaient fait campagne. Et ayant ainsi apaisé leur ressentiment, il fit plus de bien aux Hébreux par ses paroles que par ses succès militaires; il les sauva, au moment où ils allaient commencer une guerre civile. Cependant, pour son attitude injurieuse, cette tribu subit un châtiment que nous raconterons au moment voulu.

232. 7[4]. Gédéon, qui voulait se démettre du gouvernement, fut contraint de le garder pendant quarante ans; il rendait la justice et connaissait des différends qu'on évoquait devant lui; tout ce qu'il prononçait faisait autorité. Mort à un âge avancé, il fut enterré dans Ephron, sa patrie.

1. Ce chiffre n'est pas donné dans la Bible.
2. Héb. : Ophra; LXX : 'Εφραθά.
3. *Jug.*, VIII, 1.
4. *Ibid.*, 22.

CHAPITRE VII

1. Meurtre des fils de Gédéon par le bâtard Abiméléch. — 2. Apologue de Jôtham aux habitants de Sichem; expulsion d'Abiméléch. — 3. Hostilités contre lui. — 4. Siège de Sichem par Abiméléch; massacre des Sichémites. — 5. Mort d'Abiméléch. — 6. Gouvernement de Yaïr. — 7. Les Israélites asservis par les Ammonites et les Philistins. — 8. On s'adresse à Jephté. — 9. Échec des pourparlers avec le roi ammonite. — 10. Vœu de Jephté; victoire des Israélites; sacrifice de la fille de Jephté. — 11. Guerre avec la tribu d'Ephraïm. — 12. Mort de Jephté. — 13. Gouvernement d'Ibsan. — 14. Gouvernement d'Elon. — 15. Gouvernement d'Abdon.

233. 1[1]. Il avait soixante-dix fils légitimes, — car il avait épousé beaucoup de femmes, — et un bâtard né d'une concubine, Drouma[2], nommé Abiméléch(os); ce dernier, après la mort de son père, s'était retiré à Sichem[3] chez les parents de sa mère, originaire de cet en-

1. *Jug.*, VIII, 30.

2. L'Écriture ne donne pas le nom de cette femme. Mais on est tenté de voir dans Drouma une altération d'Arouma, nom de la résidence d'Abiméléch d'après *Jug.*, IX, 41. Reste à savoir comment ce nom de ville a pu devenir dans Josèphe le nom de la mère d'Abiméléch, alors que la Bible assigne à celle-ci Sichem pour origine. D'après A. Mez (*Die Bibel des Josephus*, Bâle, 1895, p. 13 et suiv.), il faudrait supposer que Josèphe avait sous les yeux dans sa Bible grecque une notice, aujourd'hui perdue, qui établissait une relation entre la mère d'Abiméléch et la ville d'Arouma, contredisant ainsi *Jug.*, VIII, 31. Selon une hypothèse que nous propose M. Israël Lévi, Josèphe a peut-être trouvé le nom de Drouma dans le *Livre des Jubilés*, qui paraît avoir embrassé toute l'histoire des Israélites et qui s'ingénie à donner aux personnages anonymes de la Bible des noms de fantaisie.

3. *Jug.*, IX, 1.

droit, et, ayant reçu de l'argent de ces gens,...[1] célèbres par la mul-
234. titude de leurs iniquités, il vient avec eux dans la maison de son
père et massacre tous ses frères, à l'exception de Jôtham(os); ce
dernier survit, en effet, ayant eu la bonne fortune de s'échapper.
Abimélech change l'état existant en tyrannie, se proclamant maître
de faire ce qui lui plaisait à l'encontre des lois et montrant une vive
acrimonie à l'égard des défenseurs de la justice.
235. 2[2]. Un jour que les habitants de Sichem célébraient une fête publique et que tout le peuple y était rassemblé, son frère Jôtham,
qui avait pu s'échapper comme nous le disions, ayant gravi le
mont Garizin, — qui domine la ville de Sichem, — se mit à crier
à portée de voix du peuple, l'invitant à rester tranquille et à
236. écouter ce qu'il avait à lui dire[3]. Le silence établi, il raconta
qu'un jour les arbres, se mettant à parler d'une voix humaine,
se réunirent et demandèrent au figuier[4] de régner sur eux. Comme
celui-ci refusa parce qu'il jouissait de l'estime que lui valaient ses
fruits, estime bien à lui et qui ne lui venait pas du dehors, les arbres
ne renoncèrent pas à leur projet d'un gouvernement, mais furent
237. d'avis d'offrir cette dignité à la vigne. Et la vigne, élue par eux, eut
les mêmes arguments que le figuier pour refuser le pouvoir. Comme
les oliviers firent de même, l'épine, — à qui les arbres demandèrent
238. d'accepter la royauté, elle dont le bois est très propre à la combustion, — promit de prendre le pouvoir et de se montrer active. Mais
il fallait que les autres vinssent s'asseoir à son ombre : que s'ils méditaient sa perte, ils seraient détruits par le feu qui était en elle :
239. « Si je raconte tout cela[5], dit Jôtham, ce n'est pas pour faire rire,
c'est parce qu'après tant de bienfaits dus à Gédéon, on souffre qu'Abi-

1. On a supposé avec raison qu'il y avait ici dans le grec une lacune. D'après *Juges*, IX, 4, il doit manquer à peu près ceci : « Abimélech enrôla des misérables, etc... » La phrase grecque telle qu'elle nous a été transmise n'est pas même correcte.

2. *Jug.*, IX, 7.

3. Écrire et ponctuer : ἐκβοήσας εἰς ἐπήκοον τοῦ πλήθους, ἡσυχίαν αὐτῷ παρασχόντας.

4. Dans l'Écriture, c'est à l'olivier que les arbres s'adressent d'abord.

5. *Jug.*, IX, 16.

méléch ait la puissance souveraine, après l'avoir aidé à assassiner ses frères, lui qui va vous apparaître comme un véritable feu. » Ayant ainsi parlé, il se retira et vécut caché dans les montagnes pendant trois ans, par crainte d'Abiméléch.

240. 3[1]. Mais, peu de temps après la fête[2], les Sichémites, se repentant du meurtre des fils de Gédéon, chassent Abiméléch de leur ville et de leur tribu. Celui-ci résolut de faire du mal à la ville. L'époque de la vendange arrivée, les habitants appréhendaient de s'éloigner
241. pour faire la récolte, de peur qu'Abiméléch ne les maltraitât. Mais comme un des chefs, Gaal(ès), avait émigré chez eux avec des soldats et ses parents, les Sichémites le supplient de leur donner une escorte pendant qu'ils vendangeront. Celui-ci ayant accueilli leur requête, ils s'en vont accompagnés de Gaal à la tête de sa troupe.
242. Ainsi les fruits furent rentrés en sécurité, et dans leurs repas en commun ils osèrent publiquement dire du mal d'Abiméléch ; et les chefs, installant des embuscades autour de la ville, surprirent et tuèrent beaucoup des gens d'Abiméléch.

243. 4[3]. Un certain Zéboul(os), un chef des Sichémites, hôte d'Abiméléch, lui envoya un message pour l'avertir que Gaal excitait le peuple et l'exhorta à se mettre en embuscade devant la ville ; il se chargeait de faire faire à Gaal une sortie contre Abiméléch, et dès lors celui-ci serait à même de tirer vengeance de son ennemi ;
244. cela fait, il tâcherait de le réconcilier avec le peuple. Là-dessus, Abiméléch alla se mettre en embuscade. Gaal se trouvait dans le faubourg de la ville sans prendre de précautions, en compagnie de
245. Zéboul. Ayant aperçu des soldats qui s'avançaient, Gaal dit à Zéboul que des hommes arrivaient vers eux en armes. Celui-ci déclara que c'étaient des ombres de rochers, mais quand ils furent plus près, observant avec soin, il lui dit que ce n'étaient pas des ombres, mais une troupe d'hommes. Alors Zéboul : « N'était-ce

1. *Jug.*, IX, 22.
2. Dans la Bible il est bien dit qu'Abiméléch fut renversé après trois ans de règne, mais nullement que cet événement ait suivi de près la fête où Jotham fit son discours. Ces deux renseignements seraient d'ailleurs contradictoires, et l'on peut supposer que les mots τῆς ἑορτῆς sont interpolés [T. R.].
3. *Ibid.*, 30.

pas toi, dit-il, qui reprochais à Abimélech sa lâcheté ? Pourquoi ne montres-tu pas ta grande valeur en engageant un combat avec lui ? »
246. Gaal, tout troublé, en vient aux mains avec la troupe d'Abimélech ; quelques-uns des siens tombent ; lui-même s'enfuit dans la ville, en emmenant les autres. Et Zéboul intrigue en sorte qu'on expulse Gaal de la ville, en l'accusant d'avoir mollement lutté contre les
247. soldats d'Abimélech[1]. Cependant Abimélech, informé que les Sichémites allaient de nouveau sortir pour la vendange, dispose des embuscades tout autour de la ville ; dès qu'ils sont sortis, le tiers de l'armée occupe les portes pour empêcher les citoyens de rentrer, les autres courent après ceux qui s'étaient dispersés et partout on se
248. livre au carnage. Puis, ayant rasé la ville jusqu'au sol, — car elle ne tint pas devant le siège, — il sema du sel sur les ruines et s'en alla ; c'est ainsi que tous les Sichémites périrent. Quant à ceux qui, s'étant dispersés dans la campagne, avaient échappé au danger, s'étant ralliés sur une roche[2] escarpée, ils s'y installèrent et se
249. mirent en devoir de l'entourer d'un rempart. Mais Abimélech les prévint ; informé de leur dessein, il vint sur eux avec des forces et, ayant donné l'exemple de jeter autour de ce lieu des fagots de bois sec, il invita ses troupes à en faire autant. Et comme le rocher est bientôt tout environné, ils mettent le feu au bois en y joignant les matières les plus facilement inflammables et font s'élever une
250. grande flamme. Nul ne put se sauver du rocher ; ils périrent avec femmes et enfants, les hommes au nombre d'environ quinze cents[3], le reste en assez grande quantité.

Telle est la catastrophe qui s'abattit sur les Sichémites et qui n'eût jamais été assez déplorée, si elle n'avait été justifiée, après un si grand crime commis contre un bienfaiteur.

251. 5[4]. Abimélech, ayant terrorisé les Israélites par le désastre des Sichémites, laissa voir qu'il méditait de plus grands desseins et qu'il ne mettrait pas de limite à ses violences qu'il n'eût fait périr tout

1. La Bible ne donne pas de motifs à l'expulsion de Gaal.
2. La Bible parle d'une tour.
3. Mille seulement dans l'Écriture.
4. *Jug.*, IX, 50.

le monde. Il marcha donc sur Thèbas[1], prit la ville à l'improviste ; mais comme il y avait là une grande tour où toute la foule
252. s'était réfugiée, il se prépara à l'assiéger. Au moment où il s'élançait lui-même près des portes, une femme lui jeta un fragment de meule et l'atteignit à la tête. Abimélech, précipité à terre, pria son écuyer de le tuer, pour que sa mort ne parût pas l'œuvre d'une
253. femme. Celui-ci exécute cet ordre, et tel fut le châtiment qu'Abimélech subit pour le crime commis contre ses frères et son entreprise contre les Sichémites. Le malheur qui accabla ces derniers réalisa la prédiction de Jôtham. Quant à l'armée d'Abimélech, dispersée à la mort de son chef, elle rentra dans ses foyers.

254. 6[2]. Le gouvernement des Israélites fut pris alors par Yaïr(ès)[3] de Galad, de la tribu de Manassé ; ce personnage eut toute espèce de prospérités et notamment engendra de vaillants enfants, au nombre de trente, excellents cavaliers, et qui furent chargés du gouvernement des villes de la Galadène. Lui-même, après avoir occupé le pouvoir pendant vingt-deux ans, mourut âgé et fut honoré d'une sépulture dans la ville de Kamôn en Galadène.

255. 7[4]. Cependant tout chez les Hébreux tomba dans le désordre et la rébellion contre Dieu et les lois ; aussi, les prenant en mépris, les Ammanites et les Philistins saccagèrent avec une grande armée leur pays, et ayant occupé toute la Pérée[5], ils osèrent passer le fleuve
256. pour aller conquérir encore le reste. Mais les Hébreux, assagis par leurs malheurs, se mirent à supplier Dieu et lui offrirent des sacrifices en le conjurant de montrer de l'indulgence et, se laissant fléchir par leurs prières, de mettre un terme à sa colère. Et Dieu, revenant à plus de douceur, résolut de leur porter secours.

1. Héb. : Thébeç ; LXX : Θήβης.
2. *Jug.*, x, 3.
3. Josèphe ne parle pas du juge Thôla que la Bible place entre Abimélech et Yaïr (*Juges*, x, 1-2) et à qui elle attribue un gouvernement de vingt-trois ans.
4. *Jug.*, x, 6.
5. La Pérée est la partie de la Terre Sainte située à l'orient du Jourdain : il semble donc peu probable que les Philistins, habitants de la côte, aient pris une part quelconque à la conquête de ce pays. Leur mention dans la Bible (*Juges*, x, 7) et dans Josèphe semble donc résulter d'une erreur [T. R.].

257. 8[1]. Les Ammanites ayant pénétré en Galadène, les gens du pays
allèrent au devant d'eux sur la montagne, mais ils manquaient
d'un chef qui pût se mettre à leur tête. Or il y avait un certain
Jephté[2] (Jephthès)[3], un homme puissant par son courage hérédi-
taire et grâce à une force armée qu'il entretenait à ses frais.
258. Ayant donc envoyé vers lui, ils le prièrent de combattre avec eux,
promettant de lui assurer pour toujours le commandement en chef.
Mais lui n'agrée pas leur requête, leur reprochant de ne point
l'avoir assisté lui-même quand il avait été victime publiquement de
259. l'injustice de ses frères. Comme, en effet, il n'était pas leur frère
utérin, mais un étranger par sa mère, que leur père, épris d'amour,
leur avait amenée, ils l'avaient chassé, méprisant sa faiblesse.
260. Aussi vivait-il dans le pays qu'on appelle Galaditide, accueillant
tous ceux qui venaient à lui d'où que ce fût, et les prenant à son
salaire. Enfin, sur les vives instances des Hébreux et leurs promesses de lui conférer pour toujours le commandement, il se mit
en campagne.
261. 9[4]. Après avoir activement pris toutes les précautions et installé l'armée dans la ville de Masphathé[5], il envoie une ambassade
à l'Ammanite pour lui reprocher sa conquête. Celui-ci par une autre
ambassade reprocha aux Israélites leur sortie d'Égypte et prétendit
qu'ils évacuassent l'Amorée qui appartenait à ses ancêtres originai-
262. rement. Mais Jephté réplique qu'ils étaient mal fondés à incri-
miner leurs ancêtres au sujet de l'Amorée, et qu'ils devaient plutôt
leur être reconnaissants de leur avoir laissé l'Ammanitide, dont
Moïse aurait pu également s'emparer et ajoute qu'il ne leur abandonnera pas un pays bien à eux, que Dieu leur avait acquis et qu'ils occupaient depuis plus de trois cents ans[6]; et il déclara qu'il se battrait
avec eux.

1. *Jug.*, x, 17.
2. Héb. : Yiphtaḥ ; LXX : Ἰεφθάε.
3. *Jug.*, xi, 1.
4. *Ibid.*, 11.
5. Héb. : Miçpa ; LXX : Μασσηφά.
6. Le texte est corrompu.

263. 10[1]. Sur ces mots il congédia les envoyés; puis, ayant de son côté demandé la victoire par ses prières et promis de sacrifier, s'il revenait vivant chez lui, et d'immoler la première créature qui viendrait à sa rencontre, il engagea le combat, remporta une grande victoire et, en massacrant les ennemis, les poursuivit jusqu'à la ville de Maliathé[2]; puis, ayant passé en Ammanitide, il anéantit beaucoup de villes, fit du butin et délivra ses compatriotes d'une
264. servitude qu'ils avaient endurée pendant dix-huit ans. Mais à son retour, il lui arriva une aventure qui ne ressemblait pas aux succès qu'il venait d'obtenir; car ce fut sa fille qui vint à sa rencontre, sa fille unique, vierge encore. Alors, gémissant dans l'immensité de sa douleur, il reprocha à sa fille son empressement à accourir au
265. devant de lui : car il l'avait consacrée à Dieu. Celle-ci apprit sans déplaisir qu'il lui était réservé de mourir pour prix de la victoire de son père et de l'affranchissement de ses concitoyens. Elle demanda seulement qu'on lui accordât deux mois pour pleurer sa jeunesse
266. avec ses concitoyens; alors s'accomplirait le vœu. Il lui accorda le sursis demandé; le temps accompli, il sacrifia sa fille en holocauste, sacrifice qui n'était ni exigé par la loi ni agréable à Dieu; il n'avait pas réfléchi assez soigneusement à l'avenir, au jugement que porteraient sur son acte ceux qui en entendraient parler[3].

267. 11[4]. La tribu d'Éphraïm étant partie en guerre contre lui parce qu'il ne les avait pas associés à son expédition contre les Ammanites et s'était réservé à lui seul tout le butin et la gloire des opérations, il leur déclara d'abord que ce n'était pas à leur insu que leurs frères s'étaient battus et qu'appelés à prendre part à la lutte ils ne s'étaient point présentés, alors qu'il fallait accourir résolument
268. avant qu'on les en priât; ensuite qu'ils se livraient à une entreprise impie, eux qui n'avaient pas osé en venir aux mains avec les ennemis, en se jetant contre leurs frères; et il les menaçait avec l'aide

1. *Jug.*, XI, 30.
2. Héb. : Minnit.
3. La tradition flétrit, en effet, le vœu imprudent de Jephté (*Gen. Rabba*, LX). Cf. plus loin, § 361, n. 8.
4. *Jug.*, XII, 1.

de Dieu de leur infliger un châtiment s'ils ne se montraient raison-
269. nables. Mais comme il ne réussit pas à les convaincre, il engagea la lutte avec eux lorsqu'ils arrivèrent ; avec l'armée qu'il avait rappelée de la Galadène, il fit parmi eux un grand carnage, et poursuivant les fuyards, après avoir fait occuper par une partie de l'armée envoyée en avant les gués du Jourdain, il en massacra environ 42.000.

270. 12[1]. Après un gouvernement de six ans, il meurt et est enseveli à Sébéa[2], sa patrie, ville de la Galadène.

271. 13[3]. Après la mort de Jephté, ce fut Apsan(ès)[4], qui prit le pouvoir; il était de la tribu de Juda et de la ville de Bethléem. Il eut soixante enfants, savoir trente fils et autant de filles, qu'il laissa tous vivants, après avoir donné des maris à celles-ci et des femmes à ceux-là. Sans avoir rien fait dans les sept ans de son gouvernement qui mérite une mention ou un souvenir, il mourut à un âge avancé[5] et reçut sa sépulture dans sa patrie.

272. 14[6]. Apsan étant mort ainsi, celui qui eut ensuite le pouvoir, Elon[7] de la tribu de Zabulon, le garda dix ans sans rien faire non plus de considérable.

273. 15[8]. Abdon, fils de Hillel[9], qui appartenait à la tribu d'Ephraïm et à la ville des Pharathônites[10], nommé chef souverain après Elon, ne mérite de mention que pour son heureuse paternité, car lui non plus n'accomplit rien de notable, grâce à l'état de paix et de
274. sécurité où l'on se trouvait. Il eut quarante fils, dont trente laissèrent une postérité; il parcourut le pays avec ces rejetons au

1. *Jug.*, XII, 7.
2. L'Écriture ne connaît pas ce nom.
3. *Jug.*, XII, 8.
4. Héb. : Ibçan; LXX : 'Αβαισσάν.
5. La Bible n'en dit rien.
6. *Jug.*, XII, 11.
7. LXX : Αἰλώμ.
8. *Jug.*, XII, 13.
9. Les manuscrits de Josèphe donnent par erreur Abdon pour fils d'Elon [T. R.].
10. Héb. : Pirathônite.

nombre de soixante-dix, tous brillants cavaliers[1]; ils les laissa tous vivants, mourut âgé[2], et reçut une sépulture splendide à Pharathôn.

CHAPITRE VIII

1. *Les Israélites asservis aux Philistins.* — 2. *Un ange annonce la naissance d'un fils à la femme de Manôchès.* — 3. *Nouvelle apparition de l'ange; ses recommandations.* — 4. *Naissance et enfance de Samson.* — 5. *Il tue un lion.* — 6. *L'énigme de Samson.* — 7. *Il détruit les moissons des Philistins.* — 8. *Livré par les gens de Juda, il rompt ses liens et taille les Philistins en pièces.* — 9. *Dieu fait jaillir une source pour Samson altéré.* — 10. *Enfermé à Gaza, il s'échappe de nuit.* — 11. *Dalila le livre aux Philistins.* — 12. *Fin de Samson.*

275. 1[3]. Après la mort de ce dernier, les Philistins triomphent des Israélites, et reçoivent d'eux tribut pendant quarante ans. Mais ils sont affranchis de cette contrainte de la façon suivante.

276. 2. Un certain Manôchès[4], des plus notables Danites et le premier sans conteste de sa ville natale, avait une femme remarquable par sa beauté et qui l'emportait sur toutes celles de l'endroit. Comme elle ne lui donnait pas d'enfants, malheureux de cette stérilité, il suppliait Dieu, durant ses promenades fréquentes dans les environs de la ville en compagnie de sa femme, de leur donner une postérité
277. légitime; il y avait là une grande plaine[5]. Manôchès était comme

1. La Bible dit qu'ils avaient des ânons pour montures.
2. L'Écriture dit seulement qu'il gouverna huit ans.
3. *Jug.*, XIII, 2.
4. Héb. : Manôah; LXX : Μανωέ.
5. Il n'y a rien de ces détails topographiques dans la Bible.

fou d'amour pour sa femme et, partant, excessivement jaloux[1]. Un jour que sa femme était seule, un fantôme lui apparaît, envoyé par Dieu, qui ressemblait à un jeune homme beau et de grande taille et qui lui annonce l'heureuse nouvelle de la naissance prochaine d'un fils, grâce à la providence de Dieu; ce fils serait beau et d'une force remarquable; arrivé à l'âge d'homme, il ferait beau-
278. coup de mal aux Philistins. L'ange recommande, en outre, de ne pas lui tondre les cheveux; il devrait aussi avoir de l'aversion pour toute espèce de boissons, ainsi que Dieu le prescrivait, et ne s'habituerait qu'à l'eau seulement. Et l'ange venu sur l'ordre de Dieu s'en alla après ces paroles.
279. 3. Le mari étant arrivé, la femme lui rapporta en détail ce qui s'était passé avec l'ange, en témoignant de son admiration pour la beauté du jeune homme et sa haute taille, de sorte que son mari, dans sa jalousie, fut tout bouleversé d'entendre ces louanges et
280. conçut les soupçons que cette passion suggère. Elle, désireuse de dissiper ce chagrin déraisonnable de son mari, supplie[2] Dieu d'envoyer de nouveau son messager pour que son mari pût aussi le voir. Alors l'ange revient encore par la grâce de Dieu, tandis qu'ils étaient dans le faubourg et il apparaît à la femme que son mari venait de laisser seule. Celle-ci, lui ayant demandé d'attendre qu'elle amenât son mari, sur son assentiment, alla chercher
281. Manôchès. Mais le mari, même à la vue de l'ange, ne cessa pas

1. Ces détails romanesques sur la jalousie de Manoé sont absolument étrangers à la Bible. Mais le Midrasch, qui s'occupe assez longuement de ce chapitre des *Juges* (*Nombres R.*, x), présente aussi des traits légendaires sur les rapports de Manoé et de sa femme. Ils se reprochaient, paraît-il, mutuellement la stérilité de leur union. C'est de traditions de ce genre que Josèphe s'est fait l'écho. L'histoire de la jalousie de Manoé a l'avantage d'expliquer pourquoi l'ange fait une seconde apparition, qui dans le récit biblique paraît sans objet, puisque la femme a déjà averti son mari de ce qu'il faudrait « faire pour l'enfant » et que l'ange ne peut que réitérer les mêmes prescriptions. Dans Josèphe, l'ange se fait voir à Manoé, sur la prière de sa femme, pour dissiper ses soupçons, sans d'ailleurs y réussir. Le récit biblique est, au surplus, comme on voit par la suite, notablement altéré par Josèphe.

2 Dans l'Écriture, c'est Manoé qui supplie Dieu d'envoyer l'ange à nouveau (*Juges*, XIII, 8).

d'avoir des soupçons et il le pria de lui révéler à lui aussi ce qu'il avait annoncé à sa femme. L'ange ayant déclaré qu'il suffisait que la femme seule en fût instruite[1], le mari le somme de dire qui il était, afin qu'à la naissance de l'enfant, ils puissent lui
282. témoigner leur reconnaissance et lui faire un cadeau. Celui-ci répondit qu'il n'en avait nul besoin, car ce n'était pas par intérêt qu'il leur avait annoncé cette heureuse nouvelle de la naissance d'un enfant, et quoique Manôchès l'invitât à demeurer et à prendre
283. les présents d'hospitalité, il n'y consentit pas. Cependant, sur ses vives instances, il se laissa persuader de demeurer pour qu'on lui offrît un présent, et Manôchès ayant sacrifié un chevreau et commandé à sa femme de le cuire, quand tout fut bien prêt, l'ange leur ordonna
284. de déposer sur le rocher les pains et les chairs, sans vases. Quand ils l'eurent fait, il toucha les viandes avec le bâton qu'il tenait, et, un feu ayant jailli, elles furent consumées avec les pains, tandis qu'ils virent l'ange s'élever vers le ciel porté sur la fumée comme sur un véhicule. Manôchès redoutant qu'il ne leur arrivât quelque malheur pour avoir vu Dieu, sa femme l'exhorta à se tranquilliser, car c'était pour leur bien que Dieu leur était apparu.

285. 4[2]. Elle devint enceinte et tint bon compte des instructions reçues ; quand l'enfant naquit, ils l'appelèrent Samson (Sampsôn) : ce nom signifie *vigoureux*[3]. L'enfant grandissait vite et l'on voyait clairement qu'il serait prophète à la sobriété de son régime et à la façon dont il laissait croître ses cheveux.

286. 5[4]. Venu avec ses parents dans la ville de Thamna[5] chez les Philistins au moment d'une fête, il s'éprend d'une vierge du pays et il supplie ses parents de lui faire épouser cette jeune fille. Ceux-ci

1. Dans la Bible, l'ange dit : « Tout ce que j'ai désigné à la femme, elle se l'interdira. » Suivent les recommandations touchant le vin, les boissons enivrantes, etc.

2. *Jug.*, XIII, 24.

3. Héb. : Schimschôn. L'Écriture ne donne pas l'explication de ce nom. Celle que propose Josèphe lui est inspirée non par l'étymologie du nom, qui est obscure, mais par la qualité dominante du personnage.

4. *Jug.*, XIV, 1.

5. Héb. : Timna ; LXX : Θαμναθά.

eurent beau refuser parce qu'elle n'était pas de leur race, comme
Dieu avait médité ce mariage pour le bien des Hébreux, il obtint
287. de faire sa cour à la jeune fille. Au cours de ses fréquentes visites
chez les parents de celle-ci, il rencontre un lion, et, quoique sans
armes, il l'attend, l'étrangle dans ses mains et jette la bête dans un
taillis qui se trouvait là en dedans du chemin.

288. 6[1]. En revenant une autre fois chez la jeune fille il trouve un
essaim d'abeilles logé dans la poitrine de ce lion et, prenant trois
rayons de miel, avec les autres présents qu'il apportait, il les donne
289. à la jeune fille. Comme les Thamnites dans le festin de noces, auquel
il les avait conviés tous, craignant la force du jeune homme, lui
avaient assigné les hommes les plus vigoureux, censément en
qualité de compagnons, en réalité pour veiller à ce qu'il ne se
livrât à aucune violence, comme le vin circulait et qu'on se livrait
à des jeux selon l'habitude dans ces circonstances, Samson dit :
290. « Je vais vous proposer une énigme : si vous la résolvez après
sept jours de recherches, vous recevrez chacun de moi du linge fin
et des vêtements[2] en récompense de votre sagacité. » Très avides
de s'acquérir en même temps un renom d'intelligence et un profit,
ils le prièrent de parler et Samson leur dit : « De celui qui dévore
tout est née une nourriture; elle est douce, quoique née de celui
291. qui est très rude. » Comme les Philistins au bout de trois jours ne
pouvaient trouver ce que cela signifiait, ils prièrent la jeune
fille de s'en informer auprès de son mari pour le leur révéler, et
la menaçaient de la brûler si elle ne s'exécutait pas. Samson, devant
292. la requête de la jeune fille, commença par résister, mais, comme
elle le pressait et fondait en larmes et voyait une marque de malveillance dans son refus de lui répondre, il lui révéla comment
il avait mis à mort le lion et comment, ayant trouvé des abeilles
dans sa poitrine, il avait pris trois rayons de miel pour les
293. lui apporter. Sans soupçonner aucune ruse, il lui raconte tout;
elle va rapporter ces propos aux questionneurs. C'est ainsi que le

1. *Jug.*, XIV, 8.
2. D'après l'Écriture, trente chemises et trente vêtements (*Jug.*, XIV, 12).

septième jour, où l'on devait lui donner l'explication de l'énigme proposée, étant venus le trouver avant le coucher du soleil, ils déclarent « qu'il n'est rien de plus rude à rencontrer qu'un lion ni
294. rien de plus doux à goûter que du miel ». Samson ajouta : « Il n'est rien de plus astucieux qu'une femme qui est venue vous trahir mon énigme. » Et il leur donne ce qu'il avait promis, après avoir dépouillé des Ascalonites qu'il rencontra sur son chemin, — c'étaient aussi des Philistins —; quant à son mariage, il y renonça. La jeune fille, se moquant de sa colère, s'unit à l'ami de Samson qui avait été son garçon d'honneur.

295. 7[1]. Devant cet affront[2], Samson, furieux, résolut de poursuivre tous les Philistins avec elle de sa vengeance. Comme on était en été, et que les moissons étaient déjà mûres pour la récolte, il rassembla trois cents renards et, leur ayant attaché aux queues des
296. torches allumées, il les lâcha dans les champs des Philistins. Il leur détruit ainsi leurs moissons. Mais les Philistins, sachant que c'était là un tour de Samson et devinant quel motif l'avait inspiré, envoyèrent des magistrats à Thamna et brûlèrent vifs celle qui avait été la femme de Samson et ses parents comme étant la cause de ces désastres.

297. 8[3]. Samson, après avoir tué beaucoup de Philistins dans la plaine, alla s'établir à Æta[4], roche fortifiée de la tribu de Juda. Les Philistins marchèrent contre cette tribu. Mais comme ceux-ci prétendaient qu'on n'avait pas le droit de leur faire subir le châtiment des méfaits de Samson, à eux qui payaient tribut, les Philistins déclarèrent que, s'ils ne voulaient pas encourir cette responsabilité,
298. ils devaient livrer Samson entre leurs mains. Ceux-ci, voulant se mettre à l'abri de tout reproche, arrivent au rocher avec 3.000 soldats, et ayant reproché à Samson ses coups d'audace contre

1. *Jug.*, xv, 3.
2. Ces mots sont peu compréhensibles chez Josèphe, parce qu'il a passé sous silence l'épisode survenu entre Samson et son ex-beau-père (*Juges*, xv, 1-3) [T. R.].
3. *Jug.*, xv, 8.
4. Héb. et LXX : Étam.

les Philistins, ces gens qui pouvaient apporter la ruine à toute la race des Hébreux, ils déclarent qu'ils sont venus pour se saisir de lui et le livrer entre les mains des Philistins et le prient de se sou-
299. mettre de bonne grâce. Celui-ci, après leur avoir fait jurer qu'ils ne feraient rien de plus que de le livrer aux mains de ses ennemis, descend de son rocher et se remet à la discrétion des hommes de la tribu ; ceux-ci, l'ayant garrotté avec deux cordes, l'emmenèrent pour
300. le livrer aux Philistins. Quand ils furent arrivés dans un endroit qu'on appelle aujourd'hui Siagôn[1], à cause de la valeur qu'y déploya Samson, et qui autrefois ne portait aucun nom, les Philistins, campés non loin de là, et venant à leur rencontre tout joyeux, avec des cris, croyant à l'heureuse réalisation de leur désir, Samson, après avoir rompu ses liens, se saisit d'une mâchoire d'âne qui se trouvait à ses pieds, bondit sur ses ennemis et, les frappant avec cette mâchoire, en tue un millier ; les autres, il les met en fuite dans un grand désordre.

301. 9. Samson, plus glorieux qu'il ne fallait de cette aventure, ne dit pas que c'était grâce à l'assistance de Dieu que tout s'était passé ainsi, mais fit une inscription qui l'attribuait à sa propre valeur, se vantant d'avoir abattu avec la mâchoire une partie de ses ennemis et mis les autres en déroute grâce à la terreur qu'il
302. leur avait inspirée. Mais pris d'une soif ardente[2], reconnaissant que la vertu humaine n'est rien, il porta témoignage à Dieu de tous ses exploits et le supplia de ne point se fâcher de ses paroles au point de le livrer à ses ennemis, mais de lui accorder son aide dans ce
303. moment critique et de le tirer de sa détresse. Se laissant fléchir à ses prières, Dieu fait jaillir d'un rocher une source délicieuse et abondante. C'est pourquoi Samson appela l'endroit *mâchoire*, nom qui s'est conservé jusqu'aujourd'hui[3].

304. 10[4]. Après ce combat, Samson, méprisant les Philistins, arrive

1. Josèphe suit les LXX, qui, au lieu de reproduire le mot hébreu *léḥi*, l'ont traduit par *siagon*, « mâchoire ».
2. *Jug.*, xv, 18.
3. Bible : En-hakkoré (*Juges*, xv, 19), nom de la source, tandis que le lieu s'appelle *Ramath Léḥi*.
4. *Jug.*, xvi, 1.

à Gaza et demeure dans une hôtellerie[1]. Les chefs des Gazéens.
ayant appris sa présence dans la ville, établissent une embuscade
305. devant les portes afin qu'il ne puisse sortir à leur insu. Mais Samson, à qui ce manège n'échappe point, s'étant levé dès le milieu
de la nuit, enfonce les portes, prend les montants et les verrous et
toute la boiserie qui s'y trouvait, les charge sur ses épaules et
s'en va les déposer sur la montagne située au-dessus de Hébron.
306. 11[2]. Cependant il violait déjà les coutumes des ancêtres et mo-
difiait son propre genre de vie par l'imitation des mœurs étrangères; ce fut l'origine de ses malheurs[3]. S'étant épris, en effet,
d'une femme qui était courtisane chez les Philistins, nommée Da-
307. lila[4], il s'unit à elle, et les chefs de la confédération des Philistins,
étant allés la trouver, lui persuadent par de grandes promesses de
tâcher d'apprendre de Samson l'origine de cette force qui le rendait
insaisissable à ses ennemis. Celle-ci, à table et dans d'autres rencontres de ce genre, en témoignant de son admiration pour ses
exploits, s'ingénia à apprendre d'où lui venait cette valeur si extra-
308. ordinaire. Mais Samson, qui avait encore toute sa force de jugement,
rendit ruse pour ruse à Dalila ; il lui dit que, si on l'attachait avec
sept sarments de vigne[5] encore suffisamment flexibles, il devien-
309. drait le plus faible des hommes. Là-dessus, elle se tint en repos, puis
ayant fait son rapport aux chefs des Philistins, elle embusqua quelques soldats chez elle et, tandis que Samson dormait, ivre[6], elle le
lia avec les sarments le plus solidement possible, puis, l'ayant
310. éveillé, elle lui dit que des gens venaient l'attaquer. Mais lui, ayant
rompu les sarments, se prépara à la défense comme si on allait
l'assaillir. Cette femme, comme Samson était continuellement avec

1 Cf. plus haut, § 8, note.

2. *Jug.*, XVI, 4.

3. Le Talmud dit aussi que cette époque de la vie de Samson fut le commencement de sa perte (*Sota*, 9 *b*).

4. Héb. : Delila; LXX : Δαλιδά.

5. Sept cordes neuves, selon la Bible.

6. Ce détail, qui suppose que Samson a enfreint son vœu de nazir, n'est pas dans la Bible [T. R.].

elle, lui dit qu'il était cruel qu'il n'eût pas assez de confiance dans sa bonté envers lui pour lui dire exactement ce qu'elle désirait ; craignait-il qu'elle ne tût pas ce qu'elle savait qu'il ne fallait pas di-
311. vulguer dans son intérêt? Et Samson, par une nouvelle tromperie, lui ayant dit que, si on le liait avec sept cordes il perdrait sa force, comme elle essaya de ce moyen sans succès, la troisième fois, il
312. l'avertit d'enfermer ses cheveux dans un tissu. Mais comme cette expérience ne lui découvrit pas non plus la vérité, finalement, sur ses instances, Samson, qui, aussi bien, devait être précipité dans le malheur, désirant plaire à Dalila : « Dieu, lui dit-il, prend soin de moi ; venu au monde grâce à sa providence, j'entretiens cette chevelure que Dieu m'a enjoint de ne point couper, car ma force m'est
313. garantie par sa croissance et sa conservation. » Ainsi renseignée, l'ayant dépouillé de sa chevelure, elle le livra à ses ennemis, désormais sans force pour repousser leur assaut. Ceux-ci, après lui avoir crevé les yeux, le firent emmener enchaîné.

314. **12**[1]. Mais, avec le temps, la chevelure de Samson repoussa. Un jour qu'il y avait fête publique chez les Philistins et que les magistrats et les plus notables célébraient un festin au même lieu, — une salle dont deux colonnes supportaient le plafond, — Samson, qu'on avait fait chercher, fut amené au repas, afin qu'on l'outra-
315. geàt tout en buvant. Celui-ci, estimant que le pire des malheurs, c'était de ne pouvoir se venger de telles injures, persuade à l'enfant qui le conduisait par la main, en lui disant que, fatigué, il désirait
316. se reposer un peu, de le conduire près des colonnes. Sitôt arrivé, s'étant jeté sur elles, il fait écrouler la salle en renversant les colonnes sur trois mille hommes, qui moururent tous, y compris Samson. Telle fut sa fin; il avait gouverné les Israélites pendant
317. vingt ans. Cet homme mérite l'admiration pour son courage, sa force, la grandeur d'âme dont il fit preuve à la fin et la colère qu'il eut jusqu'à sa mort contre ses ennemis. S'il s'est laissé séduire par une femme, il faut l'attribuer à l'humaine nature, qui cède au péché ; mais il faut reconnaître hautement l'excellence de ses vertus dans

1. *Jug.*, XVI, 22.

tout le reste. Ses proches, ayant enlevé son corps, l'ensevelirent à Sariasa[1], sa patrie.

CHAPITRE IX

1. Noémi, devenue veuve dans le pays de Moab, revient avec Ruth à Bethléem. — 2. Accueil fait à Ruth par Boaz. — 3. Ruth va trouver Boaz la nuit dans sa grange. — 4. Boaz épouse Ruth ; leur descendance.

318. 1[2]. Après la mort de Samson, les Israélites eurent à leur tête
Eli le grand-prêtre. Sous lui[3], leur pays étant éprouvé par une
famine, Elimélech(os) de Bethléem, ville de la tribu de Juda, ne
pouvant supporter ce fléau, emmène sa femme Noémi (Naamin)[4]
et les fils qu'il avait d'elle, Chelliôn[5] et Mallôn[6], et émigre en
319. Moabitide. Comme ses affaires prospéraient à souhait, il fait épouser
à ses fils des femmes moabites, à Chelliôn Orpha, et Ruth (Routhé)
à Mallôn. Dix ans s'étant écoulés, Elimélech et, peu après, ses fils
320. meurent. Noémi, très affligée de ses malheurs et ne supportant
pas la perspective de la solitude à laquelle la condamnait la perte
des êtres bienaimés pour lesquels elle s'était expatriée[7], songea

1. Héb. : Çoréa ; LXX : Σαραά.
2. *Ruth*, I, 1.
3. La Bible ne précise pas à quel époque se place l'épisode de Ruth ; elle dit simplement (*Ruth*, I, 1) « du temps des Juges ». Josèphe a fixé la date d'après le compte des générations entre Boaz et David [T. R.].
4. Héb. : Noomi ; LXX : Νωεμίν.
5. Héb. : Khilion ; LXX : Χελαιών.
6. Héb. : Maḥlon ; LXX : Μααλών.
7. Nous traduisons par à peu près : le texte parait corrompu.

à retourner dans son pays, car elle avait appris que tout main-
321. tenant y allait bien. Mais ses brus n'avaient pas le courage de se
séparer d'elle et Noémi avait beau les détourner de vouloir partir
avec elle, elle ne pouvait les convaincre; comme elles la pressaient,
elle leur souhaite de faire un mariage plus heureux que l'union
décevante qu'elles avaient contractée avec ses fils et d'acquérir
toutes sortes de biens; elle leur représente la situation où elle se
322. trouvait et les conjure de demeurer où elles étaient et de ne pas
désirer partager sa fortune incertaine en quittant leur pays natal.
Alors, convaincue, Orpha demeure, mais comme Ruth ne l'était
point, Noémi l'emmena, l'associant ainsi à tout ce qui lui advien-
drait.
323. 2[1]. Quand Ruth arrive avec sa belle-mère dans la ville de Bethléem, Boaz(os)[2], en qualité de parent d'Elimélech, lui fait un accueil
hospitalier[3]. Et Noémi, quand on lui donnait ce nom, disait :
« Appelez-moi plutôt Mara. » En effet, dans la langue des Hébreux,
324. Noémi signifie *félicité*, et Mara *douleur*. Le temps de la moisson
étant venu, Ruth sortit avec la permission de sa belle-mère pour
aller glaner de quoi leur procurer de la nourriture, et elle arriva
par hasard sur la terre de Boaz. Boaz, étant venu peu après et
ayant aperçu la jeune femme, s'informa d'elle auprès de son fermier. Celui-ci, qui venait justement de tout apprendre d'elle-même,
325. le révéla à son maître. Et lui, autant par amitié pour la belle-mère
qu'en souvenir du fils de celle-ci, auquel Ruth avait été unie, salue
la jeune femme et lui souhaite de goûter à la prospérité; il ne
voulut pas qu'elle glanât, mais lui permit de prendre tout ce qu elle
pourrait cueillir, après avoir donné l'ordre au fermier de ne l'en-
traver en rien et de lui offrir à manger et à boire quand il apporte-
326. rait le repas des moissonneurs. Ruth[4], ayant reçu de lui de la bouillie
d'orge, en garda pour sa belle-mère et elle revint au soir la lui
apporter avec des épis. Noémi, de son côté, lui avait conservé sa

1. *Ruth*, I, 19.
2. Héb. : id. ; LXX : Βοόζ.
3. Ce détail n'est pas dans la Bible et ne s'accorde pas avec la suite du récit.
4. *Ruth*, II, 2.

part de quelques aliments dont l'avaient gratifiée les voisins. Ruth
327. alors lui raconta ce que Boaz lui avait dit. Et quand Noémi lui eut
révélé qu'il était leur parent et que, peut-être, par pitié, il prendrait soin d'elles, elle sortit de nouveau les jours suivants pour cueillir des épis avec les servantes de Boaz.

328. 3[1]. Boaz, étant venu lui-même quelques jours après, quand on avait déjà vanné l'orge, s'endormit dans la grange. L'ayant appris, Noémi imagina d'aller faire reposer Ruth près de lui, espérant que Boaz leur témoignerait de la bienveillance une fois qu'il aurait eu commerce avec la jeune femme, et elle l'envoie dormir à ses pieds[2].
329. Celle-ci, qui se faisait un devoir de ne rien opposer aux ordres de sa belle-mère, s'y rend, et, sur le moment, demeure inaperçue de Boaz, qui dormait profondément, mais, réveillé vers le milieu de la nuit et sentant une femme couchée près de lui, il demanda qui
330. c'était. Elle ayant dit son nom et l'ayant prié de lui pardonner comme à sa servante, il garda momentanément le silence, mais à l'aube, avant que ses serviteurs ne commencent à se mettre à l'ouvrage, il la réveille et lui ordonne, après avoir pris autant d'orge qu'elle pourrait en emporter, d'aller chez sa belle-mère avant qu'on ait pu s'apercevoir qu'elle avait dormi là : car il était sage de se mettre en garde contre la calomnie dans un incident de ce genre,
331. d'autant plus qu'il ne s'était rien passé. « Somme toute, dit-il, voici ce qu'il faudra faire : demander à celui qui t'est le plus proche parent[3] s'il veut de toi pour femme ; s'il dit oui, tu le suivras ; s'il renonce, je t'emmènerai au nom de la loi pour vivre avec moi. »

332. 4[4]. Quand elle eut raconté cet entretien à sa belle-mère, elles éprouvèrent un grand contentement, espérant désormais que Boaz

1. *Ruth*, III, 1.
2. Josèphe souligne brutalement ce qui est très discrètement indiqué dans l'Écriture, à supposer même que l'idée d'un commerce charnel soit impliquée dans les paroles de Noémi (*Ruth*, III, 4). Le mot ὁμιλήσαντα ne comporte pas ici une interprétation platonique [T. R.].
3. Nous lisons avec Niese ἔγγιστα σοῦ (ms. ἐμοῦ).
4. *Ruth*, III, 16.

prendrait soin d'elles. Et ce dernier[1], étant descendu vers midi
dans la ville, réunit les Anciens et, ayant mandé Ruth, il appela
333. aussi le parent ; quand celui-ci arriva, il lui dit : « Ne possèdes-tu
pas les héritages d'Élimélech et de ses fils[2] ? » Comme il l'avouait,
ajoutant qu'il s'en était emparé en vertu des lois et de sa parenté :
« Eh bien ! dit Boaz, il ne faut pas se souvenir des lois à moitié,
mais s'y conformer complètement. La femme de Mallôn vient ici ;
si tu veux être propriétaire de ses champs, il faut que tu l'épouses
334. selon les lois. » Mais lui céda l'héritage et la femme à Boaz, qui était
également parent des défunts, en alléguant qu'il avait déjà femme
335. et enfants. Boaz donc, ayant pris les Anciens à témoin, ordonna à
la femme de défaire le soulier de cet homme en s'approchant conformément à la loi et de lui cracher à la face. Cela fait, Boaz épouse
336. Ruth, et il leur naît un enfant mâle un an après. Noémi, qui le
nourrit, sur le conseil des femmes l'appela Obéd(ès), parce qu'il
devait être élevé pour prendre soin de sa vieillesse. Car *ôbèd* dans la
langue des Hébreux signifie *qui sert*. D'Obèd naquit Jessé(os)[3], et
de ce dernier David(ès), qui fut roi et laissa le pouvoir à ses fils jusqu'à la vingt et unième génération.

337. Toute cette histoire de Ruth, j'ai été obligé de la rapporter, voulant montrer la puissance de Dieu et comme il lui est facile d'élever à un rang illustre les plus humbles, ainsi qu'il l'a fait pour David dont voilà l'origine.

1. *Ruth*, IV, 1.
2. La Bible n'en dit rien.
3. Héb. : Yischaï.

CHAPITRE X

1. Le grand-prêtre Éli ; indignité de ses fils. — 2. Éli annonce à Anna la naissance d'un fils. — 3. Naissance de Samuel ; il est consacré à Dieu. — 4. Révélations faites par Dieu à Samuel.

338. 1[1]. Les Hébreux, dont les affaires avaient décliné, portent de nouveau la guerre chez les Philistins par la raison que voici. Éli,
339. le grand-prêtre, avait deux fils, Ophnis et Phinéès(ès)[2]. Ceux-ci, violents envers les hommes et impies envers la divinité, ne reculaient devant aucune injustice. Ils prenaient une partie des offrandes à titre d'honoraires, les autres, ils s'en emparaient comme des voleurs ; les femmes qui venaient pour le culte divin, ils les déshonoraient, en violant les unes, en séduisant les autres par des présents ;
340. bref, leurs procédés ne différaient en rien de la tyrannie. Aussi leur père s'en montrait-il très affecté et il n'était pas loin de s'attendre à voir fondre sur eux le châtiment de Dieu à cause de leur conduite ; le peuple aussi en était fort en peine. Et lorsque Dieu dit à Éli et à Samuél(os) le prophète, qui était encore enfant, le sort qui était réservé à ses fils, alors Eli porta ouvertement le deuil de ses enfants.

341. 2[3]. Mais je veux d'abord rapporter en détail l'histoire du prophète, et ensuite seulement dire ce qui advint aux fils d'Éli et le
342. désastre qui accabla tout le peuple des Hébreux. Alcanès[4], un Lévite de la classe moyenne, de la tribu d'Éphraïm, qui habitait dans la ville d'Armatha[5], avait deux femmes, Anna et Phénanna[6]. De

1. I *Samuel*, II, 12.
2. Héb. : Ḥophni, Pinehas.
3. I *Sam.*, I, 1.
4. Héb. et LXX : Elkana. Son origine lévitique ressort de I *Chron.*, IV, 27.
5. Héb. : Ramathaïm-Çophim ; LXX : Ἀρμαθαίμ Σιφά.
6. Héb. : Peninna ; LXX : Φεννάνα.

cette dernière, il eut des enfants ; quant à l'autre, encore qu'elle
343. fût stérile, il ne cessa pas de l'aimer. Comme Alcanès était venu
avec ses femmes dans la ville de Silô pour y sacrifier, — car c'était
là que se dressait le tabernacle de Dieu, comme nous l'avons dit
précédemment, — et que pendant le festin il avait distribué succes-
sivement les parts des viandes à ses femmes et ses enfants, Anna,
apercevant les enfants de l'autre femme assis autour de leur mère,
fondit en larmes et se lamentait de sa stérilité et de son isolement.
344. Son chagrin étant plus fort que les consolations de son mari, elle
alla dans le tabernacle, supplia Dieu de lui donner une progéniture et de la rendre mère, promettant que son premier-né serait
consacré au service de Dieu et n'aurait pas le même genre de vie
345. que le commun. Comme elle restait longtemps en prière, Éli, le
grand-prêtre, qui était assis à l'entrée du tabernacle, la prenant
pour une femme ivre, lui commanda de se retirer. Celle-ci ayant
répondu qu'elle n'avait bu que de l'eau, mais que, dans son chagrin
d'être stérile, elle suppliait Dieu, il l'exhorta à prendre courage,
lui annonçant que Dieu lui accorderait des enfants[1].
346. 3[2]. Revenue avec ce doux espoir auprès de son mari, dans sa
joie, elle prit de la nourriture et, quand ils furent de retour dans
leur ville, elle se sentit enceinte. Et il leur naît un fils qu'ils
appellent Samuel, ce qu'on pourrait rendre par *demandé à Dieu*[3]
(Théétète). Ils revinrent alors offrir un sacrifice à l'occasion de la
347. naissance de ce fils, et apportèrent aussi leurs dîmes[4]. Et la
femme, se souvenant du vœu qu'elle avait formé au sujet de l'enfant, le remit à Éli, pour le consacrer à Dieu afin qu'il devînt un prophète. Aussi laissa-t-on croître sa chevelure librement et il eut

1. Selon l'Écriture, Éli dit seulement : « Que Dieu t'accorde ce que tu as demandé ! » (cf. LXX : ὁ Θεὸς... δῴη σοι κτλ...). Mais la tradition explique qu'Éli a parlé ici prophétiquement, le mot יִתֵּן pouvant se traduire par le simple futur. C'est pourquoi le *Sèder Olam* compte Éli parmi les prophètes.

2. I *Sam.*, I, 18.

3. Dans le grec Θεαίτητος ; cf. LXX (I *Sam.*, I, 20) : ὅτι παρὰ Κυρίου Θεοῦ... ᾐτησάμην αὐτόν. « Parce que je l'ai *demandé* au Seigneur Dieu. »

4. La Bible dit qu'Anna offrit trois taureaux, un épha de farine et une outre de vin (I *Sam.*, I, 24).

pour boisson de l'eau. Samuel vécut ainsi et fut élevé dans le sanctuaire, mais Alcanès[1] eut encore d'Anna d'autres fils et trois filles[2].

348. 4[3]. Dès que Samuel eut douze ans[4] accomplis, il commença à prophétiser. Et une nuit qu'il dormait, Dieu l'appela par son nom. Lui, croyant que c'était le grand-prêtre qui avait parlé, alla le trouver. Comme le grand-prêtre niait l'avoir appelé, Dieu recom-
349. mença à trois reprises. Et Éli, réveillé, lui dit : « En vérité, Samuel, moi, je me suis tu comme tout à l'heure, c'est Dieu qui t'appelle. Eh bien! dis-lui : Je suis là ». Et Dieu ayant parlé encore une fois, Samuel, qui l'entendit, le pria de lui révéler ses oracles; car
350. il ne manquerait pas de le servir, quoi qu'il désirât. Dieu alors : « Puisque, dit-il, tu es là, apprends qu'un malheur va fondre sur les Israélites qui dépassera tout ce qu'on peut dire ou croire, que les fils d'Éli périront le même jour et que le pontificat passera dans la maison d'Éléazar[5], parce qu'à mon culte Éli a préféré ses fils, et
351. les a chéris au détriment même de leurs intérêts ». Éli ayant contraint le prophète par serments de lui révéler tout, — ce dernier ne voulait pas l'affliger en lui en parlant, — il s'attendit avec plus de certitude que jamais à la perte de ses fils. Quant à Samuel, sa renommée ne fit que s'accroître, parce qu'on voyait que toutes ses prophéties étaient véridiques.

1. I *Sam.*, II, 21.
2. Trois fils et deux filles, d'après la Bible.
3. I *Sam.*, III, 1.
4. L'Écriture ne donne pas son âge.
5. Josèphe interprète conformément à la tradition rabbinique la prophétie contenue dans I *Sam.*, II, 30-36, accomplie plus tard sous Salomon, selon I *Rois*, II, 27, 35 (remplacement d'Ébiathar, de la souche d'Ithamar, par Zadok, de la souche d'Éléazar).

CHAPITRE XI

1. Victoire des Philistins sur les Hébreux. — 2. Arrivée de l'arche au camp des Hébreux; défaite de ceux-ci et capture de l'arche. — 3. Mort d'Éli à la nouvelle du désastre. — 4. Naissance de Yochabès. — 5. Transmission du sacerdoce.

352. 1[1]. Juste à cette époque, les Philistins, s'étant mis en campagne contre les Israélites, établissent leur camp près de la ville d'Aphék(a). Les Israélites, ayant été au devant d'eux peu après, on en vient aux mains le jour suivant et les Philistins remportent la victoire; ils tuent environ 4.000 Hébreux et poursuivent la foule des autres jusqu'au campement.

353. 2. Craignant un désastre complet, les Hébreux envoient aux Anciens et au grand-prêtre l'ordre d'apporter l'arche de Dieu, afin que, grâce à sa présence dans leurs rangs, ils triomphent de leurs ennemis, ignorant que Celui qui avait décrété leur malheur était plus puissant que l'arche, que l'on ne révérait même qu'à cause de
354. Lui. L'arche arrive donc, ainsi que les fils du grand-prêtre, à qui leur père avait enjoint, s'ils voulaient survivre à la prise de l'arche, de ne pas reparaître devant ses yeux. Phinéès exerçait déjà alors le sacerdoce, son père le lui ayant abandonné à cause de sa vieil-
355. lesse. La confiance renaît donc pleinement chez les Hébreux, qui croient que, grâce à l'arrivée de l'arche, ils l'emporteront sur leurs ennemis; et les ennemis étaient frappés de terreur, redoutant la présence de l'arche parmi les Israélites. Mais l'événement ne fut
356. conforme aux prévisions ni des uns ni des autres : quand le choc se produisit, la victoire, espérée par les Hébreux, fut aux Philistins; et la défaite que ceux-ci craignaient, les Hébreux la

1. I *Sam.*, IV, 1.

subirent, s'apercevant qu'ils avaient vainement mis leur confiance dans l'arche; car sitôt qu'ils en vinrent aux mains avec l'ennemi, ils furent mis en fuite et perdirent environ 30.000 hommes, au nombre desquels tombèrent aussi les fils du grand-prêtre; et l'arche fut emportée par les ennemis.

357. 3[1]. Quand on annonça la défaite à Silo ainsi que la prise de l'arche, — ce fut un jeune Benjamite qui avait assisté à l'affaire qui apporta la nouvelle, — toute la ville fut plongée dans le deuil.
358. Éli, le grand-prêtre, — qui était assis à l'une des deux portes sur un siège élevé, — entendant les gémissements, pensa qu'il était arrivé aux siens quelque désastre soudain, et ayant mandé le jeune homme, lorsqu'il connut l'issue du combat, il montra assez de résignation pour le sort de ses fils et ce qui s'était passé à l'armée, parce qu'il savait d'avance par Dieu ce qui devait arriver et qu'il l'avait annoncé : on est surtout affecté des malheurs qui survien-
359. nent à l'improviste; mais quand il apprit que l'arche elle-même avait été prise par les ennemis, douloureusement touché de l'imprévu d'une telle castastrophe, il tombe à bas de son siège et meurt, après avoir vécu[2] en tout quatre-vingt-dix-huit ans, et occupé quarante ans le pouvoir[3].

360. 4[4]. Le même jour mourut aussi la femme de son fils Phinéès, car elle n'eut pas assez de force pour survivre au malheur de son mari. Elle était enceinte, en effet, quand on lui annonça la mort de ce dernier, et elle mit au monde un enfant de sept mois[5]. Comme il était viable, on l'appela Jochabès[6] — ce nom signifie *ignominie* —, à cause du désastre subi en ce temps par l'armée.

361. 5[7]. Éli fut le premier qui gouverna de la maison d'Ithamar[8], le

1. I *Sam.*, IV, 12.
2. *Ibid.*, IV, 15.
3. Conforme à l'hébreu; les LXX ne lui attribuent que vingt ans de gouvernement.
4. I *Sam.*, IV, 19.
5. Détail étranger à la Bible.
6. Héb. : I-Khabôd; LXX : Οὐαιβαρχαβώθ.
7. Cf. I *Chron.*, XXIV, 3.
8. La Bible n'en dit rien; mais la tradition établit qu'en effet c'est la maison

deuxième fils d'Aaron; car c'était la maison d'Éléazar qui avait eu
précédemment le sacerdoce, de père en fils on se transmettait cette
362. charge. Éléazar la transmit[1] à Phinéès son fils. Après lui, Abié-
zér(ès)[2], son fils, la reçut et la laissa à son fils Bouki, de qui Ozis[3],
son fils, la recueillit; après lui ce fut Éli qui eut le sacerdoce, celui
dont il a été parlé, ainsi que toute sa postérité jusqu'aux temps de
la royauté de Salomon (Solomôn)[4]. Ce furent alors les descendants
d'Éléazar qui le reprirent[5].

d'Ithamar qui a fourni les grands-prêtres depuis la disgrâce de Pinehas, fils d'Eléazar, jusqu'à l'époque de Salomon. Le seul indice de cette disgrâce qu'on trouve dans l'Écriture, c'est le verset I *Chron.*, IX, 20, où il est dit que l'« Éternel était autrefois avec Pinehas », donc il ne l'était plus actuellement. On lit dans *Gen. Rabba*, LX et dans le *Tanna debê Eliahou* diverses légendes sur les faits qui amenèrent cette disgrâce : la tradition croit que la maison de Pinehas a été frappée de déchéance à raison du rôle insuffisamment pacifique joué par ce grand-prêtre dans l'épisode de la concubine de Ghibea (*Juges*, XX, 28 et suiv.) ou encore à cause de sa non-intervention dans l'affaire du vœu téméraire de Jephté qu'il aurait pu et dû annuler.

1. I *Chron.*, V, 30 (I *Paralip.*, VI, 4).
2. Héb. : Abischoua ; LXX : Ἀβιεσού.
3. Héb. : Ouzzi.
4. Héb. : Schelômô; LXX : Σαλωμών.
5. I *Rois*, II, 27.

TABLE DES MATIÈRES

LIVRE I

Pages.

Préface pour tout l'ouvrage (§ 1-26) 1

I. Constitution de l'univers et disposition de ses éléments (ch. I; § 27-33) 7

II. Naissance d'Adam; les dix générations issues de lui jusqu'au déluge (ch. I-II; § 34-71) 8

III. Le déluge; comment Noé, sauvé dans une arche avec sa famille, s'établit dans la plaine de Sinar (ch. III; § 72-108) 17

IV. La tour que ses fils édifièrent en outrage à Dieu; Dieu confond leurs langues; l'endroit où ce fait eut lieu s'est appelé Babylone (ch. IV; § 109-119) 25

V. Les descendants de Noé se répandent par toute la terre (ch. V; § 120-121) 28

VI. Chaque race reçoit son nom d'après son fondateur (ch. VI; § 122-153) 29

VII. Comment Abram, notre ancêtre, sorti du pays des Chaldéens, occupa le pays qui s'appelait alors la Chananée, aujourd'hui la Judée (ch. VII; § 154-160). 36

VIII. Une famine sévissant en Chananée, il part pour l'Égypte, et, y ayant séjourné quelque temps, retourne dans son pays (ch. VIII; § 161-170) 38

IV. Défaite des Sodomites, attaqués par les Assyriens (ch. IX; § 171-175) 40

1. Nous donnons ici, en guise de Table, les sommaires grecs que certains manuscrits, la traduction latine, les anciennes éditions de Josèphe et Niese lui-même reproduisent en tête des différents livres. Ces sommaires ou arguments, quoique n'étant pas de Josèphe lui-même, ont quelque intérêt à cause de leur antiquité relative. Nous faisons suivre chacun des titres de la mention des chapitres et paragraphes qui leur correspondent dans le texte.

Pages.

X. Abram, ayant marché contre les Assyriens, les défait, délivre les prisonniers sodomites et reprend le butin que l'ennemi avait emporté (ch. x ; § 176-193). 42
XI. Comment Dieu anéantit la race des Sodomites, dont les péchés avaient excité sa colère (ch. xi ; § 194-206) 46
XII. D'Ismaël, fils d'Abram, et de ses descendants, les Arabes (ch. xii ; § 207-221) 49
XIII. D'Isac, fils légitime d'Abram (ch. xiii ; § 222-236) 52
XIV. De Sarra, femme d'Abram, et de sa mort (ch. xiv ; § 237). . . . 55
XV. De Chetoura, prise pour femme par Abram, naît le peuple des Arabes Troglodytes (ch. xv, § 238-241). 56
XVI[1]. Mort d'Abram (ch. xvii ; § 256) 60
XVII. Naissance et éducation d'Ésaü et de Jacob, fils d'Isac (ch. xviii, § 257-277) 60
XVIII. Jacob s'enfuit en Mésopotamie, par crainte de son frère ; il s'y marie, engendre douze fils et revient en Chananée (ch. xix-xxi ; § 278-344). 65
XIX. Mort d'Isac ; il est enseveli à Hébron (ch. xxii ; § 345-346) . . . 77

Ce livre contient un espace de 3008 ans, selon Josèphe ; de 1872 ans, selon les Hébreux ; de 3459, selon Eusèbe.

LIVRE II

I. Ésaü et Jacob, fils d'Isac, se partagent son héritage ; Ésaü occupe l'Idumée, Jacob la Chananée (ch. i ; § 1-6) 79
II. Joseph, le plus jeune des fils de Jacob, à cause des songes qui lui prédisaient sa fortune future, excite la jalousie de ses frères (ch. ii ; § 7-19). 80
III. Joseph, victime de la haine de ses frères, est vendu par eux en Égypte, y devient grand et illustre et tient ses frères en son pouvoir (ch. iii-vi ; § 20-167) 83
IV. Son père, avec toute sa famille, descend vers lui à cause d'une famine (ch. vii-viii ; § 168-200) 108
V. Souffrances qu'eurent à subir les Hébreux en Égypte durant 400 ans (ch. ix ; § 201-209). 115
VI. Naissance et éducation de Moïse (ch. ix-xiv ; § 210-314) 117

1. L'argument omet de mentionner l'épisode d'Éliézer et de Rébecca (ch. xvi ; § 242-255).

Pages.
VII. Les Hébreux, sous la conduite de Moïse, quittent l'Égypte (ch. xv ; § 315-333) 137
VIII. La mer, devant les Hébreux poursuivis par les Égyptiens, s'ouvre et leur livre passage (ch. xvi ; § 334-349) 141
Ce livre contient un espace de 220 ans.

LIVRE III

I. Moïse, ayant fait sortir le peuple d'Égypte, le mène sur le mont Sinaï, après beaucoup de souffrances éprouvées pendant le voyage (ch. i ; § 1-38) 145
II. Les Amalécites et les peuples d'alentour, ayant fait la guerre aux Hébreux, sont défaits et perdent la plus grande partie de leur armée (ch. ii ; § 39-62). 153
III. Jéthro, son beau-père, étant venu le rejoindre au Sinaï, Moïse le reçoit avec joie (ch. iii ; § 63-65) 158
IV. Jéthro lui suggère de diviser son peuple, qui n'était pas encore organisé, au moyen de chefs de 1000 et de chefs de 100, et Moïse fait tout cela, selon le conseil de son beau-père (ch. iv ; § 66-74). 159
V. Moïse, étant monté sur le mont Sinaï et ayant reçu de Dieu les lois, les transmet aux Hébreux (ch. v ; § 75-101) 161
i. Du tabernacle que Moïse édifia dans le désert en l'honneur de Dieu, pour servir de temple (ch. vi ; § 102-150) 166
VII. Les vêtements des prêtres et ceux du grand-prêtre ; les différentes sortes de sanctifications ; des fêtes et des dispositions relatives à chacune d'elles (ch. vii-xiii ; § 151-299) 176
VIII. Moïse, parti de là, conduit le peuple jusqu'aux frontières des Chananéens et fait partir des hommes pour observer leur pays et la grandeur de leurs villes (ch. xiv ; § 300-305) . . . 215
IX. Les envoyés, revenus après quarante jours, déclarent qu'on n'est pas capable de vaincre et vantent avec exagération la force des Chananéens ; le peuple, bouleversé et en proie au désespoir, s'élance sur Moïse, qui faillit être lapidé, et décide de retourner en Égypte dans la servitude (ch. xiv ; § 306-310) 216
X. Moïse, rempli d'indignation, leur annonce que Dieu, dans sa colère, prolongera pendant quarante ans leur séjour dans le désert et qu'ils ne retourneront pas en Égypte ni ne s'empareront de la Chananée (ch. xv ; § 311-322) 218
Ce livre contient un espace de 2 ans.

LIVRE IV

Pages.

I. Les Hébreux, contre l'avis de Moïse, engagent la bataille contre les Chananéens et sont vaincus (ch. I; § 1-10) 221

II. Révolte de Coré et du peuple contre Moïse et son frère à propos du sacerdoce (ch. II-III; § 11-58) 223

III. Aventures des Hébreux dans le désert durant trente-huit ans (ch. IV; § 59-84). 233

IV. Moïse, ayant vaincu les rois amorrhéens, Sichon et Og, et détruit toute leur armée, partage leur pays entre deux tribus et demie des Hébreux (ch. V-VII; § 85-175). 239

V. Constitution de Moïse et comment il disparut du milieu des hommes (ch. VIII; § 176-331) 257

Ce livre contient un espace de 38 ans.

LIVRE V

I. Josué, général des Hébreux, ayant fait la guerre aux Chananéens et les ayant vaincus, les extermine et partage leur pays aux tribus par la voie du sort (ch. I; § 1-119). 293

II. Après la mort de leur général, les Israélites, transgressant les lois paternelles, éprouvent de grands malheurs et, dans une guerre civile, la tribu de Benjamin périt, à l'exception de 600 hommes (ch. II, § 120-174) 315

III. Comment, après ce revers, Dieu les asservit aux Assyriens à cause de leur impiété (ch. III; § 175-181) 325

IV. Ils sont délivrés par Kenez, fils d'Athniel[1], qui gouverna quarante ans et est appelé juge chez les Grecs et les Phéniciens (ch. III; § 182-184) 326

V. De nouveau notre peuple est asservi aux Moabites pendant dix-huit ans et est affranchi de la servitude par un certain Eoud, qui tint le pouvoir quatre-vingts ans (ch. IV; § 185-197). 327

VI. Les Chananéens les ayant asservis pendant vingt ans, ils sont délivrés par Barac et Débora, qui les gouvernèrent quarante ans ans (ch. V; § 198-209) 330

1. *Cf. suprà*, V, § 182, note.

Pages.

VII. Les Amalécites, ayant fait la guerre aux Israélites, les vainquent et ravagent leur pays pendant sept ans (ch. VI; § 210-212). . . 333

VIII. Gédéon les délivre des Amalécites, et gouverne le peuple quarante (ch. VI; § 213-232). 333

IX. Après lui, beaucoup de ses successeurs guerroyent longtemps avec les peuples d'alentour (ch. VII; § 233-274) 338

X. Courage de Samson ; maux qu'il causa aux Philistins (ch. VIII ; § 275-317). 346

XI[1]. Les fils du prêtre Éli périssent dans le combat contre les Philistins (ch. XI; § 352-356) 361

XII. Leur père, ayant appris le désastre, se jette à bas de son siège et meurt (ch. XI ; § 357-359) 362

XIII. Les Philistins, ayant vaincu les Hébreux dans cette guerre, font main basse sur l'arche (ch. XI ; § 356). 362

XIV. Tous ceux qui ont gouverné depuis Kenez ont reçu le nom de Juges[2].

Ce livre contient un espace de 470 ans.

1. L'argument omet l'épisode de Ruth (ch. IX ; § 318-337) et celui de l'enfance de Samuel (ch. X ; § 338-351).

2. On ne voit pas à quoi correspond ce titre dans le livre. On attendrait un titre se rapportant aux derniers paragraphes (§ 360-362), qui parlent de la naissance d'Ikhabod et des deux lignées pontificales d'Eléazar et d'Ithamar.

Imp. Camis et Cie, Paris. — Section orientale A. Burdin, Angers.

Pages

VII. [illegible]

VIII. [illegible]

IX. [illegible]

X. [illegible]

XI. [illegible]

XII. [illegible]

XIII. [illegible]

Œuvres de Josèphe, trad. Th. Reinach, t. I

RECTIFICATIONS & ADDITIONS

P. 6, n. 1, *après les mots* : Voir plus loin, *ajoutez* : § 29
P. 9, n. 4 (l. 4), *au lieu de* : corps, *lisez* : bouche
P. 13, n. 4, *au lieu de* : וּמֵחֶלְבֵהֶן, *lisez* : וּמֵחֶלְבֵהֶן
P. 14, n. 3, *au lieu de* : Haï, *lisez* : Ilaï
P. 15, n. 4 (l. 4), *au lieu de* : n. 1, *lire* : n. 2
P. 21, n. 4, *après les mots* : Dans la *Genèse*, *ajoutez* : le corbeau va et vient jusqu'à ce que la terre ait séché et, etc.
P. 24, n. 4, *effacez les mots* : sans le nommer
P. 34, n. 2, *au lieu de* : Ḥatzarmaveth, *lisez* : Ḥaçarmavet
P. 45, *ajoutez dans la marge* les nos 192 (l. 9) et 193 (l. 13).
P. 46, n. 2, *ajoutez* : D'après la Tosefta de *Sota*, III, les Sodomites disaient : « l'or et l'argent nous viennent de notre sol; nous n'avons pas besoin d'accueillir d'étrangers chez nous. »
P. 75, dernière ligne, *au lieu de* : Sikmites, *lisez* : Sikimites
P. 94, effacez la note.
P. 120, n. 3, *au lieu de* : dans un texte cité par le Yalqout, I, 166, Rabbi Yehouda (?), *lisez* : d'après *Tanḥouma* sur *Ex.*, II, 11 (éd. Buber), R. Yehouda ben Ilaï (IIe siècle), etc.
P. 126, n. 2, *supprimez* : L'Écriture dit : deux sœurs
P. 177, n. 1, *au lieu de* : kahanya, *lisez* : kahanaya
P. 177, n. 5 (l. 3), effacez la virgule.
P. 185, fin de la note 3 de la page précédente, *ajoutez* : Cf. aussi le *Commentaire sur le Sefer Yesira* de Saadia, éd. Mayer-Lambert, p. 67-68 (p. 89 de la traduction française).
P. 291, n. 4, *au lieu de* : mais, *lisez* : et
P. 305, n. 3, *au lieu de* : Mérous, *lisez* : Mérom

www.ingramcontent.com/pod-product-compliance
Ingram Content Group UK Ltd.
[illegible]field, Milton Keynes, MK11 3LW, UK
[illegible]W022327190726
[illegible]UKWH00001B/250